道县年鉴

DAO XIAN 2017 NIAN JIAN

中共道县县委　道县人民政府　主办
道县党史与地方志征集编纂办公室　编

方志出版社
Publishing House of Local Records

图书在版编目（CIP）数据

道县年鉴．2017/道县党史与地方志征集编纂办公室编．—北京：方志出版社，2018.3

ISBN 978-7-5144-3029-5

Ⅰ.①道… Ⅱ.①道… Ⅲ.①道县—2017—年鉴
Ⅳ.①Z526.44

中国版本图书馆CIP数据核字（2018）第052793号

道县年鉴（2017）

编　　者：道县党史与地方志征集编纂办公室
责任编辑：刘　珊
出 版 人：冀祥德
出 版 者：方志出版社
地址　北京市朝阳区潘家园东里9号（国家方志馆4层）
邮编　100021
网址　http://www.fzph.org
发　　行：方志出版社图书经销中心
电话（010）67110500
经　　销：各地新华书店
印　　刷：衡阳顺地印务有限公司
开　　本：889×1194　1/16
印　　张：17.75
字　　数：409千字
版　　次：2018年3月第1版　2018年3月第1次印刷
印　　数：001～400册

ISBN 978-7-5144-3029-5　　**定价：**200.00元

《道县年鉴》编纂委员会

名誉主任　刘勇会

主　　任　李天明

副 主 任　李　林

何江鸿

成　　员：（排名不分先后）

曹湘华	朱云雁	杨三信	郑际秋	何小白	李学万
杨先萍	王春山	朱海勇	朱江民	周庆学	陈林静
毛长江	欧　鹰	蒋建俊	杨小江	何景新	黄春祥
杨高生	李厚流	陈伟敏	杨英治	陈云国	李　治
阳龙庆	胡景团	孟千海	唐四军	谭海峰	刘　健
陈英盛	陈洪江	文　云	吴容全	唐江永	唐甜福
吴国辉	邓　辉	曾小玉	顾裕武	黄　浩	周德福

《道县年鉴》编辑部

主　　编　何江鸿

副 主 编　何小白　李学万　黄春祥

编　　辑　唐革娥　唐丽华　朱　辉　胡亚东　唐新华

《道县年鉴》编辑说明

一、《道县年鉴》2017年卷以马克思列宁主义、毛泽东思想、邓小平理论、“三个代表”重要思想、科学发展观、习近平新时代中国特色社会主义思想为指导，坚持辩证唯物主义立场、观点和方法，与时俱进，全面记载2016年度全县各部门、各行业等方面的主要工作、重大事件，收录若干文献和史料，反映道县经济建设和社会发展以及改革开放的新成就、新经验。所载的资料客观、翔实，是社会各界了解道县的百科式全书。

二、本卷采用分类编辑法，设部类、分类、子类三个层次。部类设置的原则是以事分类。用字体、字号设计区别不同层次；条目中的一级标题用黑体加【】号表示。

三、本卷资料由各单位提供，并由供稿单位负责人审核，年鉴编辑部编辑人员加工整理再反馈原单位核对，最后由年鉴编委会定稿。统计资料由统计部门提供，气象水文资料由气象局和水文局提供。有些数据由于统计口径不同等原因，与统计部门公布的数据不尽一致，请读者在查阅和引用时注意。

四、本卷所录省、市驻道单位和市县管理干部名单以2016年12月31日在职者为准，原则上只列行政职务，无行政职务，则列党内职务。

目　录

特　载

大　事　记

道县概貌

中共道县委员会

道县人民代表大会

道县人民政府

政协道县委员会

法治·人防

社 会 团 体

综合经济管理

工　　业

农　业

交通·通信

财政·税务·金融

商贸·旅游

城乡建设与管理

文化·教育

社会管理与服务

乡 镇 场

特　　载

凝心聚力　务实进取
为全面建成品质活力小康新道州而努力奋斗

——在中国共产党道县第十二次代表大会上的报告

刘勇会

（2016 年 8 月 29 日）

一、过去五年工作的简要回顾

县第十一次党代会以来，在中央和省市委的正确领导下，县委团结带领全县广大干部群众，坚持以全面小康为统领，以转型发展为主线，以项目建设为总揽，在挑战中攻坚克难，在压力下锐意进取，全县经济社会始终保持健康较快发展的良好态势，顺利地完成了县十一次党代会提出的目标任务，连续多年被评为全省县域经济发展先进县。主要经济指标实现历史性突破，到 2015 年底地方生产总值、财政总收入分别达到 153.14 亿元、10.23 亿元，是“十一五”末的 1.93 倍和 2.92 倍，道县发展已站在新的历史起点上。

五年来，我们始终狠抓党的建设，发展保障持续增强。始终坚持党要管党、从严治党，全县政治生态环境保持良好。干部队伍建设持续加强。深入开展党的群众路线教育实践活动、“三严三实”专题教育、“两学一做”学习教育，严肃党内政治生活，全面推行党建述职评议制度，驰而不息纠“四风”、治“陋习”，严治“慢作为”“不作为”“乱作为”，全县各级党组织领导核心作用和党员干部先锋模范作用不断增强。严格落实新时期好干部标准，重品行、凭实绩选人用人导向得到强化，党管干部、党管人才工作进一步加强。基层组织建设持续升温。选最优秀的干部抓基层党建，率先在全市配齐配强乡镇专职副书记；组建最得力的队伍抓转化升级，全县软弱涣散村党组织整顿工作转化率达 100%。尽最大努力抓保障投入，乡镇机关“五小设施”全部配齐，村级活动场所全部“清零”，党代表工作室全覆盖，农村远程教育站点设施全更新，村级运转经费全部按标准落实到位。城乡党建网格化全面推进、作用显现，基层党组织的战斗堡垒作用明显增强。党风廉政建设持续提升。严格落实“两个责任”，加强作风建设，完善制度体系，深化廉政教育，强化监督问责，严查腐败案件，不敢腐、不能腐、不想腐的体制机制逐步形成，干事创业、争先创优的政治生态日趋良好。民主法治建设持续深化。法治道县深入推进，法治政府建设明显加强。县委高度重视政法工作，公检法三家办公大楼顺利实现整体搬迁。大力支持人大、政协依法履职，民主监督和政治协商水平显著提高。坚持完善重大事项向党外人士通报协商制度、党员领导干部与党外人士联系交友制度，统一战线不断巩固壮大。宣传思想、人民武装、国防教育、群众团体、民族宗教等工作全面巩固提升。

五年来，我们大力推进产业升级，发展质量大幅提升。坚持以产业建设为先导，全面增强发展实力。工业经济提质增效。突出功能分区建设、产业集群发展，强化综合配套，科学集约用地，加速产城融合，园区承载能力显著提升，电子信息、轻纺制鞋、先进制造、生物科技四大支柱产业初具规模。坚持真招商、招真商，做实做强工业园区，全县新增规模企业42家，新培育产值过亿元企业18家。道县工业园跻身全省首批工业集中区、“两化融合”试验区、新能源示范产业园区、循环经济示范产业园区、中小企业信用体系建设示范园区和新型工业化产业示范园区行列。农业产业逐步壮大。以农村综合改革为动力，以土地规模流转为抓手，着力加快农业基地化、规模化、标准化建设，现代农业稳步发展壮大，全县新建成各类农业规模基地49个，培育发展亚洲果业、原地正禾农场等产业化龙头企业19家，创建国家级蔬菜标准园3个。五年来，道县先后被评为全国出口食品农产品质量安全示范区、全国粮食生产先进县、全国农业标准化生产示范县（脐橙）、全国蔬菜产业重点县、“中国脐橙之乡”和全省粮食生产标兵县等荣誉称号，成为湖南省规模最大、标准最高的设施蔬菜基地县和脐橙生产第一大县，“菜篮子”工程建设连续四年位居全市第一。第三产业日益繁荣。注重创新政策，优化服务，推动房产开发、商贸物流加快转型升级，和一大酒店、肯德基、华耀影院、碧桂园等商业巨头先后进驻，华诚新域、万和世纪城等高档商住小区顺利建成，粮食、驾考、民爆、检测检疫等功能平台中心项目相继落户，永州南部石油储备中心加快建设，湖南农副产品集中验放场一期工程基本建成。电子商务、金融证券、休闲娱乐、健康养老等新型产业加速发展，阿里巴巴农村淘宝进驻道县，中国银行在道县设立分支机构，农商行成功组建营业。特色文化旅游加快发展，连续五年举办中国理学文化旅游节，濂溪故里成功创建国家AAA级旅游景区，道县列为湖南省旅游资源重点县，清塘镇入选湖南特色旅游小镇名录，现代服务业对全县经济社会发展的支撑作用日益增强。

五年来，我们特别注重城乡统筹，发展面貌显著改观。把县城作为最大发展平台来精心打造，着力推进宜居城市、美丽乡村建设，城乡协调发展水平明显提高。城市宜居全面提升。坚持精准做规划，精心搞建设，精细抓管理，深入实施城区提质扩容和创省卫三年行动计划。高标准修编县城总规，城区主干道、四大进出通道和背街小巷提质改造全面完成，道州中路、道州南路、月岩东路、月岩西路等一批群众关心的城建难题得以顺利破解，高标准实施市场标准化改造，全面取缔马路市场，城市绿化亮化全面提质，主要街道全部实施节能灯提质改造和立体绿化，城市宜居宜业水平显著提升。道县成功创建省级卫生县城，列为湖南省新型城镇化重点县，被确定为全省6个优先撤县设市的县区之一。这是五年来最振奋人心的大事件，极大地增强了全县人民的发展自信。乡村建设全面加强。努力提升乡村水路电讯房等基础设施建设，新解决20.3万人农村居民饮水安全问题，完成第三轮行政村农网升级改造，全面消除无电村，完成农村危房改造8800户，基本实现行政村通公路、电话和广播电视全覆盖。狠抓美丽乡村建设，品质活力乡镇建设加快推进，农村环境综合整治、拆违控违、高速公路国道省道沿线建筑立面改造力度空前。五年来，寿雁镇、清塘镇、燕山脚村、东洲山村等一批镇村进入全国全省特色名镇名村行列，全面小康乡村正快步向我们走来，共建共享的发展理念深入人心。基础设施全面夯实。大力实施交通建设大会战，新建农村公路602千米、渡改桥11座，拓改建干线公路75千米，207国道绕城段、354省道上关至湘源温泉公路正在启动建设，207国道道县段全面改造完成，道贺、厦蓉高速公路建成通车，大进大出、互联互通的交通网络加快完善。农田水利建设全面加强，农业综合开发有力推进，国土开发建设深入实施，全面完成中小型水库除险加固工程，道县列为全国库区坡改梯项目试点县，被评为全国基本农田保护先进县、全国建设高标准基本农田示范县。

五年来，我们着重突出改革开放，发展活力充分释放。以改革促创新，以开放促发展，县域发展呈现出活力更强、层次更高、后劲更足的良好态势。深化改革卓有成效。狠抓中央、省市各项改革决策部署落实，积极开展县域特色工作改革创新，加速释放改革红利，增强发展后劲。社会治理体制、农村产权制度、乡镇区划调整、商事制度等重点改革走在全省全市前列。教育卫生、服务企业用工、城市征地拆迁、闲置土地清理等改革创新取得积极成效，得到省市肯定推介，永州工贸学校、道县三中进入全国全省教育改革示范校行列，道县成功创建全国国土资源节约集约模范县。对外开放成绩斐然。坚持开放发展、全域招商，强化商会招商、产业招商，招商选资、招大引强成效显著。五年来，累计利用内外资184.6亿元，碧桂园集团、温氏集团、广上集团、湖南建工集团、中航集团、启迪桑德集团等一批国际国内知名大集团先后进驻，中国特变电工、三峡新能源集团、中国风电集团等一批国企、央企和世界500强企业相继落户，为县域经济后发赶超储蓄了强劲动能。创建争优成果丰硕。激励争先创优，大抓品牌建设，推动各项工作走在全国全省全市前列。五年来，累计获得中央、省市荣誉突破120项，创建国字号、省字号品牌30余个，有效地推动了县域发展进入新阶段，极大地凝聚了社会正能量，提升了发展自信心。

五年来，我们坚持全面改善民生，发展成果普惠共享。始终把改善民生作为一切工作的出发点和落脚点，稳步加大民生投入和建设，人民群众的获得感、幸福感和安全感空前增强。民生导向更加突出。坚持公共财政向民生倾斜，综合运用就业创业、社保兜底、精准扶贫等措施，努力提高城乡居民收入。五年来，全县城乡居民人均可支配收入年均保持两位数的增长，增幅高于全省全市平均水平。精准扶贫深入推进。加快实施精准扶贫攻坚，全面明确攻坚任务书、路线图、时间表和责任人，建立健全领导干部包村联户、党员干部驻村帮户的精准扶贫帮扶制度，推动全县扶贫开发进入决战决胜新阶段。2015年全县消除贫困人口7308人，超额完成省市下达的脱贫任务。社会事业协调并进。突出教育优先，累计投入24.15亿元，完成合格学校建设62所，8所城区学校标准化规模化建设全面推进，县一中标准化规模化建设基本完成，全县教育质量和水平稳步提升，人民群众对教育信心逐年增强。综合医改加速推进，公立医院基础设施全面改善提升，民营医疗机构蓬勃发展，新农合参合率、补偿率位居全市前列，群众看病难、看病贵的问题得到有效缓解，普惠医疗加速构建。计划生育、社会保障、就业创业、食药监管、科技文化、生态文明等建设全面进步，成效明显，成功创建中华诗词之乡，道县被评为全国科普示范县。社会大局和谐稳定。大力创新社会管理，深入推进平安道县建设，道县连续四年被评为全市综治工作先进县，被评为全省法制宣传教育先进县。今年上半年全县综治民调位居全市第三，进入全省前30名，创历史最好成绩。

各位代表、同志们，回顾五年的工作，我们心潮澎湃。过去五年，是道县发展速度快、发展变化大、群众得实惠多的五年。这一成绩得来不易、令人振奋、催人上进。这是中央、省市委正确领导的结果，是历届县委打下坚实基础的结果，是全县各级党组织和广大干部群众奋力拼搏的结果，是离退休老同志以及社会各界理解支持的结果，是所有在道投资客商艰苦创业的结果。在此，我代表中共道县第十一届委员会，向所有为道县发展作出贡献的同志们、朋友们，表示衷心的感谢，并致以崇高的敬意！

各位代表、同志们，成绩来之不易，必须倍加珍惜；经验弥足珍贵，需要认真总结。在过去五年的发展实践中，我们深深体会到：

——必须始终坚持解放思想、开拓创新不停步。注重强化改革的担当，增强创新的锐气，保持思想观念的领先性，保持政策举措和体制机制的领先性，保持工作方法的领先性，用创新的思维，改革的举措，不断破解发展新难题，开创发展新局面。

——必须始终坚持项目总揽、真抓实干不懈怠。紧紧扭住经济社会发展的“牛鼻子”，大力实施项目带动战略，坚持“三个所有”“五个一”建设机制，持之以恒大抓项目、抓大项目，大建项目、建大项目，带着责任，带着激情，带着智慧干事创业、创建争优，使偶然成为必然，让不可能成为可能，将劣势转化为优势，不断增强经济发展实力，提振人民发展自信。

——必须始终坚持以人为本、执政为民不动摇。坚持把为民谋利作为一切工作的第一目标和根本方法，始终保持民生事业发展的高投入，保持民生工程建设的高速度，保持民生问题解决的高质量，努力实现在加快发展中提升民生大福祉，在民生改善中凝聚发展正能量。

——必须始终坚持党的领导、凝心聚力不放松。坚持党要管党、从严治党，坚决维护党的团结统一和集中领导，把各级党组织建设成坚强的领导核心。坚持县委常委会带头认真履职，转作风、促执行，带动全县各级党员干部不争议、不折腾，一张蓝图绘到底，埋头苦干抓落实。坚持统揽不包揽，大力加强和改进对人大、政府、政协工作的领导，鼓励支持全县各级领导干部积极履职尽责，聚精会神搞建设，一心一意谋发展。

站在新的历史起点上展望新的发展征程，我们没有任何理由骄傲自满；面对肩负的发展新使命，我们没有一点时间停歇懈怠，必须清醒地看到前进道路上的困难和问题：一是转型升级挑战多。全县各级党组织的思想观念和领导方式还不能很好适应新常态下科学发展的需要。经济发展中的结构性、要素性矛盾仍然比较突出，供给侧结构性改革任务还相当繁重。二是城乡统筹压力大。城市化水平还不高，县城功能不够完善，要素集聚能力还不够强，推进农村改革发展任务艰巨。三是改善民生任务重。以改善民生为重点的社会建设还需加快推进，新形势下促进城乡居民持续增收、维护社会和谐稳定需要更新的举措和办法。四是党的建设待加强。一些部门和党员干部的担当精神不够，执行能力还不强，党的执政能力和先进性建设还需进一步提高。等等。对此，我们必须高度重视，采取切实有效措施，只争朝夕加以解决。

二、今后五年发展的指导思想和奋斗目标

各位代表，同志们，过去五年，我们各项工作都取得了令人瞩目的成就，城乡面貌都发生了翻天覆地的变化。但与发达地区相比，县域经济发展水平相对较低、创新发展动能不足的总体态势没有根本改变，经济发展体量不大、发展质量不高的基本县情没有根本改变。为此，我们必须清醒正视发展的不足，客观理性把握发展新机遇。

今后五年是道县加快转变发展方式的攻坚期，是全面建成小康社会的冲刺期。从国际看，世界经济复苏和产业发展将呈现路径分化与板块调整特征。从国内看，我国经济进入新常态，按照“四个全面”的战略布局，贯彻创新、协调、绿色、开放、共享五大发展理念，改革红利将不断释放，创新动能将不断积聚，发展格局将不断优化。宏观经济总体向好，为道县加快

经济发展创造了有利环境；产业板块调整明显提速，为道县培育产业优势开辟了广阔空间；创新创业浪潮此起彼伏，为道县加快创新驱动提供了重大契机；生态文明受到空前重视，为道县扩大生态优势注入了全新动能；对外开放与区域协调进入新阶段，为道县实现融合发展奠定了坚实基础。特别是，经过改革开放长期以来持续探索积累、打基础补短板，道县加快发展的路径、经验、方法空前丰富，发展平台、产业水平、基础设施空前提升。特别是，省、市作出支持道县撤县设市的重大决策部署后，中央、省市实施重大政策将优先倾斜道县，重大项目将优先布局道县，各类社会资本将优先聚集道县。这将为我们道县经济社会加速发展、产业经济加速转型提供更多的有利条件。

基于县内外经济社会发展大趋势和全县人民的强烈愿望，县委决定，今后五年全县经济社会发展的指导思想是：高举中国特色社会主义伟大旗帜，以邓小平理论、“三个代表”重要思想和科学发展观为指导，深入贯彻落实习近平总书记系列重要讲话精神，牢固树立创新、协调、绿色、开放、共享发展理念，深入对接国家“一带一路”发展战略，以早日实现全面小康和撤县设市为目标，以全面从严治党为保障，深入实施产业立县、文教兴县、改革活县、品牌强县四大战略，凝心聚力，务实进取，加快建设湘粤桂结合部区域重要城市和永州次中心，努力全面建成品质活力小康新道州。

根据这一指导思想，今后五年全县经济社会发展的奋斗目标是：

通过五年的奋斗，确保人民群众共享全面小康。经济保持持续健康较快发展，力争地方生产总值年均增速保持10.0%左右，社会消费品零售总额年均增长保持13.0%左右。力争到2020年，地方生产总值超过250亿元，财政总收入实现翻番、超过20亿元。公共服务体系不断健全完善，保障水平大幅度提高，确保现行标准下农村贫困地区、贫困村整体“脱帽”和贫困群众稳定脱贫，确保实现全面小康。

通过五年的奋斗，确保经济社会协调健康发展。更加注重遵循“五位一体”总体布局、“四个全面”战略布局的要求，把握新形势，抢抓新机遇，实现经济、政治、文化、社会和生态文明建设互为促进，推动新型工业化、城镇化、农业现代化、信息化、绿色化协同共进，使经济社会发展的全面协调可持续性明显增强，城乡发展一体化水平大幅度提高，社会和谐文明程度全面提升，人民群众精神生活更加丰富，民主法治更加健全。

通过五年的奋斗，确保早日实现撤县设市目标。突出在经济增长、财政增收、居民收入、城乡建设、产业发展等方面精准发力，加快扩大总量，提升质量，全面达到撤县设市标准和要求，确保在2020年前道县正式改名道州市，实现百年夙愿。

通过五年的奋斗，为建设湘粤桂结合部区域重要城市打下坚实基础。紧紧依托县域发展优势，着眼未来行政区划调整，加快转变发展战略和发展重心，着力拓展城市空间，完善城市功能，增强城市实力，提升城市的凝聚力和辐射力，使道县在区域竞争中赢得先机、掌握主动，早日建成湘粤桂结合部区域重要城市。

各位代表，同志们，要完成美好愿景，需要全县上下同心同德、同向同行，进一步认识新常态，适应新常态，引领新常态；需要各级党组织和广大党员干部知难而进、争先创优，始终保持并不断提升引领发展、加快发展的自觉性和创造性。

必须进一步解放思想、拓宽思维，切实解决不敢想、不善为的问题。要牢固树立“思想落后、步步落后，观念领先、永远超前”的意识，着力破除思想上的“枷锁”，摆脱行动上的“羁绊”，大胆创新，勇于尝试，努力创造出道县经验、道县特色、道县模式，加快提升道县发展软实力。

必须进一步强化责任、勇于担当，切实解

决敷衍塞责、缺位失位的问题。广大党员干部要强化“为官避事平生耻”的观念，拿出“当今之世，舍我其谁”的冲天豪气，发扬“道县奶崽一窝蜂”的干事劲头，清醒找准“位子”，踊跃挑起“担子”，努力作好“卷子”，在加快道县发展中竞风流、争一流。

必须进一步凝心聚力、团结干事，切实解决协作不力、配合不畅的问题。全县上下都要围绕实现撤县设市奋斗目标，多搭台、勤补位，会合作、善协助，齐心协力、一心一意打基础、利长远，补短板、求突破，克时艰、创辉煌。

必须进一步严管干部、严肃执纪，切实解决慢作为、不作为、乱作为的问题。在建设湘粤桂结合部区域重要城市过程中，每名党员干部都要自觉摒弃一切慢作为、不作为、乱作为的思想和言行，认真履职、主动作为，争做不辜负组织、无愧于时代、不负于人民的优秀党员。

各位代表，同志们，“全面建成品质活力小康新道州”，既是庄严宣示，更是铿锵号角。全县各级党组织、广大党员干部必须不辱使命，不负重托，坚持走在前列、干在实处，坚持比学赶超、创建争先，用勤劳、汗水、智慧和力量谱写我们道县科学发展、赶超跨越崭新篇章！

三、今后五年发展的工作重点和主要举措

今后五年，机遇大于挑战。我们要应时而动，顺势而为，乘势而上，抓牢抓实科学发展的重大保障和重大工作。

（一）始终突出党建抓引领，不断提升发展政治保障力

党建是加快发展的最大保障。必须始终坚持党要管党、从严治党，全面提升党建科学化水平。

1. 狠抓思想政治建设。党的思想政治建设，是党的根本建设，要始终放在首位，抓在前头，严在实处。一是切实坚定理想信念。历史充分证明，我们党员干部的信仰、理想绝不能动摇，永不能忘记曾经的誓言，永不能忘记“我是谁”“为了谁”“依靠谁”，要始终坚定“四个自信”，不断增强“四个意识”，保持对远大理想和奋斗目标的清醒认知和执着追求，持续增强政治定力，做到不忘初心，继续前进。二是扎实开展学习教育。把学习教育抓在平常、融入经常，在广大党员干部尤其是各级领导班子中大兴学习之风，县委常委班子要带头加强政治理论学习，勇于解放思想，更新观念，常补“精神之钙”，永葆信念之魂。要自觉践行“三严三实”要求，深入开展“两学一做”学习教育，大力增强党员干部对党的理论创新成果的认知认同，真信真用，教育引导党员干部做到以学促知、以知促行、以行固本。注重用主流思想舆论占领意识形态高地，推动党的思想、理论、主张和声音深入人心，转化为党员干部的政治自觉、思想自觉和行动自觉。三是落实从严管理要求。以为民务实清廉为要求，坚持党员标准，坚守党员底线，进一步加强和改进党员发展、教育和管理工作，严把发展党员的政治关、廉洁关，及时处置不合格党员、畅通“出口”关，着力优结构提质量，保持党的先进性和纯洁性。严格党支部“三会一课”等基本制度，以“十个表率”为核心要求，加强农村党员干部队伍建设，增强农村党员干部的向心力和凝聚力。以“双述双评”为抓手，着力激发不同领域党员干事创业、争先创优的内在动力，争做“四讲四有”好党员。

2. 狠抓基层组织建设。要严肃党建工作责任，优化党建工作机制，加强党建工作创新。一是不断提升支部规范化。坚持以建设学习型、服务型、创新型基层党组织为目标，严格落实党建主体责任，完善党建工作述职评议制度，切实抓好基层党支部“五基”规范化建设，确保基层党组织有人管事、有钱办事、有章理事、有场所议事。二是不断扩宽党建覆盖面。要按照“哪里有党员、哪里就有组织”的工作要求，建机制、抓覆盖、提素质、强保障，通过领导联

点、支部建点、党员驻点等方式，加大阵地建设力度，突出抓好“两新”组织建设和党建工作，努力实现党组织和党建工作全覆盖。三是不断增强基层新活力。创新基层组织建设，不断夯实乡村两级阵地，积极改善乡镇干部工作生活条件。坚决落实基层干部各项待遇，切实维护基层干部的合法权益，支持基层干部依法大胆开展工作。加强乡村便民服务中心建设，让群众就近便捷享受优质服务。全面加强基层党组织带头人建设，进一步强化村（社区）“两委”班子建设，探索开展村（社区）支部书记职业化建设，不断提升基层党组织的凝聚力和战斗力。

3. 狠抓干部作风建设。干部作风是党群干群关系的晴雨表，必须要持之以恒抓严抓实。一是强化执行能力提升。要紧盯作风领域问题的新形式、新动向，充分运用网络、微信等新媒体，严防“四风”反弹回潮，严治党员干部作风问题。要采取外出学习、一线锻炼、定期培训等多种方式，增长见识和才干，拓展视野和眼界，不断优化知识结构，不断强化宗旨意识、责任意识、发展意识和实干意识，推动党员干部敢抓落实、善抓落实、快抓落实。二是强化正确用人导向。坚持政治上重激励、待遇上重保障、生活上重关爱，全面激发广大党员干部干事创业热情。加大对年轻干部、妇女干部、少数民族干部、非党干部的培养和使用力度。严格落实好干部标准，突出重品行、凭实绩选人用人，对敢担当、肯苦干、善于攻坚克难、不怕得罪人的党员干部，要大力表扬、大胆使用；对不作为、慢作为、乱作为的党员干部，坚决进行训勉、问责、调整，努力形成党员干部能上能下、能进能出的常态化机制。三是强化执行落实考核。按照奖优、治庸、罚劣的原则，不断加强执行力建设，将工作业绩与“面子”“票子”“位子”挂钩，凸显干与不干、干好与干坏、干多与干少的区别，努力形成凭实绩定座次、以实干论英雄的浓厚氛围。

4. 狠抓党风廉政建设。坚持全面从严管党治党，构建“山清水秀”的政治生态。一是加强廉政文化建设。要以周敦颐诞辰1000周年为契机，把濂溪故里打造成全国知名的廉政教育基地，积极筹办中国廉政文化节，扩大周敦颐廉政思想的影响力。加强廉政思想教育，强化党纪党规学习，引导党员干部保持清正廉洁的政治本色。二是建立健全廉政机制。严格落实“两个责任”，认真践行监督执纪“四种形态”，深入推进惩治和预防腐败体系建设，加快形成不敢腐、不能腐、不想腐的体制机制。三是强化监督执纪问责。加强纪检监察机关自身建设，持续深化“三转”，努力建设一支忠诚、干净、担当的纪检监察队伍，进一步把监督执纪问责的职责担当好、执行好。坚持“无禁区、全覆盖、零容忍”，始终保持惩治腐败力度不减、节奏不变、尺度不松的高压态势，推动从严治腐向基层延伸，强力整治“雁过拔毛”式腐败问题，加大监督执纪问责力度，强化“一案三查”，公开曝光各类典型案件，坚决震慑各种歪风邪气，减少腐败存量，遏制腐败增量。

（二）始终突出项目抓发展，着重提升发展强大支撑力

项目是加快发展的重大引擎。必须始终强化项目首位意识，突出以项目建设大突破，推动经济社会大发展。

1. 高位策划包装，大上项目。要树立全面开放思想，切实突破项目谋划思维不活、思路不宽、胆子不大、步子不快的固有格局。要树立全域思维，做到县域山川、河流、土地、矿产、产业等资源禀赋，都是项目谋划策划的源头活水，都是项目建设新的增长点。要树立高位策划理念，紧跟国家大政方针走向，紧贴社会资本投资喜好，在建设湘粤桂结合部区域重要城市、国家卫生县城、省级文明县城、省级园林县城、湖南历史文化名城、湖南现代农业示范基地、百亿产业园区等方面，做好无缝对接、高位嫁接，大力谋划、策划、论证、包装、储备一大

批极具影响力、带动性的重大项目，不断提高项目谋划的精准度、项目策划的产出率，确保策划一批、见效一批。

2. 精准对接政策，大争项目。要强化辩证思维，主动作为，积极进取，努力拓展政策资金项目争取的宽度、广度和深度。要强化逆向思维，认真吃透、用足用好中央、省市政策，特别在事关道县撤县设市、国家生态功能区、重大交通干线等争取方面，必须不等不靠主动作为，锲而不舍紧盯不放，务必力求取得重大突破。要强化互联网思维，建立政策信息观察员制度，善用“外脑”“外力”；优化完善激励促进机制，用好“内脑”“内力”，全面发力，加倍努力，确保短线项目早见效、长线项目进“笼子”。

3. 全域招商选资，大引项目。要始终坚定不移推进招商选资、招大引强，加速优势资源转化、优质资本聚集。坚持外引内联并举，强化专业招商、定向选资，着力引进城市综合体开发建设、矿产资源精深加工、文化旅游开发等方面的战略投资者和知名大集团。大力发扬企业家精神，构建“亲”“清”新型政商关系，充分调动广大企业家的创新创业激情和热情。强化产业招商和以商招商，着力引进电子信息、轻纺制鞋等优势产业上下游企业项目。坚持由以“商”为主向以“我”为主转变，强化功能分区建设，加快完善县工业园、高新材料产业园、城南物流园等园区产业发展规划，突出以科学规划引导商业资本有序进入。坚持激励与约束相统一，既重奖功臣，也鞭策后进，确保引进一批、建成一批、成长一批、受益一批。

4. 全面优化环境，大建项目。项目建设是发展环境的试金石。要从加快发展的战略高度，提高优化环境的层次和格局。要坚持不懈优化政治生态环境，强化同心同德、同向同行大抓项目，大上项目，大建项目，大促项目。要不遗余力建设公平正义的法治环境，营造诚实守信的社会环境，强化开放包容的发展环境，推动更多优势资本汇聚道县、建设道县、发展道县。推进简政放权，全面提升政务服务环境；强化执行力建设，依法严治“三强”“三乱”，全面净化建设施工环境，推动项目建设大推进。要坚决摒弃“有多少钱办多少事”的守成思想，强化“办多少事筹多少钱”的开放理念，持续解放思想融资大建项目。要大力强化以人为本、让利于民的思想，全力破解征地拆迁难题，努力实现项目建设加速推进、人民群众多得实惠。

（三）始终突出平台抓保障，加快提升发展综合竞争力

平台是加快发展的重要基础。要紧紧围绕建设湘粤桂结合部区域重要城市、永州次中心和实现撤县设市，精准发力，深度用力。

1. 注重基础先行，加快建设区域交通枢纽。立足建设湘粤桂结合部区域重要城市，高起点规划，宽思维争取，全方位建设，着力提升公路、铁路、水运等基础设施建设，加速构建起立体交通网络。重点推动洛湛铁路永贺段客运专线、衡道高速、通用机场等重大工程早日动工兴建，全力争取桂郴赣铁路、呼南通道、呼海通道等重大交通干线过境道县，实施道州火车站扩改建工程。立足撤县建市，超前谋划，高端策划，高位建设，加速融合发展。积极实施道县至周边县区的快速通道建设，建设永州南部客运货运中心。立足建设城乡半小时经济圈，高标准建设，高质量管护，全面升级畅通县乡交通网络。大力实施县乡公路、水运、桥梁设施提升工程，重点新建国道357道县段、上坦公路，完成207国道县城段、上洞至祥霖铺段改扩建，加速主要景区景点对接高速公路、国道、省道连接线和互联互通建设，实施县城至月岩·周敦颐故里风景区旅游公路建设。

2. 注重宜居提升，加快建设智慧生态新城。树立城建新理念，坚持先策划后规划再计划，全力打造集品质、品格、品位于一体的新型智慧生态城市。按照“拉开框架、优化布局、组团发展、整体推进”的思路，坚持以人民为主体，以道州历史文脉为灵魂，以山水洲城为主

调，以潇水濂溪风光带建设为主轴，以城市总体路网建设为依托，科学实施提质扩容。高水平规划，高起点建设，高标准开发，加快构建“一带两轴，四心五组团”的城市空间，不断优化山水相依、组团相间、生态相连、文脉相融的城市形态，全面建成永州次中心城市，力争到2020年，县城建成区面积达到28平方公里，常住人口达到28万人以上。强化精准定位、科学建设，大力实施光网城市升级改造、无线城市提升覆盖、光纤网络普及工程，合理布局实施市政道路、城市广场、公共停车场、教育卫生、文化体育、娱乐休闲、绿地湿地、综合管廊等公共服务设施建设，健全完善市政设施配套，加速城西、城东、城中、城北、城南五大城市功能分区建设，形成特色鲜明、功能完善、产业发达、路网健全、宜居宜业的智慧生态城市新区。重点完成东一环、二环、西一环等城市内外环线建设，全面提升城市通畅宜居水平。

3. 注重辐射带动，加快建设重大功能平台。着眼增强区域核心竞争力，积极谋划策划争取一批核心项目，大力建设粮食、石油储备、驾考、商贸物流、检测检疫、民爆、天然气输送等各类功能平台中心；早日完成湖南农副产品集中验放场二期建设，打造集通关、商检等于一体的湘粤桂区域交汇区外向型经济发展综合平台。着眼增强区域辐射带动力，创优政策，创造条件，大力引进一批国际国内知名连锁店、旗舰店、品牌店，尽快争取长沙银行、华融湘江银行等大型商业银行在道设立分支机构，组建旅建投、农建投、工建投等融资专业平台，着力提升发展保障，加快把道县建成湘粤桂结合部商贸物流金融中心。

4. 注重产城融合，加快建设新型产业园区。坚持“工业新城、城市新区、产城融合”发展方向，着力推动各类园区以完善规划建设为引领推进有序化开发，以发展优势产业为重点推进特色化开发，以创新体制机制为动力推进市场化开发，以破解要素制约为突破推进集约化开发。城北工业园区要按照“一核带动、三园联动、四心协动”，加强功能分区建设、重大项目集聚、基础设施推进、综合配套完善，全面提升集聚、服务、融资和创新功能，着力提升电子信息、轻纺制鞋等产业园区，争创国家新能源产业示范园，早日将县工业园打造成湖南省百亿园区。城南物流园要加快完善规划，推进精细建设，强化功能配套，着力打造传统商贸物流与现代电子商务深度融合的众创、众筹创业创新典范。城西高新材料产业园要坚持高点定位、科学规划，进一步在园区建设、项目引进、产业集聚上下功夫，坚定不移推进园区特色化、高新化、品牌化发展。

（四）始终突出产业抓转型，不断提升发展强劲内生力

产业是加快发展的核心支撑。要始终把产业转型升级作为加快发展的根本，不遗余力地推动产业向集群化布局、规模化发展、中高端跃升。

1. 以集群高端为主线，坚定不移做强新型工业。围绕转型升级，积极对接“湖南制造2025”、“互联网+”行动计划，深入实施传统产业改造升级计划，突出引进高端产业、产业高端，大力发展总部经济，推进集群融合发展，加快提升电子信息、轻纺制鞋、先进制造、生物科技四大优势产业，加快建设湘南电子信息产业集中区。依托资源优势和产业优势，加快矿产资源开发利用和冶炼产业转型升级，大力发展风电光伏等清洁产业。瞄准产业发展新方向，积极培育发展新一代信息技术、新材料、新能源、节能环保、生物医药等战略新兴产业，抢占产业发展制高点。创新设立工业发展引导基金，扶持本土优势企业做大做强，推动一批企业上市“出海”。通过五年的发展，力争全县规模以上企业突破150家以上，工业总产值过200亿元，壮大形成1个百亿产业，上市企业达6家以上，产业工人突破5万人。

2. 以互建互融为方向，坚定不移做优现代

农业。坚持农业的基础地位不动摇，加快实施现代农业十大工程和农业社会化服务五大体系建设，全面提升农业生产基础条件；深入开展农业标准园、产业园建设，大力抓好粮、烟、猪、果、菜、林等“六优”产业新型经营主体培育发展，切实提升农业适度规模经营和区域化布局、标准化生产和社会化服务水平，努力把道县打造成全省现代农业示范基地和全国重要的特色农产品生产基地。注重融合融通，大力推进现代农业“接二连三”，加强农区与景区互建，积极发展生态休闲、旅游观光农业，加快培育农业新业态、新模式。以农业发展、粮食安全和农民致富为导向，以绿色、循环、可持续发展为基调，以农产品及其副产品精深加工为核心，积极实施农业“工业化”。到2020年，力争建成国家现代农业示范园区1个，创建和培育全国驰名品牌3个以上，以及全国农产品龙头企业、农业上市公司各3家以上。

3. 以文化生态为重心，坚定不移做大旅游产业。道县最深的底蕴是文化，最靓的名片是山水，必须擦亮打响。大力发展全域旅游，加快湘源风景区与九嶷山风景区互联建设，建好濂溪书院，全力建设濂溪文化园，联合江永打造鬼崽岭—女书神秘文化园；依托两河口、道州古城、东洲草堂、宜山公园、宝珍故里为主的潇水风光带，大力发展生态健康休闲度假旅游，加快文化生态旅游深度融合，着力构建“一轴两翼”文化旅游发展格局，打造全国知名的文化生态旅游休闲目的地。加速完善功能配套，提升吃、住、行、游、购、娱层次和水平，做精做优旅游产品，做长做宽旅游链条，做新做特旅游商品，加速扩大道县文化旅游知名度和美誉度。

4. 以业态培育为突破，坚定不移做活第三产业。充分发挥各类区域功能平台叠加优势，着力壮大现代商贸物流业规模，积极发展现代金融业，大力促进房地产业健康发展，加快提升信息和商务服务业，大力发展健康养老、物业家政、休闲娱乐等生活性服务业。大力实施“互联网+”战略，积极发展大数据产业，引进大型电商企业建设产业园，争创全国电子商务进农村综合示范县，培植新业态、新消费、新产业，努力把道县打造成湘粤桂结合部的商贸流通重地，集商贸、地产、金融、信息等功能于一体的现代服务业区域中心。未来五年，力争全县现代服务业年均增长13.0%以上。

（五）始终突出民生抓统筹，全面提升发展巨大向心力

民生是加快发展的根本目的。要始终坚持民之所向、施政所向，努力解决好人民群众最关心最迫切的现实问题。

1. 坚持品质品牌，做强教育卫生。教育卫生是塑心强体千秋万代的事业，必须抓紧抓实，抓强抓好。要始终坚持“六个优先”，持之以恒地深化教育教学、医疗卫生管理体制机制改革，用心用情用力优化教育卫生事业发展环境，切实改善和保障教师医生的合法权益，进一步做到在政治地位上高看一等、生活待遇上厚爱一层，不断提升教师医生的职业自信和职业尊严。积极实施第二轮标准学校建设，促进城乡教育均衡发展。着眼建设永州次中心，尽快制定出台教育事业发展五年规划，探索建立学位建设与城市开发协调联动机制，努力形成各种力量办学兴学、各个层次教育协调共进的生动局面。抢抓永州南部品牌教育和品质医疗的战略真空，加快完善中心城区教育卫生布局建设。加速完成8所城区公办学校标准化规模化建设，加快实施永州工贸学校整体搬迁，尽力尽快提升学前教育，全力争取省市大中专院校在道设立分校，积极推动永州工贸学校升格为大专职业学院。力争到2020年，实现道县教育在永州南部率先崛起，教育综合实力位居全市前列。加大投入，加强建设，加快形成以县级公立医院为龙头、乡镇卫生院为主体、乡村卫生室为补充的城乡公共卫生医疗服务体系，推动由重治病保健向防病养生转变，全面提升全民健康水平。创优

政策，创造条件，积极引进建设高端的民办教育、民营医疗机构，加强与省内外知名学校医院合作，竭力建名校、名院，培名师、名医，切实解决群众上好学、读好书、就好医、保好健的现实问题。坚持计划生育基本国策，全面实施二孩政策，优化妇幼保健服务，提升优生优育水平。

2. 坚持传承创新，提升社会事业。顺应人民群众新期待，加快健康道县建设，广泛开展群众文化体育活动，推进全民健身与全民健康深度融合。加速“三馆三中心”建设，健全城乡公共文化服务体系，争创全国全省民间艺术之乡。精心策划举办周敦颐国际理学文化旅游节、道州龙船赛等重大文化节会活动，打造具有全国影响力的节庆品牌。深入实施人才强县战略，着力创新完善吸纳、留住、造就、激励各类人才的机制体制和政策措施。大力推进精神文明建设，深入开展社会公德、职业道德、家庭美德、个人品德教育，积极引导人民群众践行社会主义核心价值观，提升全社会思想道德文化素质。深入实施关爱行动，倾力做好空巢老人、留守儿童、残障群众工作。全面健全完善城乡劳动就业、教育医疗、住房低保、民政保障、救助帮扶、养老优抚等社会保障体系，全力做好社会托底工作，让广大人民群众共享发展成果。

3. 坚持协同治理，升级社会管理。健全完善党委领导、政府主导、社会协同、公众参与、法治保障的社会治理体制，构建共建共享的社会治理新体系。充分发挥好自治组织和各类社会组织在基层社会治理中的功能作用，努力形成党政善治、社会共治、基层自治的良好局面。加强和创新社会治安综合治理，不断完善“条块结合、以块为主”的网格化管理体制机制，大力推进云平台建设，加快完成城乡“天网”工程建设，编织城乡安全防护网，全面提升社会治理水平。坚持把稳定作为第一责任，突出打防结合，强化社会治安风险源防控治理，依法重拳打击黄赌毒、“两抢一盗”、制贩假币等违法犯罪行为，全力打造平安道县。牢固树立抓安全就是抓发展的理念，强化安全生产党政同责和企业主体责任，坚决遏制重特大事故发生，确保人民群众生命财产安全。坚持食品安全重于泰山，注重源头治理与严管重罚相结合，确保群众吃得健康、吃得放心。

4. 坚持共建共享，建设美丽乡村。始终以绿色生态为方向，以基础设施完善为先导，以市场开发为主体，以共建共享为动力，推进美丽乡村建设。突出生态优先，完善和落实主体功能区规划，加强治水、治山、治污、治气“四治”建设，严厉整治破坏潇水河等六大水系生态环境行为，推进封山育林、绿化造林，维护天然氧吧，建好绿色家园。加快城乡统筹、融合发展，着力创新思路，完善政策，精准定位，突出重点，完善配套，重点打造寿雁、祥霖铺、清塘、柑子园、仙子脚、蚣坝等品质活力特色小镇，推动各类生产要素向中心镇聚集，让更多的农民群众有序转化为市民，分享科学发展成果。坚持整体推进、重点突破，开展美丽乡村和乡村旅游建设大会战，加快基础设施、公共服务向乡村延伸覆盖。重点实施村庄规划、生活垃圾处理、自来水、治安电子监控等四个全覆盖工程，着力打造县城至祥霖铺、清塘、梅花、寿雁、白芒铺，以及潇水濂溪两岸美丽乡村示范带、乡村旅游精品线。

（六）始终突出改革抓攻坚，切实提升发展核心驱动力

改革是加快发展的第一动力。要始终坚定不移推进体制机制创新，大力推进共享发展、创新发展、开放发展，全面争创发展新优势。

1. 以更强的担当加快精准脱贫。坚持精准扶贫脱贫，因人因地施策。深入推进专项扶贫、行业扶贫、社会扶贫，严格落实精准扶贫各级各方责任，最大限度凝聚精准扶贫脱贫攻坚合力。遵循“六个精准”和“五个一批”的精准扶贫总方向，综合运用产业发展、异地搬迁、危

房改造、医疗救助、教育助学、生态补偿等扶贫方式，着力解决好“扶持谁”“谁来扶”“怎么扶”“如何退”等一系列问题。实行领导干部包村联户、党员干部驻村帮户的精准扶贫帮扶制度和考评考核制度，做到帮扶对象不脱贫，工作队不撤退，党员干部不脱钩。注重发掘激发群众的内生动力，引导群众通过自力更生、艰苦创业，确保提前实现精准脱贫致富的奋斗目标。

2. 以更大的勇气全面深化改革。要建立健全激励机制和容错纠错机制，强化“三个区分开来”，为改革担当者撑腰打气，让畏难迟疑者“换脑”“换位”。切实增强政治定力，保持改革锐气，严格按要求持续深化经济体制改革、农村综合改革、生态文明体制改革、行政机构改革、民主法制领域改革、文化体制改革、司法体制和社会体制改革、党的建设制度改革、纪律检查体制改革等九大改革。要牢固树立改革思维，努力在社会治理机制、投融资体制机制、农村产权制度、工业园区管理体制机制、城市管理体制机制、户籍管理制度、教育卫生医疗管理体制机制、小城镇建设体制机制、人才引进培养体制机制、商事制度等事关县域发展的重点改革上，精准发力抓推进，精深用力求实效。积极推进供给侧结构性改革，做好“三去一降一补”工作，加快转型升级步伐，切实增强人民群众的改革认同感和获得感。

3. 以更宽的思维推进开放发展。坚持以开放促改革、促发展，深化全方位对外开放，发展更高层次更高质量的开放型经济。深入对接国家“一带一路”发展战略，重点面向泛珠三角、长三角等发达地区，强化与北部湾经济区对接，突出高位嫁接、整体承接，发展飞地经济，开展产业园区共建，推动产业承接由招商引资向选资引智引技并重转变。鼓励引导本土优势企业实施“走出去”战略，充分利用“两个市场”“两种资源”，加快由外贸出口向外贸出口和对外投资并行转变。紧紧依托湘南承接产业转移示范区，深化区域联动发展协作机制，挖掘与毗邻城市的合作潜力，加强与各方面的务实合作，努力形成互利共赢、共建共享的开放发展新格局。

4. 以更实的举措加强法治建设。牢固确立法治在经济社会发展中的保障地位，加快推进法治道县建设。坚持党的领导，强化法治思维，加快建设职能科学、权责法定、廉洁高效的法治政府。不断完善司法管理体制和司法权力运行机制，严格规范司法行为，强化对司法活动的监督。大力弘扬法治精神，推进法治文化建设。坚持以党内民主带动人民民主，不断加强和改进党的建设和领导。加强和改进县委对人大、政协工作的领导，支持人大依法行使职权、积极开展工作；积极推进协商民主建设，全面提升政协委员参政议政能力和水平。强化县委对统战、群团等工作的领导，广泛凝聚社会各界智慧和力量。坚持党管武装，加强人民武装和国防后备力量建设。认真落实执行党纪党规、国家法律法规，自觉接受行政监督、司法监督、审计监督、社会监督、舆论监督，始终让公权力在阳光下运行，保障权力来之于民、用之于民。

（七）始终突出创建抓品质，着力提升发展关键软实力

创建是加快发展的主要抓手。要始终紧扣县域发展，突出以“四城联创”，不断提升发展软实力。

1. 全力推进国家卫生县城创建。按照“市容更整洁、环境更优美、功能更完善、市民更文明”要求，坚持全党再动员，全民再动手，重点优质优量按期完成国家卫生县城申报先决条件，突出抓好主次干道提质改造、环卫基础设施配套、供水及污水管网建设、城乡结合部环境整治、城区农贸市场标准化改造、病媒生物防治、城市结合部环境整治、城区农贸市场标准化改造、城市空间立面整治、“八小”行业卫生整治、市容秩序整治、城乡环境一体化等重点创建工作，通过三年的持续努力，确保成功

创建国家卫生县城，推动城市建设管理水平再上新高度。

2. 全力推进省级文明县城创建。遵循“五位一体”总体布局要求，将精神文明建设摆在更加显要位置，坚持以理想信念、乡风文明、经济民生、社会环境、生态文明、城乡一体化、长效常态机制等建设为重点，倾力抓好文明宣传、文明出行、文明爱心、文明和谐“四大活动”，全力打造廉洁高效政务环境、舒适便利生活环境、健康向上人文环境、持续发展生态环境“四大环境”，大力狠抓交通秩序、公共场所、市场秩序、治安秩序“四大整治”，全面提升城市文明，不断提高全民素质，确保省级文明县城创建一举成功。

3. 全力推进省级园林县城创建。坚持“一年打基础、两年见成效、三年保成功”原则，突出“山水洲城、两河两岸、见山望水”，高水平做好城市绿地系统规划，强化城市绿线蓝线管理，全面提升城市公园、绿地、湿地建设，大力加强道路立体绿化、古树古木、城市历史风貌、风景名胜区、文化与自然遗产保护管理、生态环境、市政设施等重点工作和主要指标建设，确保高标准创建省级园林县城，为创建国家园林城市奠定坚实基础。

4. 全力推进省级历史文化名城创建。以申报千年古县为契机，全面启动历史文化名城保护规划的修编和报批工作，加强文物保护基础性工作，努力恢复重建道州古城历史文化主体景观群，在古城内建好两个以上的历史街区，建设道州农耕文化博物馆，全面展示千年道州历史风貌。科学制定“非遗”保护规划，加大“非遗”保护申报力度，切实抓好“国保”、“省保”保护工作。积极开展历史文化名村创建，重点保护修缮好楼田、小坪、田广洞、庄村、龙村等一批传统古村落和古桥、古道、古亭，彰显道县厚重的历史文化特色。

同志们，道县发展已经站在更高的历史起点上，宏伟蓝图催人奋进，历史使命重于泰山。让我们紧密团结在以习近平同志为总书记的党中央周围，高举中国特色社会主义伟大旗帜，在这片人杰地灵、文化灿烂、充满希望、蓬勃发展的土地上，以更加解放的思想，更加宽广的胸怀，更加非凡的气魄，更加昂扬的斗志，更加务实的作风，更加有力的举措，众志成城大干苦干，雷厉风行快干实干，朝着建设品质活力小康新道州奋勇前进，确保早日实现全面小康和撤县设市的宏伟目标！

名词解释

1. “三严三实”：严以修身、严以用权、严以律己，谋事要实、创业要实、做人要实。

2. “两学一做”：学党章党规、学系列讲话，做合格党员。

3. “四风”：形式主义、官僚主义、享乐主义和奢靡之风。

4. “五小设施”：小食堂，小厕所，小澡堂，小图书室，小文体室。

5. “两个责任”：落实党风廉政建设责任制，党委负主体责任，纪委负监督责任。

6. “三个所有”：所有的工作都量化成项目、所有的领导都抓项目、所有的项目都有领导抓。

7. “五个一”：一个项目、一名县级领导、一套班子、一个考核办法、一抓到底。

8. “五位一体”总体布局：经济建设、政治建设、文化建设、社会建设、生态文明建设——着眼于全面建成小康社会、实现社会主义现代化和中华民族伟大复兴，党的十八大报告对推进中国特色社会主义事业作出“五位一体”总体布局。

9. “四个全面”战略布局：即全面建成小康社会、全面深化

改革、全面依法治国、全面从严治党。

10. “四个自信”：道路自信、理论自信、制度自信、文化自信。

11. “四个意识”：政治意识、大局意识、

核心意识、看齐意识。

12.“四讲四有”：讲政治、有信念，讲规矩、有纪律，讲道德、有品行，讲奉献、有作为。

13.“三会一课”：是指定期召开支部党员大会、支部委员会、党小组会，按时上好党课。

14.“十个表率”：争当宣传政策法规的表率，争当勤劳致富带富的表率，争当建设美丽乡村的表率，争当为民排忧解难的表率，争当维护社会稳定的表率，争当正民风树新风的表率，争当公益事业建设的表率，争当文明治家兴家的表率，争当民主管理监督的表率，争当廉洁自律奉献的表率。

15.“双述双评”：机关基层党组织接受本单位党员群众评议，接受上级党组织考评。

16.“两新”组织：是指新经济组织和新社会组织的简称。

17.“三转”：指的是纪检部门转职能、转方式、转作风。

18.“四种形态”：党内关系要正常化，批评和自我批评要经常开展，让咬耳扯袖、红脸出汗成为常态；党纪轻处分和组织处理要成为大多数；对严重违纪的重处分、作出重大职务调整应当是少数；而严重违纪涉嫌违法立案审查的只能是极极少数。

19.“一案三查”：一查当事人的违纪违法责任，二查党委（党组）的主体责任，三查纪委（纪检机构）的监督责任，做到有错必究、有责必问。

20.“呼南通道”、“呼海通道”：根据2016年6月30日国务院通过的《中长期铁路规划》，国家将建设“八纵八横”快速铁路网，“呼南通道”、“呼海通道”是其中的“两纵”。“呼南通道”即呼和浩特至南宁的快速铁路，“呼海通道”即呼和浩特至海南三亚的快速铁路。

21.“一带两轴，四心五组团”：“一带”，即沿潇水的城区核心景观带，由南至北，串联县城各核心组团。“两轴”，即以道州路和东洲路为依托的城区南北向综合发展轴，以月岩路为依托的城区东西向空间拓展轴。“四心”，即位于月岩路潇水两岸的城市综合中心、南部大型湿地景观中心、以东洲为依托的文体中心、湘源路两侧的公共服务中心；“五组团”，即工业园组团、濂溪河以北的城北组团、濂溪河和板坝河之间潇水以西的站前区组团、潇水以东的上关组团和板坝河以南的城南组团。

22.“一核带动、三园联动、四心协动”：一核，即电子信息产业园。三园，即沿工业大道构建产业发展走廊，包括轻纺制鞋产业园、大健康产业园、先进制造产业园。四中心，即行政中心（包括政务服务中心、公共资源交易中心、广电新闻中心）、综合服务中心、湖南省农副产品集中验放场和生活配套中心。

23. 现代农业十大工程：粮食高产创建工程、柑橘提质增效工程、蔬菜基地建设工程、油料基地建设工程、现代烟草基础工程、畜牧扩量提质工程、特色水产养殖工程、林业基地建设工程、农产品深加工工程、休闲农业发展工程。

24. 农业社会化服务“五大体系”：农业信息服务体系、农产品质量安全体系、农机社会化服务体系、动植物疫病防控体系、农业气象防灾减灾体系。

25.“接二连三”：农业发展向第二、三产业转化融合。

26.“一轴两翼”：以县城潇水为中轴，月岩-周敦颐故里和湘源温泉为两翼的城区景区布局。

27.“六个优先”：教育发展优先规划，教育工作优先研究，教育问题优先解决，教育投入优先安排，教育用人优先补充，教师待遇优先落实。

28.“三馆三中心”：“三馆”是指图书馆、博物馆、档案馆；“三中心”是指道县文化艺术中心（妇女儿童活动中心、工人文化宫、文体公园等）、社区青少年活动中心、老年教育活动中心。

29.“六个精准”：扶贫对象精准、项目安排精准、资金使用精准、措施到户精准、因村派人精准、脱贫成效精准。

30.“五个一批”：发展生产脱贫一批、易地扶贫搬迁脱贫一批、生态补偿脱贫一批、发展教育脱贫一批、社会保障兜底一批。

31.“三个区分开来”：把干部在推进改革中因缺乏经验、先行先试出现的失误和错误，同明知故犯的违纪违法行为区分开来；把上级尚无明确限制的探索性试验中的失误和错误，同上级明令禁止后依然我行我素的违纪违法行为区分开来；把为推动发展的无意过失，同为谋取私利的违纪违法行为区分开来。

32.“三去一降一补”：去产能、去库存、去杠杆、降成本、补短板”五大任务。

33.古城历史文化主体景观群：以道县历史文化为主题，开展对道州古城、两河口、东洲草堂、古州衙、状元楼、文庙、文昌阁等文化遗迹的抢救式修缮和保护性开发。重建石牌楼，建设包括道州文院、江山馆、辉煌馆、道州剧场在内的道州文化园，打造古街区、街道和文塔地标园。

乘势而上 全力以赴 全面加快推进品质活力小康新道州建设

——在全县“四城联创”工作推进会议上的讲话

李天明

（2016年12月26日）

经县委、县政府研究决定，今天召开全县“四城联创”工作推进会议，会议的主要任务是全面部署“四城联创”工作，动员全县上下进一步统一思想，坚定信心，迅速行动起来，用两年的时间把我县创建成为国家卫生县城、省级文明县城、省级园林县城、省级历史文化名城，着力打造道县对外新形象，着力筑牢道县发展新支撑，为加快实现“撤县设市、全面建设小康社会”奠定坚实基础。

一、聚焦热点，同心协力，切实增强“时不我待，志在必得”的坚定信心

城市是一个地区发展活力、对外形象和精神面貌的生动写照，是综合竞争力、社会管理能力和可持续发展潜力的集中显现。8月29日，在县第十二次党代会上，我县正式提出“四城联创”的目标，要求全县上下以创建为总抓手，着力推动全县经济社会大发展，提高全县人民幸福指数，再次体现了县委、县政府对县城新形象和群众幸福感的高度重视。我县开展“四城联创”活动，就是要在文明、卫生、生态、文化等方面达到国家、省级标准，全面提升县城整体格调和发展层次，促进人与自然和谐发展。

1. “四城联创”是着眼于建设小康新道州的再提速工程。党的十八大提出的全面小康，不仅指经济上要有新的发展，而且对人居环境也有新的要求。新的城市形态，包括合理的城市规划、适度的人口规模、宜居的生态环境、完善的基础设施、良好的社会秩序、优美的市容市貌、便利的生活环境、高效的行政环境、优良的市民素质等等。这些标准同全面建成小康社会的目标是一致的。因此，开展“四城联创”活动，不仅是我县全局性的重大工程，也是全面建成品质活力小康新道州的内在要求，更是谋求道县长远发展的战略选择。我县十二次党代会工作报告和县十七届人民代表大会《政府工作报告》中明确提出，未来五年，我们的奋斗目标是牢固树立创新、协调、绿色、开放、共享发展理念，以早日实现全面小康和撤县设市为目标，深入实施产业立县、文教兴县、改革活县、品牌强县四大战略，加快建设湘粤桂结合部区域重要城市和永州次中心，全面建成品质活力小康新道州。这就要求我们在未来的工作中必须更加注重城市的发展，更加注重城市的形象，大力建成基础设施完备、社会管理有序、环境整洁优美、生活舒适健康、市民素质良好的新道州。

2. “四城联创”是着眼于提高道县竞争力的再提升工程。环境既是生产力，也是经济发展竞争力。好的市容环境，对外是形象、是名片，对内是繁荣、是效益。从全国层面来看，有很多城市从改造市容、治理污染、完善绿化、倡导文明抓起，走出了一条成功之路。从全市的情况来看，未来25年潇湘城市群协调发展规划明确提出构建“一江两岸、东扩西跨、南北联城、中部崛起”的城市框架。市委、市政府正

对中心城市加紧实施“五城同创”，为响应市委、市政府的号召，各县区正呈现出比学赶超、争相追逐的竞争态势。目前，全市已有江华县成功创建全国文明县城，宁远县、东安县、新田县成功创建国家卫生县城，今年申请省级文明县城验收的有4个县区。拿到这些国家级、省级称号，不仅仅是一种荣誉，更是一种对外交往、招商引资的“金字名片”和经济社会快速发展的强大驱动力。从道县的实际来看，道县要在新一轮竞争中抢占先机、赢得主动，不仅需要着眼发展、加快发展，把经济搞上去，让百姓富起来，还要着眼未来，围绕城区环境提档升级，加快城市建设和改造步伐，塑造与城市经济快速发展相协调的城区环境和城区形象。这就要求我们必须以“四城联创”为契机，加大城市建设和环境整治力度，积极打造最佳的服务环境、最佳的设施环境、最佳的生态环境、最佳的人文环境，进一步把道县建设成为投资兴业的福地、休闲旅游的胜地、最宜人居的宝地。

3. “四城联创”是着眼于增强民心凝聚力的再提质工程。随着经济社会的发展和人民生活水平的提高，广大人民群众对生活质量和环境的要求也越来越高。全县广大人民群众迫切期盼尽快改善城市的形态和功能，提高城市的品味和形象。我们要通过开展“四城联创”活动，努力改善群众的生活环境和居住条件，让群众充分享受经济发展和城市建设带来的实惠，以创建的实际效果取信于民，实现经济、政治、文化、社会和生态文明建设互为促进，实现新型工业化、城镇化、农业现代化、信息化、绿色化协同共进，使经济社会发展的全面协调可持续性明显增强，城乡发展一体化水平大幅度提高，社会和谐文明程度全面提升，人民群众精神生活更加丰富。当前，我县经济社会发展处于关键阶段，资源和环境工作面临新形势，社会稳定面临新压力，经济社会改革迫在眉睫，我们要把“四城联创”与推动改革发展有机结合起来，把“四城联创”与社会稳定工作有机结合起来，通过“四城联创”促进社会稳定，以稳定的社会环境确保“四城联创”效果，最终以经济效益、社会效益和生态效益的全面提高造福全县人民。

二、突出重点，整体推进，切实提升“锲而不舍，攻坚克难”的坚强韧劲

开展“四城联创”的总体要求是：紧紧围绕全面建成品质活力小康新道州和“撤县设市”的奋斗目标，以完善城市功能、优化城市环境、提升城市品位、塑造城市形象、提高文明程度为着力点，广泛发动，全民参与，整体推进，全力实施，确保完成“四城联创”各项任务，努力建设经济繁荣、社会文明、环境优美、生态良好的新道州。具体工作目标是：2018年3月申报国家卫生县城，确保年底前成功挂牌；2018年1月申报省级文明县城，8—12月迎接省国调队暗访和省文明委验收；2018年6月前创省级园林县城各项指标达到要求并申报，2019年3月前全面通过省里验收；2018年底申报省级历史文化名城，并顺利通过省里验收。

围绕上述总体要求和目标任务，结合创建标准，重点抓好以下四个方面的工作：

（一）要以持之以恒的毅力持续推进国家卫生县城创建工作。申报国家卫生县城需要具备10大基本条件和两项必备条件，分别涉及爱国卫生、健康保障、市容环境、食品卫生、环境保护等方面，都是硬条件、硬指标，要想顺利通过申报，必须在创建省级卫生县城打下的良好基础上进一步落实职责，全力推进，确保各项指标全部达标。

1. 进一步加强基础设施配套。基础设施建设不仅是创建国家卫生县城的前提，也是“四城联创”的大前提，是改善城市人居环境、提高居民生活质量的根本。一要尽快完善市政路网建设。启动G207线绕城段、站前大道、东环二路、城西路等纵向主干道建设，推动万家庄

路、公园西路、文化西路、营江西路、状元路等横向主次干道建设。全力打通潇水北路、滨河路一二段连接线、乌家山路等城区“断头路”，切实缓解城区交通运行压力。要全面完成富塘路、长征路、胜利街、红星西路等主次干道提质改造。二要尽快完善市政设施建设。进一步完善电力通信、供水排水、路灯亮化、市民公园、集贸市场、停车场等公共设施。科学规划县城和集镇路旁房屋建筑、门牌、广告牌风格，有序推进建筑立面改造和亮化提质。三要尽快完善环卫配套设施。扎实推进城乡环卫一体化项目建设，及时添置环卫设施，加大城乡结合部的环境综合整治，高度重视农村环卫设施建设和面源污染治理，积极推进农村生活垃圾、畜禽粪便和污水处理，全面提高县域环境卫生水平。

2. 进一步加强市容市貌整治。要突出治理环境卫生，继续推行“日清扫、周大扫、月大除”和“门前三包”机制，保持街道、人行道、绿化带、花坛、绿地、绿化隔离带干净整洁。各街道、单位要对所属办公区域、家属楼院、下属单位的环境卫生进行彻底整治，严格督查。要引导市民养成良好文明卫生习惯，共建文明卫生城市，共推城乡环卫一体化建设。持续整治城区“牛皮癣”和临街门店乱倒垃圾、乱泼污水、乱挂宣传标语横幅现象，进一步净化市容、规范管理。同时，要注重文明执法，杜绝不文明甚至粗暴野蛮执法现象发生。

3. 进一步加强公共秩序整治。一要大力整治交通秩序。规范营运秩序，持续开展公交客运秩序专项整治行动，坚决取缔非法载客营运行为，严厉打击“黑的”“摩的”。加强司乘人员教育和车容车貌管理，做到整洁美观。要通过持之以恒的整治，使公交客运车辆成为我县靓丽的流动名片。二要大力规范车辆停放。要从严整治车辆乱停乱放现象，确保城区道路安全畅通，组织对城区所有停车场开展专项整治活动，严禁非法占用公用场所设置收费停车场，进一步规范免费停车站场的管理，进一步开放单位机关院内停车场，真正方便市民所需。三要大力整治市场秩序。科学配置市场，按照科学规划、合理设置的原则，加快建设专业市场，科学规划综合市场，现有市场要全面升级改造，做到排水畅通、设施齐全、方便干净。强力整治环境，组织专门力量开展联合执法，坚决取缔市场上路行为，加强市场周边环境整治，营造良好市场环境，探索设置便民市场，在居民集中区按照规定时间、规定地点设立临时交易点，方便市民需要。治理市容秩序，出台《道县城区市容市貌整治工作方案》，持续开展执法整治行动，防止流动摊点、乱搭乱建、乱停乱摆、乱丢乱扔以及出店经营、占道经营、早茶夜市等违法违规现象反弹，坚决不允许以罚代管、放水养鱼现象存在，实现常态化管理。

（二）要以深入细致的耐心大力推进省级文明县城创建工作。省级文明县城的内涵非常丰富，涵盖了经济、政治、文化、生态和社会建设等各个方面。《湖南省文明县城测评细则》所涉及的9大项目133条测评标准及廉洁高效的政务环境、民主公正的法治环境、规范守信的市场环境、健康向上的人文环境、有利于青少年健康成长的社会文化环境、合适便利的生活环境、安全稳定的社会环境、可持续发展的生态环境、扎实有效的创建活动，是一项复杂的系统工程，要坚持统筹协调，齐心协力推进，确保各项指标全部达标。

1. 要在践行社会主义核心价值观上下功夫。要深入贯彻落实中办《关于培育和践行社会主义核心价值观的意见》，着力抓好宣传教育、示范引领、实践养成、制度规范和政策保障等重点环节，推动社会主义核心价值观入脑入心，使核心价值观“动起来”“活起来”，在群众中凝聚起强大精神力量。围绕培育和践行社会主义核心价值观要求，运用公益广告大力宣传中国梦、传统美德、生态文明和中华礼仪。突出典型示范带动作用，做好道德模范、美德少年、身边好人、最美人物等先进典型的推荐、评选工作。精心组织参加中央、省市道德模范、“身边好人”推荐申报和本县道德模范、最美家庭、十星级文明户评选活动，组织开展道德模范与身边好人故事宣讲活动，用身边好人影响感动身边人，进一步在全社会倡导德者有得、好人好报的鲜明价值导向。

2. 要在提高文明创建覆盖率上下功夫。大力推进文明村镇（社区）、文明单位、文明行业、文明校园、文明集市、文明餐饮示范店等创建活动深入开展，形成文明创建热潮。到2018年，60%学校成功创建成文明校园，30%村镇（社区）成功创建成文明村镇（社区），各部门要争创文明单位，认真开展文明职工、文明科室、文明楼栋等文明创建活动，广泛培育文明细胞，让干部职工在“做恭谦有礼的道州人”上起到表率作用。

3. 要在提升市民素质上下功夫。深入开展群众性精神文明创建活动，坚持创建为民、创建利民、创建惠民，倡导全民参与、全民践行，让文明守礼成为广大群众的自觉行为。深入开展践行《道县市民文明公约》和《道县市民行为守则》宣传教育活动，规范市民行为，提升市民素质，组织开展好文明引导、文明交通、文明餐桌、文明传播、文明旅游五大文明行动。积极开展“学雷锋”活动，深入推进志愿服务制度化、规范化、常态化。组织各类志愿者上街道、进社区、进单位、进企业、进学校，开展文明行车、文明出行、文明礼让宣传教育和劝导，引导群众自觉加入到维护社会文明的活动中来。组织传统节日主题活动，在春节、元宵、清明、端午、中秋、重阳等传统节日期间，组织开展群众喜闻乐见的民俗活动，增进道德价值认同，增强民族自信心、自豪感。

4. 要在移风易俗上下功夫。要深入贯彻落实全国“推动移风易俗，树立文明乡风”电视电话会议精神，通过制定完善乡规民约、村规民约，通过成立红白理事会、道德评义会、禁赌禁毒协会等村民自治组织，制止红白喜事大操大办之风、封建迷信之风、酗酒赌博之风、薄养厚葬之风、家族宗亲之风。在全县范围内广泛开展“六提倡六反对”活动，即：提倡勤俭节约、反对大操大办；提倡崇尚科学、反对封建迷信；提倡健康娱乐、反对酗酒赌博；提倡孝老敬老、反对薄养厚葬；提倡勤劳致富、反对好逸恶劳；提倡邻里和睦、反对家族宗派，教育引导广大群众形成科学文明、健康向上的生活方式和精神风尚。

5. 要在提升服务水平上下功夫。要严格规范窗口服务流程，提升窗口行业文明水平，设立学雷锋志愿服务岗，公布投诉电话，提供便民设施；对工作人员进行文明礼仪培训，杜绝门难进、脸难看、事难办现象的发生，以热情服务、用心服务、规范服务、高效服务和微笑服务，进一步转变干部工作作风，塑造良好形象。

（三）要以积极饱满的热情强力推进省级园林县城创建工作。按照既定目标，严格对照《湖南省园林县城标准》明确的5大类21项指标，坚持“政府主导、全民参与、统一规划、因地制宜、讲求实效”的原则，统筹协调抓部署，分秒必争抓当前，确保按时全面完成“创省园”各项工作任务。

1. 精心做好绿化规划。立足道县生态和人文特色，借鉴先进地区经验，按照“绿化与文化相结合，绿化与生态相结合，绿化与产业相结合，绿化与群众生活相结合”的思路，进一步完善城区绿地系统规划、城区垂直绿化规划、城区道路绿化景观提质规划，编制县城规划区植物物种多样性保护规划，修订完善园林绿化管理实施办法、县城绿线管理办法等规章制度，制定实施城市园林绿化提质行动计划，真正让县城绿化有规可循、有据可依、有序建设。

2. 突出抓好两大区域。要大力加强207国道绕城路段的山体、水体保护，包括工业园区路网、湘源东路、潇水河两岸、月岩东路、厦蓉高速入城连接线等重点区域绿化建设与保护；要大力加强火车站站前大道及城西片区自然山体、水体保护，包括洛湛铁路沿线、濂溪河两岸等重点区域的绿化建设与保护。未来的城区规划要高度重视这两个区域的植被和水体保护，力求形成城市外围绿地与防护绿地一体化的环城生态圈。同时突出抓好城区出入口绿化美化，做到一口一景，一路一色，提高景观艺术效果，精心打造道县对外的第一窗口。

3. 大力实施“四项工程”。一是大力实施公园游园绿化工程。按照市民出行500米就有一处公园绿地的要求，加快建成白马公园、东洲公园、滨河公园等3个综合公园，湿地公园、文体公园等两个专类公园，城南公园、湘源公园等两个社区公园以及城区街道（广场）休闲绿地。二是大力实施道路景观绿化工程。按照“绿随路建、有路皆绿、绿美结合”的原则，保证城区干道绿化带面积不少于道路总用地面积的25%，道路绿化普及率、达标率分别达到95%和85%以上；对湘源路、月岩路、道州路等14条主次干道实施绿化提质，做到一路一品、一街一景，努力实现城区道路绿化建设全覆盖。三是大力实施水体沿岸绿化工程。按照植物种类与河道环境相适应、景观美化与生态效应相匹配的原则，实现河道主绿化带、堤岸绿化带、水中绿化带“三带”合一，形成整体协调、色彩丰富、错落有致、功用突出的城市河流生态廊道。四是大力实施单位和住宅小区绿化工程。广泛推进绿化进企业、进学校、进机关、进小区活动。园林式单位、小区创建比例达60%以上；新建小区要按规定留足绿化用地，确保绿地率达30%以上；老旧小区要充分利用边角空间，加快绿地改造和完善，保证绿地率不低于25%；绿化面积不达标的要采取垂直绿化、屋顶绿化、拆墙透绿、见缝插绿等措施补绿增绿，对城区主干道沿街单位原有实体围墙，一律拆除改为装饰性空透围栏，打造立体绿化景观。

（四）要以责无旁贷的担当深入推进省级历史文化名城创建工作。要以历史责任担当正确处理经济社会发展与申报历史文化名城的关系，围绕有“一张长期保护古城风貌的长期规划、一组保留生存生活原貌的历史文化街区、一批保管有序使用合理的文物古迹、一系列活态存在的非物质文化遗产、一套保护文化名城的法规性文件、一种保护文化名城”的机制与氛围，大力构建科学有效的历史文化保护体系，统筹规划，分类指导，突出重点，分步实施，努力建成既有深刻内涵又有时代品位的特色城市，确保2018年底成功申报省级历史文化名城。

1. 突出修复护其貌。一是推动历史文化街区建设。重点抓好寇公街、次山街、绍基街、春陵街区建设。规划结合文化的延续、非遗的展示以及传统产业的发展在古城内及周边打造多条特色街巷；寇公街建设成集书店、书吧、老字号、制伞、竹艺、特色小吃、茶室、民俗文化展示等为一体的“民俗文化一条街”；次山街建设成集特色小吃、餐饮饭店、茶室、酒吧、餐饮文化展示等为一体的“餐饮文化一条街”；绍基街建设成集古玩、玉器、字画、剪纸、传统戏曲演绎、书画艺术展示等为一体的“书画艺术一条街”；春陵街建设成为集服饰、刺绣、丝织品、穿衣设计、家具饰品等为一体的“服装饰品一条街”。二是精心修复绍基故里原貌。规划以“老宅老巷，绍基书韵”为本街区的保护主题。保留原有传统街巷空间布局，保留风貌完整且能反应当地历史特色的建筑肌理，突出地方深厚的人文底蕴和文化功能。三是着力恢复道州文庙原貌。规划以“五龙石雕，状元石刻”为本地段的保护主题。恢复其重脊飞檐、油饰彩绘、雕梁画栋、金碧辉煌的仿古宫殿式建筑。四是恢复道州府衙风貌。规划以“古衙官道，水运码头”为本街区的保护主题。重现从隋唐在此地建州以来，道州州府衙、石板官道、府衙门前的各个商会和会馆、水运大码头的风貌特色。

2. 突出装扮增其韵。一是做好美化亮化工作。保护两河汇聚的整体山水洲城格局，完成城区历史文化传统风貌规划与实施。完善濂溪河和潇水河两河四岸重要风貌眺望点景观视廊建设。保护道州府衙、道州文庙两个历史地段和西洲公园、东洲风情园两个历史环境风貌区，搬迁工厂用地和大型事业单位用地，增加绿地和广场，对有悖保护的建设和开发予以控制、调整和制止。二是加强空间立面整治。保护特色街巷两侧建筑，拆除违章搭建的简房棚屋，整治风貌不佳的建筑，增加公共活动空间；改造寇公街两侧的建筑立面，部分保存较好的民宅置换为茶馆、文化艺技馆等休闲功能，增加古街的界面效果；更换部分街巷的地面铺装材料，采用传统条石、青砖铺装，恢复传统铺砌式样；注重街头绿地的打造，采用传统树种和花木，强调绿化的意境。保持街巷原有尺度，严格控制沿街的建设行为，拆除违章搭建的临时建筑，结合部分建筑的拆建修复其破损界面；统一沿街建筑风貌，从建筑体量、色彩、材料等方面进行统一控制，整体体现传统风貌；统一设计街巷指示牌、门牌、广告牌、垃圾箱、电话亭、消防栓等环境小品，设计应从尺度、形式、色彩、材料等方面表现传统特色，且方便应用；整治沿街部分细节设施，包括空调外机的遮挡、店招样式的规范、非机动车的停放、晾衣架的设置、落水管的遮挡、电线杆和变压器的移建或入地等等；对沿街破败的古民居进行修复，对建筑墙体进行加固，对建筑外装饰进行保护性更新，恢复古民居原来的面貌。

3. 突出保护铸其魂。一是健全政策法规体系。制定名城保护的相关行政措施及规范性文件，健全非物质文化遗产保护体系，制定地方非物质文化遗产代表性传承人和单位的保障制度，出台古城区相关政策。二是建立协调运作机制。探索建立政府主导、专家领衔、公众参与的名城保护机制。县政府全面负责名城保护工作，并纳入国民经济和社会发展规划，政府各职能部门明确各自职责，协同做好名城保护工作。建立专家论证制度，加强对名城保护工作的指导与监督。完善公众参与的运作机制，落实公众的知情权，加大社会监督力度。三是完善社会参与机制。加大宣传教育力度，增强全社会对名城保护的意识，扩大道州在国内外的影响力，激发道州人的自豪感，鼓励公众参与名城保护工作。

三、争创亮点，综合施策，切实形成“众志成城，决战决胜”的坚固合力

“四城联创”是一项复杂的系统工程，门槛硬、标准高、时间紧、任务重，全县各级各部门要切实加强领导，加大工作力度，明确工作责任，确保各项创建任务如期完成。

1. 强化组织领导。县里成立由县委书记任顾问，县长任组长的高规格“四城联创”工作领导小组，分别负责创国卫、创省文、创省园、创省历史文化名城工作。四个创建领导小组下设工作组和办公室，办公地点统一设老武装部，部分办公资源实现共享；各工作领导小组常务副组长和办公室主任原则上由县委常委或分管副县长担任，牵头单位负责人为工作组联络员。相关部门主要负责人参与领导小组，各领导小组办公室从有关部门抽调分管副职和相应的专业人员，带职离岗，集中办公，专职负责，全面担负起整个创建工作的组织、协调、指导、督查工作，保证创建工作扎实、顺利向前推进。各街道、各相关部门和单位都要成立相应的领导机构和工作班子，加强与各创建办的工作联系，服从统一调度。其他部门和单位要按照各领导小组的统一指挥，明确专门的人员，具体负责落实本部门、本单位担负的创建任务。

2. 强化责任落实。四个领导小组办公室要进一步完善创建工作实施方案，并立即组织对目标任务和责任进行再分解、再落实，重点要落实好2017年具体创建任务，制定倒排工期路线图，层层明确牵头单位、责任单位、责任领导、责任人、工作进度，一级抓一级，层层抓好落实。各单位、各部门要对照四个创建《方案》，制定出具体实施细则和工作进度表，确保

各项工作落到实处，任务达标。各级各部门要按照县委、县政府的统一部署要求，把本职工作与“四城联创”工作有机结合起来，主动协调配合，特别是职能交叉部门，对难度大、有交叉的关键问题和重点环节，要注重沟通，协调一致，统筹协调推进，杜绝推诿扯皮，努力形成齐心协力抓创建的良好工作格局。

3. 强化经费保障。创建工作只停留在突击、应付的水平上是不行的，必须结合城市长远发展扎扎实实搞建设。要在坚持艰苦奋斗、勤俭节约的基础上，有大手笔，有大刀阔斧的精神，特别在城市基础设施建设投入及软件管理等方面，要进一步加大投入力度。同时，在资金的筹措方面，要进一步拓宽融资渠道，大力加强市场化运作，充分调动社会各方面的积极因素，努力提高创建工作的质量和水平。

4. 强化宣传造势。群众是创建工作的主体，也是创建成果的直接受益者，创建工作的扎实开展，离不开广大干部群众的积极参与和支持。宣传部门要充分发挥职能作用，积极组织开展职业道德、社会公德、家庭美德和个人品德教育，大力倡导文明生活方式和良好卫生习惯，引导广大群众树立社会文明新风尚。要拓宽宣传渠道，依托广播、电视、网络，开通创建微信公众号，建立创建专栏、制作创建专题，广泛宣传创建活动的重要意义、目标任务、工作要求和方法步骤，及时报道创建过程中的先进典型和有效经验。要在县城主街道沿街墙体或楼体制作创建宣传画、宣传标语，在交通主干线路口、公共场所、窗口单位、公交车身、出租车身等处设置、悬挂一定数量的公益广告和宣传标语。要加大舆论监督力度，对反面行为、渎职行为进行公开曝光，并以跟踪报道的形式督促有关单位加强整改。各单位、乡镇、社区、居民小区要设立创建宣传标语和宣传栏，并组织工作人员、志愿者，进入单位和经营户，进行面对面的宣传，发动广大市民积极参与到“四城联创”活动当中，努力在全县上下形成浓厚的创建氛围。

5. 强化督查考核。督导组要加强督查和指导，要敢抓敢管、敢于动真碰硬，发现问题及时解决，重大问题要及时向领导小组报告。要加大考核奖惩力度，对创建工作不得力、无起色的单位，一律不予评为先进单位；对完不成任务、工作失职的单位，严肃追究有关负责人和相关责任人的责任。

同志们，实施“四城联创”，是加快发展之策、是城市建设之需、是顺应民心之举，对县委、县政府来讲是责任、是使命，对百姓来讲是希望、是期盼。我们一定要举全县之力，集全民之智，全民发动、全员参与，同心协力，攻坚克难，确保夺取“四城联创”工作的全面胜利，为全面建成品质活力小康新道州而努力奋斗！

道县人大常委会工作报告

——在道县第十七届人民代表大会第一次会议上

周良英

（2016年11月25日）

一、2012年以来的工作回顾

四年多来，县人大常委会在县委的正确领导下，坚持以党的十八大、十八届三中、四中、五中、六中全会精神为指导，深入学习贯彻习近平总书记系列重要讲话，坚持党的领导、充分发扬民主和严格依法办事有机统一，围绕实现撤县设市、全面建成小康社会目标，精心履职，奋发有为，圆满完成了各项工作任务。共组织召开主任会议65次、常委会会议31次，听取和审议“一府两院”专项工作报告117项，组织省、市、县人大代表视察活动19次，为促进全县经济建设、政治建设、文化建设、社会建设和生态文明建设作出了积极贡献。

（一）坚持发展第一要务，积极助力科学崛起

四年多来，常委会立足新常态，综合运用各种法定手段，充分发挥主观能动性，找准关键，精准发力，积极助推全县经济持续健康发展。

推动结构调整，促进经济稳中有升。密切关注经济整体运行态势。定期听取国民经济和社会发展计划执行情况报告，要求进一步适应、把握和引领经济新常态，以提高经济发展质量和效益为中心，稳增长、促改革、调结构、惠民生、防风险，促进经济发展和社会大局稳定。大力推动产业经济转型升级。听取审议了农村土地流转情况报告，督促政府进一步规范和引导农村土地有序流转，激发市场活力。听取审议了全县农业种植业、农业标准化生产、畜牧水产、农机推广、交通运输业、电子信息产业、电子商务、农村商贸流通网络体系建设、旅游工作、招商引资等专项报告，建议政府积极对接国家政策，加大引导扶持力度，巩固提升传统产业，培育壮大新兴产业，实现经济结构战略性调整，为实现率先崛起、提升永州南部中心地位打牢经济基础。

创新预算监督，助推财政提质增效。突出抓好在线监督。建立了财政在线监督和国库在线监督系统，实现县人大常委会财政监督系统与财政局、人民银行相关系统联网对接，对全县财政资金流向进行全过程监督，有效促进了财政预算资金运行的公开、透明，相关经验得到全国人大、省市人大的推介。省内外多个市州及其所属县区人大先后到我县进行考察交流。依法加强预决算审查监督。定期审议预决算报告，推动政府建立以绩效为导向的支出安排机制，做到“花钱必问效、无效必问责”，努力提高财政资金使用效益。充分发挥审计作用。大力支持审计部门依法开展审计工作，强化对审计指出问题的整改，要求被审计单位主要负责人按时向县人大常委会报告审计整改情况。四年多来，共支持审计部门审计项目177项，提出审计建议331条，已整改落实327条，整改到位率98.8%，有力地维护了审计的权威。高度重视财源建设。在强化财政预算监督的同时，深入财税部门、企业厂矿、金融单位开展相关调

研，建议政府加快培植骨干财源，努力拓宽财源渠道。听取审议财税管理体制改革专项报告，建议政府针对“营改增”可能导致地方财政收入减少进行科学预测，积极争取上级政府财政转移支付补助。

抓好中心工作，服务改革发展大局。常委会班子成员在行使法定职权、推动经济发展的同时，积极投身一线，切实抓好县委安排的各项中心工作。加大精准扶贫力度，筹措资金100万余元，圆满完成了原井塘乡鲁草坪村扶贫任务；筹措资金120万余元，帮助原新车镇新茶村硬化村道3.8公里，结对帮扶贫困户37户，并对该村脏、乱环境进行了治理，初步改善了该村面貌。着力攻坚克难，积极化解矛盾，为联系和引进的企业排忧解难，全力推进重点项目、重点工作，取得良好成效。其中，周敦颐故里成功创建3A景区，各项基础设施不断完善；白马公园完成了前期工作；道县农商行成功挂牌运作；207国道双牌至富塘段改造、高速公路快速通道全面完工；月岩西路全线贯通；敦颐学校扩建、道县八小建设取得新的进展。同时，扎实开展烤烟驻点、联系乡镇等工作，完成了县委分配的工作任务。

（二）秉持人民共享理念，高度关注民生福祉

常委会始终秉持共享理念，把保障和改善民生摆在突出位置，支持政府回应人民期待，补齐民生“短板”，推动解决人民群众最关心、最直接、最现实的利益问题。

释放动能，促进宜居宜业城市建设。常委会在广泛听取民意的基础上，主动顺应民意，找准切入点，抓住发力点，全力支持政府建设宜居宜业城市。积极推动创建省卫工作。创建湖南省卫生县城，是县委为提升道县城市形象作出的一项重大决策部署，群众十分关注，社会反响强烈。县十六届人大三次会议作出了创建省卫生县城的决议，常委会将其列为重点议案进行督办，抓住道路不畅、交通无序、市场混乱、卫生极差等几个影响创省卫的重点问题，组织视察调研，开展现场审议，跟踪督促问效，促使政府拉通了月岩西路、道州中路、道州南路等城区“断头路”，完成了143条背街小巷提质改造，改造、新建了9个农贸市场，完善了相关市政设施，城市形象得到大幅提升。同时，常委会以实际行动参与创卫工作，认真抓好联系的社区、责任路段的创卫工作。2015年底，我县被授予“湖南省卫生县城”称号。积极推动撤县设市工作。围绕撤县设市，作出了同意撤销东门乡、营江乡、富塘乡、万家庄乡建制设立街道的决定，同意撤销桥头乡建制设立桥头镇的决定，以及同意原井塘瑶族乡、新车镇和部分建制村行政区划调整的决定；审议通过了《道县县城总体规划（2016—2020）》，并建议政府增强规划前瞻性，维护规划严肃性，确保规划连续性，为实现撤县设市提供了法治保障。同时，深入开展乡镇国土规划管理专项调研，建议政府有序开发利用土地，完善乡镇规划，实施村庄规划，推进了城乡统筹发展。积极推动平安道县建设。重点听取审议了关于公安快速处置能力建设的专项报告，建议政府加大投入，完善公安快速处置设备、装备，健全预警机制，为公安队伍充分发挥保一方平安的作用提供了有力支持。积极推动生态环保工作。常委会紧紧围绕全县生态公益林建设、环保工作、河道整治、城区饮水等议题深入开展调研，提出针对性建议，督促政府将环境倒逼压力转化为产业结构调整动力，在守护好蓝天、绿地、青山、碧水的前提下，提高发展质量。同时，集中力量就大气污染防治法、水污染防治法、《湖南省湘江保护条例》等法律法规的实施情况开展执法检查或执法调研，督促政府及相关部门进一步加大执法力度，规范执法程序。

建言献策，促进公共服务体系完善。四年多来，常委会切实加强对教育、文化、体育、人口计生、社会保障、食品安全、政务服务等公共服务体系相关工作的监督、支持，推动政府解

决问题，提高公共服务能力，为人民群众提供更优的基本公共服务。针对群众反映强烈的全县教育滞后，特别是城区义务教育大班额问题，常委会连续多年组织调研组深入教育部门和学校调研了解情况，广泛听取意见，并在此基础上反复审、多次督；县十六届人大四次会议作出了教育强县的决议。县政府对此高度重视，采取了有效措施狠抓落实，切实加大了教育投入，改善了学校办学条件。特别是近一年来，积极实施教育强县战略，进一步解决大班额、教育质量不优、师资力量不足等突出问题，回应了群众的关切。高度关注贫困户及贫困人口、农民工、低保户、未成年人等弱势群体的生产生活，县十六届人大四次会议作出了精准扶贫的决议；常委会组织开展了全县农民工劳动报酬权益保障、农村低保专项调研以及未成年人保护法执法检查，使弱势群体的权益得到有效保障，生产生活得到较大改善。同时，常委会还广泛深入开展了“农民健康行”“农产品质量安全行”“环保世纪行”“民族团结进步行”等活动，促进了相关事业的发展。

科学处访，促进信访突出问题化解。常委会坚持把信访工作作为畅通民意渠道、维护人民权益的重要工作来抓，进一步改善信访工作环境，规范工作程序，热情接待群众来访，及时办理群众来信。对反映集中的涉诉案件、社会保障等突出问题，加大调查研究和督办力度。十六届以来，共接待来信来访 1029 人（件）次，均进行了交办、督办或协调处理，督促“一府两院”及相关单位较好地解决了一些群众反映的实际困难和问题。

（三）维护宪法、法律权威，切实推动法治建设

四年多来，常委会因势而谋、因势而动、因势而进，认真贯彻落实《中共中央关于全面推进依法治国若干重大问题的决定》，努力推动法治成为全社会最大公约数。

全力促进依法行政。抓改革、促发展、惠民生需要政府部门依法行政、积极作为。常委会在县委的重视和支持下，立足于提振精气神、增强正能量，积极探索开展政府部门履职承诺活动。从 2014 年开始，要求 32 个政府部门（单位）年初向县人大常委会承诺工作目标任务。县人大常委会年中组织调研组对各承诺单位目标完成情况进行调研督促，年末对各单位履职承诺完成情况进行集中测评，并公告测评结果。通过“年初作承诺、年末晒成绩”，政府部门执政为民的意识得到增强，行政水平有了新的提高。认真开展规范性文件备案审查工作，四年多来，共备案审查规范性文件 139 件，并对其中的部分规范性文件进行了重点审查，确保规范性文件符合法律规定。

深入推进普法工作。推动落实普法规划。就“六五普法”工作开展了专门检查，听取审议了县政府专项工作报告，对发现的问题进行了纠正，对存在的困难提出了解决建议，促进了“六五”普法工作向纵深发展。积极组织法律学习。进一步加强对地方组织法、代表法、选举法的学习；邀请省人大财经委领导来道县作预算法专题辅导；县人大常委会主任周良英参加了全国人大组织的县区人大主任学习培训班并作典型发言；组织常委会、财政局相关人员到全国人大深圳培训基地学习预算法。在全市预算法知识竞赛中，道县代表队取得了第一名的好成绩。加强宪法宣传活动。在“国家宪法日”组织有关部门开展了宪法宣传活动和宪法知识竞赛，使“依法治国”“依宪治国”理念深入人心。

着力维护公平正义。加强对司法机关的工作监督，听取审议了县人民法院关于加强基层、基础建设情况的报告，关于人民陪审工作情况的报告，督促县法院强化各项建设，打牢工作基础；切实保障人民陪审员的合法权益，促进人民陪审员制度健康发展。听取审议了县人民检察院关于侦查监督工作情况报告，督促侦查机关严格办案程序，杜绝侦查工作中的违法行

为；开展了深化检务公开专项调研，促进检察机关转变检察工作模式，加大检务公开力度，进一步规范司法行为。听取审议了法律援助专项报告，要求加强法律援助队伍建设，提高法律援助能力。通过强化对司法活动的监督，努力让人民群众在每一件司法案件中都感受到公平正义。

（四）依法保障人民权利，全面发展民主政治

常委会严格按照法律规定，全力保障人民行使当家作主的权利，全面推动道县民主政治良性发展。

倾力支持代表履职。努力提升代表素质。举办了县十六届人大代表履职培训班，邀请市委、县委党校专家教授前来讲课，促进了代表履职能力的提高。不断丰富代表活动。多次组织省、市、县人大代表深入厂矿企业、城乡社区、学校医院、重点项目建设现场开展视察、调查和检查活动，实现了人代会闭会期间代表活动的多样化和常态化。强力打造履职平台。在全县22个乡镇、街道建设了县人大代表联系群众工作室，为代表接待选民、开展活动提供了固定场所。坚持邀请代表列席常委会会议，切实保障代表知情、知政的权利。创新建议督办方式。建立了重点建议督办制度，主任会议将农贸市场改造、加快城区学位建设、提高城区饮水质量、解决城区“断头路”问题等16件建议作为重点建议，由常委会领导带队进行调研督办，并集中听取了县政府关于建议办理情况的报告，促使一批代表关注、群众关心的难点、热点问题得到妥善解决。十六届以来，代表提出的386件议案、建议、批评和意见已全部办理完毕，代表满意率和基本满意率达98%。建立代表履职激励机制，认真开展优秀代表、优秀建议评选表彰活动，通过乡镇人大推荐、常委会主任会议审定，共评选出优秀县人大代表47名、优秀代表建议10件，在县十六届人大四次会议上进行公开表彰，进一步激发了代表履职的热情。

配合抓好换届选举。县、乡两级人大换届选举是全县人民政治生活中的一件大事，中央、省、市、县要求严，人民群众关注度高。常委会坚持在县委的领导下，与纪委、组织、统战等部门密切配合，全力以赴开展工作。精心制定了换届选举工作实施方案，报请县委常委会通过后印发全县；召开全县性会议进行宣传发动、安排部署和协调调度；配合县委组织部、县委统战部做好代表提名推荐和考察工作，严把代表入口关；成立换届选举工作指导组和换届风气监督组，督促相关单位把握时间节点、规范操作程序、严守换届纪律，做到风清气正、依法进行选举，确保了县乡人大换届工作顺利推进，乡镇人大换届工作圆满完成。

切实规范人事任免。坚持党管干部与人大依法任免相结合的原则，严格落实任前公示、法律考试、公开承诺等制度，大力强化任后监督。四年多来，常委会共任免干部167名，其中任命131名，免职35名，撤职1名，按法定程序实现了县委人事安排意图。全国人大常委会关于实行宪法宣誓制度的决定颁布后，我们积极贯彻落实，组织县人大及人大常委会选举任命的国家机关工作人员集体向宪法宣誓，并在以后的每一次任免工作中都严格实行宪法宣誓。同时，要求“一府两院”和乡镇人大做好被任命人员的宪法宣誓工作，增强了宣誓人员的宪法意识。

（五）始终注重强基固本，稳步提升履职水平

四年多来，常委会以强化政治素质、转变工作作风、完善工作机制为重点，全力保障地方国家权力机关职能有效发挥。

打造忠诚担当干部队伍。先后开展了“群众路线教育实践活动”、“三严三实专题教育”、“两学一做专题教育”，坚持全面从严治党，努力转变干部作风，增强了人大干部忠于党、忠于人民、忠于人大事业的思想观念。在各类专

题教育中，紧密结合人大常委会实际，精心制定方案，严格组织落实，认真完成各个阶段的任务，有效解决了常委会领导班子和机关干部在思想、工作、作风、纪律等方面存在的突出问题。

突出品质活力机关建设。切实完善机关管理制度，着力营造以制度管人、按规矩办事的浓厚氛围，树立严肃守纪的机关形象。积极创建并巩固市级文明单位，全力倡导文明新风，不断提升机关文明程度。精心组织开展“绿色道州杯”篮球联赛等文体活动和红色廉政文化教育，着力提振人大机关干部精气神。

坚守人大制度宣传阵地。充分借助人大网站、报刊等媒体，不断加强人大新闻宣传和理论研讨工作，积极宣传人民代表大会制度，努力营造人大工作发展的良好氛围。十六届以来，全县共有1100余篇人大新闻宣传和理论文章被市级以上媒体采用或受到省、市表彰奖励，其中在省人大系统获奖的3篇，在市党政系统获奖的1篇，在市人大系统获奖的4篇，人大新闻宣传与理论研讨工作在质量和数量上均实现了历史性突破。

加强县乡人大联系互动。常委会牢固树立“一盘棋”思想，坚持把乡镇人大工作作为全县人大工作的重要组成部分来抓。认真落实常委会领导联系乡镇制度，精心指导乡镇人大开展工作，坚持邀请乡镇人大主席列席县人大常委会会议，实现了县乡人大工作的良性互动、共同发展。

二、工作体会及存在的主要问题

回顾2012年以来的工作实践，我们进一步加深了对人民代表大会制度和人大工作规律性的认识，深深体会到，做好人大工作：

——必须坚定不移忠于党、忠于人民、忠于宪法，始终坚持正确政治方向。坚持党对人大工作的绝对领导，重大问题及时请示，重要事项及时报告，坚决维护县委总揽全局、协调各方的核心地位。始终把人民放在心中最高位置，努力实现好、维护好、发展好人民群众根本利益；维护宪法权威，捍卫宪法尊严，推动全社会内心拥护和真诚信仰宪法。

——必须坚定不移积极作为、奋发有为、善作善为，为全面建成小康社会贡献力量。充分发挥人民代表大会制度优势和职能作用，正确处理与“一府两院”的关系，加强沟通，密切联系，做到履职不错位、支持不越位、尽责不缺位，寓支持于监督之中，在良性互动中形成推进工作的合力，凝聚改革发展的强大力量。

——必须坚定不移适应新常态、把握新要求、应对新挑战，以务实创新精神推进事业发展。我们在实践中探索，在探索中创新，率先在全市开展政府部门履职承诺，率先开展在线监督，率先开展优秀代表和优秀建议评选表彰活动。这些举措都得到上级人大和县委的肯定，得到人民群众的认可。由此，我们深深体会到：只要审时度势，与时俱进，不断创新，就能使人大工作更好地体现时代性、把握规律性、富于创造性。

——必须坚定不移心系代表、依靠代表、激励代表，为人大工作提供不竭动力。人大工作的基础是代表，实效在代表，活力靠代表，潜力看代表。离开了人大代表的参与，人大及其常委会的工作，就是无源之水、无本之木。要充分发挥代表参与决策、监督推动、桥梁纽带和模范带头作用，不断为人大工作注入生机和活力。

——必须坚定不移重视基层、指导基层、支持基层，共同推动人民代表大会制度完善发展。健全的县乡人大工作机制、充满活力的县乡人大工作，更能让人民群众感受到人民代表大会制度的优越性。加强县乡人大工作，是新形势下推进社会主义民主法治建设的重大基础性工程，要充分发挥基层国家权力机关和人大代表的重要作用，把人民代表大会制度这一根本政治制度坚持好、完善好、发展好。

各位代表，探索充满艰辛，成绩来之不易。2012年以来，县人大常委会各项工作不断得到新发展、取得新成效，主要得益于县委的高度重视和正确领导，得益于历届人大常委会创造的条件、打下的基础，得益于人大代表、社会各界的充分信任和大力支持，得益于“一府两院”的积极配合和共同努力，得益于常委会组成人员和机关工作人员尽职尽责、无私奉献。在这里，我代表县十六届人大常委会表示崇高的敬意和衷心的感谢！

在肯定成绩、总结经验的同时，我们也清醒认识到，常委会工作与新形势、新任务要求相比，与各位代表和人民群众期望相比，还存在着差距，主要是：综合运用法定职权发挥人大职能作用还需进一步探索；监督工作针对性、实效性还不强，跟踪监督力度还不够；代表工作还需改进，代表履职意识需要进一步增强，履职能力还有待提高；人大常委会自身建设有待加强，工作作风仍需持续改进。这些问题和不足，需要新一届人大常委会认真加以解决。

三、对新一届人大常委会工作的建议

各位代表，县十六届人大常委会任期已满，十七届人大常委会即将产生。新一届人大常委会任期的五年，是我县全面实施“十三五”规划，实现撤县设市、全面建成品质活力小康道州的关键阶段。抓住了机遇，道县的发展前景定会更加美好；错失了良机，道县就将面临边缘化的危险。新一届人大常委会要在县委的坚强领导下，高举中国特色社会主义伟大旗帜，深入贯彻习近平总书记系列重要讲话精神，认真落实县十二次党代会精神，坚持党的领导、充分发扬民主和严格依法办事有机统一，依法履职，奋发有为，牢固树立五大发展理念，着力推动“四大战略”“四城联创”，为实现撤县设市、决胜全面小康提供坚强法治保障。在此，我代表县十六届人大常委会向新一届人大常委会提出以下建议：

（一）在依法履行职责、推动经济社会发展上展现新作为

坚持服务大局，突出工作重点，认真落实县委决策部署，认真履行法定职责，全力推动全县经济社会持续健康稳定发展。

突出实效强监督。理清监督思路。紧紧围绕县十二次党代会确定的“实现撤县设市、加快建设湘粤桂结合部区域重要城市和永州次中心、全面建成品质活力小康新道州”总体目标和“十三五”规划纲要，全面强化工作监督和法律监督。突出监督重点。围绕产业转型升级、全口径预决算、文化旅游融合、城乡统筹发展、生态环境保护、社会民生保障、社会治理创新等方面开展监督，积极促进创新、协调、绿色、开放、共享五大发展理念的有效落实。重点围绕精准扶贫，国家卫生县城，湖南省历史文化名城、文明县城、园林县城“四城联创”等工作的开展，衡道高速、永贺客专、桂郴赣铁路和通用机场等重大基础设施项目的争取和实施，教育、卫生、食品安全、司法公正等热点民生问题的解决方面，切实加大监督力度，鼎力支持政府高效施政、依法行政，积极促进“两院”公正司法、彰显正义。强化监督措施。综合运用听取专项报告、组织代表视察、开展执法检查、组织专题调研、开展规范性文件备案审查等监督方式，适时采取询问、工作评议、特定问题调查、满意度测评等监督手段，打好监督“组合拳”，对主任会议确定的监督议题一督到底、跟踪问效。

服务大局作决定。坚持谋全局、议难事、决大事，遵循法定性、全局性、民主性、可行性原则，紧紧围绕全县经济社会发展中根本性、长远性的重大事项和社会普遍关注的重大问题，加强专题调研，规范工作程序，适时作出决议、决定，把县委重大决策转化为全县人民的共同意志和统一行动，全力支持产业立县、文教兴

县、改革活县和品牌强县“四大战略”的实施。同时，加强对决议、决定的督查督办，促使决议、决定落到实处，确保人民意志得以实现。

坚持原则抓任免。坚持党管干部和人大依法任免相结合的原则，任免国家机关工作人员。坚持德才兼备、以德为先的选任标准，严格任免程序，加强考察、监督，做到“任前知情、任中知人、任后知行”，为经济社会发展提供坚强的组织保障。

（二）在强化代表工作、发挥代表主体作用上取得新成效

不断加强代表工作，营造全社会尊重代表、依靠代表、关心代表、服务代表的良好氛围，为代表依法履职创造有利条件，充分发挥代表主体作用。

强化培训增能力。加强对新任代表的履职培训，帮助代表掌握履行法定职责必需的法律知识。引导代表加强学习、深入调研，提高代表撰写调研报告和建议、意见的能力。

完善机制添动力。深化常委会组成人员联系代表制度，畅通与代表的沟通互动渠道。扩大代表对常委会工作的参与，保障代表知情、知政的权利。进一步完善代表议案、建议办理机制，坚持重点建议督办制度，提高代表建议办理效率和质量。深入开展优秀代表、优秀建议评选活动，努力激发代表的履职热情。

搭建平台激活力。促进各乡镇人大代表联系群众工作室规范化运作，实行定期开放，确定人大代表接待日，对具体接待时间、参与接待的代表名单进行公告；组织人大代表开展调研走访、集中学习、经验交流和研究讨论，把代表联系群众工作室打造成联系、服务群众的平台，宣传人民代表大会制度的窗口，充分释放代表依法开展工作的活力。

（三）在加强自身建设、提高人大工作水平上谋求新突破

积极顺应新形势，把握新要求，切实加强常委会自身建设，不断提高履职能力和水平。

全面从严治党。大力加强党的建设，严格落实从严管党治党责任，充分发挥常委会党组核心作用。认真贯彻执行党章和党的条例、准则，做到用党章、党规、党纪管人管事。自觉践行“三严三实”，深入开展“两学一做”，严守政治纪律和政治规矩，切实增强政治意识、大局意识、核心意识、看齐意识、廉洁意识，确保人大工作正确政治方向，树立风清气正、团结奋进的人大机关形象。

突出能力建设。大抓业务知识学习，大兴调查研究之风，着力健全、落实各项规章制度，进一步提高常委会及机关工作人员的调查研究能力、工作审议能力、服务保障能力和执行力，充分发挥人大及其常委会作为国家权力机关、工作机关和代表机关的作用。加强工作指导。密切与乡镇人大的联系，加强对乡镇人大工作的指导，支持乡镇人大依法开展工作，建立健全适合地方国家权力机关特点、充满活力的工作运行机制。

各位代表，责任重于泰山，使命催人奋进。坚持和完善人民代表大会制度任重道远，需要一棒接着一棒传、一届接着一届干。我坚信，新一届人大常委会一定会在县委的坚强领导下，不忘初心，群策群力，将使命牢记心中，把责任扛在肩上，为建设品质活力小康新道州作出新的更大贡献！

中国人民政治协商会议
道县委员会常务委员会工作报告

——在政协道县第九届委员会第一次会议上

蒋新祥

（2016 年 11 月 23 日）

过去四年工作回顾

过去的四年，是我县经济、社会发展质量大幅提升、发展面貌显著改观、发展活力充分体现、发展成果普惠共享的四年，也是我县政协事业继承创新、蓬勃发展的四年。在中共道县县委的坚强领导下，我们围绕“政治协商、民主监督、参政议政”三大职能，把握时代脉搏，紧扣发展主题，维护核心，服务中心，凝聚人心，勤政履职，工作呈现出了新的活力、展现了新的风貌、树立起新的形象，为推动全县经济社会的全面发展和稳定作出了积极贡献。

一、政治协商规范有序

四年来，在政治协商中，我们规范了协商程序，拓展了协商内容，注重了协商效果。

围绕大局全面协商。制定出台了《道县政协专题协商操作规程（试行）》，每年全会期间，全体政协委员都认真协商讨论“一府两院”工作报告、国民经济和社会发展计划执行情况、县财政预算执行情况等报告，提出了很多具有针对性、建设性的意见和建议。按照“讲规矩、守纪律”的要求，充分协商重大人事安排。紧紧围绕解民忧、惠民生的重点工程进行建言献策。

紧扣中心专题协商。通过精心筹备，选准课题，认真组织专题协商。四年来，我们围绕财源建设、扶贫攻坚、城区学位布局、专技人才引进、食品药品安全、城区饮水安全、禁毒工作等事关全县经济发展、社会稳定、人民健康的课题深入调研，对相关单位开展专题协商，助推工作落实。

把握重点对口协商。围绕“撤县设市”财政总收入低于基本要求的问题，就如何厚植财源、完善协税护税机制，与县财政局、地税局、国税局进行沟通对接；就涔天河水库灌溉、整治采砂保护母亲河，与水利部门实地调研，面对面协商；就农业增效、农民增收、农村发展，与有关部门交流探讨。各专委会还主动就红色文化、城市基础设施建设、土地流转等议题进行专题调研。

二、民主监督卓有成效

按照政协章程主动作为，对县委政府重大决策部署落实情况开展民主监督。

切实强化提案督办。坚持和完善提案收集、办理、督办等制度，按照“围绕中心、服务大局、提高质量、讲求实效”的方针，县政协提案委积极会同县政府督查室对提案承办单位进行联合督办，促进提案由数量型向质量型转变，提案办理由答复型向落实型转变。四年来，共收到委员提案 523 件，审查立案 463 件，立案率 88.5%，办复率 100%，满意率 95%以上。

准确反映社情民意。县政协常委会把反映群众呼声、维护群众利益作为重要切入点，广泛收集，及时上报，及时反馈。四年来，共收集、整理、报送社情民意信息 400 余条，有的引起省市政协关注，有的转化为县委政府决策。黄菊玉、李世荣、吴进忠等委员撰写的《关于加强县级防震减灾工作的思考与建议》《提高能力 为民履职》等分别被省、市政协采用。关于亟需引进专业技术人才的建议引起县委、政府的高度重视，仅2016年全县就招录了教师168名、医务人员100名，引进了“211”和“985”院校人才22名。

认真组织监督评议。积极选派委员参与职能部门的民主评议和听证会。应邀委派委员265人次，分别担任公、检、法、司的“五大员”（陪审员、督导员、评议员、监察员、监督员），担任群工部、民政局、教育局、食药局、自来水公司等单位的特约监督员和行风评议员，参与道州南路拆迁等重点项目监督，为端正政风行风、促进部门工作发挥了积极作用。

三、参政议政浓墨重彩

县政协常委会发挥位置超脱、人才荟萃、智力密集优势，组织委员视察、调研，“建言建在急需时、议政议在点子上”。

精选重点课题。政协常委会围绕县委政府工作大局和群众关心、关注、关切的问题，每年确定4-6个重点课题，分别由副主席挂帅，委室主任牵头，邀请专家学者参与。先后选择旧城提质改造、城市供水安全、学生食品安全、农业龙头企业、培植壮大财源、美丽乡村建设、打赢扶贫攻坚战、发挥红色文化资源优势推动旅游业发展等课题作为调研重点，广泛深入开展调研，认真撰写调研报告，形成了18篇优秀调研文章。

重视大会发言。每年政协全会大会发言，是政协调研成果的集中汇报，也为委员参政议政搭建了平台，政协常委会对此高度重视，精心选题，组织精干力量调研，形成高质量的调研报告，四年来，共推荐19个大会发言材料。这些大会发言，充分体现了政协委员强烈的责任感，展示了我县经济社会发展中的成就，较好的指出了工作中存在的问题，诚恳提出了解决问题的办法和建议，得到了县委、政府的充分肯定，也得到了社会各界的赞许。县委书记每年都对大会发言作了重要批示；县长组织召开专题会议，亲自批示、督办落实；各个科局积极配合，及时办理、认真回复，达成了共识，促进了工作。

发挥提案作用。县政协常委会采取民主评议、情况通报、专项视察、协商座谈和“回头看”等多种方式，发挥提案作用。比如《创建国家卫生县城 提升城市品位》《增加城区公共厕所方便市民》等提案，聚焦民心所向，引起强烈共鸣，县政府高度重视，把“厕所改革”作为为民办实事的重要内容，责成相关部门单位限期落实。已新建、改建15座城区公共厕所，方便了群众，赢得了民心。

四、服务大局坚定有力

县政协常委会把中心工作主动扛在肩上，把为民办事经常记在心头。

在重点项目建设中敢于担当。根据县委分工，政协领导班子成员除了驻点联线以外，还在44个重点项目中分别担任指挥长或者副指挥长，主动作为，勇于担当。在G207线道县绕城路拓改工程、中石化道县石油储备库项目建设、道州火车站新区建设、道州中路提质改造、海湘城、振兴西路棚户区改造，营乐源水库，东洲河坝，滨河路一、二段连接处，城北路建设，道州四小扩建，厦蓉高速永安关段建设以及四大物流园建设等项目中发挥了重要的作用。

在招商引资中发挥优势。县政协发挥联系广泛的优势，大力引资争项，班子成员积极走出去、引进来。先后引进了广弘鞋业、鑫莹建材、金源刀剪、湘源实业、永宏服饰、奥盟电器、东圣电子等项目落户道县。鑫莹建材、金源刀剪2家企业，合同投资额达1.8亿元。目前，鑫莹建材已经投产，年内固定资产投资达4000万元。营乐源水库建设项目是改善城市居民饮水安全的一项重点工程，联系的副主席充分利用人脉资源，多次“跑部进厅”争取立项，该项目已经启动建设。

在建整扶贫中注重实效。针对扶贫点横岭瑶族乡莒梧洞村“出行难”、“用电难”及基础设施等问题，县政协班子成员深入该村实地调研，召开了8次座谈会，筹资100多万元，修建了5.5公里通村公路和联村道路，修建了600米机耕道和550米标准灌溉水渠，实施了农村电网改造。政协办精准扶贫联系祥霖铺镇白家田村，由秘书长带队，派出得力干部，与后盾单位共同努力，综合运用政策措施，投入12万元改进了村活动中心，融资15万元改善了水利设施，修通了环村公路、安装了太阳能路灯。各位副主席在精准扶贫中亲力亲为，深入村组、深入农户、点对点、一对一帮扶，给扶贫队员做出了榜样，赢得了群众的信赖。同时，县政协办对所联系的烤烟点，每年争取项目资金3—6万元，解决近50余户种烟大户的资金周转难问题。

五、自身建设全面加强

自身能力素质是人民政协强基固本、发挥作用的关键所在。四年来，我们以“抓铁有痕、踏石留印”的韧劲，全面加强自身建设。

抓学习，提升了履职水平。县政协常委会每年邀请专家授课，及时组织委员履职培训，宣讲党的理论，传达党的政策，全体政协委员通过认真学习领会党的十八大以来中央全会和习近平总书记系列重要讲话精神，明确前进方向。县政协机关创新学习形式，扎实开展群众路线教育、“三严三实”专题教育和“两学一做”学习教育，补足了精神之“钙”；选派委员参加省、市、县举办的各类培训活动，切实提高委员综合素质，全面提升委员参政议政能力。

抓制度，创新了委员管理。四年来，根据政协工作实际，常委会加强对委员的教育、引导与管理，制定了《委员考核细则》和机关《岗位责任制》，逐步完善了财政纪律、车辆使用规定以及重大事项报告制度，健全和完善了党风廉政建设履职报告制度，从而使各委、办任务明确，责任到人，做到了以制度管人，以制度约束人。广大政协委员爱岗敬业，创新争优，涌现了一大批先进典型。杨雄心委员，积极参与乐福堂乡福岩洞古人类遗址考古发掘，为改写东亚现代人类起源历史作出了应有的贡献。汪华委员开拓进取，为火车站新区建设和县城提质改造增效作出了积极贡献。冯康瑞委员团结带领同事创办永州市第一家集观光、休闲、餐饮为一体的蔬菜标准园。邓宏华委员脚踏实地，为县委党校发展奉献了智慧和力量，被省委党校评为优秀教师和优秀教育工作者；任劳任怨，参予政协重大调研活动，撰写和修改调研报告，参加全会秘书资料组全程工作。各个界别和委员工作组充分发挥自身优势，屡创佳绩，先后有20多个委员工作组荣获先进，县工商联还荣获省级、国家级“五好工商联”荣誉称号。

抓机关，提高了带动能力。我们以创建“委员之家”为目标，塑造出一个融洽、富有人情味的政协机关，机关面貌焕然一新，带动能力明显增强，社会影响力逐步扩大。四年来，共接待各类考察团25次；2013年成功举办了全国17省18县政协联谊会，加深了友谊，推介了道县；2015年承办了全市政协系统第二届乒乓球联谊赛，主办了道县首届书法绘画摄影展；2016年承办了永州市政协系统老主席联谊会，编辑出版了《峥嵘岁月——道县政协成立三十周年纪念》《道县首届书法绘画摄影优秀作品集》《日寇侵犯道州记事》等珍贵文史资料，文史委撰写的纪念陈树湘师长的《为新中国流尽最后一滴血》一文在人民政协报醒目位置刊登。

各位委员、同志们，过去四年我们取得的成绩，是中共道县县委高度重视的结果，是县人大、县政府大力支持的结果，是社会各界热情帮助的结果，也是广大政协委员和政协机关同志团结协作、共同奋斗的结果。在此，我代表道县政协第八届常委会表示衷心的感谢！

在肯定成绩的同时，我们也清醒看到，政协工作还存在一些不足。主要是，政协民主监督仍需加强，制度机制仍需完善，提案质量仍需提高，履职能力仍需增强等。这些问题，都需要我们在今后的工作中加以改进。

过去四年工作的体会

回顾政协道县第八届常委会四年的工作，我们主要有以下几点体会：

一、必须坚持正确的政治方向

我们以学习为先导，着力增强政治意识、大局意识、核心意识、看齐意识，始终与党中央保持高度一致，自觉服从县委领导，始终与县委思想同心、目标同向、行动同步，重大问题及时请示，重大活动及时报告，重要工作及时汇报，保证政协工作始终围绕县委的中心工作开展，保证党的路线、方针、政策和县委的决策部署步调一致。

二、必须服从服务于工作大局

我们始终坚持经济建设这一中心不动摇，按照县委政府工作部署，牢固树立“一盘棋、大合唱”的观念，坚持把政协工作融入到县委的决策之中。在政治协商、民主监督、参政议政中，主动服从服务于全县经济社会发展大局，引导和带动全体政协委员积极参与全县经济建设主战场，在各自岗位上大显身手、贡献力量。

三、必须发挥委员主体作用

实践证明，相互支持，积极主动，是政协工作生动活泼的源泉。四年来，县政协常委会充分发挥委员的主体作用，为委员参政议政提供机会，为委员展示风采提供舞台。委员们按照常委会的要求，主动深入基层、深入群众，广泛收集民意，充分反映民情，积极建言献策，撰写了大批高质量的提案，为县委、县政府科学决策、民主决策当好了“高参”。

今后五年的工作建议

未来五年，是全面建成小康社会的冲刺期，是道县撤县设市的攻坚期，也是人民政协事业发展的机遇期。我们要在县委的坚强领导下，凝心聚力，主动作为，充分发挥人才库、智囊团作用，为道县经济社会又好又快发展添砖加瓦、尽心出力。

一、加强学习，提高能力

要以“两学一做”为主线，认真学习贯彻中央和省委关于加强人民政协工作的意见；深入学习贯彻党的十八届三中、四中、五中、六中全会精神，以及于明年召开的十九大精神；认真学习领会习近平总书记治国理政新思想、新战略、新观念。要认真学习、深刻领会县委第十二次党代会精神，准确认识和把握我县今后发展的总体思路、奋斗目标和主要任务，树立和践行“五大发展理念”；要不断学习法律、科技、管理等与履行职能相关的知识。通过认真学习，进一步提高思想理论素养和参政议政水平，为“十三五”时期我县经济社会科学发展建功立业。

二、维护核心，增进团结

坚决维护以习近平同志为核心的党中央的权威，坚决服从中共道县县委的领导，自觉做好班子团结。县政协常委会要充分发挥人民政协联系广泛，代表性、包容性强，在团结各界、协调关系、化解矛盾、维护稳定方面独特的、不可替代的优势，主动协助县委、县政府做好新形势下的群众工作，努力增进社会和谐。要通过界别渠道做好争取人心、凝聚力量的工作，努力促进各党派、各团体及一切爱国者的最广泛的团结，密切与各方面人士的合作，为努力构建和谐道县贡献力量。

三、关注民生，反映民意

县政协常委会要紧紧围绕县十二次党代会确立的我县未来五年的目标任务和道县经济社会发展“十三五”规划描绘的宏伟蓝图，组织委员深入基层、深入群众，广泛收集民意，反映群众心声。要围绕新型工业化、城镇化、农业现代化、信息化和美丽乡村建设、供给侧结构性改革、扶贫脱贫、就业创业、社会保障、文化教育、健康工程等群众关心、社会关注的热点问题，广泛深入地开展履职资政活动，提出更多更好的意见建议，为加速道县崛起献计出力。

四、立足岗位，创新履职

进一步重视提案工作。引导和鼓励委员发挥各自的职业专长，深入调查研究，撰写有分量、有水平的提案，多谋创新之举，多建睿智之言，多献务实之策。加强文史资料征集工作。准确把握新形势下政协文史资料工作的重点，坚持“亲历、亲见、亲闻”原则，进一步拓宽征集渠道，提升征集质量。要深入挖掘和整理具有道县地方特色的文史资源，为争创省级历史文化名城，促进道县文化产业大发展大繁荣提供智力支持。广泛开展联谊活动。要加强与各级政协组织的联系，有计划地组织委员“走出去”，开阔视野，增长见识。

五、加强管理，作出表率

进一步加强政协机关建设，努力造就一支“信念坚定、为民服务、勤政务实、敢于担当、清正廉洁”的高素质政协队伍；努力建设学习型、服务型、创新型、务实型、和谐型的政协机关。要加强委员队伍建设。建立健全有关工作制度，加强委员履职的制度化、规范化和程序化建设。明年要举办党的十九大精神专题学习和委员履职培训，进一步增强委员的大局意识，提高委员的履职水平。要认真开展界别活动，以政协专委会为主体，加强对委员界别小组工作的联系和指导，积极开展视察、调研活动，增强界别在政协工作中的活力和在各界群众中的凝聚力。要进一步加强政协专委会工作。加强专委会与党政对口部门和界别小组的联系，搭建委员活动平台，切实增强工作活力和成效，更好地发挥专委会在政协履职中的基础作用。

各位委员、各位同志，发展恰如春潮，跨越未有穷期。新起点，新蓝图，孕育着新希望；新任务，新征程，激发出新气魄。我们坚信，新一届政协委员会一定能够面对新形势，立足高起点，展现新作为，谱写新篇章。

让我们在中共道县县委的正确领导下，凝心聚力，开拓进取，扎实履职，为早日建成品质活力小康新道州和撤县设市宏伟目标作出新的更大的贡献！

大　事　记

1月

1月4日，道县县委书记胡先荣在县委常委会议室主持召开“十三五”规划编制工作征求意见座谈会。刘勇会、蒋新祥、蒋燕飞、龙军、何江鸿等县领导及各县直单位、乡镇负责人和部分离退休老同志代表参加会议。

1月4日，永州市委政法委副书记周启亮到道县检查反邪教工作。道县县委常委、政法委书记乌进甫及相关单位负责人参加汇报会。

1月5日，道县县委副书记、县长刘勇会督查乡镇（街道）农村环境污染治理工作。

1月5日，衡阳出入境检验检疫局暨祁东考察团到道县学习考察出口食品农产品质量安全示范区创建工作。

1月6日，道县公安局在敦颐广场举行“秋冬亮剑”专项整治行动公开返赃大会，返涉案财物100余万元。

1月7日，县委书记胡先荣在县委常委会议室主持召开县委理论务虚会。

1月7日，湖南省委原第一副秘书长吴定宪、湖南省委组织部原常务副部长周阳生等省市领导到道县调研。县委书记胡先荣，县委副书记、县长刘勇会，县委常委、县委宣传部部长李林，县委常委、县委办主任何江鸿陪同调研。

1月7日，湖南省人大教科文卫委员会主任委员梁尔源一行到道县调研非物质文化遗产保护工作。永州市人大常委会副主任郑柏顺，道县县委副书记、县长刘勇会，县人大常委会主任周良英，县人大常委会副主任吴志教等陪同调研。

1月8日，永州市委党校常务副校长许洋名、副校长刘丁旺一行到道县就深入贯彻落实中共中央关于加强和改进新形势下党校工作的意见进行调研。县委常委、县委组织部部长、县委统战部部长龙军，县委党校校长邓爱群等陪同调研。

1月8日，永州市农村环境污染治理工作组副主任于恒带队对道县农村环境污染治理工作进行年度综合考核。县政府副县长胡斌清及相关单位负责人陪同。

1月8日，道县政协召开第八届十四次常委（扩大）会议。县政协主席蒋新祥，县政协党组副书记、正处级干部郭春荫，县政协副主席胡昌启、赵明扬、黄敏、陈新娥等参加会议。机关各委室副主任，乡镇场（街道）办工委主任，委员工作组组长列席会议。

1月8日，道县举行2015年公益金教育助学活动，发放资助金98万元。

1月9日，道县召开乡镇区划调整改革工作推进大会，启动建制村撤并工作，542个建制村将合并为326个。

1月11日，欢送道县的永州市人大代表赴市参加市四届人大八次会议。

1月13日，由中共道县县委、道县人民政府举办的2016年湖南道县农产品（北京）直播推介活动在全国农业展览馆盛大开幕。农业部原党组成员、中国农产品市场协会会长张玉香，湖南省农业委员会巡视员谢国华，国家发改委稽查办特派员胡德巧，国家林业局工会主席蒋周明，副县长胡斌清及国家发改委、国家林业局、北京道县商会等相关单位负责人出席开幕式。

1月13日，都庞岭国家级自然保护区被湖南省林业厅、湖南省教育厅、共青团湖南省委共同授予“湖南省生态文明教育基地”称号。

1月13日，道县获评“2015年度湖南省两非典型案件查处工作先进单位”称号。

1月13日，长沙海关副关长潘晓波一行9人到道县调研。

1月17日，道县召开县委经济工作会议，县委书记胡先荣作工作报告，县委副书记、县长刘勇会主持会议并作总结。

1月17日，道县在县政府会议室召开涔天河水库扩建道县灌区工程建设动员大会，专题安排部署道县灌区工程建设有关工作，全体县委常委、人大、政协等领导参加。

1月18日，道县召开乡镇区划调整改革并村培训会，全面部署下段乡镇区划调整改革并村工作。

1月18日，道县县委中心组（扩大）集中学习中共十八届五中全会精神，特邀永州市发改委主任、市委宣讲团成员陈宇荣到道县作专题讲课，全体在家县级领导，县直单位、省市驻道单位、各乡镇场（街道）等主要负责人参加报告会。

1月19日，永州市委副秘书长、市委督查室主任胡浩率市考核组到道县考核2015年度绩效评估等8项工作。

1月19日，县委副书记、县长刘勇会主持召开2016年县人民政府第一次常务会议，研究讨论湖南农副产品集中验放场暨永州公路口岸项目融资工作。

1月19日，县委副书记李天明主持召开紧急应对极端低温天气调度会，县委常委、县委办主任何江鸿及相关单位负责人参加。

1月20日，湖南省人民政府蔬菜领导小组办公室和省农业委联合下文，表彰2015年度工作突出的市县，道县获评蔬菜工作先进县。

1月20日，永州市委常委、市委组织部部长、市委统战部部长董石桂带领市安全生产检查组到道县检查督导安全生产工作。

1月20日，县委书记胡先荣在县委常委会议室主持召开县委常委会议，领学中共中央总书记习近平在中央政治局“三严三实”专题民主生活会上的重要讲话精神，讨论审议《政府工作报告》《财政预算》草案及春节走访慰问工作方案。

1月20日，县委副书记、县长刘勇会在县政府常务会议室主持召开县政府第二次常务会议，研究《财政预算》，审议《财政预算报告》《道县2015年国民经济和社会发展计划执行情况与2016年计划草案的报告》及人事任免决定。

1月20日，在县政府礼堂召开道县2015年度考核、干部选拔任用工作“一报告两评议”暨领导干部队伍实绩及执行力考核测评大会。

1月22日，县委副书记李天明一行深入寿雁镇、乐福堂乡重点行业领域开展安全生产大检查、大督查。

1月23日，县委副书记李天明一行深入审章塘瑶族乡、祥林铺镇调研并乡合村工作。

1月24日，道县召开2016年春运工作动员会。

1月25日，永州市环保局副局长王宁军率专家组一行现场核查道县国家生态功能区县域生态环境质量考核工作。

1月25日，道县获评“全省乡镇区划调整改革工作先进单位”称号。

1月25日，道县农机局获评湖南省农机工作先进单位称号。

1月26日，永州市人大常委会副主任、市计生协会会长袁满娥到道县调研指导计生协会工作。

1月26日，永州市政府金融办副主任文中林一行到道县检查验收市级金融安全区创建工作，道县通过验收。

1月26日，县委书记胡先荣一行深入道州路提质改造工程进行现场办公。龙军、李林、何江鸿、周德金等县领导及县委办、城管局、园林局等相关单位负责人参加。

1月27日，道县召开2015年度乡镇场（街道）党（工）委书记履行基层党建工作责任述职评议会议，永州市委组织部副部长裴春雷到会指导。

1月28日，永州市人大常委会副主任郑柏顺一行深入营江街道正岗头村走访慰问部分困难群众。

1月28日，县委书记胡先荣组织召开全县工业园区用工服务工作会和2016年春节前后招工工作专题研讨会。

1月29日，永州市政协主席唐定深入道县开展春节走访慰问活动。

1月29日，道县农商行获评“2015年度湖南省农村信用社绩效考核先进单位”称号。

1月30日，县委副书记李天明一行开展春节走访。

1月30日，李天明第十次到寿雁镇上湾村检查指导精准扶贫工作。

1月31日，政协道县第八届委员会第四次会议在县政府礼堂开幕。

2月

2月1日，道县第十六届人民代表大会第四次会议在县政府礼堂开幕。

2月1日，中国人民政治协商会议道县第八届第四次会议完成各项议程闭幕。

2月3日，永州市委组织部副部长李钢一行50余人到柑子园镇刘家村开展一对一帮扶走访活动。

2月3日，县委书记胡先荣，县委副书记、县长刘勇会等县领导与老干部、基层党代表、人大代表、政协委员代表、教育界代表、工商界代表、农民代表等共商道县发展大计。

2月4日，县委书记胡先荣带队督查春节期间安全生产工作，开展春节走访慰问活动。

2月4日，县委副书记、县长刘勇会带队检查安全生产工作。

2月14日，春节长假上班第一天，县委书记胡先荣一行看望慰问干部职工。

2月16日，永州市政法委副书记、综治办主任王俊斌一行到道县对“落实‘十抓’，再创佳绩”工作进行调研并召开座谈会。

2月16日，县委副书记李天明主持召开火车站新区开发建设项目指挥部会议，加快推进月岩西路工程建设。

2月17日，道县召开乡镇区划调整改革并村工作现场会。

2月18日，道县召开2016年第一次教育质量提升座谈会。

2月19日，湘源中路市政工程开工建设。

2月21日，道县拟投资7000万元，在农村（社区）安装4600余个视频探头、2000余个局域网，率先在全省建成县级平安农村电子监控系统，实现城乡视频监控全覆盖。

2月24日，道县组织全体在职干部以及县直单位分管组织人事负责人收看全省推进领导干部能上能下视频培训会。

2月25日，道县召开2015年度信访问题、矛盾纠纷和重大稳定隐患集中排查化解攻坚年活动总结表彰暨全国“两会”特防期动员会。

2月26日，道县召开乡镇领导班子换届工作动员大会。

2月28日，道县召开2016年高考工作会议，全面安排部署高考有关工作。

2月28日，县委副书记、县长刘勇会一行现场调研湘江上游道县段滨江风光带建设工作。

2月29日，县委副书记、县长刘勇会带队视察城区部分学校建设工作。

2月29日，永州市、道县理论“微宣讲”小分队走进横岭瑶族乡莲花村，与村民面对面宣讲党的理论方针政策，并送上理论和实用书籍。

3月

3月1日，道县工商联（总商会）换届工作暨第11次会员代表大会动员会成功召开。

3月2日，道县召开全县综合表彰大会。

3月3日，县委书记胡先荣，县委副书记、县长刘勇会带领县级领导和80多个县直单位1000多名机关干部到上关街道湘源社区忙公塘岭参加全民义务植树活动。

3月3日，道县全面完成建制村合并任务，减少217个建制村，合村工作进度排全市第二位，走在全省前列。

3月7日，道县开展以“展巾帼风采，扬文明家风，助妇女事业，建和谐道州”为主题的“三八”座谈会。

3月11日，县委副书记、县长刘勇会主持召开2016年县政府第三次常务会议，传达《湖南省农村扶贫开发条例》有关精神、研究讨论温氏集团签约工作、公车改革、扶贫异地搬迁、校车安全、治超工作及禁毒工作情况汇报、电子商务工作、永安关公安检查站建设、反假币工作、防汛工作、佳成酒店遗留问题。

3月15日，道县在敦颐文化广场举行“3·15”国际消费者权益日大型现场宣传咨询活动，30多个部门、行业单位参加宣传和服务。

3月16日，湖南省移民局党组书记、局长李新连调研道县移民产业项目。永州市委常委、副市长蒋善生，县委副书记、县长刘勇会，副县长胡斌清陪同调研。

3月17日，永州市委副书记、市长易佳良调研道县县域经济社会发展。刘勇会、李天明、蒋燕飞、何江鸿等县领导陪同调研。

3月19—21日，道县持续大到暴雨，提前10天进入汛期。21日下午6时，潇水河县城段水位达170.91米，逼近警戒水位。

3月22日，永州市科技局党组成员、副局长何勇带队调研道县高新技术产业发展情况。

3月22日，道县全面启动“千年古县”申报工作。

3月23日，道县组织收听收看全国禁毒工作电视电话会议。

3月24日，湖南省公安厅禁毒总队副总队长刘自力检查指导道县禁毒工作并座谈。永州市公安局副局长秦建彪陪同调研。

3月26日，湖南省胰腺癌专业委员会主任委员、省医学会消化道肿瘤外科学组组长、博士生导师左朝晖等一行5人深入道县指导，为“湖南省肿瘤医院胃癌及胰腺癌临床诊治中心早诊早治县级站”“湖南省肿瘤医院胃十二指肠胰腺外科临床指导科室”揭牌。

3月28日，道县与温氏食品集团股份有限公司生猪一体化养殖项目成功举行签约仪式。胡先荣、刘勇会、周良英、蒋新祥等县领导出席签约议式。

3月28日，县委副书记、县长刘勇会到周敦颐故里进行现场办公，现场解决濂溪书院选址、朝向、招投标等问题。

3月29日，永州市人大常委会联工委主任吴庚辛一行到道县调研县乡人大换届选举有关工作。

3月30日，华融湘江银行党委委员、副行长王宇林率队到道县考察，拟设分支机构。

3月30日，道县组织县“四大家”班子成员及乡镇场（街道）主要负责人收听收看湖南省关于加强换届风气监督工作电视电话会议。

3月30日，广州军区原驻道通信部队150人到原驻地芒头寨村怀旧，并观赏县城新貌。

4月

4月6日，北京道州企业商会一行返道县投资考察民办教育。

4月7日，县委副书记李天明带领县扶贫办深入部分贫困村和部分社区实地督办指导精准扶贫工作。

4月8日，道县召开全县人大代表建议、政协委员提案暨重点民生实事、县委工作会议主题报告和《政府工作报告》主要目标任务交办工作会议。

4月8日，永州市第三期森林防火项目调度会在道县月岩林场召开，永州市林业局副局长王利民，永州市森林公安局局长李建华，月岩国家森林公园管理局局长、月岩林场党委书记何月军以及东安、江华、双牌等森林防火项目单位主要负责人参加。

4月9日，道县鑫莹建材有限公司在县工业园区举行开业仪式。

4月上旬，道县境内及周边地区普降大到暴雨，潇水河县城区段水位上涨，洪水第二次来袭。4月9日，潇水河水位达169.8米，接近警戒水位。

4月12日，道县召开灌区建设工作调度会。县委副书记、县长刘勇会，县委副书记李天明等出席会议。

4月13日，道县落实高中阶段残疾学生和高中阶段贫困残疾人家庭子女资助政策。

4月14日，永州市委党校马克思主义基本理论教研室主任范仰棋及市委党校经济研究室副主任唐厚裕一行，带领春季学期县处级干部任职进修班学员51人，到“湖南省廉政教育基地——周敦颐故里”开展现场教学，进行廉政思想教育。

4月19日，道县召开2016年全县水利工作会议，总结2015年及“十二五”时期水利工作，安排部署2016年水利工作和党风廉政建设。

4月21日，湖南省统计局主任科员雷芙蓉带领湖南省、永州市核查组到道县检查指导精准扶贫工作。

4月21日，道县组织收看永州市“雁过拔毛”式腐败问题和“纠‘四风’、治陋习”专项整治暨加强换届风气监督工作电视电话会议。

4月21日，道县15个乡镇分别召开党员代表大会，选举产生新一届乡镇党委班子、纪委班子和出席县第十二次党代会代表，选举产生党委委员133名、纪委委员103名、县党代会代表144名，所有乡镇党委换届选举工作成功完成。

4月27日，广东连州市纪委一行6人到道县调研指导廉政文化教育基地创建工作。

4月28日，永州市安全生产综合监管工作会议在道县和一大酒店召开，道县、祁阳等作经验发言。永州市政府副秘书长、市安委办主任段灵利，道县县委副书记、县长刘勇会，县委常委、常务副县长蒋燕飞出席会议，永州市各县区安监局主要负责人、市县相关部门负责人50余人参会。

4月29日，道县宏发创新创业园建设项目等11个重点项目集中开工。永州市委常委、市委组织部部长、市委统战部部长董石桂，永州市人大常委会副主任郑柏顺出席开工仪式，胡先荣、刘勇会、李天明、周良英、蒋新祥、蒋燕飞、龙军、乌进甫、李林、李四清、何江鸿、雷军平等县领导参加。

4月28—29日，湖南省熬吧文化投资有限公司董事长孙麟，中南大学人力资源研究中心主任、博士生导师、教授颜爱民，湖南大学法学院教授、博士生导师、湖南省法律顾问杜钢建等一行12人湖南省熬吧文化投资有限公司调研考察玉蟾岩、福岩洞、周敦颐故里、月岩。

5月

5月4日，湖南省出入境检验检疫局巡视员谢建军、副局长王新武一行6人到道县调研湖南农副产品集中验放场（永州公路口岸）检验检疫业务工作。

5月4日，道县境内遭受特大风雹和暴雨袭击，全县22个乡镇、街道普遍受灾，造成经济损失1100余万元，其中农业经济损失710余万元。

5月7日，道县城区及部分乡镇遭受长时间强降雨和特大暴风袭击，城区部分街道和居民小区被水浸泡。

5月10日，湖南省环保厅副巡视员、省最严格水资源管理考核组组长张在峰一行6人到道县抽查考核。

5月12日，道县在敦颐广场举办“应急知识暨防灾减灾宣传活动”，36个部门参与宣传活动。

5月13日，湖南省移民局

总工程师陈其新，后扶处处长袁侃夫深入白马渡镇、上关街道、东门街道等乡镇（街道）库区督导检查移民避险解困工作和洪灾灾情。

5月13日，走进道州感受道州商务考察团湖南省统战部副部长李正桥、珠海永州商会会长皮社胜一行到道县考察。

5月15日，道县召开2016年度党务工作、“两学一做”、加强换届风气监督工作会，回顾总结2015年全县党务工作，安排部署2016年党务、“两学一做”、换届风气监督等工作。

5月16日，道县污水处理厂二期扩建工程项目正式签约。

5月17日，湖南省影艺集团党委委员、副总经理、省舞蹈家协会副会长刘睿懿，省影出公司总经理鄢新宇一行13人到道县调研濂溪文化。

5月17日，永州市群众艺术馆、永州市艺术摄影学会在道县举办首届摄影知识培训班。湖南省文化馆副馆长梁向东，道县县委常委、县委宣传部部长李林，永州市群众艺术馆馆长胡新元及道县文化馆全体干部职工参加开班仪式。永州市各县（区）文化馆（站）摄影爱好者49名参加培训。

5月17日下午，县委副书记、县长刘勇会组织县政府办、交通局、财政局、发改委、科经委、火车站等相关部门召开专题办公会议，就如何争取尽快恢复T290在道州站停靠工作进行专题研究。县委常委、县委政法委书记乌进甫，县委常委、县委宣传部部长李林，县委常委、县委办主任何江鸿，县政府副县长彭德源出席会议。

5月18—21日，湖南省委第七专项督查组到道县明察暗访党风廉政建设。

5月19日，南宁铁路局梧州车务段主要领导一行，深入道县湖南农副产品集中验放场、永州南部石油储备中心等重点企业和文体公园、月岩西路、道州中路等重点项目现场，实地调研城市建设和经济社会发展情况。

5月19—20日，道县工商业联合会（总商会）第11次会员代表大会在和一大酒店召开。永州市工商业联合会党组成员、副主席蒋文辉及道县领导胡先荣、刘勇会、李天明、蒋新祥等出席会议。

5月20日，道县召开全县纪检监察系统领导干部大会，安排部署纪检监察系统领导干部民主测评、会议推荐和乡镇换届工作后纪委班子重点工作。永州市考察组组长、市纪委组织部副部长唐雅男出席会议。

5月24日，国家土地督察武汉局副局长石一连带队现场核查梅花镇周家村、宏达搅拌场、寿雁镇排楼屋村等多处疑似违法用地情况。

5月25日，广东省连南瑶族自治县副县长黄素梅一行8人到道县考察学习。

5月25日，道县污水处理厂二期扩建及一期提标项目开工。

5月30日，永州市委常委、市委秘书长颜海林到道县调研特色集镇规划建设工作。

5月30日，道县召开创“省卫”总结表彰暨创“国卫”“省文”动员大会。

5月31日，中共道县第十一届委员会第八次全体会议召开。胡先荣、刘勇会及27名中共道县第十一届委员会委员、候补委员和52名列席代表等参加会议。

5月31日，县委书记胡先荣主持召开县委常委“两学一做”学习教育中心组集中学习研讨会。刘勇会、李天明、周良英、蒋燕飞、龙军、乌进甫、李林、李四清、何江鸿、雷军平及全体县委委员、中心组其他成员、县级部门主要负责人等参加。

6月

6月2日，县委副书记、县长刘勇会率队赴郴州永兴县考察城乡垃圾一体化处理项目。

6月5日，湖南省人大常委会委员、农业与农村委员会副主任委员（正厅级）殷海清一行7人到道县调研。

6月6日，县委书记胡先

荣，县委副书记、县长刘勇会，县委副书记李天明，县委常委、县政府副县长李四清，深入道县一中、二中考点视察高考组考工作。

6月6日，县委副书记、县长刘勇会在县政府常务会议室主持召开2016年县政府第五次常务会议，主要研究人武部新营房建设、政务和政府网站、大中型水库移民避险解困安置、美丽乡村、电子商务以及金融机构信贷等重点、难点工作，形成一致意见。

6月7日，中国（道州）第七届周敦颐理学文化节开幕式暨濂溪书院奠基开工仪式在周敦颐故里举行。

6月7日，道县举行纪念周敦颐诞辰1000周年系列活动筹备工作座谈会。永州市委常委、市委宣传部部长石艳萍，中央、省、市相关部门负责人，县委书记胡先荣，县委副书记、县长刘勇会，县委副书记李天明，县人大常委会主任周良英等县领导，国际国内孔子学院的儒学专家，湖南省濂溪学研究会专家、学者，各地周子后裔代表、客商代表等出席座谈会。

6月7日，道县举办第七届周敦颐理学文化旅游节招商推介会，签约8个项目约12亿元。

6月8日，道县召开第十二次党代会筹备工作会议。

6月9日，道县举行端午龙船赛，全县9个乡镇（街道）100余艘龙船约3000名运动员参加。

6月13—14日，道县召开十六届人大常委会第26次会议。

6月14日，永州市委常委、组织部长、统战部长董石桂带领市相关部门负责人一行9人，深入道县检查汛期重点项目。

6月14日，县委书记胡先荣主持召开第20次紧急防汛调度会，进行再动员、再部署，全面迎战超强降雨。

6月15日，道县遭遇暴雨袭击造成直接经济损失1920万元。横岭乡民族村7组一民房意外倒塌，房中4人逃出，2人被埋，通过10个小时的连夜搜救出来，经医护人员现场确认2人死亡。

6月15—16日，香港铜锣湾集团湖南区域总裁叶惊涛一行到道县投资考察。

6月16日，道县与世界制鞋巨头广硕集团投资1.2亿元的凯新鞋业项目正式签订投资协议。

6月17日，中南大学精准扶贫捐赠仪式在柑子园镇五福小学举行，300余名师生获捐赠。

6月21日，道县1万余人在道县第五中学举行“蓝结行动第六季——禁毒宣传进学校活动”启动仪式。

6月21日，永州市政府副秘书长、市信访局局长陈小平一行3人到道县督查信访维稳工作。

6月21日，道县县委中心组在县委常委会议室集中学习人口计生理论专题报告会，永州市卫生计生委副主任任水平应邀作辅导报告。

6月22日，道县启动原石山化工工厂含砷废渣安全处置工程项目。

6月26日，道县在敦颐广场举办国际禁毒日大型宣传活动和禁毒公益晚会。

6月29日，道县召开庆祝建党95周年暨“七一”表彰大会。

6月29日，道县综合物流园路网建设工程项目正式启动。

7月

7月1日，永州市发改委副主任何挺松到道县督查重点项目建设。

7月4日，县委书记胡先荣带队开展安全生产大排查大管控大整治专项督查。

7月6日，永州市委常委、市委组织部部长吴志雄深入柑子园镇刘家村调研指导精准扶贫工作，并为党员上专题党课。

7月6日，永州市公安机关执法十项重点工作现场会在道县公安局召开。

7月7日，湖南省人民政府参事、省烟草局总农艺师赵松义一行 10 人就“高效特色农业及产业化发展研究”课题到道县亚洲果业、原地农业等调研。

7 月 7 日，中国农工民主党“杏林春雨”行动全国脑瘫儿义诊救助公益活动启动仪式在道县特教学校举办。

7 月 7—9 日，永州市农业综合开发办主任唐小明一行 8 人，检查验收道县 2015 年度清塘镇久泥片高标准农田改造项目。

7 月 12 日，县委书记刘勇会主持召开县委常委“两学一做”学习教育中心组第二次集中学习研讨会，围绕“讲规矩、有纪律”作讨论发言。

7 月 13 日，永州市委常委、市委组织部部长吴志雄带队督查指导道县码头渡口、火车站、汽车站安全生产工作，并调研指导祥霖铺镇两河口村基层党建工作。

7 月 13 日，永州市编委办副主任邓家旭一行专项督察道县食品药品监管体制改革落实情况。

7 月 15 日，道县召开美丽乡村推进会。

7 月 18 日，永州市委常委、市纪委书记杨永调研指导道县纪检监察工作。

7 月 18 日，刘少奇故里管理局局长罗雄一行调研指导何宝珍故居建设工作。

7 月 19 日，湖南省永州市水稻生产“六机”作业现场观摩暨创建“平安农机示范市”动员会在道县召开。

7 月 19 日，永州市委常委、副市长蒋善生主持召开涔天河水库扩建灌区工程建设专题会议，督促加快工程进度，协调解决困难和问题。

7 月 20 日，湖南省人民政府副省长蔡振红一行 8 人到道县检查指导安全生产工作。永州市委副书记张严，市委常委、副市长蒋善生，道县县委书记胡先荣等陪同。

7 月 22 日，道县召开“两学一做”学习教育宣讲报告会。市委宣讲团成员、市纪委常委、秘书长陶爱民受邀作宣讲报告。

7 月 26 日，永州市委改革办专职副主任唐建平一行到道县开展“互联网+”“党建+”“改革+”专题调研。

7 月 26 日，永州市卫计委到道县开展医疗机构巡查工作。

7 月 27 日，永州市人大常委会委员、法制委员会主任委员杨胜贮率市人大法制委员会相关领导到道县调研规范性文件备案审查工作。

7 月 28 日，道县以“深刻反思衡阳破坏选举案教训，切实加强换届风气监督，努力营造良好政治生态”为主题，召开县委常委班子专题民主生活会。

7 月 28 日，永州市地质灾害应急演练在道县营江街道车边村东岭自然村举行，永州市国土资源局总经济师唐纯到场指导。

7 月 29 日，道县召开禁毒、“三实”信息采集、整治外流盗窃犯罪三项重点工作推进会。

8 月

8 月 1 日，道县召开换届风气监督专项巡察工作动员会。市委第二巡察组组长王硕球及市委第二巡察组人员出席会议。胡先荣、刘勇会等县领导及县委委员、县纪委委员、县直部门主要负责人及纪检组长、各乡镇场党政主要负责人及纪委书记、县巡察工作联络办相关人员等参加会议。

8 月 2 日，道县召开领导干部大会，永州市委组织部副部长、市人社局局长、党组书记唐树成宣布湖南省委、永州市委决定。刘勇会任道县县委书记，提名免去其道县人民政府县长职务；胡先荣不再担任道县县委书记，任永州市政府副秘书长、党组成员；提名李天明为道县人民政府县长候选人。

8 月 3 日，永州市委常委、副市长蒋善生一行到道县调研涔天河水库扩建工程建设进展情况。永州市人大常委会副主任李俊湘，市政府副秘书长、市协调办主任黎世民及县领导李天明、丁建华等陪同调研。

8 月 4 日，永州团市委书

记周亮率领有关人员到道县开展让爱点燃希望——永州市“精准扶贫”爱心助学边界行活动。县委常委、县委组织部部长、县委统战部部长龙军以及团县委、清塘镇主要负责人陪同。

8月4日，道县举行“全民健身”运动展演活动，600多名广场舞爱好者及部分代表队参加展演。

8月5日，道县开启征兵体检工作，646名初检合格适龄青年接受体检，首次采用全国征兵体检信息化系统实行一站式体检。县委书记刘勇会到场指导。

8月5日，永州市委组织部副部长、市老干局局长刘玲军带队深入道县开展“两学一做”学习教育现场教学活动。县委书记刘勇会，县委常委、县委组织部部长、县委统战部部长龙军，县人大常委会副主任周小平，周敦颐风景名胜管理处主任黄胜贤陪同。

8月7日，道县精选3个原创节目参加“欢乐潇湘，和美永州”大型群众文艺汇演市复赛，其中道州说唱《醉嫂骂夫》进入决赛。

8月9日，道县召开中央广播电视节目无线数字化覆盖工程推进会。县委常委、县委宣传部部长李林，县政府副县长周云玲出席。

8月13日，道县白马渡镇武家滩村秀峰庙桥在施工中垮塌致3人坠河失踪5人受伤，获悉情况后，县委县政府高度重视，成立搜救组、医疗救治组、善后处置组、现场控制组、信息综合组、舆情引导组等6个工作组，有序开展各项工作。14日上午，湖南省安监厅、交通厅领导和永州市委常委、副市长蒋善生，副市长严兴德到道县视察指导救援救治工作。15日，县委召开常委会议，启动追责程序，免去事故责任人杨明非（县移民局党组成员）、蒋德新（白马渡镇政协工委主任）的职务。16日凌晨1点47分止，蓝天救援队将3名失踪人员尸体打捞上岸，1名受伤人员因伤情过重抢救无效死亡，4名伤者无生命危险。

8月17日，湖南省委政法委副书记田福德一行深入道县调研基层政法综治工作。

8月18日，益阳市考察团到道县交流学习精准扶贫工作。县政协副主席胡昌启、县委正处级干部胡好贤及县直有关部门主要负责人出席学习交流活动。

8月20日，道县召开县委十一届九次全体扩大会议，对新一届县委委员、候补委员候选人初步人选进行全额定向民主推荐。

8月25日，中共道县第十一届委员会第十次全体（扩大）会议在县政府礼堂召开，会议决定于2016年8月28日按期召开中国共产党道县第12次代表大会。

8月25日，道县十六届人大常委会第28次会议召开。县委书记刘勇会出席会议并讲话，县人大常委会主任周良英主持会议，颁发任命书并举行向宪法宣誓仪式。

8月27日，中国共产党道县第12次代表大会代表培训会在县政府礼堂举行。

8月27日，永州市委派驻道县换届风气监督组组长、市预防腐败局专职副局长李四君一行在道县县委常委、县纪委书记候选人雷军平的陪同下到驻地看望中共道县第12次代表大会代表团驻团监督员。

8月28日，中共道县第12次党代会召开代表团召集人会议。县委书记候选人刘勇会出席会议并讲话，县委副书记候选人、代县长李天明主持会议。

8月28日，道县第12次党代会各代表团召开首次分团会议，讨论大会议程及其他准备工作。

8月29日，中国共产党道县第12次代表大会第一次全体会议开幕，312名党代表参加。永州市委派驻道县换届工作指导组组长、市委组织部副部长、市老干局局长刘玲军，市委派驻道县换届风气现场督导组组长、市预防腐败局副局长李四君到会指导。道县县委书记候选人刘勇会代表中国共产党道县第十一届委员会，向大会作工作报告。大会听取县纪律检查委员会工作报告，并书面审议《党费收缴、管理、使用情况报告》。

8月29日，道县召开信访维稳和安全生产工作紧急会议，传达省、市有关文件精神，通报前段工作情况和安排部署下段工作重点。

8月30日，道县在县国土资源局大会议室举行不动产登记首证颁发仪式。永州市国土资源局党组成员、总工程师、不动产登记中心主任温小新，湖南省规划院党组成员、总工程师何建泽，道县县委常委、常务副县长候选人李林，县委常委、县委办主任何江鸿等出席仪式。

8月31日，湖南省农委人事处调研员彭益春一行3人到道县调研。

9月

9月1日，道县举行严打整治“飓风”行动动员大会，永州市公安局党委委员、副局长周礼功，道县领导李天明、乌进甫、李良刚、周小平、赵明扬等出席。

9月2日，道县代表队荣获永州市基层卫生技能竞赛活动全科医疗团体项目二等奖、社区护理个人项目二等奖和优秀组织奖。

9月7日，道县统战工作、信访维稳工作及综治民调工作采取三会合一的方式在县政府礼堂召开。

9月8日，涔天河灌区工程总干渠二标段开工仪式在道县审章塘瑶族乡六田村举行。永州市委书记陈文浩，市委副书记、市长易佳良，市委常委、常务副市长唐湘林，市人大副主任李俊湘，道县县委书记刘勇会以及江华瑶族自治县、江永县主要领导出席开工仪式。

9月10日，道县在县政府礼堂召开教育工作暨第32个教师节表彰大会。

9月11日，永州市党委办公室系统第六届乒乓球比赛闭幕式在道县举行。永州市副市长张常明、市委副厅级干部伍军、市委副秘书长蒋跃鹰、市委办副主任梁军、姜宁燕等，江永县县委常委、县委办主任肖勇，李天明、何江鸿、蒋新祥等县领导出席闭幕式。

9月13日，县长李天明调研城市建设管理工作。

9月13日，中国流动科技馆道县站巡展活动暨全国科普日活动筹备工作会在县政府常务会议室召开。县领导彭德源、陈丽萍、陈新娥及成员单位负责人出席会议。

9月18日，县委书记刘勇会主持召开中共道县第十二届委员会第二次全会，贯彻全市出席湖南省第十一次党代表大会代表推选工作会议精神，审议道县出席省第十一次党代表大会代表候选人推荐人选名单。

9月19日，永州市委常委、组织部长吴志雄到道县召开座谈会，听取党代会报告(征求意见稿）的意见建议。县领导刘勇会、李天明、周良英、蒋新祥、何小华、何江鸿、唐卫红等参加。

9月20日，永州市2016年重大项目建设流动现场推进会考察团到道县观摩，市委书记陈文浩，市委副书记、市长易佳良带领全市党政领导、县区、市直单位主要负责人一同考察观摩重大项目建设。

9月22日，湖南省人大常委会委员、环资委副主任委员姜玉泉一行5人到道县实地察看潇水2~3处水污染防治点、两河口、月岩。

9月22日，道县温氏畜牧有限公司柑子园标准化种猪示范基地项目开工典礼在柑子园镇岩口村举行。蒋燕飞、陈一、胡斌清、唐卫红、蒋建俊、唐也及社会各界近500人参加开工仪式。

9月23日，道县召开集中整治外流盗窃犯罪工作汇报会。公安部刑侦局九处处长王丰、副处长王华，上海市公安局刑侦总队副总队长赵勇，湖南省公安厅刑侦总队副总队长蒋有为，永州市委政法委副书记唐群英，永州市公安局党委委员、副局长秦建彪等领导出席。

9月28日，2016年中国流动科技馆道县站巡展暨全国科普宣传日活动在道县一中广场正式启动。

10月

10月7日，道县上关街道虎子岩社区发生一起重大刑事案件。犯罪嫌疑人罗少勇（男，42岁，虎子岩社区人，疑似精神病人）将本社区居民罗湘德杀死后潜逃进山。案发后，县委书记刘勇会，县长李天明高度重视，副县长、公安局长李良刚亲自带队赴现场处置。8日下午3时，民警发现犯罪嫌疑人罗少勇的踪迹，罗少勇见到民警后挥刀拒捕，最后被民警击毙。

10月8日，道县举行以“缅怀革命先烈，共建小康道州”为主题的公祭烈士仪式。刘勇会、李天明、蒋燕飞、周良英、蒋新祥、何小华、乌进甫、义洁、何江鸿、雷军平、彭德源等县领导及相关单位代表300多人参加。

10月9日，湖南省教育厅副厅长应若平，职成处副处长周韶峰，永州市教育局副局长刘安球等一行到道县调研永州工贸学校中职教育教学情况。刘勇会、蒋燕飞、林志刚、尹存成、陈林静等陪同调研。

10月10日，祁阳县党政代表团到道县考察交流。刘勇会、李天明、周良英、蒋新祥、李林、何江鸿等县领导陪同考察交流。

10月11日，湖南省人大常委会原副书记、副主任陈叔红一行7人到道县考察当地文化与经济发展情况。

10月11日，国文科保北京新材料科技开发有限公司考察组到道县考察濂溪故里月岩摩崖石刻现状与保护工作。

10月13日，县委书记刘勇会主持召开县委常委（扩大）会议，研究全县重点项目建设工作、创“国卫”“省文”有关工作、城区次干道“断头路”建设以及综合考核工作等。

10月19日，国家烟草水源工程项目道县营乐源水库建设项目举行开工仪式。永州市水利局局长廖荣良，县领导刘勇会、李天明、蒋燕飞、李林、刘松元等出席开工仪式。

10月19日，县委书记刘勇会主持召开道县换届风气监督集中谈话会，全县乡镇场（街道）党政负责人参加会议。

10月20日，永州市人大常委会副主任郑柏顺到道县督查县乡两级人大换届选举工作。县领导李天明、何小华、杨建国等出席汇报会。

10月21日，湖南出版投资控股集团党委委员、副总经理、红网党委书记、董事长舒斌一行，到道县调研指导网络宣传、手机报推广和新媒体建设工作。道县县委常委、县委宣传部部长彭德源陪同调研。

10月21日，永州市政协第24次老主席文体活动邀请赛在道县闭幕。永州市政协主席唐定，市政协副主席彭爱华、张建亮、唐运军、封金祥、吕斌、田洁、魏湘江及县领导刘勇会、蒋新祥等出席闭幕会。

10月22日，永州市检查组到道县检查惠农减负暨“雁过拔毛”式腐败问题并举行情况通报会。永州市农委副主任田焕福、永州市纪委党风政风监督室副主任欧阳锡鹏，县领导李天明、杨三信、陈新娥、胡好贤、周龙平及相关部门负责人出席。

10月23日，湖南道县、江永、江华和广西恭城、八步、灵川联合举办的“湘桂情·民族风”纪念红军长征胜利80周年书画联展在何绍基故里举行。县领导周良英、彭德源、丁建华、李显昌等出席仪式并参观书画联展。

10月24日，水利部发布全国重要饮用水水源地名录，道县潇水水源地成功晋级全国重要饮用水水源地。

10月25日，以永州市发改委调研员唐早君为组长的市委巡察第三组到道县专题听取道县换届工作及换届风气监督工作情况汇报。县领导刘勇会、周良英、蒋新祥、何小华、义洁等出席会议。

10月25日，湖南省考古所湘南调研组宣布，在道县洞尾岩考古挖掘出10多件旧石器打制器和上百种动物化石，距今2万年左右。

10月25日，县委常委、常务副县长李林主持召开道县火车站新区项目开发建设工程“百日会战”动员会。

10月27日，县委副书记、代县长李天明主持召开2016年县政府第九次常务会议，研究秋冬农业生产、河道采砂、农村环境综合整治、城区学校标准化项目及S354线上关至湘源温泉公路建设、国有企业破产改制职工养老保险、公车改革、农村电子监控价格评审、整治外流盗窃犯罪、县级公益林区域划分等工作，形成一致意见。

10月30日，永州市瑶族文化促进会50余名会员深入道县横岭瑶族乡考察“古石寨”。

11月

11月1日，永州市纪委常委曾瑶平、永州市纪委第三纪检监察室主任陈铸里一行调研道县纪检监察工作。县委常委、县纪委书记雷军平及纪委领导班子成员、各部室负责人参加座谈会。

11月1—2日，永州市关心下一代工作现场会在道县召开。湖南省人大常委会原副主任、省关工委副主任唐之享，永州市委常委、市委组织部部长吴志雄，道县县委书记刘勇会等省市县领导出席会议。

11月3日，周敦颐诞辰1000周年庆典活动推进会在道县召开，县委副书记、代县长李天明出席并讲话，县人大常委会主任周良英主持会议。

11月3日，永州市工商局副局长韩顺华率市考核组到道县考核2016年打击传销、查处无照经营、整治虚假广告工作。县政府副县长候选人何智英出席会议。

11月3日，县委书记刘勇会组织县委常委中心组成员在县委常委会议室集中学习中共十八届六中全会精神。

11月7日，县委副书记、代县长李天明在县政府常务会议室主持召开县政府第10次常务会议，审议《政府工作报告（讨论稿）》。

11月8日，道县召开庆祝第17个记者节座谈会。

11月14日，中南大学国学研究中心副主任、教授黄晋一行4人到道县洽谈“道州文化总规”事宜。

11月15日，县委副书记、代县长李天明带队到寿雁镇新湾村调研扶贫工作。

11月16日，永州市人民政府对道县“两供两治”设施建设情况进行专项督查考核。道县县委常委、县委办主任何江鸿，县政府副县长候选人朱云雁及县城管执法局负责人陪同。

11月17日，湖南省诗词协会常务副会长、原长沙市海关关长周成村一行到道县一中、道县六中、何宝珍故里、周敦颐故里等检查“诗词之乡”创建工作。

11月17日，陈毅之子陈昊苏、朱德外孙刘武、刘少奇之女刘爱琴等开国元勋后代一行先后到陈树湘烈士墓、红军渡及何宝珍故里追寻父辈足迹，缅怀先烈革命精神。唐能武、刘尤碧、李天明、蒋燕飞、何江鸿、彭德源等市县领导陪同。

11月18日，永州防汛抗灾总结表彰暨水利建设推进现场会在道县召开。永州市委副书记、市长易佳良，市政府副市长、市防指指挥长蒋善生，永州军分区参谋长耿保民及李天明、蒋燕飞、刘松元、李良刚、杨三信等市县领导出席。

11月19日，道县县委副书记、代县长李天明率队赴郴州市永兴县，学习考察城乡垃圾处理一体化工作。县委常委、县委办主任何江鸿，县政府副县长候选人、县财政局局长朱云雁，县城管局局长李斌等参加考察学习。

11月21日，县委书记刘勇会在县委常委会议室主持召开专题会议，传达学习贯彻湖南省第11次党代会精神和安排部署下段工作。县领导李天明、蒋燕飞、周良英、蒋新祥、何小华、乌进甫、义洁、李林、何江鸿、雷军平、彭德源等参加。

11月22日，以中国书协副主席聂成文为团长的草书名家和媒体记者考察团到道县考察何绍基故居、周敦颐故里，永州市委常委、市委宣传部部长刘尤碧，道县县委书记刘勇会，县委常委、县委宣传部部长彭德源，县政府副县长候选人陈丽萍陪同考察。

11月22日，县委副书记、代县长李天明在县政府常务会议室主持召开县人民政府第11次常务会议，专题研究道县神农村镇银行筹建有关工作。

11月23日，政协道县第九届一次会议开幕。蒋新祥作《政协道县委员会常务委员会工作报告》，胡昌启作《政协道县第八届一次会议以来提案工作情况的报告》。

11月23日，县人大、县政协换届风气监督工作会在县政府礼堂召开。永州市委组织部部委会委员艾建华，市委换届风气现场督查第六组组长、市纪委常委唐元，县领导刘勇会、李天明等及县“四大家”班子成员，各代表团团长，政协界别组负责人，县会风会纪监督组全体成员及所有党员人大代表参加会议。

11月24日，道县召开第十七届人民代表大会第一次全体会议。25日，举行第二次全体会议。26日，举行第三次全体会议。27日，完成各项议程闭幕。

11月27日，县委常委、常务副县长李林，县政府副县长杨三信及县安委会成员单位、乡镇（街道）、重点企业主要负责人200余人，收听收看全国安全生产电视电话会议。

12月

12月1日，道县召开全县领导干部大会，县委书记刘勇会宣讲省第11次党代会精神。

12月1日，永州市人大常委会原主任、市关工委常务副主任谢朝月，市政协原副主席、市关工委副主任盘玉花一行4人在道县关工委有关人员陪同下，走访慰问道县六中、乐福堂学校20名贫困学生并送上慰问金。

12月2日，县委书记刘勇会主持召开潇水河、濂溪河沿江风光带设计工作会议。李天明、周良英、何江鸿、朱云雁、丁建华等县领导出席。

12月2日，县委副书记、县长李天明主持召开道县人民政府党组“两学一做”学习教育“讲奉献、有作为”专题研讨会。

12月7日，永州市纪委副书记黄薇、市纪委组织部部长杨建科一行到道县调研纪检监察组织建设。县委常委、县纪委书记雷军平及县纪委领导班子成员、各部室主任参加座谈。

12月8日，永州市发改委党组副书记、副主任张荣华，协合新能源集团副总裁商学联，协合集团湖南分公司总经理尚佳，道县人大常委会主任周良英、县政协主席蒋新祥等县领导出席审章塘风电场建设项目开工仪式。

12月9日，道县县委中心组（扩大）集中学习中共十八届六中全会和省第11次党代会精神，特邀永州市委党校副校长、市委宣讲团成员黄燕作专题讲课。

12月9日，永州市养殖业项目建设流动现场会在道县召开，市畜牧水产局局长蒋南林及各县区畜牧水产部门主要负责人20余人参加。

12月10日，道县召开农业“三项补贴”改革试点工作会议。

12月11日，道县获评2016年市场秩序工作先进单位。

12月13日，道县文体公园、温氏集团道县公司总部、上坦公路等3个重大项目集中开工。

12月16日，县委书记刘勇会，县委副书记、县长李天明率队出席东莞道州商会成立大会并揭牌。

12月19日，道县召开绩效评估工作推进调度会，调度推进全县绩效评估工作。

12月19日，永州市食品药品监督管理局副局长、市食品药品安全委员会专职副主任赵颖率考核组到道县考核2016年食品药品安全工作。

12月20日，道县举行2016年乡科级党政正职述责述廉述德评议，140余人参加会议。县委常委、县纪委书记雷军平出席会议。

12月21日，县委书记刘勇会主持召开县委常委（扩大）会议，研究打击外流盗窃犯罪工作、创省园林县城工作、创省历史文化名城工作、信访工作。

12月22日，永州市委书记李晖深入道县考察调研经济社会发展状况。永州市委常委、市委秘书长唐能武，县领导刘勇会、李天明、李林、何江鸿等陪同。

12月22日，永州市委常委、市委组织部部长吴志雄一行深入永州工贸学校视察指导农业部管理干部学院实践基地和永州市委农村党员、青年农民实用技术培训中心筹备建设工作。县领导刘勇会、李天明、蒋燕飞等陪同。

12月26日，道县召开“四城联创”工作推进会，全面安排部署“四城联创”工作。

12月27日，县委常委、县委办主任何江鸿到潇水北路北段改造工程项目现场办公。

12月28日，涔天河灌区工程右总干渠二标段虎板石隧洞开工建设。

12月28日，老康生态农业示范园项目现场推进会在上坝村大礼堂召开。

12月30日，道县获评湖南省2016年动物疫病防控绩效考核先进县。

道 县 概 貌

【地理位置】 道县位于湖南南部，地理坐标为东经111°17′—111°56′、北纬25°09′—25°50′。东邻宁远县，南界江永县和江华瑶族自治县，西接广西全州县、灌阳县，北连双牌县。

【地形地貌】 道县属南岭地区，四周高山环绕，中部岗丘起伏，平川交错。东南有九嶷山，南有铜山岭，西有都庞岭，北有紫金山。海拔千米以上的山峰150多个，且多与邻近山脉连成整体，最高峰韭菜岭，海拔2009米。整个地势从四周向中间倾斜，呈盆状结构。山地占总面积的44.7%，丘陵占11.4%，岗地占24.6%，平原占14.9%。

【建置沿革】 道县古称道州，历史上与衡州（今衡阳）、郴州、永州并称“湘南四州”。远在新石器时代，境内就有人类活动。秦始皇二十六年（前221），置营浦县，隶长沙郡，为道县建县之始，因县治位于营水之滨而得名。汉元鼎六年（前111）隶零陵郡。三国时吴宝鼎元年（266）置营阳郡，郡治在营浦。梁天监十四年（515），改营阳郡为永阳郡，营浦郡为郡治。隋开皇九年（589），改零陵郡为永州，废永阳郡，并营浦、谢沐二县为永阳县，隶永州。大业三年（607），复改永州为零陵郡，永阳隶之。唐武德四年（621），以零陵郡之营道、永阳二县置营州，改永阳县为营道县（原营道县改唐兴县）。次年，改州为南营州。贞观八年（633），改名道州。贞观十七年，废道州，营道改属永州。上元二年（675），复置道州，统五县，营道属之。天宝元年（742），改州为道州江华郡，改县为宏道。乾元元年（758），废郡名，复称道州。五代十国时期，道州仍辖五县，宏道为州治。宋建隆三年（962），改宏道县为营道县。两宋时期，道州辖四县：营道、江华、永明、宁远。元至元十三年（1276），道州置安抚司，次年改为道州路，置总管府。营道县属湖广行省湖南道州路。明洪武元年（1368），改道州路为道州府，营道为府治。九年，复改为道州，以州治营道县省入，辖宁远、江华、永明三县。崇祯十二年（1639），析宁远县新田堡置新田县，并隶道州。清康熙三年（1664），道州降为县级散州。1913年（民国2年），改为道县。1949年11月15日，道县和平解放，属湖南省永州专区。2000年，属永州市，道县辖9个镇、10个乡、4个民族乡。2001年末，道县辖9镇、14乡，587村（居）委会。2004年，道县辖9个镇、10个乡、4个民族乡。2010年，撤销道县道江镇，设立濂溪、西洲2个街道办事处，撤销柑子园乡，成立柑子园镇。2013年，道县撤销桥头乡，设立桥头镇；撤销东门乡，设立东门街道；撤销营江乡，设立营江街道。9月，万家庄和富塘撤乡设街道。2015年11月，道县撤销井塘瑶族乡，成建制合并到审章塘瑶族乡；撤销新车镇，将该镇新车片17个村成建制合并到祥霖铺镇，午田片9个村、2个村分别成建制合并到营江街道、万家庄街道。至此，道县辖7个街道、11个镇、1个乡、3个民族乡。

【行政区划】 2016年，道州辖7个街道、11个镇、1个乡、3个瑶族乡、2个林场，1个农场。分别是：濂溪街道、西洲街道、上关街道、东门街道、营江街道、富塘街道和万家庄街道；梅花镇、寿雁镇、仙子脚镇、清塘镇、祥霖铺镇、四马桥镇、蚣坝镇、白马渡镇、柑子园镇、白芒铺镇、桥头镇；乐福堂乡；审章塘瑶族乡、横岭瑶族乡、洪塘营瑶族乡；月岩林场、桥头林场、大坪铺农场。土地面积2447.8平方千米，其中耕地面积4.55万公顷。

【人口民族】 2016年，全县年末常住人口62.7万人，其中城镇人口28.01万人，城镇化率44.67%，比2015年提高3.24个百分点。人口出生率12.89‰，死亡率7.04‰，人口自然增长率5.85‰。年末户籍人口总户数24.02万户，户籍总人口80.20万人。道县有瑶族、壮族、彝族、苗族、回族等21个少数民族。

【自然资源】 植物资源。境内有高等植物186科612属1265种以上，其中苔藓植物有12科17属19种以上，蕨类植物25科33属47种以上，种子植物149科595属1199种以上。杜英科杜英属占全省杜英总数的50%。国家重点保护的稀有植物有资源冷杉、伯乐树、长柄双花木、福建柏、白豆杉、秤锤树、银钟树、黄枝油杉、青檀、白辛树、长苞铁杉、南方铁杉、任木、银鹊树、紫茎和红豆树16种，其中福建柏有纯林约31.25公顷，散生于常绿阔叶林间的有400公顷，分布面积与纯林面积均为国内之冠。

动物资源。境内发现野生脊椎动物134种计22目54科。其中两栖类2目6科19种，爬行类3目9科23种，鸟类9目23科63种，兽类8目16科29种。属国家一级保护动物的有苏门羚、红腹角稚两种；属国家二级保护动物的有猕猴、短尾猴、穿山甲、水獭、大灵猫、小灵猫、水鹿、林麝、獐、鬣羚10种；属省重点保护动物的有狐、貉（狸）、豹猫、鸢、松雀鹰、短耳饕等17种，占总数的13%。境内千家洞国家级自然保护区曾是华南虎重要分布区之一。

矿产资源。境内主要有锡、钨、锰、铜、铅、铁、锌、锑、银、铬、锂、铋、钠、钼、重晶石、石英石、大理石、高岭土等，是湖南省有色金属之乡。探明可开采的主要矿藏有38种，其中锡、钨矿的储量和品位均居全省第二位，金属锂、铷矿为湖南省独有，是全国第四大锰矿区，石灰石遍布城乡、储量巨大。蚣坝镇后江桥和祥霖铺镇的大型金属矿床在全国榜上有名。据勘探，道县锡钨矿的保有储量160万吨、铅锌矿220万吨、锰矿3400万吨、铁矿1500万吨、锂矿40万吨、铷矿16万吨、高岭土2000万吨。

【风景名胜】 境内有国家重点文物保护单位玉蟾岩，出土距今1.2万多年稻谷遗存和陶片，被列为1995年全国十大考古发现之一。有都庞岭国家自然保护区、湘源温泉生态景区、鬼崽岭祭祀遗址、省级风景名胜区濂溪故里、月岩国家森林公园、两河口风光。

濂溪故里。濂溪故里是宋代理学鼻祖周敦颐故里，位于道县清塘镇楼田村，距县城10千米，景区内主要有周敦颐诞生故居、濂溪祠、道山、道岩、圣脉泉、圣脉矿水厂、濂溪风光、濂溪河、太极厅、观音洞、安心寨、石臼、圣人相会、一洞天、古寨门、莲花池、小月岩。道岩中有掣天柱、龙宫洞、石象戏珠、莲花等景点24个。故里景区曾在古道州八大景中占两景（即道山和濂溪风光）。

月岩仙踪。传说月岩是宋代理学鼻祖周敦颐少年悟道之处，故历代敬仰周敦颐思想的名家，无不凳临朝拜，留下无数诗词歌赋。1983年，月岩被省政府公布为重点文物保护单位，是月岩国家森林公园的主要部分。

都庞岭国家级自然保护区。前身为1982年建立的相邻两处省级自然保护区合并而成，2000年被升格为国家级。保护区地处南岭山地中部，都庞岭山脉东侧，道州、江永境内，总面积200.66平方千米，属于森林生态系统类型。保护区自然条件优越，野生动植物资源丰富，区系成分复杂，保护价值高，有维管束植物214科861属1949种，国家级重点保护植物31种。有脊椎动物70科146属202种，其中国家级重点保护动物25种，省重点保护动物76种。保护区在森林生态、动植物遗传、珍稀动植物就地保护等方面具有很高的科研价值。

【道州特色】 道州灰鹅。道州灰鹅原产道州。它以草食为主，喜欢生活在溪边、河边。每天大约吃0.5千克~1.5千克鲜草，产蛋时每天加喂1两~2两谷类精饲料即可，3个月~5个月内可长至3.5千克~4千克，是一种容易饲养、产量较高的家禽。道州灰鹅全身是宝。鹅肉可食，其掌可制用高级补品。鹅毛可制各种羽毛制品，如衣、被、羽毛球、羽毛扇等。

道州红瓜子。道州红瓜子，籽粒饱满，颜色鲜红，味道香美，是当地喜庆节日备用品。逢年过节或红白喜事，接待贵宾，当地群众用红瓜子以表盛情，也是亲友互相馈赠的佳品。据清代《道州志》记载，道州栽培红瓜子已有200多年历史。

道州脐橙。道县气候温和，雨量充沛，日照充足，无霜期长，享有“天然温室”之美誉，发展农业有着得天独厚的条件。是湖南省柑桔生产的最适宜地带，种植柑桔有1300多年历史，唐代就有“金桔出营道者，为天下冠”之说。上个世纪70年代被列为国家100个、湖南省12个柑桔生产基地县之一。

道州扎肉。道州扎肉是道县传统风味菜，继承了道县民间近千年的地方传统特色工艺，结合现代科学配方精工制作，选料考究精良，口味独特纯正，具有色鲜，味香，质脆等特征，浓郁着地方特色和乡土风味。

道州腊肉。道州腊肉是湖南省道县的一道特色菜肴，当地也叫腊菜抑或榨肉、扎肉，相传至少有两千年的历史。此菜加工方法并不很复杂，只要在科至以后到立春之前这的段时令，选用七成瘦，三成肥的新鲜猪肉，切成三斤左右重一块，用食盐清挂于火灶房，用炭火或柴火熏烤，待沥油呈金黄色后即可贮存在干燥处。烟熏后的腊肉能长时间防腐，无论蒸吃、炖吃或熟炒，均香醇可口，饶有风味。本地的上等吃法，当推冬笋炒腊肉。

【历史人文】 道县在长期的历史积淀和文化熏陶中，形成七大特色文化：8万~12万年前，世界上已知最早的现代人类就在道县繁衍生息，孕育现代人类起源文化；1.2万年前，世界上已知最早的人工栽培稻在道县播种，孕育以玉蟾岩为代表的稻作文化；5000年前，在道县形成中国历史最久远的人像石雕群体，被誉为“北有兵马俑，南有鬼崽岭”，孕育以鬼崽岭为代表的神秘文化；1000年前，北宋理学开山鼻祖周敦颐诞生于道县，孕育以周敦颐为代表的理学文化；200年前，“有清两百年来书法第一人”何绍基诞生于此，孕育以何绍基为代表的书画文化；110年前，前国家主席刘少奇早期革命伴侣何宝珍诞生于道县；中国工农红军长征途经道县，血染潇水，孕育红色文化。

【气候】 2016年，道县平均气温19.7℃，较历年平均偏高0.9℃；年极端最高气温39.3℃，出现在7月31日，年极端最低气温-0.8℃，出现在1月25日。全年各月气温均较历年平均偏高或持平；35℃以上的高温天气日数31天，较历年平均值偏多7天，无霜期284天。年降水总量2466.6毫米，比历年偏多64.1%，是道县有气象记录以来的第一高值；年暴雨日数9天；日最大降水量为207.2毫米，出现在5月5日。降水时空分布不太均匀，除2、7、8月比历年偏少外，其他月份比历年偏多，其中1、3、9月显著偏多，4、5、6、11月异常偏多。年日照总时数为1316.2小时，较历年偏少196.5小时。全年道县气温偏高，降水显著偏多，日照偏少。因冷空气影响先后出现低温雨雪、寒潮强降温、连阴雨等，但影响轻；主汛期极端降水事件频发，暴雨洪涝、雷雨风雹频繁，境内重复受灾较重；夏季高温强度强，多次出现高温热浪，局地夏旱明显，但影响范围小。气候年景总体上属正常偏差年景。农作物生产、生长发育期间多雨水，暴雨洪涝、雷雨风雹造成重复受灾，不利天气较多，年景略差。3月下旬中期至4月清明前气温较高，降水适中，光照适宜，有利于双季早稻大面积播种和集中育秧，早稻播种、出苗顺利。4月气温虽然偏高，雨水充沛，有利于双季早稻播种、育秧、移栽，但多阴雨寡照，光照不足，暴雨、雷雨风雹多次出现造成早稻秧苗重复受灾。5月暴雨洪涝使得双季早稻受灾，不利于双季早稻返青、分蘖、幼穗分化。6月上半月雨水集中，暴雨洪涝使得双季早稻受灾，气温高、阴雨多、湿度大，容易造成病虫害发生及流行，不利于早稻孕穗、抽穗杨花。6月下半月至7月气温较高，雨水较少，光照充足，有利于双季早稻灌浆、成熟、收获。

中共道县委员会

【概述】 2016年，道县实现“十三五”的开门红，绝大多数经济指标增幅进入全市各县区的第一方阵。其中，地方生产总值突破170亿元、增长9.2%；财政总收入11.87亿元，增长16.0%。全面小康总体实现程度87.2%，同比提高7.1个百分点。成功创建或申报全国农产品质量安全县、全国返乡创业试点县、全国重点生态功能区等多个“国字号”品牌；获得全国国土资源节约集约模范县、全国农村集体“三资”管理示范县、全省全面小康“十快进县”等多项国家、省级称号；全市绩效考核和创先争优态势良好，获得全市绩效考核工作优秀县、全市全面小康工作先进县、全市党风廉政建设先进县、全市重点项目工作先进县、全市新型工业化和园区经济工作先进县、全市“三项优先”工作先进县、全市社会管理综合治理工作先进县、全市优化经济发展环境先进县等一系列称号。

始终把党建放在首位，不断增强党对经济工作的领导，发挥党建引领发展的强大保障作用。推进县乡党委、人大、政府、政协四套班子集中换届，选优配强各级领导班子。首次提出“加快建设湘粤桂结合部区域重要城市和永州次中心，实现撤县设市，努力全面建成品质活力小康新道州”的发展愿景，以及“产业立县、文教兴县、改革活县、品牌强县”的四大发展战略，形成一个加快发展的好目标、好思路。以撤县设市为抓手，全面加速经济社会发展，主要经济指标综合排位跻身全市第二位，撤县设市主要指标在全省的位次继续前移。

坚持项目为王，把发展思路项目化、项目数据化、数据目标化、目标责任化。文体公园、上坦公路、温氏集团总部、审章塘风电、城区学校标准化建设等一批有影响力的大项目相继开工，湖南省农副产品集中验放场、宏发创新创业园、龙威盛科技、濂溪文化园等一批重大项目进展顺利，工作经验在市委经济工作会上作典型推介。

坚持招大引强，推动碧桂园集团、启迪桑德集团、广硕集团、中航集团等一批战略投资者进驻，融资突破33亿元；长沙银行开门营业，村镇银行正式进驻。全面启动并推进国家卫生城市、省级文明城市、省级园林县城和湖南省历史文化名城创建，继解决好月岩西路、道州中路等城建十几年“老大难”问题后，湘源大道提质改造高标准完成，潇水北路全速推进，城市绿化、亮化、美化、序化工作水平明显提升。完成主要国省干道沿线“穿衣戴帽”工程，推进两河口、贵头村、濂溪故里等26个示范村建设，农村农田水利、公路和桥梁建设，以及农网改造、农村危房改造等基础设施全面加强，美丽乡村建设迈出坚实步伐。

重视实体经济发展，推进工业强县，成功引进广上集团、广硕集团等18个工业项目、上亿元项目5家，新建标准厂房25万平方米，增加入统企业22家，增加亿元企业12家，居全市第一位，电子信息产业跻身全省重点培育发展战略新兴产业行列。

农业产业化发展加快，种

粮大户、专业合作社、家庭农场等新型农业经营主体持续壮大，粮食生产实现十二连增、烤烟生产保持稳定，农业品牌创建获得突破，新增省市农业产业化龙头企业3家、国家和省著名商标3个，道州脐橙通过国家地理标志认证。开工建设碧桂园等一批高档商住小区，商品房销售突破13亿元，财税稳居第一大户。

注重以发展促民生、以民生促发展，保持民生建设高投入，推动民生建设高质量，全年民生支出26.5亿元、占财政总支出75.3%；推进精准脱贫，全年减少贫困人口近万人，六件惠民实事全面完成，重点民生实事高质量办成；制定出台一系列教育优先政策措施，6所城区学校标准化和69所乡村学校和幼儿园建设进展顺利，教育强县迈出可喜步伐。全县安全生产、综治维稳等保持持续向好，综治民调进入全市前三位、全省前30名。

创先争优取得历史性突破，新增“国字号”“省字号”荣誉40余项，勇夺市绩效评估、全面小康、项目建设、党风廉政建设等12项大奖，均创历史之最。涔天河水库扩建工程道县灌区项目建设完成投资1.57亿元，是年度计划的两倍多；城乡垃圾处理一体化项目实现当年策划、当年招商、当年实施；道州碧桂园项目从考察到正式开工建设仅用45天，开工100天完成投资2亿元，创造道县项目建设新高度。永州南部驾考中心、食品安全检测中心等功能平台落户道县。永道高速、永贺高铁写进市政府工作报告；河道采砂整治、禁毒工作、打击外流盗窃等重点工作取得阶段性成效。

【县委常委会议】 2016年，中共道县县委共召开县委常委会议15次。

关于城乡网格化建设工作。会议要求认真组织实施网格化建设，尽快制定实施方案，城乡网格化建设领导小组具体负责，根据会议研究的意见，尽快制定下发农村网格化建设工作实施方案。细化建设任务，按照市里统一要求、时间节点和覆盖面，全面细化网格化建设任务。会议明确，整个城乡网格化工作，由县里负责网格化建设顶层设计、统筹安排和督促检查，乡镇（街道）为网格化建设实施主体，村（社区）为网格化建设落实主体，各级按照分工，分别抓好责任落实，工作落实，确保全面完成建设任务。

关于县“四大家”领导班子换届工作。会议指出，中央、省委和市委对2016年县区领导班子换届制定很多新政策和新要求，特别是在县委常委交叉职数配置、班子年龄结构、党派结构、提名资格认定，以及加强党委的领导和把关作用等方面，都有明确规定和新的要求，组织部门要认真学习研究，吃透新政策和新要求，切实把准新政策和新要求；县“四大家”领导班子成员也要吃透新政策和新要求，严格执行新政策和新要求。

关于全县美丽乡村建设工作。会议明确，要将县城至祥霖铺沿线作为美丽乡村示范带、乡村旅游精品线来建设打造，把沿线乡村统筹安排纳入省市县美丽乡村、乡村旅游重点来规划建设，力争通过3～5年的全面建设，打造成独具特色、品质卓越的美丽乡村示范带和乡村旅游精品线。会议要求，着力优化领导办点示范方案，通过示范带和精品路线建设，带动全县美丽乡村和乡村旅游建设。

关于创“国卫”、创“省文”工作。会议指出，开展创“国卫”、创“省文”工作不是在搞形象工程、政绩工程，而是道县撤县设市、建设永州次中心城市的需要，更是进一步提升道县招商引资及对外形象和提升城市辐射功能的需要。全县上下必须统一思想，凝聚共识，抓紧抓实创建工作。会议明确，道县的“双创”目标是：2016年启动，2017年申报，2018年通过验收。这个目标是县委、县政府对全县人民作出的庄严承诺，全县各级各有关部门必须以一往无前的勇气抓好贯彻落实，向全县人民交出一份满意的答卷。会议要求，各专业组要将“双创”目标任务分解到每一个年度，每一个月，实行一月一调度，确保各项工作一步步推进，一步步落实。会议确定5月30日召开全县创“省卫”总结表彰暨创“国卫”、创“省文”动员大会，全面安排部署“双创”工作。同时要求各专业组及时启动并推进相关工作。

关于全县教育改革发展工作。会议明确，今后五年全县教育工作的指导思想是：以党的十八届三中、四中、五中全会精神为指导，深入贯彻落实《国家中长期教育改革与发展规划纲要（2010—2020年）》《湖南省建设教育强省规划纲要（2010—2020年）》，牢固树立教育优先发展理念，以办好人民满意教育为目标，以立德树人为宗旨，以提高品质为核心，以教育改革为动力，以学位建设为突破，加速推进教育强县建设，力争到2020年，实现道县教育在永州南部率先崛起，教育综合实力进入全市前列，基本实现教育现代化。

关于全面小康建设推进工作。会议认为，道县争创全省全面小康“十快进县”有基础、有空间。通过近年来持续精准发力，补齐发展短板，全面小康社会建设取得较好成效，2016年上半年道县全面小康实现程度在全市6个二类县中排名第二位，为争创全省全面小康“十快进县”打下较好基础。同时，省市小康工作主管部门以及相关部门积极支持道县争创全省全面小康“十快进县”，为道县全面小康工作创先争优提供良好的外部环境。会议指出，争创全省全面小康“十快进县”既利当前、又利长远，有利于推动全县人均地区生产总值和人均财政总收入两大小康指标连续两年进入全省前30名，为加快实现撤县设市目标提供有力支撑保障。会议明确，确保2016年争创全省全面小康“十快进县”，力争2018年达到全面小康省定实现程度。

关于县乡两级人大、政协换届有关工作。会议明确，县乡两级人大、政协换届选举工作必须遵循以下四个原则：坚持把加强党的领导贯穿于换届选举工作全过程，坚持依法依章按程序办事贯穿于换届选举工作全过程，坚持发扬民主贯穿于换届选举工作全过程，坚持严肃换届风气监督贯穿于换届选举工作全过程。四个原则要坚持贯穿于县乡换届全过程，落实落细落小到换届选举每个步骤、每个环节，确保换届风清气正、圆满成功。

关于撤县设市有关工作。会议要求，撤县设市工作领导小组及有关部门要认真对照撤县设市新标准，坚持问题导向，强化动态管理，着力巩固提升达标指标，想方设法补齐短板指标。其中，人均地方生产总值等短板指标，2016年务必进入全省71个县的前30位，财源建设工作小组要认真研究，建立健全协税护税机制并认真落到实处。全县上下要进一步增强财源意识，加强财源培植，突出大抓项目，大建项目，巩固老税源，培育新税源，收拢散税源，进一步做好财源建设文章，为提升财税收入增量、质量和人均均量提供有力支撑。从2016年起，凡是涉及到撤县设市的指标，全县各级各有关部门要加大向上对接力度，积极争取省市的大力支持和社会各界的高度关注。同时，要整合资源，增强对接力量配备，保障工作需要。县委宣传部、电视台等相关部门要积极主动，采取多种渠道、多种形式，大张旗鼓地开展撤县设市工作宣传，努力形成一种奋发赶超、上下齐心的正能量。相关责任单位部门要围绕加快撤县设市工作，抓好申报资料审定、千年古县申报等相关工作的推进。

关于全县精准扶贫有关工作。会议要求，各相关领导和部门要认真对照省、市、县脱贫攻坚目标管理考核方案，强化措施，狠抓落实，确保坚决完成8个贫困村整体摘帽、1.2万名贫困对象全面脱贫、小额扶贫贷款1.4亿元以上、

57户160人易地搬迁任务年度工作目标任务。

关于党管武装工作。会议指出，国家主席习近平对新形势下党管武装工作提出新的要求，县人武部、消防、武警等广大驻道部队官兵要深刻领会习近平在国防建设和军队改革工作相关会议上的系列重要讲话精神，牢固树立政治意识、大局意识、核心意识、看齐意识，继续发扬优良传统，再接再厉，认真履职，紧扣中心、服务大局，敢于担当，创先争优，力争获得市级先进单位，乃至更高荣誉。

【中共道县第十二次代表大会】2016年8月29日，中国共产党道县第十二次代表大会第一次全体会议在县政府礼堂召开，正式代表325名，列席会议人员120人。会议认真听取刘勇会所作的《凝心聚力，务实进取，为全面建成品质活力小康新道州而努力奋斗》的工作报告，报告客观总结道县过去五年工作成绩，明确今后五年的发展战略和奋斗目标，科学部署今后五年发展重点。2016年8月31日，中国共产党道县第十二次代表大会第四次全体会议审议通过关于第十一届委员会报告的决议。中国共产党道县第十二次代表大会第四次全体会议选举产生新一届县委委员、县委候补委员、县纪委委员；中国共产党道县十二届委员会第一次全体会议选举产生中共道县第十二届委员会常务委员会委员和书记、副书记。中共道县纪律检查委员会第一次全体会议选举产生中国共产党道县纪律检查委员会常务委员会委员和书记、副书记。

大会批准刘勇会代表中共道县第十一届委员会所作的《凝心聚力，务实进取，为全面建成品质活力新道州而努力奋斗》的工作报告，充分肯定中共道县第十一届委员会过去五年卓有成效的工作，同意《报告》提出的今后五年全县工作的总体安排。

会议指出，中共道县第十一次代表大会以来，县委坚持以邓小平理论、“三个代表”重要思想和科学发展观为指导，深入贯彻落实党的十八大、十八届三中、四中、五中全会精神，团结带领全县广大党员和干部群众，主动适应经济发展新常态，开拓创新，攻坚克难，锐意进取，全县各项事业建设取得巨大成就。大会认为，报告对过去五年工作的评价是实事求是的，总结的经验和指出的问题是客观实在的，对做好今后五年的工作具有十分重要的指导意义。

大会认为，报告把“全面建成品质活力小康新道州”作为今后五年的工作主题，体现时代要求，符合道县实际，反映全县广大党员和干部群众的共同愿望。

会议明确，未来五年，全县工作的指导思想是：高举中国特色社会主义伟大旗帜，以邓小平理论、“三个代表”重要思想和科学发展观为指导，深入贯彻落实习近平总书记系列重要讲话精神，牢固树立创新、协调、绿色、开放、共享发展理念，深入对接国家“一带一路”发展战略，以早日实现全面小康和撤县设市为目标，以全面从严治党为保障，深入实施产业立县、文教兴县、改革活县、品牌强县四大战略，凝心聚力，务实进取，加快建设湘粤桂结合部区域重要城市和永州次中心，努力全面建成品质活力小康新道州。

大会要求，今后五年是加快转变发展方式的攻坚期，是全面建成小康社会的冲刺期，更是可以大有作为的重要战略机遇期。报告提出的总体目标和各项工作任务，是立足县情，切实可行的。今后五年，必须始终突出党建抓引领，不断提升发展政治保障力；始终突出项目抓发展，着重提升发展强大支撑力；始终突出平台抓保障，加快提升发展综合竞争力；始终突出产业抓转型，不断提升发展强劲内生力；始终突出民生抓统筹，全面提升发展巨大向心力；始终突出改革抓攻坚，切实提升发展核心驱动力；始终突出创建抓品质，着力提升发展关键软实力。抓住这些，就能总揽发展全局、把握工作重点，加快推进全县经济社会跨越式发展，顺利实现全面建成小康社会和撤县设市的宏伟目标。

大会强调，实现今后五年的奋斗目标，关键在党，关键在人。要全面落实党要管党、从严治党要求，狠抓思想政治建设，狠抓基层组织建设，狠抓干部作风建设，狠抓党风廉政建设，不断夯实基层基础，全面提高党的建设科学化水平，为道县跨越发展提供坚强的政治保障和组织保障。

大会号召，全县各级党组织和广大共产党员，要高举中国特色社会主义伟大旗帜，更加紧密团结在以习近平同志为总书记的党中央周围，以更加解放的思想，更加宽广的胸怀，更加非凡的气魄，更加昂扬的斗志，更加务实的作风，更加有力的举措，众志成城大干苦干，雷厉风行快干实干，为全面建成品质活力小康新道州而努力奋斗！

纪律监察

【概况】 2016年，中共道县纪律检查委员会以建设“廉洁道县”为总揽，把党的纪律挺在前面，把握运用“四种形态”，聚焦主责主业，强化监督执纪问责，为全县经济社会发展提供坚强的纪律保障。获评2016年度全市党风廉政建设和反腐败工作先进单位、2016年度全市“雁过拔毛”式腐败问题专项整治工作先进单位、2016年度全市“纠‘四风’、治陋习”专项整治工作先进单位。

【压实“两个责任”】 2016年，中共道县纪律检查委员会充分发挥组织协调作用，及时向县委汇报中央纪委、省市纪委会议和文件精神、作风建设、纪律审查、纪检体制改革情况等重要事项，及时传达学习和贯彻落实中央、省、市党风廉政建设重要会议精神，每季度定期向市纪委和县委报告监督责任落实情况。通过召开党风廉政建设责任制工作领导小组会议、反腐败协调小组会议、部门联席会议等方式，加强与组织、宣传、政法、统战、机构编制等县委工作部门和公安、检察、法院、审计、财政等职能部门的协调沟通，在全县形成同心协力、齐抓共管的工作局面，凝聚成抓党风廉政建设责任制落实的强大合力。进一步细化“两个责任”，协助县委制定党委主体责任、纪委监督责任的责任清单，督促全县各级党组织和纪检组织对照责任清单“签字背书”，并对“两个责任”落实情况实行目标管理。协助县委制定下发《道县2016年落实党风廉政建设和反腐败工作分工意见》，将责任和任务细化成6大类、48项，分解到县委和县政府班子及其成员，明确到成员单位和具体部门。把“两个责任”逐级压实到村级、站所、学校等621个基层党组织，压实到项目指挥部等56个议事协调临时性机构，实现“两个责任”全覆盖。建立“月调、季查、年评”的工作机制，坚持每月一调度、每季度一督查、每年度一评比。协助县委制定下发《道县2016年度落实党风廉政建设责任制检查考核办法》，科学设置“两个责任”落实的考评体系，由县委常委和县政府党员副县长带队，对全县各单位党风廉政建设责任制落实情况进行年度检查考核。开展党政正职述责述廉述德评议活动，对年度党风廉政建设责任制检查考核排名靠后、公开述责述廉测评情况较差、群众反映问题比较集中的党组织和纪检组织负责人，进行组织处理和纪律处分。对“两个责任”进行问责12起，给予纪律处分18人、组织处理7人，约谈下级党组织和纪检组织负责人39人。因“两个责任”落实不力，否决1名科局长解决副处级职级待遇，否决6个单位和个人的评先评优。

【加强纪律建设】 2016年，中共道县纪律检查委员会结合“两学一做”学习教育，学习贯彻《准则》《纪律处分条例》《问责条例》等党纪条规，通过手机报、电视、网站等平台宣传解读党纪条规，举办“坚守《准则》高线，严守《条例》底线”主题征文比赛和现场写作比赛，在全县营造学纪、知纪、守纪的良好氛围。加强警示教育，组织党员干部集中观看《镜鉴》《不可触碰的底线》等廉政教育影片。加强家风建设，开展“好家风、好家庭”评选活动。加强廉洁文化，送廉戏下乡，创作了《醉嫂骂夫》《周敦颐请罪》等廉政文艺节目，《醉嫂骂夫》荣获省市群众文艺汇演一等奖；创作的廉政作品《大宋清官周敦颐》由中央纪委中国方正出版社出版发行。加强基地建设，大力提升周敦颐故里廉洁文化教育基地软硬件水平，与广东省连州市纪委、江西省九江市纪委、江苏省淮安市纪委互动协作，推广周敦颐廉洁文化品牌。加强对党的路线、方针、政策贯彻落实情况的监督检查，加强对市委、县委重大决策部署执行情况的监督检查，坚决纠正和查处“有令不行”“为官不为”“廉而不勤”的行为，确保县委、县政府政令畅通。强化对贯彻落实永州市第五次党代会和县第十二次党代会精神的监督检查，确保党代会确定的各项目标措施落到实处。强化对全县经济社会发展大局的保障，加大重点工作督查问责力度，严查破坏发展环境、破坏生态环境、破坏稳定大局的行为，对“8·13”秀峰庙桥垮塌事故、滨河路二段防洪堤垮塌事故等进行严肃追责。强化对精准扶贫政策措施落实情况的监督检查，推进精准扶贫、廉洁扶贫。强化对惠民政策落实情况的监督检查，共核查114类、3271个惠农项目，涉及资金10.29亿元，通过核查追缴清退违规资金532.44万元，维护广大群众的切实利益。贯彻落实《关于新形势下党内政治生活的若干准则》，对各级党组织执行民主集中制情况进行监督，突出批评与自我批评，使咬耳扯袖、红脸出汗成为党内政治生活常态。建立健全决策机制，严格执行“三重一大”事项集体决策制度、“一把手”末位表态和“五个不直接分管”制度。强化廉政风险防控，建立严密的防控机制，始终坚持重大事项一律集体研究，工程建设一律公开招投标，土地出让一律公开招拍挂，竞争性项目一律公开招商，政府建设项目一律财政评审，政府采购项目一律纳入采购中心，把权力关进制度的“笼子”。抓好“关键少数”，对30名离任党政正职进行经济责任审计，加强制度廉洁性评估工作，有效防止制度上的利益冲突和廉洁风险。加强对干部选拔任用工作的监督，拟任人选必须经过廉政审查后才上县委常委会研究，领导干部任前及时进行廉政谈话和培训考试。将换届选举政策法规和“九个严禁”纪律要求贯穿于换届全过程，以衡阳破坏选举案、四川南充拉票贿选案等反面典型警示教育广大党员干部，做到教育在先、警示在先、预防在先，层层签订《换届纪律责任书》《严守换届纪律承诺书》。对换届全过程实行严密监督，组建4个换届风气巡查组，通过个别问话、审阅资料、随机抽查、调研座谈、明查暗访“问、看、查、谈、访”5种方式开展纪律巡查，开展动态巡查46批次，做到监督全覆盖、无缝隙、零死角。严格代表、委员审查，快查问题线索，审查取消县、乡党代表人选16名，取消县、乡人大代表和县政协委员人选66名，否决干部提拔人选3名，确保违反换届纪律案件“零发生”，实现县乡换届的有序进行和成功完成。

【推进作风建设】 2016年，中共道县纪律检查委员会大力整治违规公款吃喝、违规发放奖金福利津补贴、违规操办婚丧喜庆事宜、违规收受礼品礼金、涉赌涉毒、酒驾醉驾等作风方面的突出问题。按照问题不整改不放过、整改不落实不放过的原则，坚持边整边改、立行立改，，全县各单位自查出“四风”问题171个，通过自纠完成整改170个。县纪委监察局牵头组织相关职能部门经常到单位、宾馆、酒店等各类场所进行作风巡查，开展明察暗访53次，开展专项督查8次。印发督查通报7期，下发交办函32份，责令27个单位、19人予以纠正整改，给予党纪政纪处分87人、组织处理82人。建立作风建设负面清单，围绕负面清单出台问责办法，形成改进作风的倒逼机制。针对村级招待中的突出问题，出台《关于规范乡镇街道公务接待严格执行村级零接待暂行办法》《乡镇干部下村伙食管理办法》等3项制度。针对干部执行力的问题，制定《2016年度道县领导干部队伍执行力考核评估实施细则》《关于在全县党员中加强执行力建设的指导意见》。

【惩治腐败】 2016年，中共道县纪律检查委员会下发《纪检监察信访举报工作管理办法》，建立举报“零障碍”机制，“信、访、网、电”多种举报渠道畅通无阻，问题线索来源得到拓宽。在县委群工部信访大厅专门设置纪检信访接待室，建立县纪委班子成员信访带班制度、县直单位纪检组长轮岗值班接访制度，做到“全天候”值班接访。建立快受理、快调查、快处理、快反馈、快化解“五快法”信访举报处置机制，组建4个办信督导小组，对交办的信访举报件办理情况进行跟踪督促检查，对办理不力的6名党委书记和纪委书记进行约谈。信访室受理群众信访举报225件次，全部在规定时间内高质量办结回复，办结率100%。全县纪检监察组织立案143件，较2015年增长76.5%，结案143件，给予党政纪处分174人，其中副科级以上干部30人。查处大要案件10件，其中有影响的大要案件4件。重点查处道县工业园管委会副主任吴某涉嫌受贿27万元，县市场服务中心城北市场交易服务所所长唐某非法侵占公共财产155.98万元、挪用公款189万元，祥霖铺镇向阳村村支书王某、村主任蒋某、村秘书王某等人骗取通畅公路补助资金40.62万元并私分等典型案件。改进纪律审查方式，全年全县没有一起案件使用“两规”“两指”措施。加强纪律审查基础工作信息化、办案程序规范化、办案队伍专业化、办案文书标准化、办案力量集约化等“五化”建设，提高纪律审查的质量和水平。始终把安全文明办案摆在重要位置，加大对办案纪律落实情况的监督检查，及时排查风险隐患，全年办案做到零违纪、零差错、零事故。提升纪律审查效果，注重对典型案件进行剖析，查找发案原因，及时向案发单位提出整改意见，帮助建立健全长效机制。利用查处的典型案例开展警示教育，编发案例通报10期，通报42起案例以案明纪，用“身边事”来教育“身边人”。特别是对9起村干部腐败窝案进行深度剖析，起到很好的教育警示和借鉴作用，得到省纪委主要领导的高度关注，被市纪委专刊转发推广。坚持“三个区分开来”，为受到不实举报的21名党员干部澄清是非，保护干部干事创业的积极性。按照省委、市委的统一部署，从严从实开展“雁过拔毛”式腐败问题和“纠‘四风’、治陋习”专项整治，提升基层群众的获得感和满意度。聚焦涉农重点领域开展清理核查，共核查114类、3271个惠农项目，涉及资金10.29亿元，通过核查追缴清退违规资金532.44万元，促进惠农政策落实。将涉及问题举报线索的县乡两级各类项目经办人员、基层站所负责人、村级“两委”负责人列为重点对象，采取阵地下移、现场办公、联片协作、限时办结、提级查办等方式加大查处力度，排查收集问题线索783条，查处“雁过拔毛”式腐败案63件，给予党政纪处分40人，组织处理123人，移送司法机关9人；查处“四风”案件62件，给予党纪政纪处分87人、组织处理82人，在全社会形成有效震慑。通过建章立制完善运行机制和监管体系，全县出台重大管理制度24项，各单位出台相关管理制度110余项。省、市专治办和中央电视台、湖南卫视等各级新闻媒体多次宣传推介道县两项专项整治工作成效，在市委召开的推进会议上道县县委作典型发言，省委巡视组点名听取道县整治基层腐败工作的经验汇报。12月8日，中央纪委在永州举行的座谈会上，道县县委作经验介绍。准确把握和运用监督执纪“四种形态”，把教育人、挽救人作为纪律审查的出发点和落脚点，从信访受理、线索处置、谈话函询，到立案调查、执纪审理、处分执行，始终坚持纪在法前、纪严于法。函询11人，提醒谈话19人，诫勉谈话8人；给予批评教育、通报批评、免职等组织处理207人，党纪轻处分99人；给予重处分和重大职务调整41人；严重违纪涉嫌违法立案审查17人，较好地实践“四种形态”。

【加强自身建设】 2016年，中共道县纪律检查委员会结合乡镇纪委换届，规范乡镇纪委和监察室的机构设置、领导职数、人员编制。贯彻落实乡镇纪委书记、副书记和派驻纪检组长、副组长提名考察以县纪委会同县委组织部为主的规定，通过考察向县委提出45名纪委书记、副书记人选。严格落实专职专岗要求，纪委书记（纪检组长）分工安排必须报县纪委审查备案；全县各部门抽调专职纪检监察干部，必须报县委、县纪委主要领导批准，未经批准擅自抽调的一律追责。落实派驻机构向县纪委负责和述职制度，加强对派驻机构的履职监督、业务指导和工作考核，加强对派驻机构工作力量的统一调度指挥。健全纪检监察内部监督制约机制，强化廉政风险防控。加强纪检监察干部队伍执行力建设，开展“纪检干部去哪儿了”专项督查，倒逼纪检监察干部转变作风，狠抓工作落实。改善纪检监察组织办公办案条件，县财政将200万元办案专项经费列入预算，乡镇纪委的工作经费由每年的1万元提高到2万元。创新和实践县乡纪检监察工作一体化建设，按照“县纪委→片区→乡镇→联村→村级”5级划分网格进行“网格化”管理，统一调度和使用各网格内的纪检监察力量。将全县25个乡镇场（街道）划分为5个片区，分别由5名县纪委班子成员担任片区指挥长，每个片区成立1个指导组、1个专案组。各片区建立协作工作机制，实行问题线索统一管理、工作力量统一调配、困难问题统一协调、案件质量统一把关。乡镇按照区域进行联村，成立纪检监察联村工作小组，由1名乡镇纪委委员担任组长，所联各村的村支部纪检员为工作组成员。联村工作小组驻村入户，经常性开展联合检查、联合监督、联合处访、联合排查。按照县委的统一安排，做好县、乡纪委换届工作，把政治强、作风硬、德才兼备、敢于担当的干部选进纪委领导班子，实现配齐配强配优的目标。加强县纪委领导班子建设，在换届中交流出去4名班子成员、交流进来3名班子成员，进一步优化干部结构。在乡镇纪委换届中，严格按照省、市纪委要求配备班子，15个乡镇共配备纪委委员103名，其中专职专岗人员59名。加强对纪检监察干部的培养和锤炼，26名优秀纪检监察干部得到县委的提拔重用。在五年一度的全省纪检监察系统评优中，县纪委第一纪检监察室主任熊立有被评为“全省纪检监察先进个人”。同时，在全县纪检监察系统深入开展“两学一做”学习教育，加强党性锻炼，推动作风建设。坚持干中学、学中干，把学习培训贯穿到纪检监察工作的全过程，通过集中培训、跟班培训、实战培训等方式，全面提升履职能力。加强集中培训，组织22名乡镇纪委书记参加市纪委举办的全市乡镇纪委书记业务培训班，组织16名乡镇纪委副书记参加全市纪检监察系统审理业务培训班；举办全县纪检监察干部业务培训班，对209名纪检监察干部进行集中业务培训。加强跟班培训，抽调基层纪检监察干部到县纪委机关跟班轮训12人次。加强实战培训，分批次抽调37名基层纪检监察干部全程参与县纪委机关违纪案件查办和信访件办理，县纪委业务能手在实战中传、帮、带。

组 织 工 作

【概况】 2016年，中共道县县委组织部按照全国全省全市组织部长会议精神，紧扣全面从严治党这条主线，扎实推进“两学一做”学习教育、县乡换届选举和开展“党支部建设加强年”活动，多个亮点特色和经验典型做法被中组部《组工参阅》，《湖南日报》《湘组研究》《湖南机关党建》《党的生活》《永州日报》等权威媒体报道推广。

【“两学一做”学习教育活动】 2016年，中共道县县委组织部坚持把学习教育作为落实全面从严治党的重大政治任务来抓。高度重视，压实责任，建立党员领导干部联系点和指导学习教育机制，为全县党员发放、寄送学习资料2万余册，为行动不便的老年党员上门送学600多人次，54名县处级干部到所在党支部或联系点讲党课200余堂，科级领导干部下基层讲党课2682堂，党支部负责人讲党课1987堂。在外出人口密集地区成立“流动党支部”，广泛采用“微党课”“微宣讲”“微视频”“微讨论”“微信交党费”等多种便捷、新颖、鲜活的学习方式，促进学习教育向广度和深度推进。《湖南日报》以“微信交党费、群里作交流，道县巧解流动党员学习难”为题，对道县在“两学一做”学习教育中的好做法进行宣传推介。把学习教育与中心工作、集中换届、作风建设等有机结合，开展机关党员干部争当“三‘十佳’执行力好干部”、农村党员争当“十个表率”，用身边事激励身边人，学典型、当表率蔚然成风。坚持“五问工作法”“马上就办、真抓实干”等，推动20余个重点项目开工建设，帮助群众、企业解决实际问题3000余个，947个基层党支部学习教育全覆盖、2.6万名党员全参与。

【换届工作】 2016年，中共道县县委组织部紧紧围绕“绘出好蓝图、选出好干部、配出好班子、换出好面貌”目标，成立以县委书记任组长的县乡换届工作领导小组，建立县委常委联系指导乡镇领导班子换届工作制度。制订3个监督方案，层层签订责任书和承诺书1600余份，进一步明确和细化“十个责任主体”等工作职责，全面开展谈心谈话，发放“一片一书一卡”学习资料，组织党员干部学习换届纪律要求，观看《镜鉴》《警钟》教育警示片，筑牢思想防线，严格遵规守纪。按照“四个凡提”的要求，在提名推荐干部期间核查档案198份，填写个人有关事项报告117份，征求纪检、综治、卫计等部门意见594人次，对来信来访进行认真核实，防止“带病提拔”，确保换届风清气正，组织提名人选均高票或全票当选，全面实现组织意图。科学配备班子，调动广大干部的干事创业激情。在乡镇人大、政府班子换届调整中，全县15个乡镇提名候选人165名，其中35岁以下年轻干部37名（党政正职8名），占23%；女干部15名，占9%；党外干部6名，占4%；大专及以上文化148名，占89.7%（其中大学以上文化61名，占37%），中专文化17名，占10%。从“三类人员”中选拔乡镇领导干部15名，一批农业科技人才、农村致富带头人、高校毕业生进入乡镇班子，领导班子结构得到进一步优化。坚持选人用人看实绩，在乡镇领导班子换届和政府机构改革人事调整中，提拔重用15名“三‘十佳’执行力好干部”，提名1名十佳村级组织执行力好干部为县委委员，并顺利当选。选齐配强22名乡镇（街道）党（工）委组织委员，将79名基层一线干部提拔重用进领导班子，对6名长期在边远山区工作的领导干部进行交流调整。按计划按步骤完成超职数配备干部消化工作，消化 219 名，完成率 72%。

【基层党建】 2016 年，中共道县县委组织部坚持用抓经济工作的力度，抓项目建设的办法抓党建工作。开展“党支部建设加强年”活动，突出配齐配强支部班子，严肃认真开展组织生活，激发党支部活力和战斗力。在县、乡两级建立“基层党建指挥台”，明确党建工作时间节点和具体措施要求，每月一调度、每季一排位。在乡镇（街道）按“五专四有”标准设立乡镇党建工作站，确保每个乡镇有专职副书记、组织委员和两名以上组织干事。加强党建督查力度和召开现场推进会次数，统筹推进全县各乡镇（街道）、村（社区）各领域基层党建工作。举部机关全体之力抓党建，由部务会成员任组长，各室党员干部为组员，分片包干联系、督促、指导各单位党建工作开展，工作成效纳入部机关年终考核内容。层层签定党建工作责任状，制定基层党建工作责任清单，对基层党建工作推行每季“督查—通报—排名—问责”制度，以调查核实情况作为年底述职评议依据，推动工作严在平时、抓在日常。对不按时完成党建工作任务的党组织实行约谈，对党建述职述评排位倒数第二、三名且低于 90 分的，实行诫勉谈话；对倒数第一名且低于 90 分的实行组织处理。通过实施“五大工程”，配齐配强村级党支部班子、空壳村实现“全脱帽”、36 个软弱涣散村（社区）整顿转化“全到位”、村级党组织阵地“全覆盖”、村级远教平台“全升级”。创新思路抓品牌打造，推进“党建+脱贫攻坚”，完成 53 个贫困村“一委两会两站”建设，划分网格 254 个，把党组织建在网格上。全县 1.2 万余名党员干部与全县 14443 户贫困户结对帮扶，推动全县 3219 户 11796 人脱贫攻坚任务完成。沿国道 G207 线、省道 S323 线创建以道县工业园为代表的“园区党建”示范带，以西洲街道为代表的“社区党建”示范带，以祥霖铺镇为代表的“农村党建”示范带。打造大坪子社区、濂溪社区、燕山脚村、长江圩村等 42 个特色鲜明、有较强示范辐射作用的“星级党建”示范点，一路一带、以点带面、全面示范党建引领促发展，带动全县各领域党建工作提质晋位。

【干部监督管理】 2016 年，中共道县县委组织部强化干部日常监督管理，按照中共永州市委组织部《关于在全市开展干部人事档案专项清理工作对照整改的通知》精神，开展干部人事档案专项清理，严把干部档案“三龄两历一身份”认定标准，对新提拔干部档案进行严格审核把关。按照公务员职务与职级并行制度的工作要求和部署，对符合职级晋升条件的 520 人进行摸底、初核、公示和审批。严格出国出境证件管理，专人负责，进一步加强国家工作人员出国（境）申请、审批和证件管理工作。严格监督举报问责查处，健全完善“四位一体”12380 综合举报受理平台，拓宽群众监督渠道，坚持从严落实“两个责任”。全年查处党员违纪违法案件 73 起 76 人，问责 12 起，约谈党组织和纪检组织负责人 39 人，全县干部作风明显好转。

【人才工作】 2016 年，中共道县县委组织部建成健全人才教育培训机制，改善县委党校办学条件、配套建成中央党校卫星远程教学网络 C 级站和公务员信息化培训中心，全县 22 个乡镇（街道）3 个农、林场全部建成党员干部现代远程教育站点，初步形成内外结合、县乡村三级承接的人才培训网络。开展形式多样的农村人才教育培训活动，整合涉农部门的农民培训项目和资金，统一对全县农村党员和农民技术员、种养大户进行轮训。加大各类人才的赴外培训力度，选派科级以上领导干部参加省、市举办的各类培训班100余人次，乡村组织培训8000人次。采取“考、招、聘、援”等多种方式引进人才，全年录用公务员35名，公开招聘教育、卫计和其他事业单位专业技术人员480余名。不断深化干部人事制度改革，创新选人用人工作机制，在全县所有学校推行校长任期目标责任制，完善教师聘用制考核、绩效工资考核、骨干教师培养、挂职锻炼和交流任职等制度，专业技术人才支撑县域经济社会发展和各项事业的作用日趋突出。宣传各类优秀人才的先进事迹，全县初步形成“尊重劳动、尊重知识、尊重人才、尊重创造”的良好氛围。

【自身建设】 2016年，中共道县县委组织部履行深化党的建设和民主政治改革专项小组牵头单位责任，51个改革项目稳步推进。建立关爱机制，成立部机关工会，组织全体干部职工每年体检1次。设立信访专员接待来人来访，协调、督办解决党员群众反映问题21个。建立健全部机关各项管理制度76项。部机关党员干部结对帮扶贫困户29户，帮扶物资、资金2万余元。为部机关扶贫点白马渡镇瓜地村争取的8个扶贫建设项目全部完工，25户贫困户实现脱贫。为柑子园镇刘家村引进永州潇湘绿野生态农牧有限公司扶贫建设项目1个，总投资约1000万元。部机关干部全年在《组工参阅》《中国组织人事报》、《网评业务通报》《湖南日报》《湘组研究》《湖南机关党建》《党的生活》《永州日报》《永州党建》《永组信息》等权威媒体、网站发表理论文章、组织工作新闻报道200余篇，《全面提升乡镇党委专职副书记履职能力问题研究》获全市组织工作“一部一题”重点课题调研成果二等奖。

宣传思想工作

【概况】 2016年，道县县委宣传部有文明办、外宣办、网宣办、办公室、理教室、宣教室等内设机构，同时设有新闻室、《小康道州》编辑部等机构。干部职工14人，其中公务员11人，事业人员2人，工勤人员1人。2016年道县县委宣传部深入学习贯彻习近平系列重要讲话和全国、省委、市委宣传部长会议精神，坚持高举旗帜、引领导向，围绕中心、服务大局，鼓舞士气、凝心聚力、唱响主旋律、弘扬正能量，为实现全面建成小康道州和撤县设市目标提供强有力的思想保证、精神力量、道德滋养、舆论支持和文化条件。

【落实意识形态工作责任制】 2016年，道县贯彻落实省委《党委（党组）意识形态工作责任制实施办法》《湖南省党委（党组）意识形态工作责任制实施细则》和《落实党委（党组）意识形态工作责任制操作流程》，建立党委（党组）意识形态工作责任制，要求全县各级党委（党组）严格落实意识形态工作的主体责任，落实党委（党组）书记的第一责任、分管领导的直接责任、其他班子成员的“一岗双责”责任，把责任深化、细化、具体化。加强意识形态领域情况分析研判工作，县委宣传部专门下发《关于加强意识形态领域情况分析研判工作的通知》，成立道县党委（党组）意识形态领域情况分析研判小组，建立会商制度，分别在县委党校、县教育局、县公安局、道县师范、永州工贸学校设立意识形态领域情况分析研判工作联系点。全年未发生破坏意识形态安全事件，未出现应当追究责任的情形。印发《道县党委（党组）意识形态工作责任制实施细则》《道县2016年度党委（党组）意识形态工作责任制考评细则》，建立“组织领导体系、责任分工体系、分析研判体系、督查考核体系、责任追究体系”等五大体系，将责任分解到各个部门单位。出台考评细则，考核项目分“组织领导、思想理论建设、阵地建设和管理、网络意识形态安全、精神文明建设、督查和保障机制、队伍建设”等七大项23小项考核内容。县委宣传部将按实施细则和考评要求，对各乡镇场（街道）、各单位贯彻落实情况开展专题督查，并适时组织开展述职评议。对不履行责任、渎职失职造成不良后果的，将严格按有关程序进行追责问责。坚持谁主管谁负责、谁主办谁负责和属地管理原则，加强对理论、新闻、文艺、出版印刷、学校等各类阵地管理，认真落实《永州市新闻采编人员“十严禁”》，持续打击新闻“三假”行动，加强文化市场监管，深入开展“扫黄打非”。全面完成文化市场各类行业证件的年检年审、换证工作，着重开展知识产权保护、网吧经营、“扫黄打非”、娱乐场所经营等方面的专项整治。1—12月共出动执法人员2300余人（次），检查各类出版物经营单位及印刷企业160家（次），学校70所（次），查处经营非法出版物的游商摊贩5个。收缴各类非法出版物及印刷品7500余册（张），执法检查农村有线电视站64个。查处“3·31”非法书商李某“一介书生”非法书展案，成功破获“10·8”特大网络传播淫秽物品案。

【理论武装】 2016年，道县突出党委（党组）中心组学习这个龙头，深入开展“学党章党规、学系列讲话，做合格党员”学习教育活动，学习贯彻习近平2月19日在党的新闻舆论工作座谈会上的讲话精神和中共十八届五中、六中全会精神，抓好新修订的《习近平总书记系列重要讲话读本》《学习讲话精神系列问答》的学习宣传和使用工作。加大对全县党委（党组）中心组理论学习和干部职工理论学习的指导力度，各级党委（党组）中心组年内集中学习不少于7次12天。1—12月，县委中心组组织学习11次，外请专家授课4次。其中11月1日，永州市委常委、军分区司令员王守海宣讲国防安全知识；12月9日，永州市委党校副校长、市委宣讲团成员黄燕作中共十八届六中全会和省第十一次党代会精神专题讲课。在湖南省红网发表中心组学习综述5篇。重视对乡镇党委和县直各党委（党组）中心组理论学习规范化建设，半年开展一次专项督查指导。突出基层干部群众这个大头，在家喻户晓上下功夫。创新理论学习方式，通过领导带头学、专家辅导学、组织集中学、培训提高学、研讨促进学等多种方式，深化理论普及，推进理论工作走进千家万户。开展“六中全会精神进基层”集中宣讲和百姓微宣讲活动。县委组建12人的理论宣讲骨干队伍，组织百姓微宣讲团或小分队进机关、进校园、进企业、进农村、进社区开展宣讲。1—12月，全县组织“五中、六中全会精神”“习近平系列讲话精神”“两学一做”等各类宣讲活动230余场次。面向基层，用文学艺术的形式宣传上级重要精神，结合“三下乡”活动，利用乡村报栏和广播设施，把中央重要精神传递到乡村的每一个角落。全县各级各部门通过开展形式多样的理论宣传活动，促进理论宣传大联动格局的形成。推荐横岭乡为市级理论微宣讲基地，确定宣讲员两名。组织全市理论微宣讲比赛课，将横岭乡、县委党校的两堂微宣讲电视课推荐到全市参加比赛。突出抓好“濂溪讲坛”“理论沙龙”“理论视窗”“道轩阅评”等四大理论品牌建设。开辟理论微博、微信等网络新理论宣传载体。道州电视台、道县新闻网、手机报、小康道州等县内主要媒体开辟“四个全面”“两学一做”“精准扶贫”等理论专栏，把外请专家的讲课录制成视频，在电视和网络上播放。向永州新闻网《理论视窗》栏目投稿、荐稿10篇。深化理论研究，强化为党委政府决策意识。开展“学讲话、用讲话”“三个一”活动，学习贯彻习近平系列重要讲话，县处级以上党委中心组成员每人要撰写一篇学习心得文章，形成一篇学用调研报告，进行一次心得交流发言，全县撰写心得体会100余篇。

4月起，在全县组织开展“两学一做”理论研讨征文活动，全县征集各类研讨文章40余篇，向市委宣传部报送《道县文化产业发展现状调查与思考》《道州龙船赛文化价值研究》《道县文化遗产保护与利用情况调研》等多篇调研文章。道县县呈报课题《农村意识形态的现状与对策研究》列入永州市社科基金中标课题。

【精神文明创建】 2016年，道县以创建省文明县城为龙头，推进精神文明创建活动的深入开展。成立以县委书记任组长的创建省文明县城工作领导小组，下设13个专业组一个办公室。同时县创文办抽调工作人员10名，分4个工作组启动创“省文”工作。广泛动员部署。先后召开全县创省文工作动员会、深化文明创建工作会议和文明创建工作推进会，表彰县地税局、财政局等11个省市文明单位以及创“市文”先进集体和先进个人，对文明创建工作进行动员和安排。出台《道县创建省文明县城实施方案》《道县县创建省文明县城任务分解一览表》和《关于做好2016年市文明指数测评迎检工作的通知》，落实文明指数测评迎检133项工作任务。制定下发《2016年道县精神文明建设工作要点》，安排全年精神文明建设重点工作，开展创建活动。县国土局等3个单位申报创建省级文明单位、农业委等7个单位申报创建市级文明单位，祥霖铺镇两河口村等7个村申报市级文明村。继续推进“道德之乡讲道德”主题教育实践活动，在县直单位、学校、镇村、社区开设道德讲堂260个，组织“道德模范基层巡讲、故事汇巡演”8场，受众3600余人次。继续开展好“爱心进村(社区)、孝心入户”活动和“以城带乡、城乡共建”活动，47个文明单位与村（社区）结对共建，重点扶持祥霖铺镇两河口村、梅花镇贵头村等7个村开展“美丽乡村”建设，建立“道德讲堂”和“雷锋工作站”，投入文化墙、文明礼仪宣传栏等软件建设资金60余万元。贯彻中办《关于培育和践行社会主义核心价值观的意见》，推动社会主义核心价值观入脑入心。全年，围绕培育和践行社会主义核心价值观24个字的内涵和要求，积极开展多种形式的宣传，在全县营造浓厚的创建氛围。面向基层、面向群众，精心组织以纪念中国共产党成立95周年、中国工农红军长征胜利80周年为主题的爱国主义宣传教育活动。通过在媒体开设“价值观在我们身边”专栏，创作“图说价值观”，刊播公益广告等，使核心价值观的影响像空气样无所不在、无时不有，以潜移默化的方式增强群众对社会主义核心价值观的情感认同和价值认同，内化于心、外化于行。开展网络文明传播，580名文明单位干部职工注册成为网络文明传播志愿者，撰写或转发优秀博文近4万条。在中国文明网、湖南文明网、永州文明网上稿160余篇，居全市第一位。多方开展群众性文体活动和读书活动，先后组织全民拔河赛、全民阅读活动、诵经典读书活动等活动，参与人数8万余人次。开展科普宣传，参加5月份“全国科技活动周”活动，道县共举办科普演出及讲座7场，发放科普资料10万余份，接受科技咨询5000人次。中国流动科技馆道县站巡展活动于9月至11月在道县一中展出。整个巡展活动有3.47万人次参观，其中青少年学生29180人次。开展“道德模范” “美德少年”“创新创业明星”“最美人物”“身边好人”“好家风好家庭”等评选活动。开展身边好人推荐活动，组织文明单位干部职工420人，成功推荐身边好人线索5500多条，居全市第一位，道县师范原校长罗德康、公路局职工周任文两人均入选湖南好人榜、中国好人榜。组织好全县40名道德模范与身边好人故事全县巡讲活动，把“凡人善举”“草根英雄”的故事和良好家风家教育、校风校训、乡贤文化晒出来、晒出味，以“一盏灯”照亮一大片，带动一大处。开展“学雷锋，见行动，认领微心愿，温暖身边人”志愿服务活动，全年征集认领微心愿3500余个，认领率100%；在城区学校、社区、车站、窗口单位设立志愿服务岗总量达106个；以各大节日为契机，集中开展义务植树、社区便民服务、美化家园、关爱空巢老人、关爱留守儿童等志愿服务活动220余次，参与志愿者1.2万余人次。道县连续3年表彰志愿服务先进个人和先进集体，民政局志愿服务队入围湖南省“百强社团”评选。以“我的中国梦”为主题，组织全县7万中小学生开展清明“祭英烈”“学习雷锋、做美德少年”“童心向党歌咏活动”“向国旗敬礼”“做红色传人”等五项活动，引导未成年人争做“一个有道德的人”。

【新闻舆论引导】 2016年，道县宣传系统坚持正确舆论导向，忠诚履行习近平关于新闻舆论工作的“48个字”职责和使命，围绕全县“全力实现撤县设市、全面建成小康道州”的生动实践，组织中央、省市县重要决策、重大部署、重点工作“三重”主题宣传，凝聚精神合力，激发干事热情。整合全县“一台一报一网一刊二微”主流媒体资源，有针对性地组织、采写大稿、优稿，宣传好县委、县政府建设小康道州的新举措和新动作。全县“一台一报一网一刊两微”，发稿坚持“三审制”，全年导向无偏差，未出现因新闻媒体把关不严而引发的舆论炒作事件。加强对新闻从业人员马克思主义新闻观教育和职业道德教育，全面落实新闻报道真实、准确、全面、客观的原则，自觉维护新闻工作公信力和权威性。1—12月，县广电台播出电视新闻2800余篇、开设专栏135期，上永州电视台新闻260条，上湖南卫视72条，上央视12条；本地广播新闻2800余条。道县新闻网1172条、道县手机报发稿1205余条。道州发布微信公众号发布图文信息250余期1200余条，道州微博600余条，《小康道州》发刊12期。抓好信息报送工作，组建新闻阅评员队伍，向上报送新闻阅评优稿30余条。进一步延伸外宣半径，加强与中央、省、市主流媒体对接合作，借嘴说话、借台唱戏，借助省内外重要媒体的影响力和传播力，全面展示“天下谷源、理学圣地、工业新城、活力道州”的良好形象。做好突发事件舆论宣传引导和控负控俗工作。全县接待各级新闻媒体采访报道300余人次，宣传效果均达到预期目标。全面活跃对外宣传，在中央、省、市主流媒体上做到报刊有文、电视有影、网络有帖、广播有声，上稿总量创新高。据不完全统计，1—12月，全县在市以上主流媒体刊播正面宣传稿件2691条（篇、次）。其中，在市委宣传部列入重点考核的17家中央主要媒体上稿176条(其中央视上稿49条)，湖南日报75条，永州日报270条。道县新闻网1672条、道县手机报发稿1405余条。道州发布微信公众号发布图文信息250余期。中央1台、10台、13台《缅怀英烈忆长征》《筑梦路上》《长征》《江山如此多娇》等节目组，多次到道县摄制并播出红军长征过道县和陈树湘在道县壮烈牺牲事迹。同时，中央电视台、新华社、《湖南日报》等媒体，连续多次刊播道县干群积极抗灾救灾、农业产业化等新闻。5月19日湖南广播电视台通联年会召开，道县《47枚牙齿化石或改写人类历史记者探访道县福岩洞》稿件获一等奖，记者黄潜获评优秀通联记者。在10月底举行的第七届永州新闻奖评选中，道县获得二等奖2个，在11个县区中获奖等次最高，数量最多。强化网上舆论引导，把网络管理做实，做到正能量充沛，主旋律高昂。按照中央省市有关要求，成立道县县委网络安全和信息化领导小组，印发《关于成立道县县委网络安全和信息化领导小组的通知》，落实并制定地方新闻网站总编辑负责制、信息内容三审制、论坛版主管理制度、网站线下活动报批备案制度、敏感信息报送制度、网站值班制度等10项制度。积极做好“问政湖南”“问政永州”涉道留言回复工作，应对网上舆情。1—12月，县网宣办编制《涉道网络舆情》81期，下发《网络舆情交办函》68份，督促指导涉事单位回复问政网帖89个；及时有效处置涉道网络舆情81起，及时发现“8·13”垮桥事件、道县防洪堤塌陷事件、幼童出租事件等重要舆情，积极有效应对，未出现因负面舆情发现不及时而导致舆情蔓延炒作的情况。开展网络意识形态安全专项清理行动，上报涉及“文革”信息78条。完成省市下达的转评任务800余条，头条转载任务85条，较好的引导网络舆论。全年在央视网上稿30条、人民网12条、光明网10条、中国新闻网25条、新华网30余条；新浪网521条、网易463条、永州新闻网144条、永州网199条、红网永州站126条。编发道县手机报稿件信息1523条。向红网总站推稿780篇，发稿726篇，其中上红网首页头条5篇。

【文化文艺活动】 2016年，道县进一步深化文化体制改革，理顺文化发展工作机制，全面完成2016年深化文化体制改革5大项18小项工作任务，激发文化改革活力。抓好文化产业引导资金、文化企业融资的申报工作。加大文化事业工作经费投入，转型提质文化产业，通过政府引导、市场化运作，将文化产业做大做强。参加第十二届中国（深圳）国际文化产业博览交易会，与“道州欢乐世界文化旅游项目”达成投资意向性协议。组织开展纪念中国共产党成立95周年、中国工农红军长征胜利80周年和“我们的节日”主题文化活动，反响良好。召开庆祝中国共产党成立95周年暨“七一”表彰大会，组织学生开展“感受红色文化、传承红军精神”纪念中国工农红军长征胜利80周年系列主题教育活动，举行主题为“缅怀革命先烈，共建小康道州”的公祭烈士仪式，在何绍基故里联合举办“两省六县纪念中国工农红军长征胜利80周年书画联展”。红色文化活动突出，中央电视台多次到道摄制并播出红军长征过道县及陈树湘烈士牺牲有关镜头；韩伟之子韩京京、耿飚之女耿焱、陈毅之子陈昊苏、朱德外孙刘武、刘少奇之女刘爱琴等开国元勋后代先后分三批深入道县参观考察红色文化，追寻父辈足迹，缅怀先烈革命精神。端午节期间，配合抓好中国（道州）第七届周敦颐国际理学文化旅游节和道县龙船赛等活动。继续引导266个民间文艺团体发展壮大，组织实施好文化“三下乡”和文化建设先进村评选等活动，打造群众文化新活力。强化文化执法监管，净化文化发展环境。完善网吧市场监管平台，《网络潇湘》绿色软件安装率100%。同时，将文化执法大队网吧监控平台并网，接入县平安城市平台，实现数据互联互通，资源共享。开展“扫黄打非”行动，收缴非法出版物7500余册（张）。做好“两馆一站”的免费开放工作。图书馆接待28756人次，图书、期刊流通30043册次。乡镇文化站所有服务均为免费开放，免费服务群众2万余人。建立2016年全县“文化产业重点项目库”“特色文化企业库”和“小微文化企业库”，重点抓好何宝珍故居建设和烈士纪念馆布展，力争将何宝珍故里成功创建为省红色旅游景点。楼田村、田广洞村、小坪村通过国家级传统村落的评审。开展红军长征胜利80周年系列纪念活动，完成6处红军长征地标建设任务，完成红军过境道县遗址普查任务。5月份，向省委宣传部宣教处呈报道县《红军遗址专项保护资金项目申请表》，红军34师师长陈树湘烈士墓等9个分项目建设资金总预算2700万余元。夯实公共文化设施建设，发挥好乡镇综合文化站、农家书屋等文化惠民工程作用，着力实施好乡村文体小广场、公益性无线数字电视服务以及乡村学校少年宫等新的文化惠民工程。巩固发展全县广播“村村响”，推进直播卫星1.1万套“户户通”工程建设，录入率、开通率均100%完成。做好文物保护规划工作，争取“道县端午节龙船赛”为第五批国家级非物质文化遗产。做好月岩摩崖石刻等国字号文物保护单位保护性规划，争取国家文物保护资金，全面保护和利用文物资源。抓好福岩洞考古后期的有关工作，为申报国保做好准备。整合各方资源，加强对文艺精品创作引导和扶持。县文联主席黄新姿创作的长篇历史小说《大宋清官周敦颐》由方正出版社出版发行，编剧的电影剧本《爱莲说》被国家广电总局立项开拍。加大对文艺作品创作支持力度，坚持搞好“送戏下乡，演艺惠民”工作。1—12月，全县送戏下乡60场，放映电影6860余场。组织开展全市文化馆（站）摄影专干培训班、第五季“中国好声音”道州赛区海选大赛，组织参加省市2016年“欢乐潇湘”大型群众文艺汇演活动。少儿舞蹈《我心中的城》获全市“欢乐潇湘”大型文艺汇演复赛金奖，道州说唱《醉嫂骂夫》获评全市银奖，道州调子戏《周敦颐请罪》获评全市铜奖；道县师范歌舞《清莲》获评全市企业专场银奖。特别是《醉嫂骂夫》还获得省“欢乐潇湘”文艺汇演活动决赛二等奖，县文化馆被评为全省文艺汇演优秀文艺单位，周镜忠被评为全省文艺汇演组织工作先进个人。在全市第七届少儿音乐舞蹈大赛中，道县还获金奖1个、银奖2个、铜奖3个。组织参加第三届“永州市文艺奖”评选活动，组织小说、诗歌、散文、摄影、戏剧曲艺、电视专题等各类题材16余件优秀作品申报参评。

【人才队伍建设】 2016年，全县宣传思想文化战线坚持党管意识形态、党管媒体原则不动摇，建好管好阵地，坚持政治家办报、办台、办新闻网站，坚持胸怀大局、把握大势、着眼大事，更好地为中心任务助力，为全局工作添彩。1—12月，先后组织宣传部机关全体人员和宣传文化系统单位负责人学习习近平系列重要讲话精神，观看《镜鉴》警示教育片，加强部机关党员干部的党性党纪党风教育。部机关干部分别参加全市宣传干部研修班、湖南省第五届新闻研修班、理论骨干培训班、网络管理培训班等各类主体培训班20人次，有效提升参训人员综合素质。围绕《2016年全县宣传思想工作要点》，推动理念创新、制度创新、内容创新，引领社会发展。注重从改革发展一线捕捉生动素材，注重从基层群众中汲取养分，使宣传内容更接地气、更有感染力、更具影响力。推动手段创新，加快传统媒体与新兴媒体融合发展，做大做强“道州发布”微信、微博、新闻网站等新兴媒体，不断扩大影响力。建立健全宣传思想文化系统科学的育才、聚才、用才机制，增强队伍活力。抓好宣传文化干部教育培训，加大专业人才引进培养，使宣传队伍力量逐步强起来。在全县宣传思想战线深入开展“两学一做”（学党章党规、学系列讲话，做合格党员）学习教育和“三项学习教育”、“走转改”活动。自觉向党中央看齐，向党的理论和路线方针政策看齐，着力打造一支“政治坚定、业务精湛、作风优良、党和人民放心”的新闻舆论工作队伍。开展“精准扶贫”工作，全年部机关14名干部职工与白芒铺镇洞仂口村30余户贫困户实行结对帮扶，树立宣传干部良好形象。

统战工作

【概况】 2016年，道县统战部围绕协调推进“四个全面”战略布局、树立和贯彻五大发展理念，坚持以“脱贫攻坚”为抓手，凝聚团结统战力量，不断适应新形势，探索新思路，解决新问题，为全面建设品质活力小康新道州，打造永州次中心提供广泛的力量支持。

【政治思想建设】 2016年，道县统战部把学习贯彻中共十八大、十八届五中全会和习近平系列重要讲话精神作为全年重大政治任务，通过举办培训班、座谈会、谈心会等形式，帮助统一战线广大成员树立创新、协调、绿色、开放、共享的发展理念。加大正面思想的宣传，引导、帮助党外代表人士树立正确的世界观、价值观、人生观，自觉抵制各种不良思想的影响。在市委党校举办一期统一战线学习贯彻中共十八届五中全会精神专题研讨班。7月20日，组织召开道县党外代表人士“两学一助”（学系列讲话、学优良传统，助力建设美丽新道县）学习教育动员会，乡镇场（街道）统战委员、党外代表人士和统战系统主要负责人60人参加会议，全面安排部署两学一助有关工作，不断提高党外代表人士的“五种”能力。

【加强统战力量】 2016年，道县统战部对党外代表人士实行差异化管理，按照党外人大代表、政协委员提名推荐工作要求，做好非公经济人士综合评价工作，组织14个参评单位对其进行联合审查，与组织部门共同做好县人大党外代表、县政协党外委员审查工作。县第十七届人大代表中有党外代表90人，县人大常委会中有党外常委9人，县第九届政协委员中有党外委员146人，县政协常委会中党外常委30名。截至2016年年底，全县党外实职领导干部48名，其中副处5人，法检两院党外职数配备到位，正科实职5人，副科实职25人。工商联和无党派人士围绕红色旅游、教育扶贫等重点问题深入调研，形成3篇调研报告，得到县委书记、县长的重要批示。利用各界人士座谈会、协商会和“两会”等重要平台，党外代表人士提出意见建议20余条，提交议案提案40余件，反映各类社情民意60余条，一批成果和意见建议被吸收转化。

【助力脱贫攻坚】 2016年，县统战部牵头做好社会力量参与精准扶贫活动，制定扶贫方案，建立工作台账。鼓励非公企业和无党派人士通过定点帮扶、智力支持、社会服务等形式，帮助贫困地区发展教育、科技、文化、卫生等社会事业。开展“民企帮村”“一家一”助学就业活动，引导非公企业到贫困地区投资兴业、发展产业、招工就业、捐资助贫、技能培训，精准帮扶一批贫困群众脱贫。继续深入实施关爱留守儿童“暖阳工程”，进一步拓宽活动辐射范围，拍摄制作留守儿童宣传片，打造关爱留守儿童“道县微益”平台。坚持把脐橙、油茶、厚朴等林果种植，以及生猪、灰鹅、山羊等牲畜养殖作为产业扶贫的主打项目。截至2016年年底，全县以种植大户、农业合作社、家庭农场、农业专业公司等种植经营的土地占全县耕地面积的40%，建成千亩以上农业基地97个、万亩以上农业基地11个。其中贫困地区仅脐橙产业就建成“万字号”基地3处、“千字号”基地5处、百亩以上基地26处，年产值逾3亿元，贫困群众人均增收700元以上。开展“万企帮万村”工作，以项目投资、产业开发为主要形式，探索“龙头企业+基地+农户”“合作社+农户”等各种扶贫带动模式。全年有86个企业与63个省定贫困村结对帮扶，实现精准扶贫工作全覆盖。带动建档立卡贫困户8276户，带动贫困人口27592人。

【企业服务】 2016年，道县建立完善县委常委联系非公有制经济代表人士联系制度，实现政府与企业无缝对接。县委统战部充分发挥联系非公经济的桥梁作用，主动作为、勇于作为、善于作为，帮助企业做大做强。解决永州宏远房地产公司、步步高超市道县店与道县新宜佳超市关于道州商业广场负一楼租赁的纠纷问题，帮助永州广弘鞋业等20余家园区企业新增员工6000人以上，帮助华顺通等10余家民营中小企业向金融机构融资3.2亿元。加大招商引资力度，推动道县“项目战略”的实施。县统战部发挥统一战线人才荟萃，智力密集，联系广泛的优势，参与做好招商引资工作。在引进资金兴建企业的同时，不断为非公企业扩大企业生产规模，进行技术改造等工作牵线搭桥，多做服务。坚持“团结、帮助、引导、服务”的工作方针，做好非公有制经济人士的思想政治工作。深入企业了解他们的生产生活情况，及时掌握他们的思想动态，听取他们心声，帮助他们解决实际困难，激发广大非公经济人士的创业精神和爱国爱乡热情，树立“爱国、敬业、守法、诚信、奉献”的良好社会形象。

【为侨服务】 2016年，县统战部维护归侨侨眷权益，为广大归侨、侨眷服务。退休（含按规定提前退休）的老年归侨、户口在农村和户口在城镇无业的老年归侨（男满60岁，女满55岁）每人每月发给生活补助费标准由200元提高到260元，所需经费全部列入财政预算解决，并足额发放到老归侨手中。加强海外统战工作，统战部在归侨侨眷中广泛宣传海外统一战线方针政策，鼓励和帮助他们同亲人进行联系。对回乡探访的港澳、侨“三胞”热情接待，增进乡谊和感情，加强对外联系，对有海外关系者，用政策热心帮助解决。通过两岸和海外来友，实事求是地介绍大陆特别是家乡的发展变化和发展前景，吸引外商到道县投资，千方百计沟通经济信息，牵线搭桥，促进经济发展和人才交流。全年推荐5个综合素质高、品行优良、有影响力的侨胞作为县政协委员。

【落实宗教政策】 2016年4月份，县基督教三自爱国会在道县基督教堂、县城南教堂和县福音教堂先后举办2016度基督教信徒骨干、信徒群众培训班，培训人员450人次。集中学习中共十八大和十八届四中、五中全会精神和习近平总书记等中央领导同志关于宗教工作的重要论述，重点学习两个《条例》的内容。6月在县宗教界开展以“国法与教规的关系”为主题的宗教政策法规学习月活动，全县宗教活动场所负责人、宗教教职人员及信徒群众近300人参与学习月活动。深入学习国家和省《宗教事务条例》及党的宗教政策法规。为加强宗教团体和活动场所自身建设，配齐配强县基督教三自爱国会和4处基督教活动场所的领导班子，对全县宗教教职人员和宗教场所负责人共56人实施工作考核，在场所内公示《个人工作总结与整改意见书》，对于信徒群众反映强烈或满意度不高的人员给予整改教育。健全和完善活动场所的管理机制和规章制度，推动宗教活动场所基本信息的定期更新和动态化管理，加强和改善活动场所的基础设施建设，优化美化场所环境，确保安全。从省民宗委争取5万元教堂维修资金，对东门教堂进行维修、美化、绿化。制定并印制《道县宗教活动场所安全检查的方案》，按照《方案》的要求，全县进行宗教活动场所安全大检查，排查出宗教矛盾、信徒纠纷和场所用电、用水等安全活动26次，发现隐患7处，整改7处，确保宗教活动场所平安无事。

机构编制

【概况】 2016年，道县机构编制委员会办公室推进行政体制改革，开展政府机构改革扫尾、行政审批制度改革、事业单位分类改革“三大改革”；完善机构编制实名制管理，规范机构编制审批程序，建立健全机构编制管理制度，改革机构编制保障使用，加强自身建设，不断提高机构编制管理水平，机构编制管理规范化、法治化建设成效显著。

【政府机构改革】 2016年，道县继续开展政府机构改革工作，按照建设职能科学、结构优化、廉洁高效、人民满意的服务型政府的指导精神，通过调研摸底、制定方案、动员部署、部门三定等环节，完成政府职能转变和机构改革工作。改革后，县政府工作部门精简为24个（县监察局、县人民防空办公室列入政府工作部门序列，不计工作部门个数），对54个单位职能职责进行疏理和调整，理顺部门职责。通过改革，政府职能得到转变，机构设置更合理，组织体系更加精干高效，提高行政和服务效率。

【行政审批制度改革】 2016年，道县审改工作围绕“放管服”改革向纵深发展，全面贯彻落实“放管服”改革要求。道县人民政府下发《关于承接落实国务院和省市人民政府取消、调整及下放行政职权》，取消县本级行政审批事项39项，承接市政府下发的行政审批事项13项，调整县本级行政审批事项1项；8月31日道县人民政府下发《关于公布2016年道县政府工作部门行政权力》，道县人民政府31个工作部门保留行政权力2135项，其中行政许可186项，行政处罚1384项，行政强制158项、行政征收35项、行政给付6项、行政确认31项、行政奖励28项、行政检查141项、行政裁决6项、其他行政权力160项，及时承接市级下放事项（共15项）。及时公布政府部门权力清单、责任清单、负面清单，形成“三位一体”的政府部门权责网络体系，建立健全清单动态调整机制，规范创新审批措施，改革成效显著。按照《道县行政审批事中中后监管办法（试行）》的文件精神，25个政府工作部门在道县政府网公布《道县政府工作部门行政审批事项事中事后监管清单》。清理规范道县政府部门行政审批中介服务事项，对道县70项政府部门行政审批服务事项进行规范并公布中介服务事项目录。

【事业单位分类改革】 2016年，道县事业单位分类改革工作稳步推进，县分类推进事业单位改革工作领导小组按照相关文件精神，遵照程序针对主管单位下发《事业单位分类有关事项的通知》；对剥离行政职能的原行政类事业单位的分类类别及时作出调整，并在各主管行政单位的“三定”方案中再次明确各事业单位的分类类别；针对名存实亡的生产经营类事业单位如房产局下属房产综合开发总公司，下文撤销机构，4名在编人员分别划转至局下属其他同性质单位；市政公司撤销机构，人员并入市政设施管理站。

【严控严管机构编制】 2016年，道县机构编制委员会办公室严格执行机构编制条规，把“一条例、一通知、一规定”贯彻在工作始终，实行机构编制事宜由编制部门一家承办、一家行文、一支笔审批的机构编制管理制度，有效控制机构编制无序增长，机构编制管理更为规范化、制度化。严格开展控编减编，实行机关事业单位人员编制与经费预算联合管控、入编部门联审等制度，坚持“凡进必考”，按照总量控制、编内进人原则用编列编，做到编制计划外零进人，杜绝违规进人，超编进人，实现财政供养人员“只减不增”目标。

【精准扶贫】 2016年，道县机构编制委员会办公室精准扶贫对象为四马桥镇岩头村。扶贫工作开展以来，道县机构编制委员会办公室通过为扶贫村出谋划策，选派队员驻村帮扶，全办人员帮扶结对，联系相关职能部门对口投资等方式，使扶贫村基础设施得到全面改观，村容村貌得到改善，村民收入大为增加。工作中，帮助多方筹资共115万元，帮助修建水渠5千米、道路加宽3千米、村主道防护栏2千米、新挖山塘1口、维修山塘1口、村办公楼和村片小地面硬化、护坡、围墙修建等。对扶贫对象实施“一对一”精准定向帮扶，完成转移劳动力就业12人。

政策研究

【概况】 2016年，道县县委

政研室建立健全全科室内部工作制度、考核制度、奖惩制度，发挥用制度管人管事的作用，着力破解工作中内部分工不清、岗责不适、奖罚不明等突出问题，全室的凝聚力和战斗力进一步得到有效提升。全年独立承担或牵头协调组织开展各类调研活动11次，形成调研报告11期，其中乡镇区域调整改革意见等一批调研成果得到县委主要领导的肯定，进入县委改革决策。做好上级交办任务，全年累计完成上级交办的调研课题或协助开展调研活动7次，上报预约或专题调研报告7篇，得到上级业务部门的充分肯定。做好综合文稿起草工作，全年累计起草各类综合文稿400余篇，正式付印文稿160万余字。抓好文稿的整理上报工作，着力推介道县特色和道县经验，全年累计在市级以上业务刊物上发表各类文章80余篇，其中在省级以上刊物发表文章23篇，再创历史新高，发表文章数量、质量居于全市各县区前列。高效完成上级交办任务，编辑相关简报24期，确保两项工作稳步推进。在2016年度永州市小康办、市改革办的日常考核中，道县两项工作均居于全市各县区前列。

党校工作

【概况】 2016年，中共道县县委党校编制27个，在编在岗人员22人，其中专兼职教学人员13人（高级职称4人，中级职称7人，助讲1人）。内设综合办公室、教务科、科研科、后勤科4个科室。年内，实施县委年度《干训计划》，较好发挥党校熔炉、阵地和智库作用，为道县全面建成小康、争创撤县建市提供思想政治保障和智力支持。被永州市委党校作为全市唯一县区党校推荐参评全省“科研工作示范性党校”，被中共道县县委、道县人民政府评为基层党建先进单位，超额完成烤烟任务，如期完成精准扶贫预定项目。

【干部培训质量】 2016年，中共道县县委先后成功举办4期农村基层党组书记轮训班、第十九期中青年干部培训班和1期科级干部进修班等主体班，培训学员464人。进一步加大对外培训力度，同县委组织部、县财政局、县人社局、县移民局、县经管局、县统计局等科局联合办学，合作开办各类培训班21期，培训学员2000人次。围绕中共十八届五中全会和六中全会精神等内容，结合“两学一做”专题教育活动，精选“十八届五中、六中全会精神和习总书记的重要讲话”等多个精品专题，组织骨干教师进机关、进乡镇做专题宣讲，宣讲60多场次，听众人数4000余人次，其中邓宏华、曾胜辉、周文化和何东升等讲授的“两学一做”专题教学效果好。以“三严三实”专题教育和“两学一做”学习教育为主线，组织学习领会习近平庆祝中国共产党成立90周年重要讲话、纪念中国工农红军长征胜利80周年重要讲话和中共十八届六中全会精神。综合运用研讨式、案例式、体验式、情景模拟式和现场教学等多种教学方式，组织学员带着问题来，结合实际学，增强培训的实效性。不断完善教学管理制度，树立良好学风，严格执行培训程序。建立和实行领导干部到党校讲课制度，领导干部讲课占总课时比例不低于20%，特邀中共永州市委常委、永州军分区司令员王守海讲授周边国际形势与国家安全。同时，建立授课质量及时考评制度。

【队伍建设】 2016年，中共道县县委带头落实党校姓党的各项要求，坚定正确办学方向，办学治校能力进一步提升；落实党委中心组学习等学习制度，组织中心组集体学习12次；坚持民主集中制，推进党务校务公开，主动听取意见、接受监督，促进科学决策民主决策依法决策。带头守纪律讲规矩，落实双重组织生活、谈心谈话等制度，党组织生活严格规范，班子凝聚力战斗力进一步增强。突出抓好党风廉政建设。履行党风廉政建设主体责任，制定和落实年度党风廉政工作要点，强化“一岗双责”；组织廉政警示教育，落实廉政谈话、个人重要事项报告等制度。坚持领导带头、从严从实、常抓不懈，完善内控机制，厉行勤俭节约，公务用车、公务接待、公务出差、办公用房等方面的管理规定得到严格执行，财物管理更加规范，清廉风尚更趋浓厚。组织教师到井冈山青年干部学院异地学习培训，开阔眼界，提升教学水平和兴趣，增强党性认识。先后组织教师8人次分赴中央党校、中国人民大学和中共湖南省委党校等单位进修学习，选派1人到白马渡镇庙头村挂职任第一支书，指导精准扶贫。

【科研成果】 2016年，中共道县县委党校实施科研带动，出专著1本，撰写论文40篇。其中，道县政协文史委组织、邓宏华担任的《日寇侵犯道州纪事》专著，由湖南师范大学出版社公开出版。在省级刊物上公开发表论文17篇，在市县级刊物上公开发表论文5篇；参加各类理论交流参评论文22篇，其中参加省、市委党校理论研讨16篇，市委组织的学习市委书记陈文浩在市第五次党代会讲话精神征文6篇；获奖16篇，其中，省委校理论研讨获二等奖1篇，三等奖5篇，市委党校理论研讨参评论文获奖6篇，广西河池市委校理论研讨参评文章1篇，县委举办的学习纪检《准则》《条例》征文获一、二、三等奖各1篇。被省委党校、行政学院结项课题3个，立项课题3个；参与完成市委公开招标立项课题1个；与县人大、县政协联合完成课题4个，与县委宣传部联合完成课题1个。

【机关建设】 2016年，中共道县县委党校按照上级党委政府要求，严把财务关、作风建设关，修订党校机关制度，机关不定期查岗，督办，从源头上防范“四风”问题发生。校领导班子继续统一思想，求真务实致力于市级文明单位建设活动，带领全校教职工在精神文明建设中不断开拓创新，通过市文明办的复查验收。多方争取资金，全面改造和提升校园环境和基础条件，通过向县委、县政府汇报争取，县财政继续拨付专项资金50余万元，改善办学硬件设施，完成年初制定的县委党校校园建设方案。校内公共场所地面“白改黑”提质改造完成，大报告厅、中报告厅、中青班教室和道德讲坛全面安装电子显示屏，校内显目位置安装文明用语宣传提示牌，还安装监控设备，为教学活动提供便利。按照讲纪律、守规矩要求，探索制定教师授课相关规则；为提高教学科研水准和培训质效的要求，建立专兼职教师课件、讲义把关制度，推行教师校外授课报批制度，进一步完善学风、学纪和学员管理制度。

【中心工作】 2016年，中共道县县委党校帮扶济困，打响精准扶贫攻坚战。委派校委委员周洁带领建整扶贫队常年进驻庙头村具体指导扶贫攻坚，广大干部群众还多次深入贫困户家中结对帮扶。每年投入3万元解决庙头村的实际困难，投入3万元助力梅花镇贵头村美丽乡村建设。重视综治维稳工作，安排专项资金予以保障，从全县维稳工作的大局出发，随时听从县委的安排，提供场地和服务，在主体班培训班中专门安排综治维稳课程，协助其他部门办好法制培训班，校长邓爱群强化处理重点项目的信访维稳工作，多次深入华新水泥搅拌场处理因征地出现的信访问题，确保搅拌场开工，化解寿雁镇梅子园村寄家岭自然村因反映房屋搬迁补偿低而导致前后3次进京上访的难题。重点防护联系乡镇白马渡镇的信访，确保武家滩村在重大节庆日不出现上访情况。做好烤烟点工作，全面完成烤烟生产任务。专门安排一名校领导带队驻点梅花镇赤源村指导烤烟生产，投入2.5万元为该村排忧解难，引导村民完成烤烟种植业务20公顷，烟叶700担。

老干部工作

【概况】 2016年，道县县委老干部局落实和改善老干部“两项待遇”，提高离退休干部服务管理水平。引导老干部“学”“教”“乐”“为”相结合，不断加强老干部工作者自身队伍素质建设，全县老干部事业推进有序。道县县委老干部局被中共永州市委、永州市人民政府评为全市老干部工作“先进集体”。道县老年大学“春常在”艺术团获“永州市百佳艺术团”和“五星文艺团队”称号。

【落实老干部“两项待遇”】 2016年，道县老干部工作坚持走访慰问制度，春节期间走访慰问630多名老干部，重要节点慰问离休干部15人，发放慰问金6000元。坚持祝悼慰制度，悼念老干部6人，看望住院老干部26人，为3名老干部祝寿。组织全县副处级以上老干部进行健康体检，增加CT等体检项目，建立健康档案，了解每一位老干部的健康状况。10月，特邀桂林南溪山心脑血管专家组到道县，在老干局大会议室为全县老干部心脑血管等方面的情况进行义诊。帮扶特困离休干部及配偶遗孀21人次，解决生活医疗救助3.9万元。按政策对离休干部生活补贴、无固定收入配偶遗孀生活补贴和37名中华人民共和国成立初期参加革命工作的退休干部的生活补贴和医疗补贴进行提标。

【老干部“两项建设”】 2016年，道县老年大学开展老干部理论学习两次。老干部局组织开展以“金秋助贫”“我看道州新变化”“互助关爱·传递温暖”为主题的为党和人民事业增添正能量系列活动。8月，局领导针对离退休老干部年龄偏大、行动不便、出行困难等情况，开展送轮椅活动。经过多方筹集近2万元资金，购买15台轮椅，为丁承顺、杨坤等15名离退休老干部送上门，解决老干部出行不便的难题。第十二届党代会前夕，组织老干部举办“生态宜居、品质活力、小康道州”摄影展活动，搜集作品600多幅，以老干部独到的眼光和不同的视角展示第十一届党代会以来取得的丰硕成果和道州风貌。退休老领导蒋米田、吴昌球、刘占琏、黄义大、涂胜喜和在职副处级干部何日光等，2014年开始从外地引进“瓜蒌”新生产项目，经过两年多的不懈努力，2016年试种成功并逐步推广，极大地增加种植户的收入。

【老年教育事业】 2016年，道县老年大学本部开设老年学习班11个，学员600多人，并在西洲、濂溪两个办事处及寿雁镇设立分校，招收学员300余人。建立老年大学微信公众平台和QQ群等宣传平台，创建市级老年教育示范点1个，县级老年教育示范点4个。道县老年大学“春常在”艺术团参加“永州市京协第六届票友艺术节”比赛，取得第一名的好成绩。重阳节期间举办系列活动，在敦颐广场举办“庆重阳暨纪念中国工农红军长征胜利80周年”文艺晚会，举办学员优秀作品展览，表彰一批模范教师和模范学员，组织学员开展慰问演出和捐款活动。

【老干部活动】 2016年，道县老年书画协会确定东门村、道县师范学校等12个“书画之乡”示范点，书画有阵地，观赏有展室。会员队伍不断扩大，组织活力进一步提升。其中省级会员11人，国家级会员2人。组织春节送春联下乡活动，深入洪塘营、横岭、审章塘3个少数民族乡走访慰问，为村民书写春联300多幅。参加全市“国土杯”书画赛，入选作品22件，一、二、三等奖均有会员获奖，居全市各县区之首。重阳节期间，为纪念中国工农红军长征胜利80周年，道县老年书画协会在道县老干局门球场举办“庆重阳暨纪念中国工农红军长征胜利老年书画展”，展出新作品90多幅，其中书法作品60多幅，绘画作品30多幅。作品紧扣“弘扬长征精神”这个主题，以书画形式追忆长征、讴歌长征，抒发对革命先烈的感恩与怀念之情。书法作品遒劲有力、飘逸隽永，绘画作品灵动逼真、栩栩如生，侧面展示道县老年书画爱好者老有所学、老有所乐的精神风貌，得到广大书画爱好者和社会的好评。道县老科技工作者协会邀请杨应明等3名老干部深入上关乡、祥霖铺镇等乡镇义务向农民群众开展脐橙等果树病虫害防治技术宣讲和新品种嫁接、修剪示范活动，培训果农180人。老干部何四新向养殖户宣讲从事畜牧业实践中积累的防治人畜共患疾病经验。道县老科技工作者协会结合创建“百岁健康县”，组织道县红十字协会医院，到四马桥镇、蚣坝镇等乡镇开展义诊和健康知识普及讲座，指导群众科学养生，帮助群众提高健康意识。据不完全统计，义诊人员1500人次，发放药品近1万元，发放健康资料2500份。

【关心下一代工作】 2016年，由道县关工委牵头，道县教育局、团县委、公安局、司法局、文广新局组织“五老”名人在红军墙、陈树湘烈士墓、何宝珍纪念碑等地举行革命传统教育报告会。通过这些活动，点燃青少年学习本领、报效祖国的豪情，升华他们的爱国情结和理想信念。道县老龄协会与道县司法局开展“关爱明天·法制服务进校园”主题教育活动，实现面对面普法，深入柑子园中学、中心小学，油湘中学等学校向中小学生进行普法知识宣传20多场次，在中小学生中形成知法、守法的良好态势，从源头上预防和减少青少年违法犯罪，有力地促进中小学生的健康成长。5月底，在敦颐广场举行文艺专场，寄托“五老”深情，扩大道县关工委工作在全县的影响。关注特殊群体，着力做好边远山区和少数民族地区关心下一代工作，特别是对留守儿童的关爱，为760多名孤儿落实孤儿政策，发放基本生活费600元/（月·人），免费帮助他们参合参保。濂溪山庄管委会组织学生参观楼田爱国主义教育基地，濂溪故里的名胜古迹。大坪子社区关协干部到朝阳小学与孩子们共同庆祝“六一”儿童节，并为孩子们送上作业本、文具、体育用品等，价值上万元。11月1—2日，成功举办“永州市关心下一代工作现场交流会”，全市11个县区的参会领导和代表都很满意，一致认为会议规格高，成效明显，开得很成功。

【“五老四教”主题教育活动】 2016年，道县老干部局组织关工委主任和“五老”宣讲骨干培训班，培训上百人次。7月下旬，组织专职人员前往长沙培训，学习关工委工作经验。特请县纪委通过聘请20名素质好、威信高、作风硬的老干部开展作风督查，在全县开展“治陋习、树新风”专项行动。主要以治理党内政治生活庸俗化、“四风”陋习、为官不为、社会不文明行为等问题为工作重点，引导市民讲文明话、干文明事、做文明人为工作常态，构建清清爽爽的同志关系，营造干事创业、敢于担当、文明言行的浓厚氛围。“五老”以法制教育、社会主义核心价值观等为重点内容，与道县司法局开展“普法进百村，五老在行动”活动，深入全县80多个村（社区）开展活动。据不完全统计，累计有160名“五老”参与宣讲报告260场次，使5.6万人深受教育。

【评先创优树典型】 2016年，道县老干工作成效喜人、亮点纷呈。道县水利局加强领导，工作扎实推进，在离退休党建工作中拔得头筹，参与市、省级离退休党支部“先进集体”评选活动。大坪子社区“网格化”管理优势明显，对老干部的困难和问题了然于胸，并逐一加以解决，效果明显。道县老年大学副校长柏振范在全市“双先”表彰大会上，获市离退休老干部“先进工作者”称号。组织对离休老干部蒋国先进事迹进行采访，宣传典型，弘扬争创精神。

县委督查工作

【概况】 2016年，县委督查室围绕市委、县委的重大决策部署，健全抓落实的工作机制，增强督促检查的自觉性、针对性、实效性、权威性，在确保政令畅通、推动决策落地生根上发挥更加积极的作用，2016年被评为全省督查工作先进单位。

【决策督查】 2016年，县委督查室围绕全县经济社会发展中带有全局性的关键问题，及时跟进督查，推进县委重大决策和重要工作部署的落实。对县委经济工作会议报告和《政府工作报告》确定的目标任务进行任务分解，明确目标任务、完成时限、牵头领导、责任单位与责任人，对涉及的8大块43项具体任务，实行“一月一调度、一季一督查、半年一小结”的方法督办落实。对10次县委常委会、26次县委书记办公会议定的事项，按照会议纪要精神，一项一项跟踪督查落实。同时，牵头开展园区用工服务、精准扶贫、信访维稳调纠、集体林权制度改革“回头看”、防汛、大中型水库移民避险解困、计划生育、重点项目、美丽乡村、教育强县、绩效指标完成情况、市委市政府重大事项落实情况等12项阶段性重点工作的督查督办。特别是对园区用工服务工作实行“一天一排位一通报”；对碧桂园等重点项目实行“一天两督查、一天一通报”，创造从项目洽谈至开工建设只用45天的道县速度；对美丽乡村建设分江头项目由专人负责、跟踪推进、日夜施工，15天时间完成各项基础设施建设。全年组织开展决策督查活动82次，下发督查通报63期，其中以《道县督查通报》红头文件形式下发16期，以微信、短信平台编发47期。

【专项查办】 2016年，县委督查室坚持“批必查、查必清、清必办、办必果”的工作思路，进一步健全督办制度，对领导批示件实行台账管理、专人负责，一一督查督办、认真回访复核，办结质量不断提高。对领导重复批示件、涉及民生民本的批示件、涉及倾向性普遍性问题的批示件列为重点进行督查督办。特别是对人民网友反映至省委书记徐守盛的留言“关于万家天府有关问题”的批示交办件，组织项目指挥部、县国土、住建、房产、财政等相关部门先后6次深入实地，调查核实，妥善解决有关问题。全年收到领导批示件46件，其中阅处件4件，督办件42件（包括市委督办件23件，已回复19件），办结36件，6件正在办理当中。

【情况综合】 2016年，县委督查室在开展督查工作的同时，善于对督查情况进行认真综合归纳，分析总结，及时向市委督查室报送各类督查情况综合材料，并把在督查过程中道县的好经验、好做法进行宣传推介。经常深入一线督查调研，在督查调研中查找问题、分析原因、提出建议，为县委决策服务提供重要的参考依据，发挥参政设谋的作用。上报市委督查室的情况综合材料16篇，其中经验典型材料10篇，反映相关问题的材料6篇。起草通报文字材料63篇，提出合理化建议126条，部分建议得到县委领导的认可，关于和一置业税收返还问题的调研报告进入县委决策。2月，《践行“三严三实”争当新时期党委办公室好干部》一文参加全省党委督查系统“三严三实”征文比赛获优秀奖。

【督办问责】 2016年，县委、县政府确定全县经济社会发展33个重大项目，由县委督查室、县政府督查室、县纪委、县委组织部、县综合考核办组成重点项目督查问责工作组，抽调相对固定工作人员，分成督查督办、情况综合、执纪问责、后勤保障等4个小组，实行“月督查、季兑现、年终考核”的方法，形成常规督查机制，对在督查过程中执行不力、完成效果不理想的单位或个人进行问责。对涉及3个项目的4个单位4名主要负责人实行问责，鼓励先进，鞭策后进，有效推动重大项目建设。

小康建设

【概况】 2016年，道县贯彻落实省市的决策部署，坚持以全面建成小康社会为总抓手，坚持以产业发展、项目建设为重点，以民生改善、社会和谐为依托，精准发力抓推进，重抓落实求突破，努力提升全县经济社会发展水平。全面小康实现程度达84.8%，同比增长4.9个百分点。五大类指标中，经济发展类实现程度73.9%，同比提升8.1个百分点；人民生活类实现程度85.7%，同比提升4.8个百分点；社会发展类实现程度96%，同比提升2.5个百分点；民主法治类实现程度100%，与上年持平；生态文明实现程度98.8%，同比提升0.9个百分点。全面小康工作在永州市11个县区中位列第二位，全面小康提升幅度在全省二类县中排第七位，进入全省“经济十快进县”方阵。

【强化统筹】 2016年，道县继续保持高规格的领导小组，研究出台一系列文件办法进行统筹规划，明确任务、量化责任、高频调度，切实强化压力，着力补齐短板，推动全面小康工作向纵深发展。

【强化宣传】 2016年，道县把小康工作与互联网有机结合起来，宣传本地全面建成小康社会动态情况与先进典型，进一步营造共同推进全面建成小康的良好氛围。

【强化支撑】 2016年，道县注重以平台建设、产业发展、招商引资、民本民生、改革创新等县域重大工作、重大建设为小康工作的重要抓手，夯实全面小康工作的基础，积极争取上级部门及社会的支持和认可，获批国家级返乡创业试点县、国家重点生态功能区新增转移支付县、湖南创新创业带动就业省级示范基地，成功创建全国国土资源节约集约模范县、全国地质灾害防治工作高标准“十有县”。

信息工作

【概况】 2016年，县委办信息室坚持“为领导服务，为机关服务，为基层服务”的服务宗旨，突出重点、关注热点、凸显亮点、研析难点，及时、准确、全面地为领导和上级党委提供情况和决策依据，发挥信息工作的参谋助手作用。

【信息报送】 2016年，县委办信息室根据省委信息处、市委信息科的报送要求，围绕道县在全国、全省、全市首创或者领先的亮点特色工作，提高信息报送的数量和质量，全年向省市报送综合信息407条。

【畅通信息渠道】 2016年，县委办信息室健全信息网络体系，建立信息联络员制度，构建“县级主要领导主管—信息室协调主抓—各级单位配合执行—联络员人人撰写”的上下一条线、纵横一张网的信息工作网络新格局。加大培训力度，全年开展全县信息员培训4次，信息室跟班人员培训6次。抓常抓紧抓实重大紧急信息报送，全年全县未出现迟报、漏报、瞒报等重大紧急信息现象。凡重大突发性事件，第一时间上报，后续情况及时随机上报。8月13日，白马渡镇秀峰庙桥在施工中意外垮塌，当日造成3人坠河失踪，5人受伤。县委办成立信息综合组，信息室专派1名工作人员现场跟踪了解相关情况，第一时间掌握情况进展，第一时间收集整理信息上报省市、县委相关领导。

应急管理

【值守工作】 2016年，县应急办对文件的管理更加规范，不管是通过机要室传真的文件，还是内网下发的文件，或是其他途径的上级文件，都及时进行登记处理。对文件的批示、文件的走向、文件的要求等情况，都进行随时登记、随时查询、随时处理。对通知的下达更加快捷，对事务的处理更加及时。主动适应互联网发展潮流，率先利用互联网开展通知下发工作，在全县最先建立值班QQ群和微信群，提升工作效率，节约工作成本。

【信息工作】 2016年，县应急办开拓创新应急值守信息工作，提升值守工作地位，开设手机“值守简讯”，定期或不定期向全体县政府领导发送值守应急信息。在内容上，对近期县政府领导需参加的会议和接待任务，对当天县政府领导召开的会议和工作动态，对近期发生的突发事件和应对情况，对上级要求道县落实的重大事项等，用简单扼要的文字点明以上事项的时间、地点、人物及事件的起因、经过、结果等。在范围上，只对县政府领导需要参加或已经参加的会议、接待、动态及突发事件等，进行总结归纳，涉及其他县级领导的，一般不予收集归纳，做到“到位而不越位”。在发布上，严格限定发布范围，坚持只为县政府领导服务的原则，所编写的手机“值守简讯”以短信的形式只发送到县政府领导手机上。在作用上，手机“值守简讯”体现在“参谋、提醒、掌控”3个方面，即为领导决策提供参考消息，为领导参会提供提醒信息，为领导工作提供全局信息。

【应急工作】 2016年，县应急办工作人员两次到省委党校参加全省应急管理基层培训班，从而了解应急管理工作，提升应急管理水平，为下一步全县应急管理工作的开展打下业务基础。5月12日，组织县直单位30余个，在县城敦颐广场开展应急管理集中宣传活动。按照报送的范围，对县里发生的突发事件信息及时整理上报，做到发生一起上报一起。全县全年没有出现突发信息迟报、瞒报、漏报现象。加强全县应急预案修订和编制力度，全年编制预案5个。开展应急演练，其中县级演练3次，乡镇演练22次。

档案工作

【概况】 2016年，道县档案局有干部职工10人，退休干部6人，内设办公室、业务股两个股室。

【基础工作】 2016年，道县档案局干部职工认真学习档案业务知识和法律法规政策，严格执行档案行业标准，各项基础工作得到加强，全县的整体档案基础有所提高。利用“6·9国际档案日”的契机，结合党员活动，上街进行宣传和咨询，现场发放资料400余份，接受咨询数100人次，增强社会档案意识。

【档案馆建设】 2016年，中共道县县委常委会议专题研究档案工作，启动道县国家综合档案馆建设。道县档案局按照县委、县政府要求，申报建馆计划，争取项目资金，项目得到省市有关部门的大力支持，各项工作进展顺利。

【档案开发利用】 2016年，道县档案局开发档案资源并努力强化服务功能，发挥档案作用。加大重要档案征集力度，建立名人档案、民俗文化档案等，丰富馆藏。如何家壬档案、鬼崽岭文化档案、传统村落建筑档案等。坚持多形式、多渠道主动服务，做好服务利用工作，为每一位档案利用者排忧解难。全年接待查阅利用600余人次，调阅档案资料2600（卷）册，开出证明200余份，为编史修志、工作查考、经济建设、调处纠纷等提供有力证据。

【档案规范化管理】 2016年，道县档案局指导道县国税局、道县检察院、道县财政局做好规范化档案管理工作，3个单位均通过评估验收。道县国税局、道县检察院晋升为湖南省特级，道县财政局晋升为湖南省一级。

【档案执法】 2016年，道县档案局继续稳步推进档案执法工作，依法治档成效进一步显现。工作中采取座谈、听取汇报、现场指导等方式，对100多个乡镇（街道）、机关、企事业单位进行严格考核，对存在问题的单位提出整改意见、下达书面整改通知书，促进依法治档。

改革工作

【概况】 2016年，道县改革工作确定8大类47项267小项，印发《中共道县县委全面深化改革领导小组2016年工作要点》《2016年度道县全面深化改革工作绩效评估办法》等文件。向省市上报各类信息121条，其中，《突出做好确权登记激发农村发展活力》《加快转变政府职能切实提升政府能力》等6篇文章在各类省级刊物发表，《实施在线监督推行阳光财政》《创新土地流转模式 做大做强农业产业》等7篇文章获得全市改革创新奖或在市级各类刊物发表。

【改革重点推进】 2016年，道县乡镇区划调整改革基本完成，合并两个镇，减少行政村216个。城乡网格化建设覆盖全县；农村产权制度改革持续深化，构建新型农业经营体系；推行全口径预算决算，构建并完善一般公共财政预算、政府性基金预算和社会保险基金预算统筹协调的全口径预算管理体系，建立债务风险预警及化解机制；健全完善生态环境治理机制、环境保护机制、环境生态监管机制、资源总量管理和全面节约制度；加快现代公共文化服务体系建设，形成以文化馆、图书馆、影剧院、剧团为龙头的社区和广场文化为载体的覆盖县城各个角落的公共文化网络；加快推进阳光司法建设，推进审判流程公开、法律文书公开、执行信息公开三大司法公开平台建设；深化教育综合改革，推进职业教育产教结合，落实校长负责制；建立覆盖城乡的基本医疗卫生制度，建立健全药品供应保障体系和县、乡、村三级食品药品安全监管网络；加强派驻机构建设，实施“乡镇连片、联村联合”工作模式。

【改革特色举措】 2016年，道县财政资金在线监督改革试点获湖南省人大推荐并在全国人大作专题经验交流。基本完成乡镇区划调整改革，合并两个镇，减少行政村216个，改革工作居全省前列，经验获省市推广。全面完成两个国有林场体制改革，改革经验获省市推广。改革贸易流通体制，湖南省唯一农副产品集中验放场建成封关，阿里巴巴农村淘宝道县服务中心正式运行。

道县人民代表大会

【概述】 2016年，道县人大常委会召开主任会议25次、常委会会议9次，听取和审议“一府两院”专项工作报告36项，组织省、市、县人大代表视察活动6次，为促进全县经济建设、政治建设、文化建设、社会建设和生态文明建设作出贡献。

听取和审议县人民政府关于2016年上半年国民经济和社会发展计划执行情况的报告，围绕全县电子商务、旅游工作、农业标准化生产、电力建设等议题，组织开展广泛深入的调研，听取和审议政府专项工作报告，有针对性地提出审议意见。建立财政在线监督和国库在线监督系统，实现县人大常委会财政监督系统与财政局、人民银行相关系统联网对接，对全县财政资金流向进行全过程监督。依法加强预决算审查监督。审议2015年全县财政决算和2016年上半年预算执行情况的报告，推动政府建立以绩效为导向的支出安排机制。支持审计部门依法开展审计工作，听取审议2015年全县预算执行和其他财政财务收支的审计工作报告、2015年审计指出问题整改情况的报告，强化对审计指出问题的整改，要求被审计单位主要负责人按时向县人大常委会报告审计整改情况。支持审计部门审计项目43项，提出审计建议83条，整改落实81条，整改到位率97.6%。听取审议财税管理体制改革专项报告，建议政府针对“营改增”可能导致地方财政收入减少进行科学预测，争取上级政府财政转移支付补助。加大精准扶贫力度，筹措资金120万余元，帮助原新车镇新茶村硬化村道3.8千米，结对帮扶贫困户37户，并对该村脏、乱环境进行治理，初步改善该村面貌。加快濂溪故里风景名胜区基础设施建设，全面启动濂溪书院暨濂溪祠、百亩荷花池、旅游道路建设等工程。将楼田村成功申报列入全国古村落名录并开展国家级历史文化名村申报工作。成功举办第七届国际周敦颐理学文化节。筹备周敦颐千年诞辰纪念活动。开展烤烟驻点、联系乡镇等工作。

参与创建省级卫生城市、创省级文明城市等工作。围绕撤县设市，审议通过《道县县城总体规划（2016—2020）》，同时作出全县部分行政村区划调整的决定，为实现撤县设市提供法治保障。开展乡镇国土规划管理、住宅小区物业管理等专项调研，建议政府有序开发利用土地，完善乡镇规划，实施村庄规划，规范城市小区管理，推进城乡统筹发展。推动平安道县建设，重点听取审议关于公安快速处置能力建设的专项报告，建议政府加大投入，完善公安快速处置设备、装备，健全预警机制。加强对教育、文化、体育、人口计生、社会保障、食品安全、政务服务等公共服务体系相关工作的监督、支持，推动政府解决问题，提高公共服务能力，为人民群众提供更优的基本公共服务。针对群众反映强烈的全县教育滞后特别是城区义务教育大班额问题，常委会连续第四年组织调研组深入教育部门和学校调研了解情况，听取意见，并在此基础上反复审、多次督办；县十六届人大四次会议作出教育强县的决议。关注贫困户及贫困人口、农民工、低保户、未成年人等弱势群体的生产生活，县十六届人大四次会议作出精准扶贫的决议；常委会组织开展全县农民工劳动报酬权益保障、农村低保专项调研以及未成年人保护法执法检查，使弱势群体的权益得到有效保障，生产生活得到较大改善。开展“农民健康行”“农产品质量安全行”“环保世纪行”“民族团结进步行”等活动，促进相关事业的发展。接待来信来访313人（件）次，均进行交办、督办或协调处理，督促“一府两院”及相关单位较好地解决。

加强规范性文件备案审查，备案审查规范性文件15件，并对其中的部分规范性文件进行重点审查。组织法律学习，进一步加强对地方组织法、代表法、选举法的学习；邀请省人大财经委领导到道县作预算法专题辅导；组织常委会、财政局相关人员到全国人大深圳培训基地学习预算法。在全市预算法知识竞赛中，道县代表队取得第一名的成绩。加强宪法宣传活动，在“国家宪法日”组织有关部门开展宪法宣传活动和宪法知识竞赛，使“依法治国”“依宪治国”理念深入人心。加强对司法机关的工作监督，督促县法院强化各项建设。听取审议法律援助专项报告，要求加强法律援助队伍建设，提高法律援助能力。

支持代表履职，举办县十七届人大代表履职培训班，促进代表履职能力的提高。多次组织省、市、县人大代表深入厂矿企业、城乡社区、学校医院、重点项目建设现场开展视察、调查和检查活动，实现人代会闭会期间代表活动的多样化和常态化。在全县22个乡镇、街道建设县人大代表联系群众工作室，为代表接待人民群众、开展活动提供固定场所。坚持重点建议督办制度，将加快城区学位建设、提高城区饮水质量、解决城区“断头路”问题等8件建议作为重点建议，由常委会领导带队进行调研督办，并集中听取县政府关于建议办理情况的报告。制定县、乡两级人大换届选举工作实施方案，报请县委常委会通过后印发全县；召开全县性会议进行宣传发动、安排部署和协调调度；配合县委组织部、县委统战部做好代表提名推荐和考察工作，严把代表入口关；成立换届选举工作指导组和换届风气监督组，督促相关单位把握时间节点、规范操作程序、严守换届纪律，做到风清气正、依法进行选举，确保县乡人大换届工作推进，乡镇人大换届工作完成。常委会任免干部27名，接受辞职4人。贯彻宪法宣誓制度，增强宣誓人员的宪法意识。

道县人民政府

【概述】　2016年，道县全面小康实现程度86.1%，比2012年提高23.6个百分点。地方生产总值、财政总收入、固定资产投资、社会消费品零售总额分别达到180.6亿元、11.9亿元、175.4亿元、54.5亿元。主要经济指标始终保持全市第一方阵。三次产业结构比调整为24.9∶27.6∶47.5，转型发展迈出坚实步伐。财政收入税收比重达到73%，高新技术产业增加值占工业的比重超过30%。

新型工业转型升级，初步形成电子信息、轻纺制鞋、先进制造、生物科技四大支柱产业，规模工业企业达到69家，其中产值过亿元的企业18家，纳税100万元以上的企业28家。道州工业集中区开发建成8平方千米，新建标准厂房80万平方米，电子信息产业在全市独占鳌头，即将跨入百亿园区行列，获评全省新型工业化产业示范区、全省首批工业集中区等7项省级称号。现代农业发展壮大，脐橙、蔬菜、油茶、粮食、畜禽等大宗农产品享有盛名，建成规模基地49个，创建国家级蔬菜标准园3个，培育市级以上农产品龙头企业19家，创建全国出口食品农产品质量安全示范区等国字号品牌9项。商贸服务业日趋繁荣，道县被列为全省旅游资源重点县，濂溪故里成功创建AAA级景区，清塘镇入选湖南特色旅游小镇名录。肯德基、苏宁电器等商业巨头先后进驻，湘粤桂综合物流园启动建设，阿里巴巴农村淘宝在全市第一批集中上线；道县农商行成功挂牌营业，长沙银行进驻，村镇银行获批，全省唯一的农副产品集中验放场即将封关运行。

坚持以城带乡，注重品质活力，城镇化率47.7%。完成县城总规修编，县城基础设施建设投入超过10亿元，全面完成县城进出通道4个、主干道17条、背街小巷143条等提质改造工程。完成9个农贸市场标准化改造，城关屠宰场成功搬迁，地下管网建设覆盖全城，县城内涝问题基本解决，高分创建省级卫生县城。被列为全省新型城镇化重点县，是全省明确撤县设市的6个县之一。道贺高速、厦蓉高速、国道G207线道县段全面完工，实施渡改桥、危桥改造工程101座，新建农村水泥路2618千米，国道G207线绕城段、上坦公路即将动工建设。涔天河水库扩建道县灌区工程、营乐源水库扩建工程全面启动，完成83座中小型水库除险加固，解决20万人农村群众的饮水安全问题。被列为全国库区坡改梯项目试点县，实施国土开发整理、农业综合开发治理、标准烟田建设项目面积1.71万公顷。被评为全国基本农田保护先进县、全国地质灾害防治高标准建设“十有县”。能源信息建设全面加强，永州南部3万吨石油储备库全面启动建设，审章塘、洪塘营、月岩、桥头等4个风电项目全面开工建设。完成212个行政村农网升级改造。宽带网络逐步覆盖城乡。全县绿化造林24.41万亩，森林覆盖率62.81%，沱水河流域污染整治基本完成，是全省13个新列入国家级重点生态功能区转移支付县之一。农村环境综合整治力度加大，两河口、贵头、楼田、车田洞等一批美丽乡村带动作用明显。

推动土地信托流转、推广农业标准化生产、推行城乡网格化建设、推进国有林场改革等新举措，释放农业农村活力；出台校企合作、服务企业用工、清理闲置土地等新政策，增加市场有效供给；创建征地拆迁、打非治违、联合执法等新机制，加快重点项目建设。探索一批有实效、可推广的道县经验模式，先后获评全国国土资源节约集约模范县、全省农村土地确权登记颁证先进县、全省土地经营纠纷仲裁先进县。先后引进中国特变电工集团、三峡新能源集团、中国风电集团、碧桂园集团、温氏集团等一批核心企业，实现引进央企和中国500强企业零的突破。华新水泥、建溢鞋业、广弘体育等实体企业做大做强。有实绩的外贸企业由8家增加到20家。创建国字号、省字号品牌30个，获得市级以上称号120项。成功创建为全市唯一的中华诗词之乡，成功申报鬼崽岭遗址、濂溪故里古建筑群、月岩摩崖石刻、潇贺古道等4处国家文化保护单位，在福岩洞发现世界迄今最古老的现代人牙齿化石。

民生支出占财政总支出的比重保持在75%以上，社会保障覆盖城乡。累计发放创业贷款1.56亿元，新增城镇就业3.2万人，农村劳动力转移就业3万人。城乡居民最低生活保障基本实现应保尽保、扩面提标。新建保障性住房1.3万套，实施棚户区改造、农村危房改造1.26万套。推进精准扶贫，减少贫困人口7300余人。扶贫资金规范使用，资金效益得到最大化发挥。累计投入移民后扶资金3.39亿元，不断改善库区移民群众的生产生活条件。教育事业长足进步，完成义务教育合格学校建设62所，实施8所城区学校标准化建设，新建教师周转房1700套，新增城区学位9000个。全县高考二本以上上线641人，创道县高考新纪录。农村教师岗位津贴提高至200元~1000元，班主任工作津贴提高到500元。科技创新成果丰硕，被列为全国科普示范县、全省知识产权试点县，获评全国防震减灾工作先进单位。医疗卫生体系不断完善，新农合参合率、补偿率保持全市前列，人民医院、中医院、妇幼计生中心的基础设施明显改善，可新增床位800张。全面实施代课教师、民办教师、乡村医生、农村电影放映员生活补贴制度。文体事业日益繁荣，理学文化节影响广泛，群众性文体活动蓬勃开展，广播电视节目丰富多彩。

【县委第十一届七次全体（扩大）会议】 2016年1月9日，中共道县县委第十一届七次全体（扩大）会议在县政府礼堂召开，县级领导，全体县委委员、候补委员，县纪委委员和有关单位主要负责人参加会议。会议听取中共道县县委书记胡先荣所作的关于县委常委会工作的报告，全面回顾2015年全县经济社会发展情况，审议通过《中共道县县委关于制定道县国民经济和社会发展第十三个五年规划的建议》。会议明确，“十三五”期间的战略定位是，贯彻落实邓小平理论、“三个代表”重要思想、科学发展观和习近平系列重要讲话精神，以撤县设市为总抓手，建设湘粤桂结合部交通枢纽、全国文明卫生县城、湖南历史文化名城、湖南现代农业示范基地、湘南电子信息产业集中区和永州次中心城市，全面建成生态宜居品质活力小康新道县。

【县政府常务会议】 2016年，道县人民政府召开常务会议12次。1月19日，研究湖南农副产品集中验放场后续项目建设有关问题。1月20日下午，学习传达《永州市人民政府办公室关于做好低温雨雪冰冻天气应对工作的通知》精神，审议《2016年财政收支预算（草案）》《道县2015年财政预算执行情况和2016年财政收支预算（草案）的报告》《道县2015年国民经济和社会发展计划情况与2016年计划草案的报告》及研究人事任免等工作。3月11日，学习传达《湖南省农村扶贫开发条例》，研究道县与广东温氏集团合作、公务用车改革、易地扶贫搬迁、校车安全、治超限超、禁毒、永安关公安检查站建设、电子商务、佳成酒店遗留问题处理、反假币和防汛等12项工作。4月25日，研究残疾人两项补贴发放、碧桂园地产项目招商、墙体材料革新、交通运输、不动产登记、消防、城乡居民养老保险、闲置土地清理、小区集中整治和人事任免等工作。6月6日，研究人武部新营房建设、政务公开和政府网站建设、大中型水库移民避险解困安置试点、美丽乡村建设、东门小康村遗留问题处理、火车站新区原消江路城西住宅开发区国有土地处置、电子商务、金融机构信贷目标管理考核、公安局“三所合一”和人事问题等工作。6月20日，研究国道G207道县绕城公路和道州文体公园项目建设、做大做强县城投公司、商业乐园建设项目遗留问题处置和安全生产等工作。7月28日，研究城乡垃圾处理一体化和人事问题等工作。9月19日，审议机构改革政府工作部门“三定”方案，研究智慧城市建设、医药卫生体制改革、廉租房实物配租、农村监控建设、项目融资、安全生产等工作。10月27日，审议《城区学校标准化项目建设方案》《S354线上关至湘源温泉公路建设方案》，研究农村秋冬生产、河道采砂专项整治及规范管理、农村环境综合整治、国有企业破产改制职工养老保险、公务用车制度改革、平安乡村治安监控建设项目价格评审、集中整治外流盗窃犯罪、县级生态公益林区划界定及生态效益补偿等工作。11月7日，审议《政府工作报告（讨论稿）》。11月22日，研究道县神农村镇银行筹建工作。12月12日，审议《道县2017年元旦、春节期间食品药品安全专项整治工作方案》《道县2016年学校食品安全“回头看”工作方案》《道县中心城区新型墙体材料专项基金减免管理暂行规定》《道县新型墙体材料推广应用实施办法》《道县散装水泥推广应用实施办法》，研究安全生产、食品药品安全、江南广德协议和解、长沙银行进驻、新型墙体材料推广应用和基金征缴、城市管理、金都园林广场土地有关问题等工作。

【县长办公会议】 2016年，由县委副书记、县长李天明主持召开县长办公会议4次。10月14日，县委副书记、代县长李天明在乐福堂乡到江源村主持召开易地扶贫搬迁现场办公会，加快推进到江源村易地扶贫搬迁工作。11月5日，县委副书记、代县长李天明在梅花镇贵头村主持召开县长现场办公会，专题研究落实县委书记10月21日在贵头村的现场办公会议精神，加快推进贵头村“美丽乡村”建设。11月15日，县委副书记、代县长李天明在寿雁镇新湾村（原上湾村和原蒋家湾村合并后用名）村组织活动室主持召开新湾村精准扶贫现场办公会，对新湾村精准扶贫有关工作进行再安排、再部署、再推进。12月1日，县委副书记、县长李天明在清塘镇楼田村村级组织活动室主持召开濂溪故里项目建设现场办公会，对濂溪故里项目建设有关工作进行再安排、再部署、再推进。

政府办工作

【概况】 2016年，道县人民政府办公室围绕中共县委、县人民政府的决策部署，发挥参谋助手、综合协调、督查督办和后勤保障“四大职能”，自觉服从服务于全县改革发展大局，不断强化管理，开拓创新，转变作风，锐意进取，各项工作取得长足发展，工作质量和服务水平显著提高。

【信息调研】 2016年，道县政府办围绕深化改革、经济发展、项目建设、四城联创等重大工作深入调研，全年撰写30余篇价值高、意义大的调研报告，为领导决策提供参考依据。在加强理论学习、深入调研的基础上，紧贴领导思路，紧扣实际情况，紧跟上级意图，全年起草各类报告、汇报、讲话等文稿580篇近200万字。在《湖南日报》《新湘评论》《城市经济论坛》《决策参考》《永州通讯》《永州日报》等省市级刊物发表领导署名文章和理论文章28篇。随时关注社情舆论，发挥信息“耳目”作用，在保证信息流量的同时，严把信息关口，注重信息质量，畅通报送渠道。全年向上报送政务信息380余条；被人民网、湖南新闻网、湖南红网、永州网、永州新闻网等市级以上网站报刊采用各类新闻信息640条（篇）；在《湖南日报》《永州日报》发表各类新闻稿件120余篇，发稿量稳居全县各单位第一名。坚持“压缩数量、提高质量”原则，严把政策关、程序关、文字关、格式关，注重办文质量，提升工作效率，在文件办理上坚持“零”失误率。起草、审核、印发县政府和县政府办各类文件516件，分类整理、编写、装订2015年度文书档案45册。在文件管理上，坚持按制度办事，严把收发、传阅、送阅、保密、印鉴关。全年签收国务院及国务院办公厅等上级政务文件311件、党务文件225件，清退上年度常务文件229件，接收机要信件260件，实现“零”差错。

【督查督办】 2016年，道县政府办对照市县《政府工作报告》工作目标任务，逐项实行“一月一督查一调度，一季一汇总一通报，半年一小结一督办”，促进道县全年工作目标任务实施。对全县确定的237个重点项目，从责任落实、强化考核入手，全程跟踪督查。237个重点项目中，达到进度计划要求或实施进展顺利的230个，占97%，22项重点民生实事项目全部完成或超额完成任务。组织对项目建设、烤烟生产、秋冬农业生产、防汛抗旱等各项中心工作进行专项督查46余次，编发督查通报31期。全年落实办理省、市领导批示件5件、市政府督查室督办函及《市长信箱》政务交办件26件。交办人大议案、政协提案246件，办复率100%；围绕议案提案办理开展专项督办13批次、集中督办10批次，重点督办责任单位20个。

【综合协调】 2016年，道县政府办抓好“会前抓准备、会中抓服务、会后抓管理”三个环节，做好各种会务服务工作，确保会务工作制度化、办事办会规范化，严格控制会议规模、倡导并会、套会。组织收视收听电视电话会议20次，承办县政府常务会议12次、县长办公会4次、专题会议50次。牢固树立政务值班无小事思想，从制度、人员、纪律等方面强化值班阵地建设，抓好上情下达和下情上传工作，做到值班工作不断档、值班信息畅通无误。加强全县应急预案修订和编制力度，全年编制预案8个，修订预案46个。开展应急演练，其中县级综合演练3次，部门专业演练8次，乡镇演练22次。开展大型应急管理宣传活动3次。“12345”热线电话全年接听群众电话2335个，现场解答群众咨询1643个，交办部门解决群众问题365个，做到“群众来电百分之百接听，百分之百反馈”。准确领会领导意图，对重要会议、重大活动、重点工作提前介入、做好预案，精心组织安排；对涉及面广、环节较多的活动，主动协调，做到急事快而不乱，缓事稳而不拖。当好“总调度员”和“总服务员”，对急事、难事、琐事和其他部门不便协调的事，既当好主角，又当好配角，确保政令畅通。密切协调上下联系，领会上级部门的重大战略决策，重要工作部署，为领导决策提供前瞻性的服务；及时了解掌握基层工作动态，为领导决策提供依据，推动领导决策落实。

【服务中心】 2016年，道县政府办深化金融改革，协抓金融机构引进，长沙银行、村镇银行正式进驻道县，融资平台进一步夯实。支持反假币工作，道县做法获国务院反假办总结推介。牵头开展防范处置非法集资风险相关工作，强化不良贷款清收举措，加强对中储融资担保公司、金鑫小额贷款公司日常监管，确保金融业规范健康发展。制定全县金融工作目标管理考核办法，落实上年度信贷投入考核奖励兑现。加强政府网站建设，新版政府门户网站基本框架已确定，全年更新发布各类信息7418条，关停整改两家不合格部门网站，开通道县人民政府官方微信公众号和微博。重点做好“县长信箱”等民生栏目，受理“县长信箱”来信164件，办结回复158件，回复率96.3%，在全省122个县区政府网站综合排名中，从2015年的90名以后上升到前15名，稳居全市前3名。落实民族政策，将湖南省民宗委安排的37万元少数民族发展资金，全部用于扶持洪塘营瑶族乡楠竹坪村等村道建设、横岭瑶族乡中学食堂建设、审章塘瑶族乡审章塘村美丽乡村建设等项目，促进少数民族地区发展；做好民族成份变更审批和享受民族优惠政策考生资格审核工作，杜绝违规要求更改民族成份30人次，完成238名享受民族优惠政策考生资格审核工作，取消105名考生的“优惠资格”，维护少数民族考生的合法权益。做好港澳侨胞管理工作，促进道县与港澳同胞旅游、文化等方面的交流。新增入访港澳同胞6人，慰问侨务对象20名。做好纪念周敦颐诞生1000周年系列活动资料收集整理工作，争取外事侨务港澳专项资金项目款10万元。强化基层服务，扶持烤烟生产工作，筹措资金1.2万元扶持烤烟点祥霖铺镇莫家湾村发展烤烟16.67公顷，交售烟叶600余担。对莲塘尾村精准扶贫对象发放慰问金3.5万元，协调发放贷款20万元。协调投入资金460万元，硬化3条道路4.7千米，修整渠道500米、机耕道3.2千米、山塘3口，建成村级活动中心1座、篮球场1个、集中娱乐场所1个、拆除空心房80余座，兴建五保之家。完成改厕290座。规划产业园3个，初步建成柑橘基地6.67公顷，种植油茶13.33公顷、杨梅1.33公顷。

【队伍建设】 2016年，道县政府办突出干部队伍建设，继续开展文明学习机关创建活动，着力提升工作人员综合素质，打造先锋模范团队。多次举行公文写作、观看专题片等专题培训，组织开展读后感征文等读书活动；落实每月集中学习制度，全年组织开展集中学习11次，每名干部做到有学习记录、有心得体会。大胆培训、选拔和使用年轻干部，考察抽调4名工作人员跟班学习，选送1名干部到县委党校中青班学习。做好党建各项基础工作，发展中共预备党员1名。突出干部作风建设，执行干部职工挂牌上岗制度和签到制度，进一步明确岗位职责，干部职工的责任意识、时效意识、服务意识明显增强，机关干部作风进一步好转。同时，继续发扬办公室“5+2”“白+黑”的优良传统和作风，办公室领导和中层干部带头，经常自动放弃休息时间，加班加点，高质量完成领导交办的各项工作任务。落实样榜街濂溪河南岸、机关内部创卫工作，坚持全天候、全时段、全方位保洁，受到干群一致好评。突出党风廉政建设，深入开展理想信念宗旨、党风党纪、廉政法规、廉洁自律和警示教育活动，严格落实“一岗双责”制度，推动“两学一做”常态化建设，组织观看《信仰的力量——中国共产党从苦难走向辉煌的内动力》《一个市委书记的蜕变》《忏悔实录2》等影片，教育引导干部职工树立正确的政绩观、权力观和利益观，筑牢反腐倡廉思想防线。严格落实中央八项规定、省市九项规定，重点完善“三公”经费管理、公务接待、公务用车管理，严查“四风”问题，完善腐败预防机制。突出精神文明建设，强化以文明创建带动精神文明建设，申报创建市级文明单位，着力提升机关工作人员综合素质。筹资4万多元加强文明宣传，亮化、美化办公室。坚持每周一次上街义务大扫除活动，每月两次夜间上街巡逻活动，全年组织4次、40人次上街文明劝导活动。筹集经费2万余元开展助学活动，为贫困学生购买图书、文具等用品。组织开展多次文体活动，丰富工作人员文体生活。

信访工作

【概况】 2016年，道县接待登记群众来访872批2562人次，来访批次与2015年同期基本持平，人次总量下降35%。网上转交办来访、来信访、网上投诉件，中央87件，办结87件，湖南省223件，办结223件，永州市88件，办结88件，合计交办398件，办结398件，办结率100%。及时受理率100%，群众满意率96%。省市联席办“千案攻坚”活动交办18件积案，全部办结并息访，办结率100%。进京非访被登记挂号25.5人次（含“三跨三分离”案件2.5个）。与2015年同期进京非访被登记挂号19人次相比，上升34.2%。

【领导接访】 2016年，道县县委、县人大、县政府、县政协四大家班子的领导对信访维稳工作非常重视，始终把信访工作作为群众工作的重要抓手，始终把信访调纠维稳工作当作重中之重的工作来抓，当作压倒一切的工作来做，信访维稳责任状签订到一把手，情况通报到一把手，重要信访案件交办到一把手，责任追究到一把手。县委书记刘勇会，县委副书记、县长李天明亲自阅读来信、亲自接访、亲自交办，重点时段坐镇指挥、亲自调度，带头包案处理重大疑难信访案件；县委副书记、县信访联席会议第一召集人蒋燕飞亲临一线排查，靠前指挥，统筹协调和及时调度，每月20—25日亲自带队对责任单位信访工作进行督查督办；县委常委、县委政法委书记乌进甫经常深入信访局和乡镇调研，帮助解决工作中存在的困难，指导化解重大疑难案件；其他县委常委和县级领导根据各自分管和联系的工作，具体包案调处，促使一大批疑难、复杂信访问题得到解决。年初对领导接访统一安排、提前公示，书记、县长至少保证每季一个工作日到县委群众工作部接待来访群众；每周有一名实职领导坐班接待来访群众（每周一），根据工作需要，其他领导随时到群众工作部参与接访，化解矛盾。全年受理来信来访872批、2562人次，其中县级领导接待群众（集访）263批、511人次。在接访工作中，县级领导干部能认真倾听信访群众的诉求，及时协调、现场作出处理意见，群众信访问题80%以上当场得以解决。信访工作所需要的资金足额预算，重大活动根据需要拨付到位，保障信访工作正常开展。全年仅攻坚年活动经费就安排40万元，比2015年增加10万元。办公室修缮经费增加15万元，更新大厅机场椅，维修食堂和会议室。新增乡镇信访专项资金预算60万元。在人事安排上，信访局提拔2人，抽调新人3人。

【网上信访】 2016年，道县加强网上信访宣传力度，将网上信访建设成为各级各部门密切联系群众的一条重要途径。4月28日，县委群众工作部配合全省“网上信访宣传日”在敦颐广场举行现场宣传，现场散发宣传口袋书400余册。统一制作宣传画300张，宣传横幅20幅，在道县信访微信公众平台，发布网上信访宣传内容，在道县电视台以滚动字幕形式对网上信访作广泛宣传。通过多种宣传方式，公布各级网上信访投诉平台、《网上信访流程》等，提高网上信访的知晓度。按照省市信访局的要求，群众工作部指导全县各部门积极投入信访信息平台建设。全县各乡镇场和重点单位均开通电子政务外网，配备专用电脑，购买平台铺助设施。有76个单位建好网上信访信息系统，覆盖所有的乡镇场街道和95%以上的县直单位。截至2016年10月，乡镇场街道的网上投诉覆盖率100%。网上投诉507件，占全年信访总量的37%。全县各部门严格按照《信访条例》的规定以及网上信访的办理流程处理网上投诉。群众工作部出网上信访工作情况简报3期，介绍道县公安局、蚣坝镇政府等3个单位的网上信访工作经验。网上投诉及时受理率100%，按时办结率100%，各单位的信访信息录入覆盖率100%，96%以上的信访人对道县网上办信工作作出满意评价。

【业务培训】 2016年5月13日，道县县委群众工作部在道县县委党校举办“道县2016年度信访业务培训会议”。县委常委、县委政法委书记乌进甫，县政府副县长、县公安局局长李良刚亲临大会讲话。培训会上，道县信访局副局长何琼作专题讲座。与会人员系统地学习中央、省市关于推进网上信访工作的重要指示精神，学习《信访工作的艺术》《网上信访事项办理规程》和《道县信访件办理考核细则》及网上信访办理流程，各单位还相互交流网上信访办理的心得体会和经验，提出很好的建议。全县乡镇场（街道）、县直单位分管信访领导、信访业务专干140余人参加这次培训会议。

【“三大”攻坚活动】 2016年，道县信访局通过“信访问题、矛盾纠纷和重大稳定隐患集中排查化解攻坚年”活动，解决一大批信访问题、矛盾纠纷和隐患问题，赴省进京上访明显减少，信访秩序明显好转。全年排查各类矛盾纠纷332件。其中稳控类253件，交办相关责任单位限时化解办结的79件，化解办结79件，办结率100%。

【信访督查督办】 2016年，道县每月20—25日由县联席会议召集人、信访维稳领导小组成员共14名领导分为7个组，每组信访局、调纠办、维稳办各一人，对各相关单位信访工作落实执行情况进行督查，督查情况每月在全县范围内通报，进一步压实各级信访工作责任。

【信访体制机制】 2016年，道县根据省市提出的信访工作“规范化、程序化、制度化”要求和县联席会议提出的思想，经过部务会议讨论和联席会议研究，形成联席会议制度、交办化解制度、领导坐班接访制度、会商会办制度、信访长效机制等若干个规范性文件。这些文件主要吸取国家、省市信访工作的操作规程，结合道县信访近几年工作经验，具有可操作性和道县特点。在信访办理的流程上，规定一般由责任单位先行处理；属于较为重大的或者三跨三分离的案件，分类交7个会商组进行处理；如果会商组难以确定处置方案，由县联席会议议定；最后的重大信访事项根据需要提交县政府常务会议或者县委常委会议决定。通过分级分类处理，有效解决大量信访案件，避免责任不明、化解无力的现象。

【信访宣传】 2016年，道县高度重视外宣工作，制订新闻宣传奖励办法，利用各类媒体宣传道县信访工作的好人好事。全年在中国法制新闻网（由司法部和法制日报主办的国家级网站）发表《律师进村入户破解涉法涉诉信访难题》1篇，湖南信访、湖南长安网、三湘综治网等省级官网上发表信访工作文章10篇，如在长安网发表《道县：信访工作要心中有责、手中有招、领导有力》，在三湘综治网发表《道县濂溪街道：破解征地拆迁信访难题全力推进城市建设步伐》《道县成立会商组为疑难信访案把脉问诊》，在湖南信访网发表《信访干部是怎样的人》《道县县委书记部署安排信访工作》。在永州信访、永州政府网、永州新闻网等官网上发表30篇，在道县政府网、道县新闻网、道县手机报、道州电视台等媒体报道23篇(次)。

民族宗教工作

【落实民族政策】 2016年，县民宗局把握各民族“共同团结奋斗、共同繁荣发展”民族工作主题，贯彻落实中央、省、市民族工作会议精神，争取县委、县政府对民族工作的重视和支持，进一步保证道县民族工作的开展；争取和妥善落实少数民族发展资金、民族文化专项资金、少数民族义务教育等专项资金，推进少数民族和民族地区经济、社会、文化和教育的发展。省民宗委安排的37万元少数民族发展资金，扶持洪塘营瑶族乡楠竹坪村等村道建设、横岭瑶族乡中学食堂建设、审章塘瑶族乡审章塘村美丽乡村建设等项目，这些项目涵盖产业建设、基础设施建设、少数民族特色村寨及民族团结进步示范点等方面；做好民族成份变更审批和享受民族优惠政策考生资格审核工作。完成公民个别申请变更民族成份初审10人次，杜绝违规要求更改民族成分30人次。完成238名享受民族优惠政策考生资格审核工作，取消105名考生的“优惠资格”，维护少数民族考生的合法权益。

【民族团结创建活动】 2016年，县民宗局在全县范围内开展民族理论、民族政策和民族宗教法律法规宣传活动。全年采用发布手机短信、播放专题片、张贴标语、悬挂横幅、制作展板、编演戏曲、发送微信、QQ短信等多种形式，开展内容丰富的宣传活动，让“三个离不开”思想更加深入全县各民族群众干部心中，民族团结、社会和谐、政治稳定的大好局面进一步加强。贯彻落实全国、省、市民族团结进步创建活动经验交流会议精神，采取有力措施，不断推进民族团结进步创建活动深入开展，继续抓好民族团结进步创建活动进村试点工作，创建洪塘营瑶族乡大洞田村等民族团结进步示范点；对在道县的少数民族服务管理，坚持做到耐心做工作，热心搞服务，真心交朋友，诚心护权益。以创建省级文明县城为契机，会同城管局、城南派出所、社区等单位工作人员，对在道县务工经商的少数民族流动人员进行摸底，查清在道县少数民族流动人员的数量、流出地、在道县的暂住地等基本情况，并加快推进外来少数民族服务体系建设，创建濂溪街道濂溪社区“民族团结示范点”。开通服务外来少数民族群众的绿色通道，及时为少数民族群众在劳动就业、法律咨询服务、民族政策法规咨询服务等诸多方面提供便利。为处理好外来少数民族人员违规占道经营问题，与县城管大队工作人员多次主动找他们做耐心细致的思想工作，帮助解决租房、子女上学、就医等困难，并为他们划定固定的摆摊地点，争取到他们对道县创建卫生文明县城工作的支持和配合。

【少数民族特色村寨建设】 2016年，县民宗局重点抓好洪塘营瑶族乡大洞田村少数民族特色村寨建设，完成民族团结进步宣传专栏、民族文化综合楼、民族文化长廊建设工程，使示范点和特色村寨保护与开发更具特色。会同县文化局、县旅游局、横岭瑶族乡政府等部门，挖掘横岭瑶族乡土地塘自然村古石堡建筑、古墓群等旅游资源，宣传和开发旅游景点。完成古建筑群保护修复规划和观光路线设计、旅游景点命名、旅游解说词撰写等基础工作，正着力开发几百亩梯田景观。据初步统计，仅9月、10月，到该村旅游观光和考察的各界人士超过1000余人。10月30日，湖南省永州市瑶族文化促进会的部分会员，深入道县横岭瑶族乡“古石寨”考察。

【民族文化传承保护】 2016年，县民宗局与县政协文史委会共同成立“道县搜集整理瑶族民俗文化工作小组”，开展并完成部分搜集工作。指导并协助审章塘瑶族乡举办盘王节广场舞大赛、横岭瑶族乡民族村瑶族长鼓舞和瑶歌培训，于12月在道县横岭瑶族乡举办道县首届“瑶族文化节”。组织10人参加永州市瑶族文化促进会，应邀参加江华、广西金秀两个瑶族自治县“盘王节”联谊活动，组织人员到郴州桂阳县观摩学习“湘南三市六县八瑶族乡坐歌堂”活动。

【队伍建设】 2016年，县民宗局组织全局干部职工开展创建国家级卫生文明县城工作，响应县委、县政府开展“一进二访”活动的号召，协助县扶贫办申报审章塘瑶族乡审章塘村、鲁草坪村、横岭瑶族乡民族村等10多个道县民族地区省定贫困村。作为审章塘村的扶贫后盾单位，全年为村里解决20万元扶贫资金，并组织局机关党员干部职工到各自的扶贫对象家访贫问苦，开展“一对一”结对帮扶。研究制定《道县民宗局2016年民族调研工作方案》，明确全年调研工作的目标任务，完成国家统计局、国家民委安排的《民族乡统计》《中国民族年鉴》报送工作。编发民族宗教信息40多篇，被省民宗委网站采用18篇，红网、省综治等网站采用9篇，信息报送从数量到质量都有显著提高。撰写的《以“精准扶贫”为契机加快瑶族乡经济社会发展》论文在江华瑶族自治县组织的“精准扶贫研讨会”上获奖。

外事侨务港澳事务

【争取纪念周敦颐诞生1000周年系列活动专项资金】 2016年，县委专门召开常委会议研究，同意将纪念周敦颐诞生1000周年系列活动，项目时间2016年至2017年，列为外事侨务港澳专项资金项目。县外事侨务办和周敦颐故里风景名胜区管委会、县财政局主动收集整理有关材料，并上报省财政厅和省外事侨务办公室，争取2016年外事侨务港澳专项资金项目款10万元。

【帮助贫困归侨侨眷】 2016年，县外事侨务办对全县贫困归侨侨眷摸底走访，与有关部门为一残疾侨眷解决低保，使其获得最低生活保障和社会救助的权利。

【新增港澳同胞】 2016年，县外事侨务办和县侨联一起对全县的侨港澳资企业现状及新增的华人、华侨、侨眷和港澳同胞情况调查摸底，道县新增港澳同胞6人。

【推进侨务扶贫】 2016年，县外事侨务办按照精确识别、精准扶贫、精细管理的工作方针，加强与扶贫、民政、人社、残联等部门和单位的联系，经摸底核实，将1名手残低保户侨眷纳入扶贫统筹。

【联络侨胞感情】 2016年，县外事侨务办以联谊为载体，加强了解，增进情谊，在春节前和县侨联走访慰问归侨侨眷、港澳同胞，慰问侨务对象20名，发放慰问金8000元。

政务服务中心

【概况】 道县政务服务中心成立于2001年8月，恢复运行于2006年4月，迁现址于2008年7月，是县政府直属正科级事业机构。中心领导班子成员1正2副，内设办公室、业务股、政府采购中心、监督考核股、信息发布股5个股室。有工作人员15名。主要职能是管理本级人民政府政务服务中心平台，负责组织、指导、协调和监督全县政务公开、政务服务、政府采购等工作，承担政务公开政务服务领导小组办公室日常工作和本级人民政府赋予的其它职责。2016年，县政务大厅进驻窗口44个，窗口工作人员（含首席代表）75人。政务服务事项242项。设置便民、便商办事大厅4个和服务窗口50个。设立建设项目审批、企业注册办证、建设项目税费统征、政府采购、社会发展、三农服务、人口和出入境管理和咨询投诉等平台8个。下设县国税局、县地税局、县交警大队、县民政局、县农合办、县房产局、县人社局、县自来水公司、县供电公司9个分中心。全年接待办事群众5.2万人次，接受咨询3.2万件，办结事项14.1万件，房地产一体化税收2343.68万元；县网上政务服务和电子监察系统共受理事项7529件，办结事项7502件，办结率99.9%。

【平台建设】 2016年，县政务中心注重加强政务大厅环境、硬件建设，全面检修及更新公共设施，大厅环境得到明显改善；利用办公区域，整合办事窗口，向上争取资金60余万元把公安局出入境和身份、户籍办证窗口整合到一楼办公，方便群众办证取证；服务更加细致，在一楼办事大厅增设排队叫号机，解决排队时间长的问题。44个单位242项政务服务事项集中在县政务中心（含分中心）集中办理，针对少数部门对窗口人员、事项、收费、授权“回潮”现象，及时与有关部门主要负责人沟通协调，防止“明进暗不进、多头受理、两头办理”等现象，实现“一个窗口受理、一站式审批、一条龙服务”。全县25个乡镇场（街道）均建设标准的政务公开栏，对本辖区内的政务、事务、财务等情况进行公开，村（社区）公开栏，对村务、财务、惠农补贴等项目进行全面公开。

【服务升级】 2016年，县政务中心推进深化改革、优化审批服务。全面实施“一照一码”登记模式，申请人办理企业登记注册时只需“一套材料”，填写1份申请表，1个登记窗口办理，材料齐全，只需1个工作日即可办结，与以往相比每个证照提速32天。全年设立登记注册的“三证合一”市场主体260户，注册资本119637.26万元。开展政务事项流程再造，精简流程压时限。经过2个月的集中攻坚，对进驻政务服务中心的242项政务服务事项进行要素梳理，逐项流程进行再造，通过初审、复核、定稿等环节，编印《进驻县政务服务中心办理的政务服务事项目录及办事指南》。通过流程再造，精简流程57个，压缩时限1326天。针对少数部门对窗口人员、事项、收费、授权“回潮”现象，及时与有关部门主要负责人沟通协调，防止“明进暗不进、多头受理、两头办理”等现象，实现“一个窗口受理、一站式审批、一条龙服务”。县政务中心窗口受件141589件，办结141297件，办结率99.8%。开展电话回访，抽选服务对象进行电话回访，就窗口服务态度、办事效率、按章办事、廉洁自律等内容充分听取群众意见，收集整理有效提升政务服务质量的意见建议。出台最严考核制度，对窗口工作人员的严重违纪行为进行细化和量化，对严重违纪的窗口工作人员作退回窗口单位处理。

【环境优化】 2016年，县优化办联合县政务中心对全县9个部门的办事大厅和49个部门的办事窗口进行专项督查15次，评选出“优质服务窗口（分中心）”10个，“优质服务明星”20名。通过持续开展评比活动，县政务中心和9个分中心的大厅设施设备得到进一步改善，服务质量进一步提高。践行中心“党员示范岗”，创先争优满意率高。发挥窗口共产党员的模范带头作用，在各办事窗口中开展“党员示范岗”活动。县政务中心全年评选出优秀“党员示范岗”24人次，激发党员创先争优的自觉性，发挥党员干部的先锋模范作用，群众满意率98.6%。

【民生服务】 2016年，县政务中心把便民服务摆在首位。利用“互联网+”思维，探索新兴便民服务方式，以最“新”的网络技术、最“潮”的交流方式、最“低”的营运成本创建政务微信公众平台，紧扣便民服务，把各职能部门的办事指南、部门咨询热线、办事快讯等实用功能全力整合，让办事群众足不出户就能了解办事情况，深受欢迎。政务微信成为办事群众手上最实用的“掌中宝”。政务微信平台开通半年，发布政务信息54期，402余条，总阅读点击达7万余人次，长期固定关注微信号2000多人。推进乡镇政务中心标准化建设，加强对乡镇政务中心工作的指导，25个乡镇场（街道）建起政务服务中心，60%的村（社区）建起便民服务代办站。城区9个社区结合网格化建设，建立高标准的社区便民中心，实行64项公共服务事项的“一站式”办理。推进重点领域政务公开，对全县19个重点领域信息公开工作单位开展督导活动，规范公开内容、要求、方式，确保人民群众对重要信息、重点部门、重要环节信息需求。

【队伍管理】 2016年，县政务中心狠抓自身队伍建设管理。在实战中培养锻炼干部，通过“服务明星”“红旗窗口”“优秀党员示范岗”等评选评优活动，结合具体的工作实际进行考核排名。抓制度，抓督查，狠抓制度建设，严格执行首问责任制、一次性告知、即时办结、服务回访等制度。狠抓廉政学习教育，上好廉政教育党课；明确党风廉政建设党组主体责任和纪检组监督责任，建立完善相关制度文件；狠抓作风建设，采用每天4次签到方式对窗口工作人员进行考勤管理，监督考核股进行汇总，每月通报发至各窗口单位。做好文明创建工作，一楼大厅内配备便民箱、便民伞等设施，切实提高文明服务水平；做好精准扶贫、美丽乡村建设等工作，分别帮扶扶贫村梅花镇梅花村资金6万元、仙子脚镇车田洞村资金2万元，做好相关帮扶工作。

优化经济发展环境

【概况】 2016年，道县优化经济发展环境工作以服务企业和服务群众为宗旨，以“作风更实、服务更优、效能更高、形象更佳”为目标，积极落实各项措施，进一步创新体制机制，优化政务环境，着力解决优化经济发展环境和机关效能建设中存在的突出问题，促进县直单位（部门）和工作人员勤政廉政，确保各项工作取得新实效。全年立案查处损害经济环境和影响机关效能案件21件，给予责任人党政纪处分40人次。办理各类“三强”刑事案件16起，刑事拘留38人；办理三强行政案件18起，行政拘留34人；调解各类“三强”矛盾纠纷43起。

【效能建设】 2016年初，县优化办出台《2016年道县优化经济发展环境工作要点》，从建立长效机制，优化经济发展环境和提高机关效能建设上着手开展工作。在连续2年开展重点服务窗口（大厅）服务评比的基础上，继续开展政务服务窗口（分中心）服务评比，把评比的面扩大到所有的窗口。召开全县政务公开政务服务工作会议，表彰“2015年度优质服务窗口”10个、“2015年度优质服务明星”23个，通报批评“2015年度不满意服务窗口”1个，并对2016年的全县政务公开和窗口评比活动进行安排部署。

【精简行政许可项目】 2016年，县优化办继续加大对行政许可法的落实和行政审批事项的清理力度，进一步规范、简化行政审批项目和办事程序。坚持“有减必减”的原则，进一步清理行政许可项目。联合县编办、县法制办、县政务服务中心重点检查县工商质监局、县环保局、县公安局、县交通局、县安监局、县卫生局、县国土局、县地税局、县住建局、县林业局等部门贯彻实施《中华人民共和国行政许可法》的情况，精简行政许可项目32项。建立健全行政许可项目调整、变更、公示管理办法，强化对行政审批项目的动态监管，确保道县的行政审批工作依法进行。严格落实清理公布行政审批中介服务事项，清理70项与行政审批相关的中介服务事项，下文并进行网上公示，同时对相关单位进行检查。

【开展专项活动】 2016年，县优化办开展“满意不满意单位”测评活动，总结以往测评活动经验，于6月初，研究制定出《2016年开展“满意不满意单位”和“满意不满意股所队”测评活动方案》，在7月、12月各进行一次集中测评，同时进行平时测评制，日常在群众办事聚集的地方发放测评表进行测评。开展执法和收费检查活动，8—10月，由县政府办牵头组织县纪委、县物价局、县财政局、县审计局等部门对全县部分单位执法和收费情况进行检查。规范执法行为，纠正、惩处乱收费、乱罚款、乱作为、不作为和索拿卡要等行为。完成行业协会商会与行政机关脱钩试点工作，6月，道县下发《关于推进行业协会商会与行政机关脱钩的实施方案》，并按上级要求开展一系列工作。加强电子监察，县优化办设专人进行网上政务服务电子监察。全县未因行政过错在电子监察系统中产生红、黄牌。

【协调处理矛盾】 2016年，县优化办、效能办组织工作人员先后走访企业监测点3次，了解县直各单位对县委、县政府优惠政策的落实情况，收集意见和建议20条；协调处理矛盾纠纷20起；重点协调处理斯威森科技综合用地开发、公租房建设纠纷问题；五洲电站与周边等村的赔偿纠纷问题；远华冶炼与周边村民的纠纷问题，挽回各类经济损失20万余元。协调公安机关依法打击“三强”行为，组织县公安机关对建设领域“三强”行为进行两次排摸调查，打击建设领域“三强”行为，保障人民群众安居乐业与生命财产安全，为重点项目工程保驾护航，优化经济社会发展环境。化解和妥善处理劳资、装卸等建筑领域纠纷矛盾43起，办理各类“三强”刑事案件16起，刑事拘留38人；办理三强行政案件18起，行政拘留34人。

【处理行政效能投诉案件】 2016年，县行政效能投诉中心坚持“有诉必理，有理必果”的原则，解决群众的各项投诉。全年受理行政效能投诉案件65件，其中，“12342”行政效能热线投诉62件，来信来访3件。从受理范围来看，属于行政效能投诉的有17件，其他件48件。对属于行政效能投诉受理范围的17件投诉，县行政效能投诉中心自办9件，转办8件。对不属于行政效能投诉受理范围的48件投诉，效能投诉中心工作人员采取现场解答或告知投诉人诉求途径等方式全部处理完毕。

电子政务

【概况】 2016年，县电子政务室按照年初制定的工作目标，重点做好智慧城市项目建设、政府网站改版升级及信息保障、部门网站监管、政府信息公开、网上舆情监测、办理《县长信箱》来信等工作，各项工作取得较大进步。

【网站基础建设】 2016年，县电子政务室落实国务院办公厅、省政府办公厅及省政府门户网站的工作任务，围绕国办关于全面整治政府网站“四不”问题和省市关于政府网站绩效考核指标，对政府门户网站和部门网站进行整改。打造健康门户网站，对照上级的考核指标和网站监测系统的各项指标，就存在的问题及时查漏补缺，对网站所开设的栏目进行全面梳理，对内容保障不到位的栏目进行删除或合并，整改纠错，坚决避免出现“僵尸网站”“开天窗”等情况，全面消除“僵尸栏目”和“空栏目”。加强部门网站督导，开展部门网站专项督导6次，电话督导80余次，针对正在运行的部门网站进行上门指导，针对存在的问题逐一提出整改方案。对无技术力量和管理维护条件的4家部门“僵尸网站”按程序上报永久关停，对两家不合格的部门网站按程序上报临时关停整改。针对门户网站现有的板块和栏目，制定分块包干的工作制度，做到网站每天不间断滚动发布信息，内容保障及时。政府门户网更新发布各类信息 7418 条、总访问量 1140 万人次，分别增长 324%、582%。在全省 122 个县区政府网站的综合排名中，从 2015 年的 90 名以后上升到前 15 名，综合排名大幅度提升。全年针对县政府重点工作和老百姓关心的问题开展专题网上调查、意见建议征集活动 12 次，对全县的 4 项重大活动开设网上专题。开通道县人民政府官方微信公众号和微博，多方面收集民情民意。重点做好“县长信箱”等民生栏目，对群众的来信及时交办并回复，做到件件有受理、事事有回应。受理“县长信箱”来信 164 件，办结回复 158 件，回复率 96.3%。围绕焦点热点信息开办专题专栏，最大程度宣传中央、省市的会议精神、决策信息，先后设置“两会活动专题”“信用中国”“我为政府找错”等栏目链接，并按要求转载央网和省网信息。

【优化网站功能模块】 2016 年，县电子政务室做好政府网站改版升级工作，严格按照国办、省、市相关文件要求、精准设计规划栏目、增添特色功能，以“整合、重构、创新、便捷”为导向，遵循政府网站“政务公开、网上办事、政民互动”三大功能。基于大数据分析构建的新版政府网，体现两大特点：体现“亲和力”，网站定位全县干部职工和人民群众，在页面视觉设计上力求简洁、突出重点，亲民形象更明显；突出“智慧化”，开通政府网站官方微信、微博，实现在手机可以浏览政府网站全部信息内容。新版政府门户网站基本框架已确定，待各项功能模块完善后即可上线运行。

【整合部门网站资源】 2016 年，县电子政务室采取关于进一步加强政府部门网站管理工作的具体措施，整合网站资源，针对已建好网站的部门但安全系数低且不具备管理维护条件的按程序进行关停，并依托县政府门户网站群技术平台，由电子政务室统一规划建设子网站，实现统一管理、信息同步和资源共享，提升门户网站综合服务水平，整合部门网站 4 家，其他网站正在逐步迁移整合中。理顺监管机制，由县政府办下发文件，明确今后县政府各部门原则上不再单独建设政府网站，要利用县政府门户网站群技术平台开设子站、栏目、频道等，由电子政务室负责运行维护、技术和安全保障及日常监管工作。已建网站的部门及准备筹建网站的部门要明确分管领导、责任人员，并报县政府办电子政务室备案。

【信息公开】 2016 年，县电子政务室按照 2016 年全省政务公开要点和 2016 年永州市政务公开考核办法，全力督促配合县政务公开办做好各乡镇、部门的政府信息公开工作，严格对照上级考核要求的十大类信息公开内容，对各单位的主动公开信息进行归类并审核发布，及时公开规范性文件、财政信息、法律法规等信息 2800 余条。

【推进“智慧城市”建设】 2016 年 11 月，道县根据全市统一部署，启动智慧城市网格化平台建设，完成数据建设和系统平台建设工作。数据建设方面，完成人口信息 134 万余条；网格员信息 115 条；残疾人信息 11752 条；党员信息 25159 条；五保人员信息 10318 条；低保人员信息 23447 条；地下空间数据 8 条；房屋信息 55956 条；企业数据 1782 条；刑满释放人员信息 902 条；重点项目建设信息 22 条。系统平台建设方面，完成平台整体设计、数据库设计，并进行系统平台的实施部署，在基础平台之上，部署城市管理业务应用系统、移动应用系统、协同工作平台、指挥调度平台、地理信息服务平台、基础数据地图集成展示平台以及应用管理平台。

政协道县委员会

【概述】 2016年，中国人民政治协商会议道县委员会紧紧围绕“团结、民主”两大主题，履行政治协商、民主监督、参政议政职能，主动服务大局，汇智聚力，深入开展“两学一做”学习教育活动，为推动全县经济社会的全面发展和稳定作出贡献。全年，道县政协召开全体会议1次，主席会议16次，常委会议4次，各类专题座谈会30多场次。围绕社会各界关心的热点、难点问题进行广泛深入的协商讨论，促进有关工作的落实。完成政协道县第八届委员会的换届工作，成立政协道县第九届委员会，为道县政协工作注入新的活力。

【政协道县第八届常务委员会会议】 2016年1月11日，政协道县八届十三次常委会议在县政协常委会议室召开，会议由县政协副主席胡昌启主持。会上，审议通过政协道县第八届委员会第四次会议议程、日程；审议通过政协道县第八届委员会常务委员会工作报告；审议通过政协道县第八届委员会第三次会议以来提案工作情况的报告；协商通过政协道县第八届委员会第四次会议大会秘书长、副秘书长、大会秘书处各组负责人建议名单及各次大会执行主席建议名单；协商通过政协道县第八届委员会委员辞免、增补建议名单；协商通过政协道县第八届委员会第四次会议特邀、列席人员名单；协商通过委员分组建议名单；协商通过2015年度先进委员工作组、优秀政协委员、优秀提案、优秀社情民意信息员建议名单；通报政协道县八届四次会议大会发言材料相关内容。县政协主席蒋新祥就如何开好政协道县第八届委员会第四次会议提出具体要求。4月27日，县政协八届十四次常委会议在县政协常委会议室召开，会议由县政协副主席胡昌启主持。会上，协商通过《政协道县委员会2016年度工作要点》；协商通过道县政协2016年度重点调研及专题协商课题；协商人事。县政协主席蒋新祥要求全体政协常委要切实按照工作要点的安排部署，不断提高履职能力，创新开展工作；要求政协各委室要切实抓好调研和专题协商工作。8月24日，县政协八届十五次常委会议在县政协常委会议室召开，会议由县政协副主席胡昌启主持。会上，协商讨论重点项目视察事项；协商讨论关于承办永州市、县（区）政协第二十四次老主席活动文体邀请赛的工作事项。11月17日，县政协八届十六次常委会议召开，会议由县政协副主席胡昌启主持。会上，协商通过政协道县第九届委员会第一次会议议程、日程；协商通过政协道县第九届委员会第一次会议大会秘书长、副秘书长、大会秘书处工作机构及负责人建议名单及各次大会执行主席建议名单；协商通过政协道县第九届委员会常务委员会工作报告会；协商通过政协道县第八届委员会第一次会议以来提案工作情况的报告；协商讨论政协道县九届一次会议大会发言材料相关内容；通报政协道县第九届委员会委员名单；协商讨论政协道县第九届委员会常务委员会委员建议名单；协商通过政协道县第九届委员会第一次会议特邀、列席人员名单。

【政协道县第九届委员会第一次会议】 2016年11月22—26日，政协道县第九届委员会第一次会议在道县县城召开。会议听取和审议蒋新祥代表政协道县第八届常务委员会所作的工作报告，听取和审议胡昌启代表政协道县第八届委员会所作的关于八届四次会议以来提案工作情况的报告。会议期间，委员们列席道县第十七届人民代表大会第一次会议，听取并协商讨论《政府工作报告》及其他有关报告，协商有关人事。会议指出，未来五年，是道县加快经济发展方式的攻坚期，是全面建成小康社会的冲刺期。政协要贯彻落实中共中央关于发展社会主义协商民主的重大战略部署和省、市委政协工作会议精神，准确把握人民政协是协商民主重要渠道和专门协商机构、是爱国统一战线组织的性质定位，牢固树立和贯彻落实创新、协调、绿色、开放、共享的发展理念，围绕“全面建成品质活力新道州”的目标定位，把不断深化“四个全面”战略作为巩固共同思想政治基础的主轴，把贯彻落实道县第十二次党代会精神作为工作的主线，增强协商议政实效，强化民主监督职能，做好团结联谊工作，提高调查研究水平，推进道县人民政协事业实现新发展、开创新局面。

【提案工作】 2016年，道县政协收到各类提案156件，经提案委整理审查后，立案148件，立案率94.9%。经办结或基本办结的60件，所提问题正在解决或列入计划逐步解决的76件，因条件所限留待以后研究或条件成熟后解决的12件。从提案办理信息反馈的情况看，委员满意或基本满意率95%以上。

【调研视察】 2016年，道县政协紧扣发展之需，深入视察调研，开展议政活动，多进睿智之言，多献实用之策，为加快道县经济社会发展献计出力。组织开展美丽乡村建设、脐橙产业发展、红色文化传承、中小学教师师资问题等专题调研活动；组织政协委员，围绕城乡路网建设、城乡医药零售网点监管等问题，开展专题协商活动。

【民主评议】 2016年，道县政协组织委员参加政风行风监督测评、重要规划和重大项目评审论证、重点工作督查等民主监督活动。县政协党委会向县检察院、县法院、县委群工部、县民政局、县教育局、县市质监局、县城管局等单位，委派委员68人次，担任民主监督员、行风评议员，为委员知情明政、建言献策提供宽广的舞台，也促进有关部门工作作风的转变。

【联络联谊】 2016年，道县政协主动加大与上级政协和兄弟县区政协联谊力度，学习先进履职经验，不断提升自身工作水平，接待湖南省政协“精准扶贫—湘菜产业发展”调研组、广东茂名市信宜市政协“政协基层组织建设”调研组等外县市调研活动11次；10月下旬，承办永州市、县（区）政协第二十四次老主席文体活动。

【文史宣传】 2016年，道县政协通过走访、座谈等形式，收集整理县政协一至八届全会的《大会文件汇编》、编辑出版《峥嵘岁月——道县政协成立三十周年纪念》。编辑出版《道县首届书法绘画摄影优秀作品集》《道州文史》第12辑《日寇侵犯道州记事》等文史资料，收集整理《瑶族习俗》。协助省市政协做好《湖南老字号》《湖南农业文化遗产》等书的资料收集和出版工作。

法治·人防

政法委及综治

【概况】 2016年，县委政法委员会与县社会治安综合治理委员会办公室合署办公，担负着全县政法、社会治理及维护稳定等职能。全县政法各单位立足履职担当，奋力攻坚克难，取得各项工作的新突破，为全县经济社会发展提供一个良好的和谐稳定环境，群众安全感和满意度进一步提升。全县综治民调工作首次跻身全省前30名，在全市排名第三位，连续第四年被评为全市综治工作先进县。

【综治维稳】 2016年，道县始终把维持社会大局稳定作为全县综治维稳工作的首要任务，坚持“上下联动，仔细排查；提前预警，抓早抓小；把握关键，重点稳控”的方针；突出社会矛盾大排调，稳定风险大评估，重点群体大稳控，关键时期大预警；健全定期和重点时期矛盾纠纷隐患排查、交办、化解机制，重大事项社会稳定风险评估机制，非正常死亡事件协调化解机制，重大突发性事件或群体性事件快速处置机制，特别或关键时期维稳工作预防处置机制等。全年集中开展矛盾纠纷隐患排查、交办、化解工作26次，排查化解各类矛盾纠纷隐患2263起，稳妥处置各类非正常死亡事件95起，群体性事件隐患35起，将各种可能引发群体性事件的问题稳控在基层，化解在萌芽状态；对22个重点建设项目开展社会稳定风险评估工作，从源头防控各类矛盾纠纷的发生；全年执行各类安保工作25次。

【专项行动】 2016年，道县政法机关开展“盗骗毒抢”严打亮剑行动，刑拘“盗骗毒抢”五类犯罪嫌疑人141名，行政拘留吸毒人员462名，强戒吸毒人员110名，破获公安部部督目标案件1起，考核成绩排全市第一名；布置严打整治飓风行动，刑拘犯罪嫌疑人470名，行政拘留违法人员925名，强戒吸毒人员156名，追回行动前上网逃犯39名，行动考核成绩排全市第二名；安排收缴整治枪爆物品专项行动，破获枪爆刑事案件162起，查处枪爆行政案件175起，缴获枪支937支、爆炸物品240千克、子弹76150发，行动考核成绩排全市第三名。

【大要案件侦破】 2016年，道县政法机关破公安部督办案件11起、省公安厅督办案件15起，网技大队办理的“10·8”部督跨省网络传播淫秽物品牟利案被评为全市“十佳精品案件”。年内，全县现行命案发6起，破6起，连续8年保持现行命案全破目标。严打黑恶势力违法犯罪，打掉恶势力犯罪团伙3个，刑拘恶势力犯罪嫌疑人25名。强劲打击毒品违法犯罪，遏制毒品违法犯罪高发势头，破获涉毒刑事案件93起，刑事拘留犯罪嫌疑人100名，缴获各类毒品8.8千克，查处吸毒人员959名，其中强制隔离戒毒332名，社区戒毒235名。6月4日，禁毒大队破获公安部“2016－192”毒品目标案件，抓获犯罪团伙成员10人，缴获毒品冰毒、麻古、大麻3.2

千克。

【重点整治】 2016年，道县政法机关强力开展外流盗窃犯罪集中整治行动，设立“两怀”妇女生育保健服务站、6周岁以上未成年人救助保护教育站、6周岁以下婴幼儿救助保护关爱站，对外流盗窃犯罪“两怀”妇女嫌疑人实施指定监视居住，对外流盗窃的未成年人开展关爱教育；全年抓获外流盗窃犯罪嫌疑人54名，其中上网逃犯31名，负案在逃人员23名，全县外流盗窃犯罪高发态势得到初步遏制。整治黄赌社会治安问题，破获涉黄刑事案件1起，刑事拘留犯罪嫌疑人5名；查处涉黄行政案件46起，行政拘留58人；破获涉赌刑事案件7起，刑事拘留24人，查处涉赌行政案件65起，行政拘留230人。重拳整治酒驾、醉驾和各类交通违法行为，查处酒驾295起，其中醉驾173起，刑拘173人，侦破交通肇事案件43起，刑拘43人。

【推进网格管理】 2016年，道县高位推动网格化建设工作，制定下发《道县2016年城乡网格化建设工作方案》《道县城乡网格化建设工作考核细则》等文件，将网格化建设工作作为全县社会治理机制改革的一项重要举措，在全县所有乡镇（街道）高标准建成“三个中心”，在326个村（社区）划分网格1488个，全部成立“一委两会两站”，人员配备、便民服务场所改造、办公设施配备等全部按要求落实到位。年内，道县在全市网格化建设推进会上作典型发言。

【平安创建活动】 2016年，道县下发《关于深化平安道州建设的实施意见》。在县直单位和省市驻道单位开展“平安单位”创建活动，健全组织机构，完善工作制度，规范内部管理，强化安全防范，带动平安建设向纵深发展。开展群防群治，全面推行巡特警、机关民警及城乡派出所民警、交警巡逻常态化，提高群众见警率；严格推行公检法司机关干警蹲点守卡巡逻，县直、省市驻道单位干部职工、街道社区干部职工、乡镇村干部职工、村民的治安夜巡活动，构筑覆盖城乡的群防群治体系，推动全民参与平安创建行动。开展“平安家庭示范户”评选活动，通过“平安道州”微信公众号，引导20万人次参与“平安家庭示范户”微信投票。

【政法宣传】 2016年，道县坚持一手抓“刀把子”、一手抓“笔杆子”，制定政法宣传工作方案和考核细则，压实全县各政法综治成员单位、乡镇（街道）的政法宣传责任，提升宣传质量和效果，全年全县各单位在省以上媒体发表各类政法综治宣传稿件758篇，其中，《三管齐下创平安 古城道州展新姿》1月30日被《湖南日报》刊发专版。创办“平安道州”官方微信公众号，采用图文并茂、群众喜闻乐见的方式，打造高效宣传载体和省内政法综治知名官微品牌。集中开展农村法治宣传月、“4·15”全民国家安全教育日、“6·26”世界禁毒日等宣传活动；在濂溪河两岸休闲区打造法治文化广场和法治文化墙；组织编印《道县青少年普法教育读本》12万份，发放到全县各中小校学生手中，全面提升全县群众的法治意识。

【司法惠民】 2016年，道县引导信访群众走司法渠道解决信访问题，对确属困难的群众提供法律援助，实施法律援助案件176件，发放法律援助案件补贴9万多元，为受援群众挽回经济损失400余万元；落实司法救助制度，对67件、123人发放司法救助资金90万元，让群众切身感受到司法的人情关怀；创新涉法涉诉信访问题处理方式，推行律师参与化解和代理涉法涉诉信访案件工作，推动信访问题依法解决。全年律师参与化解和代理涉法涉诉信访案件53件，为群众挽回经济损失235万元。

【队伍建设】 2016年，道县

把政治建警和思想建警放在政法队伍建设的首位，开展理想信念、“两学一做”等学习教育活动；贯彻执行省委政法委出台的《湖南省委政法委政治培训工作制度（试行）》，通过多种形式在全县政法干警中开展政治学习和政治培训。全面加强政法队伍信息化、法治化、专业化、规范化建设，不断提高政法队伍的执法水平，提升政法队伍的整体形象。

法治政府建设

【概况】 2016年，道县贯彻落实中共中央国务院《法治政府建设实施纲要（2015—2020年）》《国务院关于加强法治政府建设的意见》和省、市有关法治政府建设工作部署，全面推进依法行政，法治政府建设工作取得新成效。

【法治政府建设】 2016年，县政府领导高度重视，成立由县长任组长的道县推进法治政府建设工作领导小组，统一领导、协调推进全县法治政府建设工作。形成一级抓一级、层层抓落实的工作格局。根据省市年度法治政府建设工作安排，对全县年度法治政府建设工作作出具体计划和安排，制定《中共道县县委、道县人民政府关于贯彻落实〈法治政府建设实施纲要（2015—2020年）〉的实施方案》和《道县2016年度依法行政工作要点》。县政府常务会议两次听取法治政府建设工作汇报，研究法治政府建设实施方案和重大行政决策等制度，及时解决法治政府建设中存在的突出问题，推进全县法治政府建设工作。按执法任务轻重将27个乡镇场（街道）和45个县直单位分为一类单位、二类单位进行考核。落实政府常务会议会前学法、法制讲座、法制培训等领导干部学法制度，着力提高领导干部的法治意识和能力，重点学习中共中央国务院、省、市有关法治政府建设工作文件精神和《中华人民共和国预算法》《中华人民共和国安全生产法》等依法行政的法律政策规定。县政府将推进法治政府建设工作经费全部列入财政预算，年度财政预算6万元，为全县推进法治政府建设工作提供财力、物力保障。

【完善重大行政决策制度】 2016年，县政府出台《道县人民政府重大行政决策程序规定》，界定重大行政决策范围，依法遵循决策起草、公众参与、专家论证、风险评估、听证、廉洁性、合法性审查、集体决定、事后评估等程序，确保重大决策科学、民主、合法。执行重大行政决策听证程序规定，按照“扩大听证范围，提高听证质量”的总体要求，对道县拟出台的涉及公众利益、群众普遍关注或可能产生分歧的文件，行文前均按程序规定要求召开听证会，将听证会收集的意见修改后再由政府法制办审核。全县召开重大行政决策听证会两次。其中湘源大道房屋征收补偿方案等决策都召开听证会，听取相关利益关系人的意见，确保湘源大道市政工程建设推进。做好决策内容合法性审查，凡县政府常务会议讨论通过由县人民政府和县政府办公室制发的规范性文件，凡县政府会议纪要涉及到法律、法规、规章等重要事项，须先经县法制办审核方可行文印发。建立政府法律顾问制度，聘请3名资深法学教授、律师组成县政府法律顾问团，为政府依法科学民主决策和依法行政提供法律咨询服务，完善政府法律顾问制度。

【规范性文件管理】 2016年，县政府和县政府办按照《湖南省规范性文件管理办法》规定，出台规范性文件23件，全部进行合法性审查后统一登记、统一编号，并在县政府门户网站和道县政报上进行公布。全部按照规定的格式和文本分别向市政府和县人大常委会进行备案。依法对2011年以来的规范性文件进行清理，对部分涉法非规范性文件草案进行合法性审查。全年审查非规范性文件92件，提出修改意见300余条。协助上级立法，出台《协助上级政府立法调研工作暂行规定》。全年协助立法调研两次，为上级政府立法提供科学合理的建议。进一步严格和规范政府合同的合法性审查，审查合同50余份，提出修改建议210余条。

【规范行政执法】 2016年，道县规范行政执法程序，制定《道县重大行政执法决定法制审核和集体讨论决定制度》。加强行政执法合法性审查，梳理职能职责，在2015年全面完成行政执法单位责任清单制定、公布的基础上，根据2016年县行政体制改革的实际情况，县法制办组织县直涉改单位对撤并、增减行政职能重新调整、梳理，重新公布责任清单。加强执法队伍建设，围绕国家卫生城市、省级文明城市创建工作，推进城市管理相对集中行政处罚权工作的开展，成立县城市管理行政执法局，规范城管执法程序，加强执法队伍建设，有效避免多头执法、职权交叉、重复处罚等行政执法弊端。按照《湖南省行政执法案例指导办法》的规定，筛选案例并发布，发布3个具有典型意义的行政执法案例。严格执法队伍培训、考试换证，组织全县第五轮行政执法人员执法资格考试、培训和“两证”换发工作，全县参考人员1700余人，考试工作基本结束，换证工作正在有序进行中。

【落实行政复议】 2016年，县政府在2015年出台行政机关负责人出庭应诉办法的基础上，又制定完善行政诉讼应诉制度和程序，出台《道县人民政府办公室关于加强和改进行政应诉工作的意见》，规定案件办理要求、流程和时限，全面提高行政复议、行政应诉质量。依法受理办理行政复议和复议应诉案件，规范复议、应诉案件受理、审理等工作制度，畅通行政复议申请渠道，落实行政复议权利告知制度，为行政复议申请人提供便利条件。建立健全行政复议内部工作规则，对重大、复杂案件，采取听证的方式审理，提高行政复议办案的质量和效率。加大办案的和解、调解力度，接受行政复议申请11件，立案受理行政复议案件10件。组织和指导行政复议应诉工作，及时提交证据和进行答复，有效化解行政争议。做好行政应诉工作，县政府出庭应诉行政诉讼一二审案件48件。开展行政复议应诉工作，严格执行复议应诉案件统计制度，按要求及时向市政府上报行政复议、行政应诉统计分析数据，县政府复议应诉案件1件，维持1件。负责办理县政府与道县江南广德公司、湖南中球公司的民事诉讼、仲裁案件。两个案件因涉案金额、社会影响较大，县政府组成专门应诉班子，做好应诉、和解、执行工作，依法有效维护政府的合法权益。

【开展行政执法监督】 2016年，道县加强行政执法监督，按照省市政府要求，出台行政执法监督办法，建立行政执法活动报告制度、行政执法情况专项说明制度，规范行政执法监督的方式方法和程序。开展行政执法案卷评查，在全县抽查执法职能多、执法任务重的10多个单位50余个行政执法案卷，组成评卷小组对案卷认真评查，查出6个方面的共性问题，均逐案进行点评和整改落实。

公　　安

【概况】 2016年，道县公安局按照“严管厚爱带队伍，打防管控保平安”的工作思路，做好维稳、打击、防控、管理、建设、执法、服务、队伍等工作，全县政治大局和治安秩序持续平稳。获评湖南省公安机关“210工程”建设先进集体、省“扫黄打非”办案有功集体，获评永州市公安机关严打盗骗毒亮剑行动标兵单位、市公安机关全国“两会”安保维稳工作先进单位、市公安机关保密工作成绩突出集体。严打盗骗毒亮剑行动排全市第一名，严打整治飓风行动排全市第二名，收缴整治枪爆物品专项行动排全市第三名。

【维稳及处置突发性事件】 2016年，道县公安局全局上下牢固树立稳定压倒一切的理念，突出抓好情报信息收集研判、矛盾纠纷排查化解、突发性事件处置等工作。狠抓情报信息收集、研判，做到未动先知，掌握工作主动权。年内。收集、上报苗头性、预警性信息195条，整理撰写《公安国保要情》96期。开展反恐基础工作和反恐清流行动，全面强化对关注人员的管控，确保全县未发生暴恐案事件。以“一村一警”为载体，组织民警深入开展矛盾纠纷排查化解活动。排查化解各类矛盾纠纷598起；受理群众信访事项75起，接待信访群众196人次，办结69起，息诉12起。构建秘密力量，获取深层次情报信息，打好安保维稳工作主动仗。完善应急处突预案，稳妥处置道县人民医院停尸闹事、华新水泥厂被堵门、东方明珠因宾馆一房客自杀后闹事、寿雁镇高枧村与鲤鱼坝村因山林土地纠纷引发的群体性斗殴等一批群体性事件和万家天府非法集资引发的堵门、游行及步步高超市合同纠纷引发的不稳定隐患，没有因处置不当造成事态升级，没有造成任何不良社会影响。

【打击整治】 2016年，道县公安局全面强化侦破打击主业，高扬严打利剑，打击整治实现新突破。年内，全县立各类刑事案件1379起，破920起，破案率与2015年相比上升7.5%；刑事拘留犯罪嫌疑人968名，行政拘留违法人员2182名，分别与2015年相比上升5.4%、4%，刑事案件破案率排全市第二位，行政案件查办排全市第二位。强化措施，开展严打整治行动，专项行动全面飘红，领跑全市。在严打“盗骗毒抢”亮剑行动中，刑拘“盗骗毒抢”五类犯罪嫌疑人141名，行政拘留吸毒人员462名，强戒吸毒人员110名，破获公安部部督目标1起，专项行动考核成绩排全市第一名；在严打整治飓风行动中，刑拘犯罪嫌疑人470名，行政拘留违法人员925名，强戒吸毒人员156名，追回行动前上网逃犯39名，行动考核排全市第二名；在收缴整治枪爆物品专项行动中，破获枪爆刑事案件162起，查处枪爆行政案件175起，缴获枪支937支、爆炸物品240千克、子弹76150发，战果考核排全市第三名。2016年是道县公安局侦查破案最有成效的一年，破公安部督办案件11起，省公安厅督办案件15起，多次获公安部和省、市公安机关表扬，网技大队办理的“10·8”部督跨省网络传播淫秽物品牟利案被评为全市“十佳精品案件”。年内，全县现行命案发6起，破6起，连续8年保持现行命案全破目标。6月4日，禁毒大队破获公安部“2016－192”毒品目标案件，抓获犯罪嫌疑人何发良等团伙成员10人，缴获毒品冰毒、麻古、大麻共3.2公斤。7月28日，城南派出所经缜密侦查，打掉一个盗窃摩托车团伙，抓获犯罪嫌疑人8名，缴获被盗摩托车20辆。打击网络犯罪，维护全县网络安全秩序，破获网络犯罪案件4起，抓获网络犯罪嫌疑人10名。8月1日，刑侦大队经50余天侦查，抓获犯罪嫌疑人郭某，破获“2016·6·10”洪塘营瑶族乡佳竹洞村无名女尸案；开展打黑除恶专项行动，严打黑恶势力违法犯罪，打掉恶势力犯罪团伙3个，刑拘恶势力犯罪嫌疑人25名。破获“两抢一盗”侵财性案件179起，刑拘盗抢犯罪嫌疑人177名，打掉盗抢团伙18个，打击侵财性犯罪绩效排全市第一名。10月8日，网安大队经深度经营，破获一起公安部督办的跨省网络传播淫秽物品牟利案，刑事拘留犯罪嫌疑人5名；强劲打击毒品违法犯罪，遏制毒品违法犯罪高发势头。破获涉毒刑事案件93起，刑事拘留犯罪嫌疑人100名，缴获各类毒品8.8千克，查处吸毒人员959名，其中强制隔离戒毒332名，社区戒毒

235名。

【打击经济犯罪】 2016年，县公安局维护市场经济秩序，破获各类经济犯罪案件23起，抓获犯罪嫌疑人36名，挽回经济损失2700余万元。其中，破获假币案件10起，缴获假人民币2300余万元。10月27日，经侦大队经两个多月的周密侦查，成功打掉伪造货币团伙1个，抓获犯罪嫌疑人5名，摧毁两个印制假币窝点，缴获假人民币100万余元和用于制造假币的电脑、打印机等大量工具，受到公安部的通令嘉奖。

【外流盗窃犯罪集中整治行动】 2016年，县公安局设立“两怀”妇女保健服务站、6周岁以上未成年人关爱救助教育工作站、6周岁以下婴幼儿关爱救助照料工作站，指定监视居住外流盗窃的“两怀”妇女和关爱外流盗窃的未成年人及“两怀”妇女的婴幼儿。抓获外流盗窃犯罪嫌疑人54名，其中上网逃犯31名，负案在逃人员23名，全县外流盗窃犯罪高发态势得到初步遏制。

【黄赌社会治安问题整治】 2016年，县公安局破获涉黄刑事案件1起，刑事拘留犯罪嫌疑人5名；查处涉黄行政案件46起，行政拘留58人；破获涉赌刑事案件7起，刑事拘留24人，查处涉赌行政案件65起，行政拘留230人。

【酒驾、醉驾和各类交通违法行为整治】 2016年，县公安局查处酒驾295起，其中醉驾173起，刑拘173人，侦破交通肇事案件43起，刑拘43人，行政拘留交通违法人员59名。

【防控体系建设】 2016年，道县公安局深入推进警务机制改革，合力攻坚，治安防控体系不断完善。立各类刑事案件1379起，比2015年减少693起，下降33.4%，排全市第四名，其中“两抢一盗”案件比2015年下降54.8%。创新巡逻防控机制，强化风险预警，形成指挥中心、110出警队、巡特警大队协调联动的防控机制。巡特警车巡、步巡、蹲点巡、便衣巡和机关民警夜巡、交警联合巡逻及特警、武警敏感时期联合武装巡逻成为常态，政法干警和机关企事业单位夜巡成为抓手，社区义务巡逻队背街小巷巡逻成为辅助，形成一整套点、线、面相结合的巡逻防控体系。农村各派出所联合乡镇政府、村委会建立健全乡镇、村两级义务巡逻队伍，配备治安巡逻服装、警棍、袖标等装备，确保每个乡镇每个集市都有巡逻队伍，每个村每个组都有人开展治安防范，构建乡镇、村两级无缝隙治安巡逻防范网络。强化防控阵地建设，在城区主要交通要地设立治安卡点，武警、特警、交警、治安警联合武装查缉。在城区设立高规格的治安交通巡防警务站6个，城区防控工作提质增效。建成永安关公安检查站，在县际、省际交界地段新增电子卡口10个，为全县治安防控工作上一把“安全锁”。完善电子防控网络，平安城市监控系统新增高清监控探头100个和电子围栏4个，城区电子监控探头数达594个。县财政投入9000余万元，在全县所有乡镇村安装电子监控探头4600多个，其中每个行政村不少于6个，乡镇政府所在地不少于30个，实现全县视频监控全覆盖。

【行政管理】 2016年，道县公安局对重点人员、重点部位、重点场所、重点活动管控到位，未发生群体性治安事件、重大安全事故。治安管理筑牢根基，全面规范特种行业管理，对旅馆业和网吧坚持日常检查和网上巡查，严格落实实名制。对废旧物品收购站点、车辆拆解、修理点、典当寄卖业推行举报奖励制度，严管重罚，规范经营行为；加强和规范保安服务公司管理，优化全县保安服务市场；建立寄递物流安检中心，全面落实3个100%措施；强化校园周边治安秩序整治，持续开展“护园安园”行动，严防涉校涉园恶性案事件发生；强化入境管理，推进户籍民警专职化，完成入境示范窗口建设，不断提高服务质量和水平。建立政府主导，公安牵头，乡镇（街道）参与工作机制，开展“三实”信息采集。采集录入实有人口信息923146人，标记户籍人口91160人，录入实有房屋280392间，实有单位6597家。办理二代身份证62651人，其中异地办证119人；补录入户10195人，审批主项变更2711人，审核公民信息恢复1321人，办理户口迁移手续4208人；受理出国（境）证件20097人次，其中办理护照5821次，办理港澳台通行证及签证14276人次。交通消防稳控有力，在县城主要街道设置防护栏8.5千米，设置暴闪灯125套、防撞桶500个，新增交通标志牌588块，设置交通指挥灯及安装电子警察12套，施画交通标识标线1.9万平方米，优化交通环境。深入乡镇、客运企业、站场和中小学校开展安全知识讲座，宣讲交通安全知识。排查整改交通安全隐患，注重重大节点、道路交通安全畅通。做好车、驾管服务，为广大驾驶人员提供高效便捷的服务。完善派出所消防监督三级管理责任体系，强力推进消防专业规划编制工作，加强平时监督检查和错时消防监督检查，全面排查和整改消防安全隐患。共检查各类单位5486家，发现和督促整改火灾隐患6131处，下发“责令整改通知书”3721份，办理消防行政案件81起，“三停”单位14家，采取临时查封措施15处，警告28人次，拘留1人，确保全县消防安全稳定，完成以防灭火和抢险救援为中心的各项消防保卫工作任务。监所安全更进一步，完成看守所医疗专业化建设，道县红十字医院进驻看守所。狠抓监管队伍建设，强化业务培训，加强财政保障，严密勤务改革，规范管理制度，设施完善、保障到位、运行规范。看守所、拘留所未发生任何安全责任事故。同时，狠抓狱内深挖工作，服务侦查破案。

【服务中心】 2016年，道县公安局坚持公安工作服从服务于全县中心工作的理念，发挥公安机关的职能优势，全力为全县经济建设保驾护航。服务城市建设，在城市建设征地拆迁、城市道路提质改造和重点项目建设中，严厉打击非法阻工、寻衅滋事、侵害施工人员和企业的合法权益行为，为城市建设提供安定和谐的社会环境。破获“三强”刑事案件32起，刑拘“三堵三强”犯罪嫌疑人101名，查处“三强”违法案件81起，行政拘留“三强三堵”违法人员252名。12月29日，治安大队侦破万家庄街道下洞村何某冬等人为达到强行承包道县综合物流园路网工程项目土方工程而非法阻工、强迫交易案，刑拘犯罪嫌疑人5名。服务文明建设，投身创森创卫和文明创建工作，每周组织局机关民警、交通民警抓好责任区的卫生清扫工作。同时，派出警力协助县渣土办、县城管部门、县打击“三非办”等部门开展联合执法，确保相关职能部门正常执法活动安全、顺利进行。工作中，查处阻碍执法案件2起，行政拘留4人。服务经济建设，发挥职能作用，严厉整治经济发展环境，服务于全县重点工程建设和工业园区企业。成立工业园中队，进驻工业园执勤。为工业园区的各类招工、招商活动和重点项目建设开工仪式开展安保活动30余次，出动警力2000余人次。派出专职民警到道县物流园执勤，护航项目建设。

【规范执法】 2016年，道县公安局深入推进“法治公安”建设，运用法治思维、法制方式，全局执法规范化建设得到进一步提高。年内，执法质量考评排全市第二名。突出执法监督，深化执法考评，通过案件集中评审、现场督导检查、网上远程考核，及时发现各基层所队执法中存在的薄弱环节，通过会议讲评、发布通报、跟踪检查等措施，整改执法问题和不足。加强执法管理，成立案件管理中心，实现案件统一审核统一出口；实行派驻法制员制度，推行执法办案积分制，对执法办案单位及民警个人的执法绩效实行综合、量化、动态考核，以分数的形式界定，积分作为衡量民警、单位工作绩效、表彰奖励、职务晋升的重要依据。严格执法办案区域和涉案财物管理。规范执法办案流程，严格按照公安部“四个一律”的要求，加强对办案区的管理和使用，全面实现讯问犯罪嫌疑人同步录音录像，升级改造执法办案设施，确保办案场所执法的绝对安全。采取“文件规范、集中管理、专项审计”三项措施，全面规范涉案财物管理，遏制违纪违规和侵害群众利益问题的发生。提高执法能力，举办执法办案业务知识讲座5次，组织民警到法院参加庭审8场次152人，组织民警参加执法资格考试，在法制审核室建立随岗培训点，培训基层民警60人次。

【队伍建设】 2016年，道县公安局一手抓从严治警，一手抓从优待警，队伍建设有招数，凝聚正能量。组织民警参加省、市各项训练任务23期219人次，参加道县公安局业务培训班30期500余人次。开展送教上门活动22次，培训民警、职工300余人次。在3个随岗培训示范点，对岗位变动的62名民警进行随岗培训，并在全局35个单位明确44对师徒。创新训练方式，推行以案代训机制，提升民警办案水平。通过以案代训，4名青年民警被提拔担任派出所所长，3名民警得到重用。在双微平台上设置“微课堂”栏目，供民警学习、讨论，形成全天候的“指尖课堂”，提升学习效果。开展“两学一做”学习教育，把全面从严治警、强化责任担当、打造过硬队伍作为根本目标，聚焦“学、做、改”三个关键环节，突出领导带头、模范引领、以学促改。从严治警力度加大，全面加强党风廉政建设，发挥党建工作的引领作用，思想教育的统领作用，领导班子的示范作用，打造过硬公安队伍。开展“六个一”活动，抓住队伍建设这个根本，将从严教育、从严管理、从严监督贯穿始终。强化督察和问责力度，对违纪违规现象“零容忍”，对违纪民警顶格处理。共对8名违规违纪民警给予纪律处分，其中行政降级处分2人，对3名民警停止执行职务，对9名民警采取禁闭措施。

【修改、完善《道县公安局队伍日常管理制度》】 2016年，县公安局修改完善《道县公安局队伍日常管理制度》，纳入局属各单位绩效考核内容，用制度管人、管事。对违反队伍日常管理制度的77人次给予通报批评和精细化考核扣分。惠警措施落实加强，各项保障有力有效。投入经费60余万元对蚣坝、祥霖铺等9个派出所进行修缮，改善基层民警的工作和生活环境。投入资金80万元对4个执法办案区进行升级改造，投入40余万元对城北、城南派出所进行标准化改造，成为全局基础建设的一张名片。为基层所队追加办案经费80余万元，保障基层所队办案需要。贯彻《道县公安局从优待警、从厚爱警六项措施》，落实民警休假制度、子女中考、高考带薪陪护制度和子女上大学护送制度。发放子女入大学奖励资金2.2万元；落实安抚慰问制度，局领导上门慰问因公负伤和患病民警及上门悼念民警逝世的父母、岳父母，发放慰问金47470元；建立民警定期体检制度和民警健康档案；加强机关食堂管理，提高民警的膳食质量。与县财政沟通联系，及时兑现新的警衔津贴和民警新增的工资。

【激励机制】 2016年，县公安局奖励激励加大加强，注意发现、培训、推广先进典型，弘扬正气，鼓舞士气。黄安华获评第一季“湘警之星”，何航获评“永州市青年卫士”，杨小菊获评“永州市十大巾帼卫士”，蒋京蕾获评“永州市优秀女警”，冯祝元获评“永州市优秀党务工作者”；局打击假币专案组立集体二等功，蒋正东立个人二等功，朱华波获评湖南省“扫黄打非”办案有功个人，何尚孟等6人立个人三等功，唐化贵等4人获评永州市公安机关严打盗骗毒亮剑行动成绩突出个人，何新颖、蒋星获评全市公安机关全国“两会”安保维稳工作成绩突出个人，张来苏等6人被市公安局记嘉奖，何跃庭等3人分别获评“全县优秀党务工作者”“全县优秀共产党员”，刘晓玲等84人获评县局“每月之星”，蒋先桦等93人进入县局亮剑行动、“飓风行动”、枪爆行动荣誉榜，并被记嘉奖；飓风行动、枪爆行动火线嘉奖9人。坚持“有为的有位，实干的实惠，吃苦的吃香”选人用人制度。呈报县委解决两名中层“一把手”正科级待遇，提拔7名年轻有为的民警担任派出所所长，重用3名民警担任中层正职干部，提拔32名民警担任中层副职干部。飓风行动火线提拔两名优秀民警为中层副职。对35名中层“一把手”和62名民警进行岗位轮换。维护权益有力有效，成立局长任主任的维权委员会，维护民警合法权益。澄清不实投诉42起，维护民警正当执法权益11起、18人，依法对侵权人采取刑事强制措施6人，行政拘留处罚2人。

法　　院

【概况】　2016年，道县人民法院设有办公室、政工室、纪检监察室、研究室、刑事庭、民一庭、民二庭、审判监督庭、行政庭、林业庭、计划生育法庭、执行局、立案庭、审判管理办公室、信访办公室、司法技术室、司法警察大队21个庭室局队。下设寿雁、蚣坝、祥霖铺、清溪4个人民法庭。有法官及其他工作人员106人。其中政法专项编制干警106人，有院领导11人，中层正职20人，副职5人。全年受理各类案件4893件，比2015年增长30.96%；审、执结4698件，比2015年增长54.23%。结案率名列湖南省法院第二名，受到湖南省高级人民法院的通报表扬。

【刑事审判】　2016年，道县人民法院加强刑事审判，全年受理刑事案件741件、889人，审结735件、869人。依法惩治“两抢一盗”等严重危害社会治安的犯罪，审结116件、139人。依法严惩黄赌毒犯罪，审结68件、90人。对涉毒罪犯一律处监禁刑，在国际禁毒日开展集体宣判活动。依法严惩集资诈骗、非法吸收公众存款、传销等，维护正常经济金融秩序。加大对危害食品安全犯罪的打击力度，审结7件、18人。加大对职务犯罪的惩治力度，审结6件、9人。

【民商事审判】　2016年，道县人民法院审结民商事案件2624件，其中以调解撤诉方式结案987件，调解撤诉率37.6%。发挥民事审判定纷止争，化解矛盾的作用，审结婚姻家庭、继承、劳动争议、损害赔偿等案件1231件。发挥商事审判对于规范市场秩序的作用，审结买卖、借款、租赁、建设工程施工合同纠纷1341件。坚持能调则调，当判则判，以判决方式确立行为准则和权利界限，并通过发送司法建议、发布公告等方式引导各市场主体良性规范运作。

【行政审判】　2016年，道县人民法院执行新修改的《中华人民共和国行政诉讼法》，落实立案登记制，行政审判坚持支持与监督并重，着力化解行政争议。审结异地行政诉讼案件86件。利用行政诉讼协调机制，化解行政机关与行政相对人之间的矛盾。协调行政诉讼案件36件。审查和执行行政机关申请强制执行的非诉行政案件73件，其中执行卫计委申请执行的征收社会抚养费案件41件，支持政府部门的合法行政行为。

【破解执行难题】　2016年，道县人民法院执结执行案件

1328件，结案标的3.5亿余元。维护金融安全，执结涉银行等金融部门案件569件，与2015年同比上升87%。加大涉民生案件的执行和救助力度，结案63件，救助34人，发放救助金15.4万元。运用网络查控机制查询被执行人银行账户1320户。车辆信息1320次，查封车辆210辆。在电视媒体、商业广场电子屏等曝光失信被执行人326人次，并在银行、社区、乡镇集市发布敦促执行公告1689份。被执行人因被曝光姓名，限制高消费而主动交纳案款的案件180件，缴纳案款860万元。集中打击拒不执行判决、裁定行为司法拘留30人，向公安机关移交18案22人。

【司法为民长效机制】 2016年，道县人民法院加强“窗口”建设，发挥诉讼服务中心的“窗口”示范作用，落实导诉、立案、接访、咨询等“一条龙”服务的便民利民措施，有效地降低当事人诉讼成本和风险。落实“立案登记制”，当场立案率99.7%。以寿雁法庭、清溪法庭、蚣坝法庭、祥霖铺法庭为点，不定期开展巡回办案活动，在方便群众诉讼的同时，密切法官与群众的联系。刑事庭、林业庭持续开展送法进村组、学校活动，通过巡回审判，现场说法，起到“审理一案、教育一片”的法律效果和社会效果。全年为经济确实困难的当事人减、免、缓交诉讼费150万余元，确保困难当事人打得起官司。加强对特困申请执行人的司法救助，在市、县两级争取司法救助资金33万元，解决包括刑事案件被害人在内的36名特困申请执行人的生活困难。开展法官大走访和院领导开门接访，深入基层倾听群众意见和建议，建立人大代表和政协委员联络机制，强化对重点涉诉信访案件的全程跟踪，从源头上预防和减少涉诉信访案件。运用教育、协调、救济等手段，解决涉诉信访积案。全年接待来访群众610人次，处理来信65件，办结上级交办的信访事项12件，办结信访积案5件。

【审判管理】 2016年，道县人民法院完善审判流程管理，建立节点监控、审限预警和催办制度，审管办对监界审限的696件案件发送催办函，对超审限的73件案件发出通报，避免超审限的案件重复出现，均衡结案率趋于合理。开展庭审评查，裁判文书评查，在常规评查的基础上，对发回重审、重大改判案件重点评查，落实错案责任追究。全年开展庭审评查10次，评查裁判文书1500份。推行在职法官大办案制度，全院不分级别、不分庭室，全员服务、服从于办案，缓解案多人少的办案压力。建立健全案件质量评估体系和通报排名制度，提高办案质效。全年案件被发改率仅为2.88%，名列全市法院第三名。

【司法公开】 2016年，道县人民法院强化人民陪审员工作，让具有群众代表性质的人民陪审员全程参与司法活动，人民陪审员参审率100%，参审面82.7%，居全市基层法院前列。围绕立案、庭审、执行、听证、文书、审务6个重点环节，强化审判流程、裁判文书、执行信息三大公开平台建设。全年在全国法院网上庭审直播4次，公开裁判文书2895份，增强司法透明度。邀请人大代表、政协委员或其他社会人士观摩庭审、参与听证、直接监督审判执行活动6次。举办“法院开放日”，法院新闻发布会、座谈会等系列活动3次，与新闻媒体以及社会各界进行沟通联络，提高司法公信力。

【信息化建设】 2016年，道县人民法院将现代化科学信息技术运用到法院工作的各个环节，助推法院管理。推进“三公开”“四级专网”信息化平台建设。加快法院综合管理系统、法院执行指挥联动系统、科技数字法院系统、远程视频提讯系统等软件的运用推广。通过法院网、法院官方微博、微信等新媒体对外发布信息，拓展法治传播深度和广度。

【队伍建设】 2016年，道县人民法院组织干警深入学习中共十八大、十八届历次全会和习近平系列重要讲话精神，深化对中国特色社会主义司法制度的认识，坚定道路自信、理论自信、制度自信和文化自信，深入开展“两学一做”“三严三实”专项学习教育活动，着力强化党性观念、严肃党内政治生活，严明党的政治纪律和政治规矩，确保全院干警在政治上与党中央始终保持高度一致。年初，制订教育培训工作计划，确定学习内容、学习时间、培训范围和培训目标。通过三级初步网络，组织法官参加省、市法院组织的网络业务学习、培训。全年组织干警到省级人民法院、市中级人民法院参加培训学习6期40人次。组织全体干警参加学习中央政法委主持的视频讲课。各部门还自主开展业务政治学习，提高业务能力。落实党风廉政建设党组主体责任，纪检监察部门的监督责任。每年院党组与各庭室局队签订廉政建设责任状，坚持“两手抓、两手硬”，强化对各项权力的监督制约。加强审判执行、财务管理等重点岗位的监督管理，推进廉政风险防控机制建设。保持正风肃纪高压态势，严厉整治“六难三案”等损害群众利益的不正之风。开展“纠四风、治陋习”及“雁过拔毛”式腐败问题专项整治工作。

检　察

【概况】 2016年，道县人民检察院拥有政法专项编制66人，在职工作人员52人。其中入额检察官24人，检察官助理7人，司法警察6人，书记员8人，司法行政人员2人，工人5人。内设政工科、监察室、办公室（含财务室、研究室）、反渎局、技术科、监所科、反贪局、公诉科、侦监科、控申科、民行科、案件管理办公室、林检科、法警大队等14个科室。年内，县检察院以中共十八届四中、五中、六中全会精神为指导，围绕全县总体发展思路和奋斗目标，履行“强化法律监督，维护公平正义”的检察工作主题，为促进道县经济社会发展作出积极贡献。年内，先后获得“省园林式单位”“省文明卫生单位”“省信息化轻应用开发工作先进单位”“省特级档案室”称号。在市检察机关年终考核中，涌现出11个先进科室，反贪局、研究室连续4年被评为先进单位，3人获嘉奖。在县绩年终效考核中获得社会治安综合治理“先进单位”、维护稳定“先进单位”“驻村帮扶工作”先进单位、“非公经济人士代表综合评价”先进单位、“党风廉政建设和反腐败工作”先进单位、“禁毒工作”先进单位、“打击三强”先进单位、“六五”普法依法治理先进单位等，被县委誉为全县机关的一面旗帜。

【打击刑事犯罪】 2016年，道县人民检察院受理公安机关提请批捕案件524件、664人，审结523件、663人。经审查，共批准逮捕336件、415人，不批准逮捕187件、248人，其中，无社会危险性不捕91件、118人，证据不足不捕82件、107人，以不构成犯罪不批准逮捕12件、21人。受理各类审查起诉案件891件、1084人，审结832件、977人，其中依法提起公诉案件746件、879人，决定不起诉案件86件、98人。办案中积极做到从严审查，从快起诉。如依法快捕快诉的李某、廖某某贩卖毒品案，被告人李某、廖某某分别被判处有期徒刑十五年、十年并处罚金，取得良好的法律效果、政治效果和社会效果。同时，贯彻宽严相济刑事政策，着力维护社会和谐稳定。对主观恶性小、犯罪情节轻微的偶犯和过失犯，本着教育、感化、挽救的方针，促成当事人和解。全年依法办理刑事和解案件16件16人，有效化解矛盾和纠纷，节约法律资源与成本。其中“李某某等3人故意伤害审查起诉案”被评为全省刑事执行检察优秀案件。

【查处和预防职务犯罪】 2016年，道县人民检察院坚持把查办职务犯罪摆在突出位置，整合办案资源，加大工作力度，重点查办与民生密切相关的严重侵害群众利益的贪污贿赂大要案和渎职侵权案件。全年立贪贿案件9件、10人，移送审查起诉8件、11人，为国家挽回经济损失200多万元。立案查处道县市场服务中心城北所长唐某伙同出纳谢某挪用公款300多万元案件，道县工业园副主任吴某受贿27万元案件，道县郎龙村会计何某贪污征地补偿款9万元等案件。2016年，县反贪局在永州市院综合考评中获得全市第二名。

【诉讼监督】 2016年，道县人民检察院加强对刑事诉讼活动的监督。全年口头向公安机关和审判机关提出纠正意见30余次，书面提出检察建议4次，要求公安机关立案1件1人，追捕1人。加强对社区矫正活动的监督。走访全县26个乡镇场司法所，提出口头纠违15次，下发检察建议5份，对全县562名社区矫正人员的矫正卷宗逐一全面检查审阅，建档备案，确保社区矫正人员底数清、情况明，无违法犯罪行为再发生。监所科在年终考评中获得全市排名第二名。加强对公民合法权益的保护。办理各类民行监督案件11件，其中受理执行监督案件2件，抗诉后改判案件1件，办理督促履职案件9件，调查摸排各类监督案件线索50多件。针对影响居民生活问题、道县“问题二类疫苗”问题，均依法向道县中医院、卫计委发出督促履职的《检察建议》，消除社会舆论的不良影响。民行科在年终考评获得全市第三名，“郭某某与雷某某等三人道路交通事故财产损害赔偿纠纷执行检察建议案”被评为省民事行政诉讼监督精品案例。

【信访帮扶】 2016年，道县人民检察院做好常规性接待工作，坚持“检察长接待日”，全年来信来访77件，经认真调查，做到事事有回音，件件有答复，依法维护当事人的合理诉求，使上访群众息诉息访，没有发生越级涉检上访，始终保持涉检上访零记录。以“服务群众三三制”活动为载体，检察长每月定期到联系村上门入户，接访村民，开展座谈，并带领全院干警参加“一进二访”活动。开展帮扶救助工作，务实解决群众实际困难。为城乡互助共建联系点良木洞村修路投入资金6万元，为四马桥贫困群众送去大米、棉被、食用油等资金2万元。

【队伍素质建设】 2016年，道县人民检察院紧紧围绕“学党章党规，学习近平一系列讲话，做合格党员”为专题，高标准严要求扎实推进教育活动。通过组织全院干警召开“为民”“务实”“清廉”专题报告会，不断强化党员干警的党性修养。共组织专题学习3次，每个干警写读书笔记1万字，全院干警写心得40余篇。保持干警零违纪，执法零过错，单位零事故。7月，院党总支获得县先进党基层组织称号。坚持制度管事，注重人才培养，对检察人员司法考试、学历培训、业务培训，从时间、经费等方面予以支持。全年有3名干警取得法律硕士学位，有8名干警先后到国家检察官学院和湖南省分院培训。公诉科副科长邓云云获得“永州市优秀青年卫士”称号；尹俊被市文明委评为“永州市学雷锋优秀志愿者”并被市人社局、团市委记三等功；办公室刘泽荣获得市检察机关综合信息工作先进个人、省长安杯潇湘政法摄影赛优秀奖；技术科副科长杨靖获得湖南省检察院轻应用信息化先进个人。

【档案管理】 2016年，道县人民检察院立足实际，勇于创新，科学部署，推动档案工作可持续发展。投入近30万元资金，先后购置组合密集架、防磁柜、消毒柜、扫描仪、刻录机等设备，完善档案保管硬件。按照上级相关要求，加强数字化管理，抓早、抓实，做好电子信息化档案管理工作，实现网上全文查询、阅览，机检和手检同步。建立健全《规范化管理汇编》《档案立卷归档制度》等一系列规章制度，做到档案工作步入法制化、制度化、规范化、科学化的轨道，为检察工作提供更好的服务。12月8日，院档案室晋升为“省特级”档案工作规范化单位。

司法行政

【概况】 2016年，道县司法行政工作突出重点，全面履职，发挥法律服务和法律保障的职能作用，谋求全县司法行政工作创新发展，为推进“活力品质小康道州”建设作出贡献。

【矛盾纠纷调解】 2016年，道县加强人民调解组织网络建设按照撤乡并村的工作要求，全面加强司法所组织机构、编制队伍、业务工作、基础设施、内务制度等方面的规范建设与管理，提高司法所的履职能力和工作水平。有效整合人力物力资源，进一步规范人民调委会的管理，维护社会大局稳定。处理各级领导批示和相关单位移送的重大矛盾纠纷和信访案件（如白马渡镇九嶷河秀峰庙村段桥梁坍塌事件等），所做的工作都得到当地乡镇和相关单位的肯定，以及当事人的认可。年内，全县排查调处的矛盾纠纷2260件，调解成功2243件，调解成功率99%以上，其中调处重大疑难案件28件。

【法制宣传教育】 2016年，道县编印《道县青少年普法教育读本》12万份，发到全县各中小校学生手中；做好“3·15”“五月农村法治宣传月”等常规性法治宣传活动；与《法治湖南》编辑部永州工作站合作，在县城主干道以及乡镇人口密集和醒目位置安装法制宣传栏300块；与道县文广体新局达成合作意向，围绕道县创建国家卫生县城、省文明县城创作一批具有道县特色的法治文艺作品；依托《小康道州》开设《以案说法》专栏，依托道县电视台开设《农村法制》专栏，依托手机微信开通“平安道州”公众号。利用濂溪河两岸休闲区设置法治宣传版面200余块打造法治文化广场，修整两岸河堤安装永久性户外法治宣传标语建立法治文化墙。分片分区域组织全县9700余国家工作人员参加2016年度的学法用法考试。全县全年悬挂宣传横幅2000余条，张贴宣传标语1.6万余张，展出普法图片836余块，出动宣传车375余次，发放各类普法宣传书刊12万余本、各类宣传资料30万余份，现场解答法律咨询2000余人次。

【法律服务管理】 2016年，道县不断加强法律服务队伍建设，规范法律服务工作者从业行为，严厉查处违法、违规行为，使法律服务市场得到进一步规范。推进律师服务下基层，组织全县律师开展“万名律师乡村（社区）行”专项法律服务活动，深入全县的村（社区）担任法律顾问，建立工作联系点并建立工作台账。安排律师对50余家中小微企业开展“免费法律体检”。建立道县律师参与化解和代理涉法涉诉信访案件律师人才库，完善律师参与化解和代理涉法涉诉信访案件的工作保障和管理机制。全年组织律师参与全县涉法涉诉信访值班、接访179人次，陪同领导接访19人次，接待群众咨询316人次，引导仲裁、诉讼12起，

【法律援助】 2016年，道县推进法律援助“信息化”工作，通过整合司法行政业务资源，推广“如法网”公共法律服务平台，利用互联网快捷、即时、低门槛的特性，实现法律资源大共享、法律产品的多层次、法律服务的广覆盖，随时随地接受群众的法律咨询与业务委托。自“如法网”全面启动以来，道县法律援助中

心、各律师事务所在网上接待群众法律咨询78人次，办理法律援助申请74件。启动“公共法律服务中心”建设，将其列为市绩效考核项目纳入司法行政业务用房整体建设规划。全年累计完成法律援助案件176件，接待法律咨询400人次。为受援群众挽回经济损失400余万元，发放法律援助案件补贴9万多元。

【社区矫正】 2016年11月，道县社区矫正中心（湖南省重点民生实事项目）启动建设。全县社区矫正工作严格按照社区矫正工作有关法律和规定，严把社区矫正调查评估关，规范执行档案管理程序，严格落实日常教育管控责任，同时注重部门间协同配合，全面提升社区矫正工作质量。5月20—31日，对全县社区矫正工作开展专项检查监督活动，对辖区内22个乡镇（街道）进行检查，对辖区在矫的600名社区矫正人员进行集中点名、集中教育、个别谈话，增强社区矫正人员的服刑和守法意识，对个别思想上厌烦抵触、不服管的社区矫正人员敲响警钟，而且对规范、廉洁、公正社区矫正执法，提升社区矫正执法水平具有积极影响。全年累计接收社区矫正人员1944人，累计解除社区矫正1371人，在册的社区矫正人数573人，完成社区矫正社会调查评估221件。

【公证工作】 2016年，道县公证工作严格按申请—受理—审查—出证—归档的程序操作，坚决维护公证书的可信度和法律效力。同时，为推进全县公证体制改革，多次考察借鉴湖南省先进地区的公证改革经验，加快公证机构改革步伐。围绕政府中心工作，为经济社会发展服务，在重点工程建设、城市改造等事项中，担任重要角色，为长征路办理拆迁证据保全公证、对工业园廉租房抽签活动进行现场监督。全年办理各类公证事项510件，义务提供法律咨询200人余次。

【司法鉴定】 2016年，道县加强司法鉴定管理，严格杜绝假鉴、错鉴、人情鉴的发生，确保鉴定结论科学、公平、公正，出具司法医学鉴定1397例。

【队伍建设】 2016年5月24日，道县司法局召开“两学一做”动员大会。通过学习，领悟原理，把思想和行动统一到习近平系列重要讲话精神和中央的决策部署上来，补足“精神之钙”和“谋事之需”，提升党员干部讲政治、守规矩，懂全局、管本行，抓重点、破难题，抓落实、求实效，讲担当、善作为，崇廉洁、拒腐蚀的能力。坚持统筹兼顾，推动学习教育与中心任务、日常工作有机结合，发挥司法行政在人民调解、法治宣传、法律服务、法律执行等方面的职能作用。通过不断深入学习党章党规，强化党性修养和底线意识，排查“雁过拔毛”式腐败问题线索两起，及时整改到位两起。通过内在动力和外在压力相结合促进问题整改，推动全体党员干部作风进一步好转，推动全局作风建设取得新的成效。开展向先进典型人物学习活动，组织全系统向永州市“青年卫士”黄中子、秦瑞南学习活动，提高队伍素质，提升队伍形象。

人民防空

【概况】 2016年，根据“三定”方案，县人防办为道县政府组成部门，属正科级行政单位，编制名额为9名。其中行政编制4名，机关工勤人员1名，信息保障中心4名。现有工作人员5名。年内，县人防办围绕“长期准备、重点建设、平战结合”方针，工作取得显著成效，获得全市人防系统“先进单位”等称号。

【指挥通信系统建设】 2016年，县人防办根据《湖南省人民防空办公室关于县级人防指挥信息系统建设有关事项的通知》要求，遵循“整体规划、分期实施，统一标准、综合集成，可靠实用、安全保密”的原则，参照市基本指挥所“一网四系统”综合集成建设，9月市带县人防机动指挥通信系统跨区训练，完成行程1000余千米，达到训练的目的。新增防空警报器3台及续年购置超短波电台，继续保持城区覆盖率和鸣响率100%和强化本级联通能力，加强对全县10处警报通信设施的维护和管理，完成“11·1”防空警报鸣放。参加2016年道县防灾应急演练，做好防灾警报鸣放等工作。

【人防工程建设】 2016年，县人防办完成地面指挥所的项目规划和立项，并全面启动人防重点指挥场所建设。

【宣传教育推介】 2016年，县人防办深入社区、学校、房地产开发企业开展人民防空法律法规宣传，向城郊中学发放《人防小博士》2500册。向46个基层人防组织发放《民防知识手册》各500本。通过警报鸣放、市外拉练等形式宣传人防工作。全年上报送人防工作信息及调研文章10余条。

社会团体

总工会

【概况】 2016年，道县各级工会依靠党委领导，争取政府支持，充分发挥工会职能，进一步创造全社会重视、支持和关心工会工作的有利条件。“党委领导、政府支持、工会运作、职工参与、社会配合”的工作机制得到坚持并发展，工会工作的外部环境不断改善，工会组织的社会影响不断扩大，作用进一步显现。

【“五比五做”活动】 2016年，道县总工会在全县工会系统开展“五比五做”活动，即：比党性，始终做坚守忠诚的表率；比学习，始终做知行统一的表率；比担当，始终做主动作为的表率；比服务，始终做追求卓越的表率；比自律，始终做清正廉洁的表率。通过“五比五做”活动，使全县工会系统进一步统一思想，提高认识，坚持问题导向，补齐工作短板，改进服务态度，提高工作效能，增强执行力度，全面提升工会工作规范化、精准化、科学化水平。

【技术创新活动】 2016年，道县各基层工会组织围绕经济建设和促进科学发展这个大局，以“当好主力军、建功‘十三五’、和谐奔小康”为主题，以创建“工人先锋号”为主要载体，在重点工程、园区企业、服务行业等领域，普遍建立以企业为主体、职工为主力、市场为主导的劳动竞赛工作机制和企业增效、职工增收的激励机制，开展技术练兵、技能大赛、技术协作、节能减排、合理化建议等职工经济技术创新活动，激发广大职工立足本职、建功立业的积极性和创造性。县人民医院、妇幼保健院、华新水泥道县分公司和县电力局分别获得市总“技术练兵”和“技术比武”一、二等奖。全县全年有1.2万人次参加各类经济技术创新活动，提出合理化建议900多条，技术革新、技术攻关30多项，推广技术创新成果10项，总结推广先进操作法6个，创效益80多万元，4个劳动竞赛先进集体受到市总工会表彰，2人获得市总“十大能工巧匠”“十大创新能手”称号。做好劳模的评选表彰、典型选树、管理服务、待遇落实等工作。全县新增全国劳动模范1人（四马桥邮政支局曾德春），省劳动模范1人（地税局局长方成矩），市劳动模范4人（华新水泥叶成军、电力局李猛、体育用品公司吴映映、建溢鞋业何宾玉）；市劳动标兵奖章2人；5个班组（科室）获得市以上“工人先锋号”称号。

【职工队伍建设】 2016年，道县总工会坚持以科学理论教育职工，以先进技能武装职工，以劳模精神引领职工，以先进文化陶冶职工，促进职工队伍全面发展。依靠主流媒体，借助公共平台，依托工会网络，整合工会资源，开展中国特色社会主义理论体系宣传教育活动。以“创建学习型组织，争做知识型职工”活动为牵引，用职工群众易学、易懂、易接受的语言，把社会主义核心价值体系深植职工群众心中。通过岗位练兵、技术比武和技术交流，以及建设职工书屋、读书演讲、知识竞赛等形式，引导和激发广大职工的学习热情，全县建成县级职工书屋示范点两家。组织开展文明行业创建和职工职业道德诚信教育活动，建立和完善一套指导有力、协调合理、运转有序、各相关部门齐抓共管的组织领导体系，促进行业风气的好转。全县新增全国文明窗口单位1个，市级以上文明行业两家，文明行业先进单位两个，文明示范窗口和文明窗口10个，模范文明职工2人。实施女职工素质提升和女职工建功立业工程，维护女职工特殊权益，女职工工作不断发展。与主流新闻媒体合作，抓住重要时段，运用文艺演出、开辟报刊专栏专题等形式，展示工人阶级的时代风采，营造“劳动光荣、创造伟大”的舆论氛围，扩大工会组织的社会影响。基层群众性文化体育活动内容丰富、形式活跃、精彩纷呈。“五一”举办全县职工拔河比赛、职工荣誉观演讲比赛、“安康杯”知识竞赛和女职工读书宣讲比赛等大型综合活动，规模大、规格高、参与广、影响深、效果好。

【和谐企业创建活动】 2016年，道县各基层工会把大力发展和谐劳动关系作为工作主线，开展劳动关系和谐企业创建活动，全县有30多家企事业单位参加，规模以上企业开展创建活动覆盖面达到96%，有5家企事业单位受到县委、政府表彰。推进与企业开展“共同约定”行动，开展“工资集体协商要约行动”。全县建工会企业的签订工资专项集体合同87份，覆盖职工1万多人；签订劳动合同327家，1.5万多人，劳动合同签订率90%。各基层工会推进厂务公开民主管理制度、职工董事职工监事制度建设，职工民主管理制度不断健全，覆盖面进一步扩大，民主管理质量进一步提升。全县有120多家企事业单位建立职代会制度，实行厂务公开工作的有100多家。其中，国有、集体非公企业单位建制率100%，事业单位建制率90%，非公有制企业建制率70%。

【维护职工权益】 2016年，道县总工会建立完善职工权益表达机制、维护机制和工会维权社会化协调机制，开展《中华人民共和国劳动合同法》《湖南省集体合同条例》等9个涉及职工切身利益的法律法规的宣传和督查工作，在企业改制中全程参与，职工合法权益得到维护。推进建立劳动合同、集体合同和工资集体协商制度、以职代会为基本形式的民主管理厂务公开制度，普遍建立职工劳动争议调解、劳动法律监督检查等工作机制，工会维权工作水平不断提高。高度重视劳动保护工作，以“安康杯”活动为主要抓手，普及安全健康知识教育，提高职工的安全意识。按照事故处理“四不放过”的原则，与县安监局、县人社局联合开展劳动保护监督检查和各类安全生产事故、重大交通事故的调查处理，维护职工的生命安全和健康。道县参加市总工会举办的“安康杯”知识竞赛，参赛单位数和职工数在全市名列前茅。基层工会法人资格的审查登记工作进一步加强，登记率80%。建立覆盖全县的职工法律援助工作站，全年调处各类劳动争议5件，调解成功率90%。

【帮扶困难职工】 2016年，道县总工会协助党政解决职工最关心、最直接、最现实的利益问题，使职工群众共享道县经济社会发展成果。统筹兼顾企业职工和困难职工、农民工等职工群体的不同需求，为党政分忧、为职工解难。“两节”送温暖、“农民工援助行动”“法律援助”“送清凉”等活动社会影响良好。职工医疗互助保险、女职工关爱资金广受职工好评，职工互助保障工作逐年上台阶。困难职工帮扶工作实现社会化、常态化、制度化，形成全覆盖长效机制，做到一般困难机制帮、突出困难重点帮、突发困难及时帮。推进职业培训、职业介绍和帮扶就业“三项工程”，免费培训下岗职工和失业人员600余人次、帮助3000多名就业困难群体人员实现再就业。全县全年用于送温暖、帮扶救助资金28万余元；救助困难劳模资金3万多元；筹资助学资金9.6万元，资助贫困家庭大学生33名。

【组建工作】　2016年，道县各级工会开展“广普查、深组建、全覆盖”集中建会行动，坚持党建与工建相结合、组建与规范相结合、提高与创新相结合，有效地推动基层组织建设迈上新台阶。以非公企业工会组建为重点，以发展农民工会员为增长点，通过宣传、下发工作流程图、召开现场推进会、工作座谈会、基层工会共建等举措，推进工会组织全覆盖工作。全县基层工会组织325家，工会组织涵盖法人单位327个，会员2.8万人。道县工会组织工作得到市总工会的好评。推进社区工会规范化建设，基层工会活力不断增强，作用发挥更加明显，大坪子社区和濂溪社区工会成为全县网格化管理和规范化建设试点单位，9个社区工会规范建设全面铺开。

【自身建设】　2016年，道县各基层工会深入开展学习实践科学发展观为主题的创先争优活动，坚持以党建带工建，着力加强自身建设。以工会系统“双走访、两扶贫”活动为契机，深入基层、深入职工，倾听民声、解决问题，在脱贫帮困的大背景下，确保全县企业和职工队伍的稳定。注重改进机关工作作风、完善各项规章制度，工会工作考核评价、教育培训和奖惩激励机制日趋完善，工会干部的积极性和创造性得到有效调动。全年举办培训班3期，培训工会干部500人次。

共　青　团

【概况】　2016年，道县有青年（14周岁～35周岁）360962人，其中共青团员6353人。有专职团干部26人，兼职团干部36人，基层团委50个，团总支68个，团支部72个。

【志愿服务活动】　2016年3月，共青团道县委员会以学雷锋月为契机，组织开展“雷锋家乡学雷锋”“3·12”大型义务植树、青少年法制宣讲走进道县等主题活动，2000余名青少年参加学雷锋月系列活动。

【拥军优属活动】　2016年9月2日，在纪念中国人民抗日战争暨世界反法西斯战争胜利71周年之际，共青团道县委员会联合县委统战部、县民政局、县人民医院和科茂林化有限公司等单位，深入道县部分乡镇（街道办）开展走访慰问抗战老兵活动。

【创建青年文明号】　2016年3月，共青团道县委员会以省、市青年文明号创建评选活动为契机，使全县的青年文明号创建活动得到不断深化和拓展。以窗口服务行业为重点，深入开展以倡导职业文明，提高服务质量和工作效率为主要内容的青年文明号创建活动。进一步扩大创建规模，增加创建数量，探索青年文明号创建及管理新机制，在巩固原有成果的基础上，进一步扩大青年文明号的覆盖面。发挥青年文明号的示范带头作用，进一步带动青年同志爱岗敬业、文明从业、优质服务、争创一流，展现道县青年的职业文明和积极向上的精神风貌。2016年，道县地税局办税服务大厅获得省级文明号称号。

【青少年思想道德建设】　2016年，共青团道县委员会组织开展“奋斗的青春最美丽”十八岁成人仪式、“我的中国梦”、美德少年评选等主题活动，激励同学们向上向善、奋发有为；在全县机关事业单位、乡镇场（街道）中举行“五四”红旗团委（团支部）、优秀团干/团员、最美少先队辅导员等网络投票活动，利用微信公众号进行推广，宣传报道道县优秀团组织、团员青年的优秀事迹，引领道县广大团员青年向榜样学习，在全县范围内形成一股良好的学习氛围，效果显著；以“6·26”国际禁毒日为契机，开展“‘扫除毒品危害、构建平安道州’千名志愿者在行动”大型禁毒宣讲活动，指导全县乡镇场（街道）团（工）委开展禁毒主题宣传教育活动，组织道县部分团员青年到道县禁毒教育基地参观学习，进一步了解毒品危害；以“12·4”国家宪法日、“12·5”国际志愿者日为契机，指导道县志愿者协会等社会组织，开展“讲道德、明是非、守纪律”集中教育活动。

【开展应届毕业生现场招聘活动】 2016年，共青团道县委员会在永州工贸学校组织开展应届毕业生现场招聘活动，联系道县30家企业现场与学子互动交流，约200名学子现场与企业签订就业合同，解决部分学子毕业就业需求。

【服务青年创新创业】 2016年，共青团道县委员会组织召开“五四”青年创新创业创优座谈会，下拨专项经费，用于开展基层共青团工作创新项目，12个基层项目围绕“三大建设”，内容涵盖全民阅读、关爱未成年人、志愿者服务、青年创业等，为服务道县中心工作，完善团的职能职责提供重要参考。

【青少年维权工作】 2016年，共青团道县委员会开展“青春自护·平安春节”等青少年自护教育、“12355阳光行动”活动，进一步提高广大青少年防护意识和心理承受能力；在全县各乡镇场（街道）开展法制宣传进校园活动，促进青少年知法、懂法、守法；推荐道县检察院公诉科申报省级“青少年维权岗”，更好地保护和挽救失足青少年。

【希望工程爱心事业】 2016年，共青团道县委员会通过“芙蓉学子”“加多宝爱心助学”“雨露计划”“国酒茅台”等大型公益助学活动，成功帮助200余名贫困学子解决近30万元学费，动员道县广大爱心人士，成功募集善款50余万元，现场为100名贫困大学生捐助，62名贫困学子获得爱心人士的长期结对帮扶。

【组织领导】 2016年，共青团道县委员会组织机关和基层团干部积极学习中央、省、市、县相关精神，引导广大团青干部进一步领会上级工作精神，明确工作方向。密切联系群众，投身扶贫攻坚，深入一线走访帮扶，了解贫困群众的实际困难，搜集资料制定相应帮扶对策，真正锤炼团员干部务实的工作作风。将1名干部送至北京大学培训学习、1名干部送至中共永州市委办公室跟班学习。

【基层团建】 2016年，共青团道县委员会构建扁平化管理模式，将全县乡镇场（街道）团组织按照东南西北中5个方向分成5个大板块，通过分组联系、片区座谈、微信互动等方式，做到横向联合全覆盖、高效沟通无障碍。探索“两新”组织团建，通过非公经济团工委的形式，组建两新团组织45家，把生产和建设一线的青年联合在团组织周围。在2016年半年党建考核中，共青团道县委员会始终坚持党建带团建这一工作要领，组织机关干部深入全县部分乡镇（街道）指导村（社区）团组织新建、换届工作，规范组织程序，严肃选举纪律，成功完成团建覆盖任务，农村团建覆盖率85%，其中西洲街道大坪子社区团支部作为道县先进团组织代表，上报至团省委参与全省社区团支部争先评优活动，成功创建为省级青年之家。

妇女联合会

【概况】 2016年，道县有15个乡镇妇联会，7个乡镇妇联会，73个县直科局和驻道单位妇委会，43个私营企业妇委会，326个村妇代会，43个社区妇联会，基层网络健全。全县各级妇联组织把联系和服务妇女儿童作为工作生命线，着力服务“三大建设”，工作取得明显成效。道县妇联获评湖南省妇联系统“宣传工作先进单位”、永州市妇联系统“目标考核先进单位”、道县绩效考核一类单位。

【城乡女性创业就业】 2016年，道县妇联组织女企业家积极开展活动，建立公众微信平台，创办《道县妇联》杂志，为女企业家提供展示、沟通、交流的平台。配合相关部门举办“春风行动”暨服务园区企业招聘周等活动。帮助1100名女性找到就业岗位。做好妇女小额担保贴息贷款工作，发放375笔小额担保贷款共计3043万元，扶持高校毕业生7人、妇女193人，带动就业400余人。举办家政、月嫂、育婴师、农技等妇女创业就业培训班9期，助推女性企业就业。道县旺发厚朴开发有限公司获评国家巾帼脱贫示范基地，道县玉田现代农业科技示范基地获评市级巾帼现代农业示范基地，道县地税局财务管理科获评市级巾帼文明岗。

【“三最”主题评选活动】 2016年，道县妇联按照集中教育活动要求，评选一批“最美家庭”“最美湘女”“最美创业”，通过寻、议、评、展、秀五个步骤在全县广泛开展寻找“最美家庭”“最美湘女”“最美创业”活动，县工商局王斗星等10户家庭被评为道县“最美家庭”，阿友传媒钟英等6名创业女性被评为道县“最美创业”，县公安局奉艳等5名女子被评为道县“最美湘女”，其中西洲街道陈艳春家庭被评为永州市“最美家庭”，县国税局熊众翎被评为永州市“最美湘女”，道县旺发厚朴开发责任公司李土青被评为永州市“最美创业”。与县纪委联合举办“好家风好家庭”评选活动，引领带动全县党员干部争创优良家风，争做廉洁家庭，形成“家家有家训、户户好家风”的良好氛围，实现以“家风”带“乡风”、以“家风”促“廉风”，营建修身自律、崇德向善、礼让宽容的道德风尚。

【贯彻实施《妇女儿童发展规划》】 2016年，道县妇联开展《道县妇女儿童发展规划（2016—2020年）》编制工作征求意见活动，为维护妇女儿童合法权益打好基础。

【维护妇女儿童合法权益】 2016年，道县各级妇联组织高度关注妇女弱势群体的利益诉求，热情接访，主动援助，积极化解矛盾纠纷。接待妇女群众来信来访54件，接听“12338”维权热线5件，有效处理率100%。婚姻家庭纠纷调解室调处婚姻纠纷7件，缓解家庭矛盾，维护社会稳定。

【关爱留守儿童】 2016年，道县妇联深入基层，上下联动，切实为广大儿童做好事办实事。各级妇女组织针对孤残儿童、农村留守儿童、贫困家庭儿童等特殊困境儿童群体实际，组织多种形式的关爱服务和救助帮扶。道县妇联承接湖南省“温暖微行动·彩虹行”项目启动仪式，为贫困学生发放书包文具200套；联系县文明办组织11家文明单位近30名志愿者到横岭瑶族乡留守儿童之家，陪同留守儿童庆祝“六一”儿童节，为留守儿童进行心理辅导，树立孩子们快乐成长的信心，通过趣味抢答方式普及文明礼仪知识，让孩子们争做文明小使者，爱心妈妈陪伴孩子们玩游戏，让孩子们感受亲情和节日快乐。

【关爱留守妇女】 2016年，道县妇联与从事家政的何小梅多次沟通、协商，最后达成共识与县人社局合作，对那些喜欢家政服务行业的下岗失业、无业妇女、留守妇女、农村贫困妇女进行免费家政培训，培训内容包括：家政服务、母婴护理、老年人护理、营养配餐等。举行培训班4期，培训学员600余人。

【实施妇女“两癌”免费检查】 2016年，道县妇联实施全国农村妇女“两癌”免费检查项目，完成宫颈癌检查3340人次，乳腺癌检查3430人次，发现乳腺癌5人，宫颈癌7人，实现早发现、早治疗。争取上级妇联的支持，为贫困“两癌”女争取救助资金18.2万元。

【妇联阵地建设】 2016年，道县妇联在佳成国际大酒店9楼建立道县妇女儿童培训基地，开展村（社区）示范妇女之家创建工作，创建2个县级示范“妇女之家”，2个市级示范“妇女之家”，1个省级示范“妇女之家”。43个民营企业成立妇委会，进一步延伸工作层面。实施基层妇联组织改革。根据省委组织部、省妇联联合下发的《关于坚持党建带妇建全面推进服务型基层妇联组织建设的意见》，道县妇联向县委组织部汇报并得到同意，成立改革领导小组，印发《道县基层妇联组织改革工作实施方案》，全县15个乡镇、7个街道的妇联组织全部完成换届工作，10个村（社区）完成妇代会改妇联的改革工作。

【宣传推介】 2016年，道县妇联加强与市县媒体联系，畅通与全国、省、市妇联信息报送渠道，宣传道县妇女工作和妇女先进典型，扩大妇女工作的影响力。全年在潇湘女性网上登载信息43条，《今日女报》报道3条，《永州日报》报道2次；出版《道县妇联》首刊杂志，有效宣传推介妇女工作。

文学艺术界联合会

【概况】 2016年，道县文联创建支部委员会，支部建设得到健全，各项文艺工作积极推进；配合宣传部开展纪念周敦颐诞辰1000周年主题活动；文艺创作倡导精品战略，扶持文艺新人，创作出许多正能量作品。

【文艺创作】 2016年，道县文联贯彻国家文艺精神，文艺创作与时俱进，涌现大量正能量作品。黄新姿创作的廉政电影剧本《爱廉说》完成拍摄并在全国上映；唐也创作的小小说集《路边的风景》出版发行；彭德源创作的书评《清者不朽》在《中国纪检监察报》发表；完成纪念周敦颐诞辰1000周年全国诗词大赛，全国各地近百人获奖（道县有6人获奖）；文联、作协编印会员作品《濂溪》1期，发表会员作品40余件；县诗词协会编印专辑作品1期，纪念全县文艺名家何家壬先生逝世一周年；同年，因摄影成绩突出，何上进、何江平两人获批加入中国摄影家协会；县文联、作协主办的微信公众号《濂溪文学》，累计发表县内外作者作品300多件；县中老年摄影家协会主办的微信公众号《醉美道州》累计发表会员作品上百件，举办微影赛6期。全年全县累计有100余件文艺作品在市级以上报刊杂志发表。

【协会活动】 2016年5月，县摄影家协会、书法家协会举办纪念周敦颐诞辰1000周年书画展；县音乐家协会、舞蹈家协会协助文体广新局成功举办纪念周敦颐诞辰1000周年文艺汇演。县戏曲家协会、京剧家协会累计下乡演出10多场次，活跃乡村文化生活。县文联、县作协在佳成大酒店组织举办黄新姿《大宋清官周敦颐》作品研讨会，市评论家协会多名评论家应邀参加研讨。

工商业联合会

【概况】 2016年，道县工商业联合会（简称道县工商联）按照第20次全国统战工作会议精神和《中共中央国务院关于加强和改进新形势下工商联工作的意见》的要求，团结凝聚引导广大非公有制经济人士，创业创新，科学和谐发展，为促进道县非公经济健康发展和非公经济人士健康成长，发挥积极作用。工作得到全国工商业联合会办公厅和省、市、县的肯定，自2015年被湖南省工商联评为县级“五好”工商联后，2016年5月，道县工商联又被中华全国工商业联合会办公厅确认为“2015年全国‘五好’县级工商联”。

【道县工商联（总商会）第十一届会员代表大会】 2016年5月20日，道县工商联（总商会）召开第11次会员代表大会，全县工商业届的165名代表参加会议。大会听取并审议通过道县工商联（总商会）第十届执行委员会所作的《新常态、新起点、新作为，努力开创工商联（总商会）工作新局面》的主题报告，选举产生道县工商联（总商会）第十一届执行委员会委员89名，黄敏当选为道县工商联（总商会）主席（会长），选举产生11名工商联副主席，13名总商会副会长，1名秘书长。

【促进非公经济人士健康成长】 2016年5月，道县工商联围绕促进“两个健康”，在全县非公有制经济组织党员中开展“学党章党规、学系列讲话，做合格党员”学习教育活动。明确学习教育的目标任务，聚焦突出问题，把握基本原则，把增强“四个意识”作为学习教育的根本要求，以党支部为基本单位，以“三会一课”等党的组织生活为基本形式，以落实党员教育管理制度为基本依托，突出正常教育，区分层次，针对非公经济组织业主和高管党员、中层骨干党员、普通一线党员等不同情况作出安排，把全面从严治党的要求落实到每个支部、每名党员。全县非公经济党组织86个支部、500余名党员参与学习教育活动。7月，道县工商联在道县工商联（总商会）班子成员、执委以上、直属会员单位负责人、全县行业商协会、异地商会的班子成员中开展“学系列讲话、学优良传统、助力建设美丽新道县”学习教育活动，深入学习习近平系列重要讲话，学习老一辈非公经济代表人士的优良传统，引导全县非公经济代表人士增强“三个自信”，传承优良传统，加强自身建设，助推“十三五”规划实施，为全面建成小康社会、建设美丽新道县作出贡献。

【促进非公经济健康发展】 2016年，道县工商联（总商会）多次组织召开道县人社局、农商行、建行、农行、工行等与企业交流座谈会，探讨解决融资难的新途径、新方法，为会员提供高效快捷的融资服务。7月6日，联合道县人民政府金融办、县农商银行召开政府、银行、企业合作洽谈会，道县各行各业76位民营企业家参加会议。与会人员根据道县当前经济发展特点，对银行如何在融资上支持民营企业发展，民营企业如何加强自我造血功能，政府在政策方面如何引导银企合作，达到共识。会后，办理产业信誉贷款便民卡30个（每个便民卡信誉贷款金额30万元~200万元不等）。9月27日，联合县人社局召开创业免息贷款推介会议，20名兼职副主席（副会长）和30余名各行各业非公经济代表人士参加会议。会后，办理两年无息贷款22个。同时，优化经济发展环境，加大政策宣传力度，着力解决信息不对称、政策不透明的问题。通过多种有效方式，帮助民营企业知晓政策、了解政策、用好政策。搭建法律维权服务平台，提升企业防范风险意识和能力。在非公企业开展法制宣传教育，进一步增强非公经济人士的法律意识和法律素质。聘请常年法律顾问刘恩洪律师为企业维权，当年为会员企业提供法律服务28人次。9月初，县委、县政府交办县工商联协调处理道县步步高矛盾纠纷事项，该纠纷涉及永州宏远房地产公司、步步高超市、新宜佳超市、道州商业广场业主委员会、200余名小业主五方，属重大矛盾纠纷隐患。从9月初至11月，集中时间、集中力量处理此事，聘请法律顾问，安排专门工作人员全天候值班，国庆节不休息。经过大量走访了解情况后，与西洲街道办事处、县商粮局、城南派出所等单位先后召开7次业主委员会、永州宏远房地产公司、步步高超市、新宜佳超市、小业主代表五方参与的协调会。11月12日，促使涉事五方签订协议，矛盾纠纷得到解决。加强与新闻媒体的合作，营造有利于非公经济健康发展和非公经济人士健康成长的社会舆论氛围。通过开展各种宣传教育活动，重点宣传道县非公经济人士在推进自主创新、构建和谐劳动关系、履行社会责任、展示会员风采等方面的先进经验和事迹，鼓舞广大民营企业坚定信心、跨越发展。2月27日，道县工商联组织农村贫困户人口近百人参加道县“精准扶贫”暨服务工业园企业招工现场会，有75人当场签订就业协议，70人进入企业务工。

【参政议政】 2016年，道县工商联（总商会）不断提升非公经济代表人士参政议政能力和水平，鼓励商会和企业家积极参与学术研讨、社会调研，撰写高质量的学术报告提交相关部门，为县委、政府当好“编外参谋”。引导工商联会员中的人大代表、政协委员和优秀企业家，就经济社会发展中的热点、难点问题，深入调研，并以议案、提案等形式提出意见和建议。重点开展“访民企、办实事、强信心”专题调研、新生代民营企业家队伍建设情况调研、民营企业参与“一带一路”建设和国际产能合作情况调研等。其中，《真访问、真宣讲、真办事——道县“访民企、办实事、强信心”专题调研报告》，反映各企业存在的实际困难和具体问题，针对性地提出解决思路和工作对策，为县委县政府决策提供参考。2016年是永州市第五届人民代表大会、政协永州市第五届委员会、道县第十七届人民代表大会、政协道县第九届委员会换届之年。道县工商联按照“五个好”（政治素质好、道德品行好、履职能力好、表率作用好、群众基础好）的标准，摸排非公经济代表人士90多人选送参与综合评价，在广泛听取群众意见、审查把关的基础上，召开主席办公会、党组会联席会议集体研究决定推荐提名。推荐提名非公经济人士永州市第五届人民代表大会代表初步候选人6名，政协永州市第五届委员会委员初步候选人3名，道县第十七届人民代表大会代表初步候选人6名，政协道县第九届委员会委员初步候选人20名。

【单位业务工作】 2016年9月至11月，道县工商联（总商会）历时两个多月，完成县委、县政府交办的化解步步高重大矛盾纠纷隐患任务。在经费十分困难的情况下，挤出部分资金扶持联系点新车镇石坝头村烤烟生产工作。新车镇石坝头村全年完成烤烟收购任务607担，超额完成县委、县政府交给的烤烟生产任务（县工商联驻新车镇石坝头村种植面积16.67公顷，收购烟叶担数600担）。

【综治、维稳、信访工作】 2016年，道县工商联（总商会）按照“党委领导、政府负责、社会协同、公众参与和民意情况”等5个方面的工作要求，对照《2015年度综治任务部门责任分工表》，认真落实，扎实推进新经济组织社会管理综合治理工作。工商联管理的新经济组织中，没有出现越级上访，也没有出现社会治安问题。没有出现吸毒现象。

【安全生产】 2016年，道县工商联（总商会）坚持“安全第一、预防为主、综合治理”的方针，狠抓安全生产基础工作，强化重点区域和行业的专项整治和管理，确保安全生产形势态势平稳。全年没有发生重特大安全生产事故，干部职工也没发生道路交通责任事故。

【计划生育】 2016年，道县工商联（总商会）领导高度重视，完善“一把手”运行机制，落实“齐抓共管”责任制，组织学习计划生育政策。

安排专项经费1万元，用于计生工作。引导非公经济代表人士在帮扶活动中优先于计生家庭户，优先比例高于20%；引导非公企业在用工时优先于计生家庭户，一些计生家庭户得到优先安排。

【党的建设】 2016年，道县工商联（总商会）党组书记周培序切实履行党建工作第一责任人职责，坚持带头谋划和推进基层党建工作，督促班子成员履行党建工作职责，落实领导联系点制度，不断加强基层党员队伍建设，着力夯实党建工作的基层基础。着重抓好领导班子和干部队伍建设、党的基层组织和党员队伍建设、群团组织和老干部工作、干部作风建设及反腐败等工作。道县工商联党组坚持标本兼治、综合治理、惩防并举、注重预防的方针，全面履行党章赋予的职责和任务。开展党风廉政建设和反腐败斗争，严格执行领导干部廉洁自律各项规定，规范领导干部从政行为，履行监督职能，为推进全县工商联系统的改革与发展，维护工商联系统的安定团结提供政治和纪律保证。加强组织领导，坚持“四个纳入”（将意识形态纳入议事日程、党建工作责任制、党的纪律监督检查范围、领导班子领导干部目标管理责任制），压紧压实主体责任。注重思想理论建设、阵地建设和管理，加强网络意识形态安全。

【三项优先】 2016年，道县工商联（总商会）在就业优先方面，组织农村贫困户人口参加道县工业园企业招工，为工业园区企业输送员工150余名。在生态优先方面，加强组织领导，落实责任，加强创卫管理，促进道县创国卫和创森工作。在教育优先方面，开展各种健康教育活动。

【统一战线】 2016年，道县工商联（总商会）继续推动非公有制经济发展的各项机制，组织开展非公有制经济人士理想信念教育，引导非公经济人士参与“万企帮万村”和精准扶贫工作，引导非公经济人士实施关爱留守儿童“暖阳工程”，组织开展“访民企、办实事、强信心”活动，引导非公经济人士促进大众创业、万众创新工作，做好非公经济人士评价工作，进一步加强非公有制企业党组织建设，进一步完善基层商会组织建设。

【基层组织建设】 2016年，道县工商联（总商会）强化基层组织建设，筹备成立两个异地商会，不断扩大会员覆盖面、优化会员结构；继续完善全国“五好”县级工商联建设，争取县委政府重视，解决好制约基层商会发展的实际问题。开展“两学一做”学习教育活动，完善和坚持党风廉政各项制度，构建具有工商联特点的党风廉政建设和反腐败工作机制，加强机关干部队伍建设。综合党委基层党建工作成效显著，“三会一课”、党费收缴等基础工作扎实推进，针对商会党员流动大的特点，建立道县工商联党员交流微信群，凝聚党员向心力。

【光彩事业】 2016年，道县工商联（总商会）开展“民企联村、共同发展”活动，引导湘浩油茶等10家非公企业与村结对帮扶，为村里修建公路、捐资助学、发展生产，使村民增收。有两家企业被列入省级“万企联村、共同发展”重点项目，3家企业被列入市级“千企联村、共同发展”重点项目、10家企业被列入县级“百企联村、共同发展”重点项目。结合“两学一做”“两学一助”学习教育活动，带领全县广大非公经济人士参与光彩事业等社会公益活动。6月8日，道县政协副主席、县工商联（总商会）主席（会长）黄敏带领县工商联（总商会）兼职副主席、副会长一行20余人，到大坪铺农场小学开展“爱心助学助教”光彩事业活动，看望并资助长期坚守在边远山区教育第一战线的困难教师和品学兼优、家庭困难的学生，资助困难教师6名，贫困学生11名，资助资金1.02万元。8月26日，道县工商联（总商会）组织会员企业湘喜门业、华康医院、好老婆衣柜专卖店在湖南省廉政教育基地、濂溪故里道县清塘镇楼田村开展捐助扶困和义诊活动，资助困难家庭12户，资助资金8000元，捐助物资价值2400元，义诊116人次。

【精准扶贫】 2016年6月28日，道县工商联（总商会）组织20多名非公经济人士到藕塘村，对10户贫困家庭进行慰问走访，送去慰问物资，每个走访的党员和非公经济人士与贫困户建立结对帮扶联系。道县工商联（总商会）所有执委以上与全县95户贫困户结成帮扶对子。3月份以来，按照“万企帮万村”精准扶贫行动要求，编制《道县“万企帮万村”精准扶贫实施方案》，以民营企业为帮扶方，以建档立卡贫困村为帮扶对象，以签约结对、村企联建为活动载体，以项目投资、产业开发为主要形式，探索“龙头企业+基地+农户”“合作社+农户”等各种扶贫带动模式。有86个企业与63个省定贫困村结对帮扶，实现精准扶贫工作全覆盖。带动建档立卡贫困户8276户，带动贫困人口27592人。在祥林铺镇藕塘村（省定扶贫村），投入9万元完善村级活动室；筹资3万元用于村里创卫工作和美丽乡村工作；筹集2万元资金，并到县交通局立项，争取项目资金近30万元，修建一座宽5米、长30米的标准化大桥。12月，县政协副主席、工商联（总商会）主席（会长）黄敏带领藕塘村50多位农户前往金丰农业有限公司考察学习瓜蒌种植项目，瓜蒌项目列入村级2017年产业发展规划。

【创建全国“五好”县级工商联】 2016年，县工商联将创建全国“五好”县级工商联作为新形势下工商联工作的战略之举，按照”建一流队伍、创一流业绩、树一流形象”的创建理念，全面开展全国“五好”县级工商联的申报工作。县委出台文件《关于加强和改进新形势下道县工商联工作的实施意见》。县委、县政府主要领导重视工商联工作，主动听取工作汇报，主动参加工商联的重要活动，帮助协调解决工商联工作中的实际困难和问题。县委由县委常委、县委统战部部长义洁，政府由分管招商引资的副县长陈丽萍分管、联系工商联工作，加强对工商联工作的领导。县工商联按照确保质量、优化结构的要求，发展一批优秀非公有制企业和非公有制经济人士加入到工商联组织中来。建立街镇商会27个，行业商会4个，异地商会3个，累计发展会员2014个。基层、行业异地商会蓬勃发展，强强联手、资源共享、信息互通、相携成长，形成良好商会文化。同时，坚持建设与提高并举，抓好制度化、规范化建设，建立非公有制经济代表人士数据库档案，全面推行对县工商联执委、基层商会会长的教育培训，指导基层商会搞好换届工作，实现基层组织新老班子的交替，增强基层组织的活力和吸引力。工商联（总商会）网站运行良好。

残疾人联合会

【概况】 2016年，道县残疾人联合会全面落实“以残疾人为本、为残疾人解困、为残疾人服务”的工作宗旨，开展残疾人康复、教育就业、宣传文体、就业扶贫和信访维权等系列工作，推进残疾人全面小康进程，为广大残疾人谋求福祉。

【康复工作】 2016年，道县残疾人联合会积极争资跑项，申报的残疾人康复中心建设项目被列入2016年中央预算内投资计划；完成湖南省重点民生实事项目指标，输送21名脑瘫等类型的贫困残疾儿童接受抢救性康复；开展辅具捐赠和适配，为152名贫困残疾人捐赠轮椅，适配彩金项目辅具102件，免费为贫困残疾人安装小腿假肢16例，矫形器10

例，彩票公益金智力残疾儿童康复救助10名，助医行动筛查白内障患者进行手术45例；组织开展杏林春雨活动，被农工党中央授予先进称号（奖牌）；落实精神病住院和服药补贴，救助贫困精神残疾服药患者40名，住院患者9名，金额6.4万元。

【教育就业】 2016年，道县残疾人联合会加大宣传力度，在道县电视台发布灰字广告进行宣传残疾学生和残疾人子女就读高中、大学的一些优惠政策，对20名残疾学生和残疾人家庭的子女进行救助；输送2名残疾学生到湖南省特教学校深造；继续安排残疾人公益性岗位55个，审核全县220多个行政及企事业单位按比例安排残疾人就业情况；残保金征收也予以规范，实行财政代扣和地税代征。

【扶贫攻坚】 2016年，道县残疾人联合会根据中央、省、市和县委政府精准扶贫的要求，对照行业职责，进一步落实残疾人精准扶贫支持计划，积极开展残疾人就业援助、残疾人教育培训、创业扶持和扶贫基地等系列工作；实施残联系统的“连千村帮万户”工程，结对1个贫困村（白芒铺镇洞仂口村）和16户贫困残疾人，帮助贫困残疾人家庭实现脱贫；实施两项补贴，助力残疾人家庭兜底。7月，出台残疾人两项补贴实施办法，明确负责股室，协助县民政局做好两项补贴制度的宣传、审核等工作。

【处理信访维权事件】 2016年，道县残疾人联合会开展残疾人维权工作，信访维权事件处理及时得当，确保全县残疾人群体的稳定。接待残疾人信访102人次，提供咨询53人次，及时处理残疾人网上咨询1件（县长信箱），回复省残联信访件1件，为残疾人办理诉讼案件8件。同时，县残联维权股按照省、市残联的安排，为30户贫困残疾人家庭实施无障碍设施改造，为187名残疾人发放机动车燃油补贴。

【宣传文体活动】 2016年，道县残疾人联合会将宣传报道作为考核各股室的重要内容，要求每个干部职工都要加强写作学习，参与宣传、报道，纳入年终绩效考核；组织力量及时更新在县政府的部门政务信息，畅通与残疾人交流的平台；助残日各类活动宣传也深入人心。助残日期间，除为贫困残疾人捐赠轮椅外，围绕活动主题走访全县的孤残儿童和贫困残疾人50余名，让他们进一步感受到党和政府的温暖和关怀。同时挖掘残疾人创业自强不息和社会扶残先进典型，在全县进行广泛宣传，营造助残扶残的浓厚氛围；组织残疾儿童参加市残联举办的全市第三届残疾少儿艺术基本功及形体比赛等。

【机关内部建设】 2016年，道县残疾人联合会针对2015年工作和管理中的不足，为鞭策和促进工作，理事会重新规划工作蓝图，调整各股室人员，采取定人、定岗、定责、定效措施，不断完善绩效考核目标管理责任制，调动全体干部职工工作的主动性和积极性。同时，开展“两学一做”教育，不断加强党组织凝聚力，促使党员增强“四个意识”，在本职岗位上发挥先锋模范作用。

科学技术协会

【概况】 道县科学技术协会（简称道县科协）的前身是成立于1956年的道县科普协会。2016年，道县有27个乡镇场（街道）科协，16个县级学（协）会。道县科学技术协会立足本职工作，围绕全县经济和社会发展的需要，发挥科普工作主力军的作用，全面提升科普服务能力，取得良好成效。

【巩固全国科普示范县创建成果】 道县是“2011—2015年度全国科普示范县”。2015年

5月，道县被湖南省科协批准为“2016—2020年度全国科普示范县”（第二批）创建单位。道县科协履行全民科学素质工作领导小组办公室职责，起草制定《道县2016—2020年科普工作规划》《道县2016—2020年特色科普示范重点项目方案》等，牵头组织召开全民科学素质领导小组成员单位会议，制定《道县全民科学素质工作实施方案》，落实各成员单位的任务和职责。

【青少年科技创新】 2016年年初，道县科协联合道县教育局举办道县第21届青少年科技创新大赛，评选出一等奖20件、二等奖15件、三等奖24件，并精选部分优秀作品参加永州市、湖南省青少年科技创新大赛。4月下旬，道县科学技术协会组织敦颐学校冯远廉等5名优秀青少年科技辅导老师到湖南邵东一中参加第37届湖南省青少年科技创新大赛观摩。7月，组织道县一中的6名优秀学生报名参加由湖南省科协、湖南省教育厅举办的2016年青少年科学营湖南营活动。8月，选派两名工作人员到上海观摩第31届全国青少年科技创新大赛。

【中国流动科技馆道县巡展活动】 2016年9月28日—11月27日，中国流动科技馆道县站巡展活动在道县一中展出。巡展项目主要包括展示区、互动区、科普影视区、科普大篷车，展品共有50余件，包括“声光体验”“电磁探秘”“运动旋律”“数学魅力”“健康生活”“安全生活”“数学生活”“科学表演”等八大主题和“球幕影院”。活动免费向全县青少年及社会公众开放两个月，巡展活动有54219人次参观，其中，青少年学生45182人次，社会公众9037人次。

【实施“基层科普行动计划”】 2016年，道县科协加强对农技协、科普基地和示范户的建设和联络工作，引导农村农技协、科普基地和示范户开展“基层科普行动计划”，道县绿源杨梅种植协会被湖南省科协、湖南省财政厅授为“湖南省基层科普行动计划先进集体”。同时，拿出9万余元资金，对爱农脐橙基地、杨梅协会等农技协、示范基地和示范户予以重点扶持培育，发挥其示范引导、辐射带动作用。

【科技下乡】 2016年，道县科协组织、配合各涉农部门举办各级各类科技培训22期，其中现场培训和现场指导18次，编印发放各类科普培训资料1万余份（册）。与道县科技局、农业局、畜牧水产局、农机局、林业局等部门联合组织12名科技专家或技术人员、出动6台科普宣传车，深入各乡镇及部分村组（社区），通过科普讲座、技术示范、发送资料、产品展出等形式，向农民面对面传授农业新技术、推广新产品。

【“科技活动周”】 2016年5月中旬“科技活动周”期间，道县科协组织科技人员深入清塘集市、白芒铺集市等地开展科普宣传活动，免费向现场的群众发放科普宣传挂图200余幅、科普宣传资料8000余册（份）。同时，在宣传媒体开辟科普宣传栏、科技活动周专栏，悬挂宣传标语，宣传科普知识，展示科技进步、科技创新优秀成果。

【“全国科普日”活动】 2016年9月24—30日，道县举办全国科普日活动。9月28日上午，道县科协牵头与县老科协及县《全民科学素质行动计划纲要》领导小组成员单位联合在道县一中举行中国流动科技馆湖南道县站巡展活动暨“全国科普日”活动启动仪式，随后，在敦颐广场开展科普一条街及科普咨询、义诊、发放资料等科普服务活动。活动期间，县科协联合县老科协及县全民科学素质领导小组相关成员单位组织科技专家和技术人员深入寿雁、祥霖铺等乡镇巡回开展“全国科普日”科普宣传活动。利用科普咨询、发放资料和图片、义诊服务、科普讲座等形式，向农民群众讲解科普惠农新政策及如何做好产业发展带动农民致富、促进农业增产增收，向公众免费发放科普宣传资料和挂图1.5万余册（份），接受群众咨询800余人次，义诊服务2500余人次，免费发放药品药具11.2万元，受益群众4万人。12月19日，道县科协被湖南省科协评为“2016年湖南省全国科普日优秀组织单位”。

【精准扶贫】 2016年，道县科协与县农开办精准扶贫工作队驻点清塘镇小月田村。道县科协成立以主席为组长的精准扶贫工作领导小组，指派1名素质高，业务精的科协办公室主任担任驻村工作队长，并学习和发下县委政府关于驻村帮扶的一系列文件和相关政策措施。班子成员也多次深入扶贫村进行调研和蹲点，通过摸清帮扶村村情，分村逐户建立基本情况数据库，并按照“规划到村、帮扶到户、责任到人”的总体思路，精心编制《驻村帮扶工作考核办法》《小月田村精准扶贫2016年工作计划》。道县科协扶贫工作队为了发展农村经济，帮助农户脱贫致富，按照“一村多业”的产业发展思路，通过能人引领、合作社带动，帮助贫困村发展产业，示范带动贫困户脱贫致富。

综合经济管理

发展和改革

【概况】 2016年5月，县物价局并入县发展和改革委员会。县发改委有正式干部职工67人，内设办公室、综合规划和社会发展股、法规股、固定资产投资股、农村经济股、工交服务业股、能源股、资源节约和环境保护股、重大项目稽察股、价格管理股等10个股(室)，以及价格监督检查局、经济信息中心、重点建设工程领导小组办公室、价格认证中心、价格监测中心等5个归口管理单位。县发改委紧紧围绕县委、县政府的总体部署，牢固树立新思维，着力引领新常态，主动把握新机遇，奋勇担当新使命，以干在实处、走在前列的精神，全面落实各项考核任务。由县发改委牵头的重点项目工作排名全市第一名，农网改造升级工作排名全市第二名，道县被评为“全市重大项目建设先进县”“全市农网改造升级工作先进县”，县发改委获得全省“价格监测先进单位”，全县“综合考核先进单位”“项目建设优质服务明星单位”“优化经济环境和机关效能建设满意单位”“争资争项先进单位”“党建工作先进单位”“党风廉政建设先进单位”等19项称号。

【重大战略谋划与体制改革】 2016年，县发改委完成《道县国民经济和社会发展第十三个五年规划纲要》编制，通过县政府常务会议、县委常委会议审议，由道县第16届人民代表大会第四次会议批准实施。成功申报国家重点生态功能区新增转移支付县、国家级返乡创业试点县；全面探索加快市场化改革促进民间民间投资发展、政府投资项目放开领域等投资体制改革路径；报批出台政府投资项目绩效评价管理等重大文件。全面启动公务用车制度改革，结合道县实际编制《道县公务用车制度改革总体方案》和《道县公务用车制度改革领导小组实施方案》。及时成立道县公务用车管理服务中心，负责对保留的机要通信、应急用车、调研用车、指挥部用车全部纳入平台，对全县取消的公务用车全部封存，实行集中管理、集中调度。敏锐把握上级重大政策动态，深入调研县域经济运行关键点、新业态、总趋势，高质量完成每季度经济形势分析，为县委、县政府提供有价值的参考。编制国民经济和社会发展年度计划及重大专项计划，坚持半年、年度制定和报告计划执行情况，确保主要指标平稳增长。

【政府投资管理】 2016年，县发改委建立县“十三五”重大项目库，策划4大类14小类375个项目，总投资2133亿元；围绕国家投资重点，做好项目筛选包装、申报审批及项目前期工作，及时更新完善国家重大建设项目库项目储备，编制投资项目3年滚动计划，做好项目前期工作。国家重大建设项目库收录项目313个，总投资671亿元；编制3年滚动计划项目296个，总投资627亿元。会同县扶贫办编制贫困村基础设施和公共服务设施突出问题3年行动计划；组织策划并成功争取2016年保障性安居工程及小区外配套基础设施项目中央资金5525万元，为历史最高水平。全县实施市级重点项目22个，其中新建项目18个，续建项目4个，全年完成投资35.53亿元，占计划的136.6%，重点项目建设呈现出高开高走、大引大建的良好态势。道县龙威盛科技项目、道县濂溪文化园建设项目、道县宏发创新创业园建设项目等重大项目获得上级领导高度肯定，龙威盛科技项目获市重大先进项目奖。

【产业发展】 2016年，县发改委向上争取各类资金16139.3万元，向上争资创历史新高。会同相关部门克服重重困难，获得全国重点生态功能区的中央财政转移支付，每年的转移支付将从3300万元提高到1亿元，使全县可用财力得到较大增强。在国家级返乡创业试点县申报争取中，主动加强与上级发改部门对接，变不可能为可能，成功使道县列入省发改委向国家发改委申报的7个县区名单，并通过国家发改委审核。重点从加强园区资源整合、服务平台建设、服务能力建设、返乡创业产业体系建设、智能电商物流仓储设施建设等5个方面开展试点工作，加快创业园区道路、电力、供水、标准厂房、垃圾处理、电信等基础设施建设。

【“两型社会”建设】 2016年，县发改委开展生态文明建设工作，推进节能环保项目建设，淘汰落后产能，严控节能总量，年度单位GDP能耗下降8.1%。推动农村学校校舍改造工程、基层医疗卫生服务体系、文化和自然遗产保护设施、养老服务等社会事业项目。保障性安居工程配套基础设施、向阳水闸、湘源锡矿国有工矿棚户区改造、污水管网（二期）、农网改造升级工程、新增粮食产能田间工程等项目共获得中央和省级财政资金1亿多元。

【行政审批服务】 2016年，县发改委进一步加大行政审批制度改革，按照“两集中、两到位”要求，所有行政审批都集中办理，编制《固定资产投资项目在线审批办事指南》，开通固定资产投资项目在线监管平台，所有投资项目都通过在线平台进行审批，项目单位或法人组织通过互联网访问在线平台进行项目立项申报，项目申报成功后，由发改委在线确认，并向联审部门发起联审事项，减少审批环节、优化审批程序、实行限时办理。县发改委从项目申报到项目办结进行全程跟踪服务，对不会使用在线监管平台的申请人，实行全程代办，真正做到“一站式审批、一条龙服务”。全年办理固定资产投资项目95个，估算总投资110亿元。

【能源建设管理】 2016年，县发改委围绕“开发新能源，节约现有能源”为主题开展工作，在新常态下，牵头引进三峡新能源、中国风电集团、湖南特变电工、中国华电、北京宣力等5家风电建设企业，洪塘营风电一期、二期，审章塘风电一期、二期，桥头、月岩风电等6个风电项目获得省发改委核准通过，计划投资约35亿元。推进农网改造工作成效显著，全年累计完成投资7270万元，占计划的117.2%，全县实施农网改造的行政村上升到81.5%。通过实施农网改造升级工程，有效缓解全县农村低电压和供电卡脖子问题，降低综合线损，促进农电整体素质大幅提升，对脱贫攻坚工程产生支撑作用。

【公共资源交易管理】 2016年，县发改委严格按照招投标的相关法律法规，简化核准审批手续，采用项目招标备案及时办结制，提高招投标核准审批效率。取消现场报名，对所有项目实行网上报名，杜绝暗箱操作；加大对投标人的资质审查力度，对不符合投标文件中规定的投标人、有违法违规的坚决清除；加强对招投标过程的监管，由多部门共同对招投标过程进行现场动态管理，防止作弊；加大稽查和惩处力度，对“先动后招”、资质挂靠、转包和违法分包等行为进行重点打击。全年核准审查招标的国有资金投资项目 96 件，招标率 100%，进场率 100%。

【价格监督检查】 2016 年，县发改委深入开展执法、监管、公共服务等窗口行业和领域收费专项督查，督促各收费单位开展自查自纠，重点规范市场经济秩序，优化经济发展环境，全面推行价格和收费公示制度。加强公路客运票价监管，给营运车辆统一制作明码标价牌（表），在春节、清明、“五一”、端午、中秋、国庆等大型节假日期间，实行“进驻式”工作方法，每日在车站场对上下车的乘客进行抽查询问，确保市场稳定。开展教育收费督查，向学生家长发放收费“明白卡”，维护广大学子的合法权益，营造良好的价费环境。要求县级公立医院严格执行医疗服务收费政策，按照“日清单”的收费模式，从源头上减少群众不清楚、不明白的医疗费用。发挥“12358”价格监督举报电话的作用，简化举报办案环节，提高执法效率，做到时间上不拖延，处理上不手软，树立“事事有回音，件件有落实”的优良口碑。

【价格管理】 2016 年，县发改委统一取消许可证制度，并停止收费许可证年度检审工作，建立“服务价格收费标准核定表”制度，放开非保障性住房物业服务和住宅小区停车服务收费等，进一步推动市场决定价格、政府重点监管价格行为的管理机制。全面梳理涉企收费项目和优惠政策，公布涉企 3 项收费清单，减轻企业负担。重点解决群众所关心的价格问题，取消征收价格调节基金。

【价格认证】 2016 年，县发改委完成各类价格鉴证、认定、评估 239 件，涉及金额 770 万元。协调处理县域内重大突发案件，如综合物流园路网工程、盛鼎沙场被阻工、香格里拉有限公司被砸损、仙子脚镇神仙头村门牌楼被推毁等案件，化解企业与群众矛盾，服务重大项目工程建设。服务司法、赋税公平公正，规范国有资产处置，为司法机关、行政机关科学办案提供价格指导和依据，解决社会价格矛盾纠纷，有效维护双方当事人的合法权益。

【价格监测】 2016 年，县发改委加强价格监测预警，通过各种办法巩固建立采价点 7 个。从采价、记录、调查，到整理、登记、计算、审核、分析、上报各个程序，分阶段把工作流程明确到人，增加数据的可靠性；深入调查一些农户和企业相关生产、经营情况，注意捕捉市场出现的倾向性，苗头性问题，经常上网查看外地信息资料，收集报刊杂志资料；每日到县内大型超市、农贸市场对粮油、肉禽蛋、水产品等生活必需品价格进行市场巡查，定期对农资、食料等生产要素的价格进行监测，确保市场价格的基本稳定，为上级价格宏观调控和县领导经济决策提供参考依据。

审　　计

【概况】 2016 年，道县审计局（以下简称县审计局）有干部职工 23 人。其中中级及以上专业技术职称人员 10 人。根据道政办发【2016】69 号文件精神，设有办公室经济责任审计室、财政金融审计股、行政事业审计股、固定资产投资审计股、经贸审计股、法规股、计划执行股。下设事业单位道县基层事业单位审计室。纪检（监察）机构和机关党组织及群团组织按有关规定设置，人员编制在机关行政编制总额内单列。全年完成审计项目 38 个，审计期间查出主要问题金额 37411 万元（其中违规金额 286 万元，管理不规范金额 37125 万元），政府投资工程送审金额 8200 万元，核减政府投资工程造价 350 万元，提出审计建议 98 条。

【审计质量】 2016年，县审计局深入贯彻中共十八大和十八届历次全会精神及县委、县政府的决策部署，依法履行审计职责，加大审计力度，创新审计方式，提高审计效率，在稳增长、促改革、调结构、惠民生、防风险等政策措施落实情况以及公共资金、国有资源、资产、领导干部经济责任履行情况进行审计，实现审计监督全覆盖，做到应审尽审、凡审必严、严肃问责。为节约审计成本，提高有限审计资源的利用效益，局党组精心整合审计力量，安排各级审计项目少而精，在实施审计过程中，要求对每个项目审深审透，对查出的问题要求处理处罚到位，突出抓好审计整改落实，对“三公”经费，专项资金、领导干部经济责任审计要求每个审计组必须在审计网站上公示两个以上审计结果，经过依法公示后引起县委、县政府和被审计单位的重视，群众也逐步了解审计、关注审计，审计部门的威信逐步提高。

【审计移送】 2016年，县审计机关加大反腐倡廉工作力度，向纪委监察机关移送案件1个，发现问题两个，审计“经济卫士”的作用进一步彰显。

【廉洁从审】 2016年，县审计局遵循廉洁从审的原则，严格按照“审计八不准”纪律要求开展审计，实行“阳光审计”，得到被审单位的一致好评，县审计局获得党风廉政建设和反腐败工作先进单位称号，局党支部被县委县政府授予“先进基层党组织”称号。道县审计局党组成立由局党组书记任组长，党组副书记任常务副组长，其他党组成员为成员的“两学一做”学习教育领导小组，并明确工作职责，将审计工作与“两学一做”活动结合起来，层层抓落实。2016年下半年，局纪检组组织廉政回访，在县党风政风测评中获得测评人员高度肯定。

【队伍建设】 2016年，县审计局党组针对审计队伍现状，把加强队伍建设放在首位。强化理论学习，坚持每月进行一次理论学习。开展“大学习、大讨论”，邀请县委党校专家给全体干部职工上党课，组织专题讨论。通过开展一系列的学习活动，有效地提升队伍整体素质，增强法律监督能力。强化思想教育，学习习近平一系列讲话、指示、批示，组织学习《审计人员职业道德规范》《审计人员八不准》、中央“八项规定”、省院《六个严禁》、省委“九项规定”、市委“十条规定”、县委“十条规定”和廉洁准则的要求。贯彻落实《公民道德建设实施纲要》《审计人员职业道德规范》，倡导健康向上的生活方式，在全局干部职工和家属中形成敬业奉献、团结友善、讲文明、讲礼貌、乐于助人、尊老爱幼的良好风气。强化业务培训，通过省审计厅“送教上门”、电视电话培训等方式促进干部职工审计理论知识的提高；开展计算机审计业务培训、审计档案评比、审计信息写作等岗位学习、岗位练兵、岗位比武活动，引导审计人员树立学习工作化，工作学习化理念，使审计业务能力得到整体提升。

【精准扶贫】 2016年，县审计局全体干部职工深入扶贫点蚣坝镇许家村开展精准扶贫中心工作，全局结对帮扶31户，因人施策，落实帮扶措施，并且经常联系，走访慰问，帮助解决实际困难，全年发放慰问金2万元，同时，全年给予村里帮扶资金10万多元，帮助修筑水泥路面2.2千米。帮助村里筹集资金40多万元，修建村委办公室。2016年度预脱贫群众全部实现脱贫。

统　　计

【概况】 2016年，县统计局有干部职工17人，内设办公室（加挂“政策法规股”“道县统计稽查办公室”牌子）、综合核算和社会发展统计股、工业和能源统计股、固定资产投资统计股4个股（室），下设道县社会经济调查队（副科级）、道县电子计算站（正股级）、道县绩效评估民调中心（正股级）3个二级机构。全年，围绕市对县绩效考核和政府工作报告确定目标，加大数据解读力度和分类业务指导，按月度、季度、年报提前做好主要经济指标预警，确保考核指标在全市争先进位；做好城市文明“五城联创”数据测评和市对县绩效考核民意调查相关工作，多方争取省、市民调中心工作支持，确保道县重点领域民调满意度提升；协调指导县直相关部门规范开展全面建成小康社会指标统计监测工作；组织全县第三次全国农业普查试点和清查摸底工作，为正式普查登记奠定良好基础。2016年，道县获得全市绩效评估优秀等级、全面建成小康社会工作先进县区、全市统计工作综合评比三等奖等荣誉。

【统计基础】 2016年，县统计局继续加强对基层单位统计人员的培训与指导，不断提升基层单位统计报表网上直报数据质量。先后12次召集县直相关部门、企业单位统计人员业务商讨会，协调统计联网直报工作，全县近120家“四上”企业及房地产开发经营企业完成2015年年报和2016年月（季）报联网直报工作，企业统计联网直报率100%。继续做好基本单位名录库维护更新工作。加大“四上”企业新增入统工作力度，全年增加入统“四上”企业35家，5000万元以上投资项目增加入统17家。

【统计服务】 2016年，道县统计服务工作主要体现在服务重大建设项目、服务社会需求和领导决策方面。县统计局深入园区、企业、乡镇场（街道）进行工作调研，获取第一手资料，撰写工作调研报告17篇；全年接待来电来访统计咨询70余人次，提供统计服务信息800余条。做好县域行政区划调整的统计数据监测和城乡区划变动划分统计工作。做好城市文明“五城联创”数据测评等相关民意调查工作的对接与跟踪监测，服务新型城镇化建设。编印《道县统计年鉴》，发布《道县2016年国民经济和社会发展统计公报》；编印月度、季度《道县主要经济指标预计完成情况》及《永州市各县区主要经济指标完成情况》呈送县党政领导，为县委、县政府工作决策提供数据支撑，较好地发挥参谋助手作用；以“统计服务民生”为主题，举办统计开放日活动，开展统计进学校、进机关、进社区、进园区“四进”活动，促进社会各界人士知晓统计工作，运用统计工作成果。

【统计队伍建设】 2016年，县统计局以思想政治建设、党风廉政建设为重点，全面提高干部队伍素质，全面改进工作作风。开展“争先创优”活动，采取定期、不定期以及“走出去、请进来”等多种方式组织统计人员参加各类会议和培训，参训人员300余人次；输送局内6人次参加国家、省、市举办的统计业务及技能培训提升班学习，着力提高统计队伍的专业水平和综合素质。建立财务管理制度，落实中央“八项规定”，严格管控“三公”经费。开展“两学一做”活动，做到“学习时间、学习内容、学习人员、学习效果”4个落实。按照“对标找差、创先争优”的要求，解决机关党员干部在思想作风、工作作风、生活作风以及学风等方面存在的突出问题，以党风带政风促民风，着力塑造现代服务型统计校报形象。

【统计执法】 2016年，县统计局继续加强统计法律、法规的宣传力度。利用互联网、短信、年报会议、业务培训、继续教育与从业资格培训会议等方式进行宣传，使《中华人民共和国统计法》和《统计违法违纪行为处分规定》群众知晓率提升；开展“9·20”统计开放日和“12·4”法制宣传活动，通过设置宣传版、散发宣传单等方式开展宣传，取得良好的宣传效果。开展统计执法检查和统计违法案件的查处工作。年初，制定统计执法大检查工作实施方案，成立以局长为组长，副局长、纪检组长为副组长，法规股等相关股室长为成员的执法检查工作领导小组，按照省、市要求，对全县各乡镇场（街道）、企事业单位开展统计执法检查，以此为契机，进行统计普法宣传，对拒报、迟报、提供不真实或者不完整统计资料的违法行为，依法严肃查处，全年统计执法检查单位12家。

食品药品工商质量监督管理

【概况】 2016年，道县食品药品工商质量监督管理局由原道县工商行政管理局、道县食品药品监督管理局、道县质量技术监督局合并组建而成，加挂“道县食品药品安全委员会办公室”牌子，于2016年5月3日挂牌运行。道县食品药品工商质量监督管理局下设17个食品药品工商质量监督管理所，机关内设机构17个，直属事业单位5个有干部职工257人，其中在职181人，退休76人。面对改革调整、职能转变、监管转型等一系列改革发展任务，道县食品药品工商质量监督管理局以“三局合一”为契机，整合职能，融合队伍，真抓实干，忠诚履职，各项工作齐头并进、亮点纷呈。2016年，道县食品药品工商质量监督管理局获得全省商事制度改革工作成绩突出单位、全省依法办事示范窗口单位、县文明单位、全县人口和计划生育综合治理工作先进单位、全县平安单位等县级以上各类称号16项。

【商事制度改革】 2016年，道县食品药品工商质量监督管理局，立足登记审批、品牌培育、质量管理等部门职能，深入推进商事制度改革，有效激发市场活力。全年，新登记市场主体3180户，新增注册资本（金）15.52亿元。全县市场主体总量突破1.5万户，达15262户，比2015年增长26.3%，注册资本（金）总额86.76亿元，比2015年增长21.79%。指导6家企业通过ISO 9000质量体系认证，指导企业申请商标注册161件。全县有16家企业通过ISO 9000质量体系认证，有效注册商标610件，创建湖南名牌1个、永州名牌3个、湖南省著名商标7件、永州市知名商标1件、市“质量强市”特色企业1家，发展电子商务主体1141户。“道州脐橙”获准注册地理标志证明商标，结束道县没有地理标志证明商标的历史。

【维护食品、药品、特设“三大安全”】 2016年，道县食品药品工商质量监督管理局坚持严字当头，维护食品、药品、特设“三大安全”，全县食品药品安全和特设安全形势总体稳定向好，没有发生重大食品药械和特设安全事故。道县在全市食品药品公众满意度民意调查中名列第一名。全年检查食品经营户1.64万余户次，抽检各类食品353批次，快检1980批次，查获“问题”食品3800千克，查处食品药品违法案件130起。联合公安部门捣毁两个制售有毒有害食品“黑窝点”，刑事拘留涉案人员10人。查处假药案8起，移送公安机关刑事拘留涉案人员8人。实施食用油、米粉放心工程，查处和关闭8家无证米粉小作坊，授牌县级放心米粉达标店160家，创建市级放心米粉示范店46家。抽查特种设备600余台套，排查消除安全隐患176个，查处特设违法违规案件12起。

【打假维权】 2016年，道县食品药品工商质量监督管理局转变监管理念，加强事中事后监管，开展专项整治，维护民生民利。全县流通领域未发生系统性消费安全事故，连续7年实现传销“零发案”。抽检化肥、成品油、电线电缆、建材等重点商品130批次，监测各类广告676条（次），查处违法广告案件24起、农资案件36起、成品油案件6起、不正当竞争案件3起、商标侵权案件12起，查获假劣化肥56吨。推进市场主体年报，清理“僵尸企业”，全县企业、农民专业合作社和个体工商户2015年度年报率分别达87.81%、94.59%、93.73%，清理“僵尸企业”170家。整合投诉举报资源，深化消费维权网建设，在20家单位建立12315消费维权服务站，受理消费者投诉、举报2319件（含消费维权服务站2223件），为消费者挽回经济损失250.4万元。

【队伍建设】 2016年，道县食品药品工商质量监督管理局坚持党建引领，抓实队伍建设，转变工作作风，树立部门形象。组织全体党员用心用力学习党章党规和系列讲话，激励全体党员争做“四讲四有”合格党员。两名分别先后代表道县、永州市参加全市、全省“两学一做”电视知识竞赛，并分别获得第五名、第三名。22人受到县级以上各类荣誉表彰奖励。局党委书记、局长王斗星在全县“坚守《准则》高线，严守《条例》底线”主题征文中获三等奖。4篇调研论文获全市工商系统一、二、三等奖。两人取得在职研究生学历，四人通过国家司法考试，全局干部职工执法资格证考试一次性合格率86%。在各级各类媒体正面宣传102篇次。

安全生产监督管理

【概况】 2016年，道县安全生产监督管理局严格按照国务院、省、市的统一安排部署，落实“党政同责、一岗双责、失职追责”和“三个必须”要求，紧扣安全生产工作重点，狠抓安全生产责任落实，推进隐患排查治理、安全风险管控、“打非治违”、示范创建、企业主体责任落实督促，开展“监管执法年”活动，持续开展安全生产大排查、大管控、大整治“三大行动”，各项工作稳步推进并取得阶段性成效。4月28日，永州市安全生产综合监管工作会议在道县召开；7月8日，永州市人民政府召开上半年全市安全生产形势分析暨安全生产“监管执法年”推进会议，道县是作经验发言的两个县区之一。全年，道县发生各类生产经营性事故10起、死亡13人，其中：8月13日，白马渡镇秀峰庙移民桥在建时发生垮塌事故，死亡4人，全县安全生产形势总体平稳。

【安全生产体制机制】 2016年，县委常委会、县政府常务会专题听取安全生产工作汇报，解决道县安监局人员、经费、办公楼，乡镇安监站建设、河道采砂整治、校车运营资格、农村在建项目监管等一系列安全生产突出问题。第八次县政府常务会决定：每年从县财政拨付每个乡镇场（街道）安全生产工作经费3万元~5万元。县委、县政府出台示范创建扶持奖励措施、“一次通报二次检讨三次黄牌”责任追究制度、在全县安全生产工作例会上进行典型发言或表态发言做法、“非客渡船载客一律拆卸发动机”等24条断然措施、对在全市季度考核排名靠后的乡镇（街道）启动警示约谈、黄牌警告、一票否决等一系列制度、举措。县委、县政府领导调整到位后，立即明确县级领导安全生产工作职责。8月，组织县领导带队开展为期1个月的常态化安全生产综合督查，秋季入学安全生产、农村在建项目、道路交通等专项督查，开展东、西两片九大重点行业联合大执法。9月29日起，县级领导带队检查“三节三会”期间安全生产工作，检查单位112个，发现问题和隐患155个，均进行现场交办或书面交办。县委书记、县长相继约谈乡镇党政主要负责人、县直部门主要负责人、企业主要负责人。在县委中心组理论学习会上，特邀市安委办主任、市安监局局长段灵利作辅导讲座，专题学习习近平关于安全生产的一系列讲话和《中华人民共和国安全生产法》知识。

【落实安全生产监管责任】 2016年，道县安委办建立并公示安全生产监管体系、职责规定、重点监控、风险责任、监察流程等工作平台，创新性建立定期开展“月督查、月通报”活动，定期召开联席会议，定期点评通报“一把手”履职情况，不定期召开工作协调会的“三定一不定”工作做法，确保部门、乡镇安全监管步调一致。在县委、县政府的带动下，乡镇安全生产从党政齐抓共管、党委委员分管负责，到“党政同责、一岗双责、失职追责”制度建立完善，再到村、组“二级五覆盖”责任落实，再到监管内涵向公共安全扩容；县直重点监管部门设立安全生产管理机构，建立完善风险管控责任，协调联动专项整治和打非治违，各负其责，各司其职，全县安全生产工作提升到一个更高层面。

【排查整改隐患】 2016年，道县结合元旦、春节、清明、“五一”、国庆等节假日以及“两会”、汛期等特殊时段要求，以“企业自查、乡镇普查、部门复查、安办抽查”的形式，组织全县性安全生产大检查6次，组成25个县级领导带队检查组、15个部门常年督查检查组，多轮次、不间断深入各厂矿、企业、公共安全场所进行“翻箱倒柜”式安全大检查。累计检查各类生产经营单位5430余家次，排查整改各类隐患问题4200多个。县委、县政府以签订《重大安全隐患交办整改责任状》《交办通知》方式，交办重大安全隐患和安全生产突出问题173个，并按要求逐一督促整改落实到位。

【“打非治违”常态化】 2016年年初，道县安委会印发《道县2016年度安全生产领域“打非治违”专项行动工作方案》，并成立专门的“打非治违”领导小组；各负有安全监管职责的部门和乡镇，根据各自特点，制定“打非治违”方案37个，并依法严格履职，分重点、有目的地开展“打非治违”计划执法。各乡镇（街道）履行“打非”主体责任，组织乡镇有关部门多轮次开展农用车载客、非校车营运、烟花爆竹零售、加油站等重点行业领域非法生产经营活动的打击取缔，累计组织辖区“打非”210多次，取缔“非法”单位630多个。

【联合执法制度化】 2016年，道县安全生产监督管理局针对执法力量不强、效率不高、执法不力等问题，整合交通、国土、住建、交警、消防、水利、教育等部门，把农用车载客、校车、河道采砂等9大行业整治分解成16项“打非治违”专项行动，每季度开展一次联合执法。在历时36天的二季度农用车载客联合“打非治违”行动中，查扣非法载客车辆1257台，纠正违法违章行为910多起；联合取缔非法采砂船3艘，拆除采砂吊13个，清理整顿非法渔船15艘；建筑施工领域“打三非”始终保持高压态势，10—11月，全县组织县领导牵头挂帅的两个专项督查整治组，分东、西两片开展联合执法大整治，严厉打击整治各类安全生产非法违法行为。开展“大排查大管控大整治”专项行动165次，检查生产经营单位2170余家，排查治理安全生产隐患和问题1330多个。

【“监管执法年”活动】 2016年，道县各行业监管部门全面开展“监管执法年”活动，做到快部署、快组织、快行动。3月21日，县政府召开“监管执法年”动员会，印发《道县安全生产“监管执法年”活动方案》，安排驻点督导、“一月一警示、两月一行动”、六项制度建立、计划执法等工作。会后，全县各乡镇（街道）、各重点监管部门及时进行贯彻落实，对“监管执法年”活动进行专题研究、专题动员部署，及时制定《活动方案》39个。县安委办组织9个部门，对22个乡镇（街道）安全生产目标管理工作进行季度考评排位，“监管执法年”工作作为重点工作单列考核，占考核分值5分；对交通、住建、教育、消防、国土、安监、交警、质监、水利等9个部门“监管执法年”工作进行暗访督查，并将督查情况在全县通报。活动开展后，各负有安全监管职责的部门均建立安全生产监管执法“六项制度”，编制好2016年度安全生产监管执法计划并组织实施。开展重点行业领域监管执法检查556次，停产整顿生产经营单位43家，取缔非法生产经营单位57个，抓捕涉嫌犯罪人员27人，完成年初确定的执法案、经济处罚任务，其中道县安全生产监督管理局完成执法案33件、经济处罚52.5万元。

【示范乡镇创建】 2016年，清塘镇以全市第2名的成绩创建“省级安全生产示范乡镇”；审章塘乡、上关街道创建“市级安全生产示范乡镇”；清塘镇、上关街道创建市级“平安农机示范乡镇”；蚣坝镇金星村等10个行政村创建县级“安全生产示范村”（社区）；蚣坝中心小学等6所学校创建县级“安全生产示范学校”。在安全生产示范乡镇创建过程中，安监、交警、交通、公路、环保、教育、农机、商粮等部门以资金扶持、现场指导、隐患整改、专项整治、现场管控等方式，相互协作、相互配合，推动创建工作。

【标杆企业创建】 2016年，道县对84家生产经营单位进行企业主体责任落实情况考评和监督，选送10家企业参加全市主体责任落实标杆企业评选。11月4—5日，全市企业主体责任落实标杆企业流动现场会道县分会场会议在道州汽车北站、华新水泥道县分公司举行，得到参会领导的高度认可。通过标杆示范带动，全县各重点企业逐步建立“一企业一标准，一岗位一清单”隐患排查工作模式。

【企业主体责任落实】 2016年，中共道县委员会、道县人民政府严格要求，各重点行业领域企业主要负责人必须参加全县性的安全生产大会，领会会议精神，传导安全责任意识，落实工作举措，倒逼企业落实安全生产主体责任。同时，通过“严管重罚”给非法违法生产经营单位及个人形成强大的震慑力，大幅提升安全监管部门的威信，企业不敢违、不能违、不想违的局面逐步形成。

【安全生产风险管控】 2016年，道县安委办在全县上半年安全生产形势分析会上，对安全生产风险管控工作作重点强调，要求全县各级各部门全面摸排登记重大风险源，建立管控责任和措施，完善应急预案，备足应急物资，组织开展有针对性的模拟实战演练。多次组织召开安全生产风险管控工作协调会议，进行督促落实。县安委会及时印发《道县安全生产风险管控工作方案》，成立专门的领导班子，各乡镇（街道）、部门与县政府，各企业与监管部门层层签订安全生产应急管理与风险管控责任书。9月8日，县政府组织召开安全生产应急管理与风险管控工作专题培训会，邀请市安全生产应急救援指挥中心副主任蒋玉梅作专题讲课，增强全县各级各部门、各企业做好安全生产应急管理与风险管控工作的紧迫感和责任感，全面提升防范控制应对各类生产安全事故的能力。各乡镇（街道）、重点监管部门摸排重大风险源176处，并落实“属事、属地和行业监管”责任，明确管控措施。县安委办以行政图的方式标注重点单（部）位监控点13类239处，按一名领导一名责任人的要求，建立完善重大风险源责任单位133个，制定红、橙色重大风险源应急预案，并对风险管控工作落实情况开展专项督查。

【安全宣传教育】 2016年6月是第15个“安全生产月”，县政府、县安委会在全县范围内开展以“强化安全发展观念，提升全民安全素质”为主题的安全生产月活动，组织全县性活动9项，乡镇、部门组织区域性、行业性活动145项。全县约9.5万人次参加“安全生产月”活动，悬挂宣传标语115条，展出事故警示展板、宣传挂图352块次，发放宣传资料16万余册，组织宣讲活动22台次。组织事故应急救援演练4次，组织观看警示教育片《筑基》5次。组织开展重点行业“战高温、防大汛”安全生产专项检查，排查治理安全隐患132处。

住房公积金管理

【概况】 永州市住房公积金管理中心道县管理部是永州市住房公积金管理中心的派出机构，属非营利性事业单位，主要负责执行全县住房公积金归集、使用计划和住房公积金的核算；审批住房公积金的提取、使用；负责住房公积金的保值和归还等。

【业务情况】 2016年，永州市住房公积金管理中心道县管理部归集1.59亿元，比2015年增加0.15亿元，归集率98%以上，累计归集7.68亿元，提取2.84亿元，余额5.29亿元；全年发放个贷422户、1.20亿元，个贷额占归集额的75.59%，累计发放个贷4266户、5.85亿元，余额3.67亿元，全县职工受益面达四分之一强；资金规模和资金运用率均位居全市第五位；年末个贷逾期仅为1户，远低于省定的控制线。

工　业

电　力

【概况】 国网道县供电公司是湖南省电力公司下属的县级供电企业。下设8个职能部室及1个集体企业：综合管理部、财务资产部、发展建设部、安全质量监察（保卫）部、运检部、电力调度控制分中心、营销部、乡镇供电所管理部及道县润达电力建设有限责任公司，是道县境内主要供电企业（还有仙子脚公司、潇水公司等两个小水电自供区）。2016年，有在职全民工126人、农电工196人、集体工30人、退休职工62人，供电区域涵盖全县24个乡镇（场、街道）的绝大部分用电客户，用电客户18.1万余户，管辖110千伏变电站6座、35千伏变电站5座、10千伏开闭所1座，主变总容量38.8万千伏安；35千伏及以上输电线路26条，共计415.78千米；10千伏配网线路73条，共计1782.35千米；配电变压器2389台（其中：公变1641台）。不仅负责道县工农业生产和人民生活的电力供应，还承担南六县45座变电站、1134千米输电线路的检修及配网带电作业，是全省唯一担负输变电检修任务的县供电公司。全年完成售电量6.05亿千瓦时，增幅10.65%；获评永州市供电公司安全生产先进单位，连续3年被道县人民政府评为“安全生产工作先进单位”。

【基本建设】 2016年，道县供电公司突出电网规划前期与建设双抓双重，施工安全、质量和进度齐抓并进。全年完成“低电压”和农网升级改造项目7个批次、3213万元的投资建设。完成月岩西路、道州中路、道州南路及延伸段等强电下地重点工程，有效配合道州路提质改造建设工作。加快电网扩容改造进度，完成110千伏道县变电站2号主变增容及配套设备改造工程。推进工业园区电网建设，完成广隆电子科技有限公司等11家企业进驻工业园区10千伏配电工程，保持优质负荷稳步增长。

【电力安全管理】 道县供电公司深入开展“精益安全年”活动，截至2016年12月31日，实现县供电公司电网安全记录3959天。应对生产任务重、农网改造规模大、集抄建设任务紧、业扩工程现场多以及恶劣天气不良影响的挑战，完成春节、“两会”、高考等重要政治保电任务和风灾、水灾的抢修复电工作。

【电力优质服务】 2016年，道县供电公司秉承“你用电、我用心”的服务宗旨，提升全员服务水平，确保优质服务深入每一位员工。主管领导主持召开服务工作月度例会、安排优质服务工作，营销部及所有供电所服务岗位人员每周集中进行一次全员优质服务培训，确保优质服务观念传递到到岗、到人。严格考核，持续保持投诉严肃处理的高压态势。邀请市公司服务专业专家有针对性地进行专业指导，提高服务业务水平；主动接受社会各界监督、评议，聘请行风评议员30个，每年召开评议会两次，针对评议发现的问题进行专项整改提高。加强电力营销服务队伍建设，打造一支“听指挥、守规矩”的队伍，为优质服务奠定人员组织基础。2016年，道县供电公司在全县行风评议中排名靠前。

道县工业集中区

【概况】 道县工业集中区于2012年经湖南省人民政府批准成为省级工业集中区，规划面积30平方千米，开发面积10平方千米，党工委、管委会是经省编办批准的市委、市政府副处级派出机构，由市委、市政府委托道县县委、县政府管理。截至2016年年底，集中区引进企业186家，拥有规模企业80家，基本形成电子信息、轻纺制鞋、生物科技、先进制造为主导的四大支柱产业。集中区实现工业总产值107.59亿元，比2015年增长20.92%；规模工业增加值完成29.05亿元，比2015年增长33.38%；工业企业实缴税金2.8亿元，比2015年增长20%。基础设施投入4.3亿元，比2015年增长65%；增加土地储备133.33公顷，增加标准厂房21万平方米。增加招商入园工业项目16个，合同引进资金8.35亿元，其中过亿元项目4个，新入统规模企业18家。

【招商引资】 2016年，道县工业集中区招商引资取得新突破，引进广上集团、广硕集团、温氏集团、碧桂园等多个上市公司。

【平台搭建】 2016年，道县工业集中区突出链条招商，瞄准高科技企业、产业巨头配套企业和一级供应商，引进上下游关联企业，延长产业链条，打造产业集群，特别是电子信息产业链条初步形成涵盖“消费类整机制造、电子元器件制造、集成电路制造”三大电子信息领域。与深圳邵阳商会、广东高科技商会、深圳电子协会、无锡商会形成战略协作关系，并成功引进商会旗下的龙威盛电子、晶石电子、晶辰电子、广隆科技等龙头企业，带动商会会员内部的移动电源、3C配件、LED光电、新能源材料等上下游相关产业企业全部进驻道县并陆续建成投产，实现企业集聚、产业集群联动发展。被认定为湖南省培育发展战略新兴产业·电子新兴产业特色园区。

【主导产业】 2016年，道县工业集中区瞄准电子信息产业发展前景好、关联度强、科技含量高、税收贡献大的特点和优势，把电子信息产业作为园区经济发展的核心产业，在项目扶持资金以及土地、用工等生产要素方面给予重点支持。发挥县内劳动力资源优势，打造以建溢鞋业、金麟鞋业等制鞋业，以新源服饰、建燊服饰等制衣业，以德祥运动用品、广弘体育用品等运动套装业为核心的时尚运动“全身一套装备”。依托油茶种植面积3.33万公顷、脐橙种植1.13万公顷等农产品大县的资源优势，发展农副产品加工产业，提高农副产品附加值。湘浩油茶、科茂林化等一批农业企业逐步发展壮大。

【要素保障】 2016年，道县工业集中区着力破解企业发展用工、用地、融资三大难题，促进企业发展壮大。坚持县内“留人”与县外“招人”并举，强化招工服务。园区净增新员工7650人，老员工稳定率95%。创新土地利用模式，实施土地科学利用和产业集约发展，在清理闲置土地和集约节约用地方面大胆探索。新建高层标准厂房21万平方米，向园区供地、清理盘活闲置土地133.33余公顷。鼓励金融机构扶持地方发展，对金融机构投放企业贷款实行区别奖励，对微小企业小额担保贷款给予适当贴息，对重大项目融资贷款给予扶持。全年召开银企融资洽谈会3次，签订意向协议22家，落实贷款总额3.62亿元，比2015年净增1.5亿元。

道县高新材料产业园

【概况】 道县高新材料产业园管理委员会原名为道县富塘工业小区管理委员会，于1996年成立，2013年更名为道县高新材料产业园管理委员会。园区整体规划仙子脚片用地6平方千米（有国有土地420公顷）、寿雁片规划用地2平方千米（有国有土地93.33公顷），全部为国有土地，已开发建设工业用地286.13公顷。截至2016年年底，园区内落户企业13家，其中冶炼企业11家，石材加工企业2家。全年，园区实现工业总产值7.47亿元，较2015年增长20%。园区内配套基础设施有110千伏安变电站和35千伏安变电站各1座，工业水厂和生活水厂各1座，建设好跃进园区主干道控制宽度26米，硬化12米，长1.52千米，延伸至存富村道控制宽10米，硬化5米，长0.55千米。

【盘活“僵尸”企业】 2016年年初，道县高新材料产业园管理委员会将冶炼企业债权人召集起来，明确债权，并通过多轮商谈和协调，达成统一分配租赁收入的共同协议。同时，协调电力、调低供电价格、解决周边矛盾、引进有实力的承包商对企业再投入等，使远华冶炼恢复生产，华鑫冶炼签订租赁合同，近期内可恢复生产。

【推进项目建设】 2016年，道县高新材料产业园管理委员会引进的濂溪金丰农业瓜蒌种植及加工项目，瓜蒌规模种植达到133.33公顷，全年投资2200万元，用于租地、土地平整、修建厂房、宿舍等；在建项目创鑫石业，全年投资680万元，矿山投资基本完成。

【招商引资】 2016年，道县高新材料产业园管理委员会基本达成投资意向等待签合同的项目4个，合同投资额2.1亿元。洽谈项目2个，投资25亿元。项目建成投资后，每年的工业产值将达到70亿元，年税收将达到9亿元。

工业企业改制服务

【加强安全管理】 2016年，县工业企业改制服务办公室要求民爆公司星期六、星期日轮流值班，保证用户可以随时开票随时提货；对华新水泥等重点工程的物资需求，主动上门服务，了解他们的需要，听取他们的意见，对如何加强民爆产品的安全和管理，与公安部门进行认真的研究，达成一致的意见。加强安全管理，严格执行制度，狠抓安全生产，认真督促检查，确保民爆产品零事故，要求民爆产品实行购货、出货登记制度，对每一型号、编号、发货地点、收货人等都进行详细的登记，并进行跟踪检查，加强对运送货物车辆的安全管理。全年库存周转的各类炸药2100余吨、雷管43万发，无任何差错，确保万无一失，未出现任何安全责任事故。

【加强综治维稳】 2016年，县工业企业改制服务办公室执行“谁主管，谁负责”的原则，成立领导小组，确定专人负责信访、维稳、安保等具体工作。年初，对所有存在的问题进行排查，领导班子进行分工，对一些重点问题进行领导分片负责制，由分管领导具体落实。及时了解重点对象的困难，帮助他们解决实际困难，取得到他们的理解和支持，全年未出现一起到县、市、省上访的事件。开展干部大走访活动，制定走访活动方案，深入群众解民情民意，开展综治民调工作，开展宣传活动，全年发放综治民调宣传资料100余份，综治民调工作进展顺利。接待群众来信来访，制定群众来信来访制度，对每一位来访者做到耐心接待、登记，对他们反映的问题做到能解决的尽量解决，不能解决的说明原因。

【服务下岗职工】 2016年，县工业企业改制服务办公室稳妥地做好企业改制后期工作，帮助解决下岗职工的困难，对有就业意向的人员，主动联系县就业服务中心，对他们进行再就业免费培训，使他们掌握再就业的本领，同时利用各方面的信息，为他们提供就业岗位创造有利条件；对有创业意愿下岗失业人员，主动为他们去办理工商、税务等有关手续，带他们到就业服务部门办理小额贷款手续，甚至为他们找门面、筹资金，促进他们创业并取得较好的收益；对难就业的人员给予帮扶，帮助联系民政部门、人社部门、总工会等，符合享受低保的及时给他们申报，生活特别困难的申请帮助解决生活困难补助，单位也拿出一部分资金对他们进行帮助。对退休人员开展适宜的活动，经常跟他们交流谈心，组织开展打牌、下棋、健身、检查身体等有益活动，使他们身心健康，老有所乐。帮助下岗职工危房改造办理各项手续，18户下岗职工购置的原家属房危房改造。

【完成中心工作】　2016年，县工业企业改制服务办公室从人力、资金等方面扶持烤烟生产，支持联系点白马渡镇报国村资金1万元，全面完成烤烟生产任务为16.67公顷，交烤烟750担任务。支持扶贫联系点乐福堂到江源村资金1万元，并派驻工作队员结对扶贫帮困，结对贫困户10户。帮助仙子脚镇下源村解决村级组织办公条件，筹集1万元进行帮扶，完成各项中心工作。

重点工业企业选介

【湖南科茂林化有限公司】
湖南科茂林化有限公司是广东科茂集团公司在国内松脂富产区投资兴建的4个分厂之一，主要生产松香、松节油、松香改性树脂，是全球粘合剂、油墨、涂料等行业的主要供应商，产品全部出口。为实现跨越式发展，公司已通过上市环保核查，在创业板上市。湖南科茂林化有限公司于2003年4月落户道县，总投资7500万元，占地6.67公顷，建成1.5万吨松香生产线及两条万吨水白树脂生产线，员工100余人。公司被评为湖南省高新技术企业、林产工业龙头企业、农业产业化龙头企业和“小巨人”企业等。公司生产的水白树脂可替代石油树脂，市场前景广阔，产品获“中国国际林业产业博览会银奖”“湖南省第二届林产品博览会金奖”。

【道县建溢鞋业有限公司】
道县建溢鞋业有限公司由台湾达声集团投资兴建，主要生产彪马（PUMA）等世界著名品牌运动鞋，产品全部出口。项目总投资625万美元，占地面积4公顷，分二期建设。一期投资220万美元，建成3幢标准厂房、2幢员工宿舍、仓库及配套设施。二期投资405万美元，建设2幢标准厂房、1幢办公楼和1幢员工宿舍及配套设施，2015年4月完成建设。

【道县龙威盛电子科技有限公司】　道县龙威盛电子科技有限公司是道县工业集中区承接先进制造和电子信息类企业的主导企业，位于创业路以东、工业大道以南、东环一路以西区域，规划用地3.73公顷，计划投资2亿元，规划建筑面积8万平方米，设计建设6幢3层标准厂房、2幢6层公租房及相关配套设施。入驻龙头企业龙威盛电子有限公司由国家高新技术企业——深圳龙威盛集团投资建设，主要生产锂电芯、锂电池、移动电源等电子产品。公司于2015年5月正式签约，完成第一、二、三幢标准厂房工程建设和装修，第三幢标准厂房已完成设备安装调试，并投入生产，第四幢标准厂房正在进行基础建设。项目全部建成后，可以带动下游5家企业入园投资，涵盖3C配件、LED光电、新能源材料、网络营销服务及进出口贸易等产业领域。

【永州凯新鞋业有限公司】
永州凯新鞋业有限公司是由全国500强企业——广硕集团香

港亚荣鞋业有限公司投资设立的外商独资加工贸易制造企业，注册资金500万美元，主要生产、销售、加工各种鞋类产品、鞋类半成品及鞋材料，主要产品为耐克（NIKE）、卡骆驰（CROCS）、安德玛（Ander Armour）等世界品牌。公司位于道县工业园东一环和振兴路交汇处，两年内完成总投资1.2亿元，占有地面积6.67公顷，完成一期厂房装修加固、厂区绿化、水电安装等和二期新建3幢标准厂房建设，新增4条成品鞋类生产线。项目全部建成投产后，可实现产值5亿元以上，创税3000万元以上，安排就业人员2300余人。

【道县广隆科技有限公司】
道县广隆科技有限公司由深圳邵东商会会长、深圳市广隆五金制品有限公司董事长曾小莹女士投资建设，项目规划占地面积5.33公顷，总投资3.6亿元。该项目建筑占地面积2.5万平方米，总建筑面积近10万平方米标准厂房，正在加快建设2幢12层公租房及相关基础配套设施。公司主要以研发、生产、销售高端手机外壳、车载DVD等产品，以“产业集群、孵化壮大”的发展模式，强化以商招商，已经引进1家关联企业广泰科技入驻。项目建成后，年产值可达6亿元以上，创税2000万元以上，同时可引进培育5家以上关联性高新技术企业，形成年产值12亿元以上，税收4000万元以上，提供就业岗位3000个以上。

【道县德祥运动用品有限公司】
道县德祥运动用品有限公司是台湾南良集团旗下一家大型的台资集团公司的分支公司之一，产品涉及高尔夫球袋、浪板袋、潜水服、运动鞋、运动护具、医疗护具、登山休闲系列用品和精密电子配件等，为世界知名公司NIKE、DAKINE、PING、3M提供优质的产品，并与之建立稳定的策略联盟。道县德祥运动用品有限公司于2010年10月在道县投资1000万元，租用华盈集团5000平米厂房，招录员工600余人正式生产。

【湖南永神科技有限公司】
湖南永神科技有限公司源于广东省佛山市永神金属制品有限公司董事长王国庆先生独资开发。总投资3亿元，一期投资1亿人民币作为厂房、办公楼、员工宿舍的建设及生产设备的前期投入。湖南永神科技有限公司位于工业大道和东环二路交汇处，项目占地面积5.67公顷。主要以产品自主研发、生产、销售集终端服务于一体多元化、现代化生产型企业，计划用工800余人，投放生产设备压铸机160T-2000T30台，各种高精密数控加工设备100余台以及表面处理生产线3条。

农　业

农业农村工作

【概况】 2016年，道县总面积2448平方公里，辖25个乡镇场（街道），总人口83万人，其中农业人口63.19万人，农村劳动力32.88万人，农业从业人员32.81万人。全县有宜果缓丘岗地（坡度在25度以下）3.33万公顷，境内气候温和，光照充足，雨量充沛，县内年平均气温18.6℃，年平均无霜期309天，年日照1667个小时，年降雨量1503毫米。有耕地面积4.55万公顷，其中水田面积3.22万公顷，旱地面积1.33万公顷，常年农作物播面积10万公顷左右，形成水稻、脐橙、蔬菜、油茶、生猪、家禽、水产、肉牛、烟叶等九大主导优势农业产业。

【农业生产】 2016年，道县粮食种植面积7.59万公顷、油料种植面积0.92万公顷、烟叶种植面积0.22万公顷、蔬菜种植面积3.31万公顷；水果扩园0.14万公顷，脐橙总面积1.13万公顷。粮食产量再创历史新高，全县粮食总产量44.6万吨，比2015年增长1.5%；油料产量1.66万吨，增长2.6%；烤烟产量3980吨，增长1.5%；蔬菜产量77.85万吨，增长4.8%；水果产量16.17万吨，增长6.7%；全年生猪出栏98.9万头，增长0.2%；牛出栏8.2万头，增长5.9%；羊出栏12.36万只，增长4.2%；出笼家禽680.6万羽，增长1.6%；水产品总产量2.98万吨，增长6.9%。全县完成农林牧渔业总产值78.8亿元，比2015年增长4.1%；实现农林牧渔业增加值43.8亿元，增长4.1%；农村居民人均可支配收入13159元，增长8.2%。

【农业基础设施建设】 2016年，道县围绕增产百亿斤商品粮能力建设，加快推进重大水利工程、土地开发整理、农业机械化、生态建设等基础设施工程建设。投资4312万元，完成病险水库除险加固40座，实施云溪、柑子园水厂续建等工程24处，解决4.8万人次饮水不安全问题。全县完成“五小水利”整合资金3820万元，完成705处小塘坝、小河坝等五小水利工程的实施，完成上坝灌区节水改造项目。完成祥霖铺等乡镇高标准粮田、四马桥镇滴华片高标准农田建设项目。完成寿雁等片区项目建设，改造灌排渠51条73.7千米，整治河坝7座、山塘12处，完成高效节水示范片66.67公顷。

【新农村建设】 2016年，道县创建省、市美丽乡村示范村6个、县级美丽乡村示范村21个，乡镇（街道）级美丽乡村示范村40个，实施村庄人居环境重点整治村46个，全面推进全县148个村“乡村风貌”环境综合整治工程。打造旅游精品线路3条，全年接待游客量近42万人次，实现营业收入约5707万元，同比增长20%。实施祥霖铺镇两河口、梅花镇贵头、仙子脚镇车田洞等省市美丽乡村示范村建设工程6个，重点打造两河口村美丽乡村精品工程，签约“道州欢乐世界”总投资1.2

亿元。道县聚农生态农业发展有限公司成功申报省级五星级休闲农业庄园、绿美生态农庄成功申报省三星级休闲农业庄园。清塘镇小坪村、楼田村，祥霖铺田广洞村3个特色文化村跻身全国传统村落名录。

【现代农业园区】 2016年，道县加强现代农业产业园区基础建设，爱农果业、旺红脐橙建成大型贮藏保鲜、果品加工生产线，带动发展上关、下蒋脐橙产业园，金山合作社建设油茶种植、加工为主的桐油坪油茶产业园，两河口村建成农业观光园和道州欢乐世界休闲旅游园区，原地公司加大投入在濂溪大洞建成高标准滴灌外向型绿色蔬菜产业园，绿美合作社建设钢架大棚200余座，集蔬菜种植、餐饮及休闲观光为一体的高标准可视化、生态蔬菜大棚产业园，温氏集团50万头生猪养殖总部及饲料厂项目开工建设，柑子园扩繁场、万家庄种猪场、蚣坝种猪场项目相继投入建设，与湖南湫水河农牧生态有限公司合作的道县首个生态生猪养殖示范园投入建设，推动全县现代农业园区产业发展。

【农产品质量安全】 2016年，道县成功获批为“国家农产品质量安全县”创建试点单位。全县农产品例行监测蔬菜、水果6000批次，其中合格5993批次，合格率99.88%；全县“瘦肉精”抽检样品9300个，检测合格率100%；水产品抽检样品120个，检测合格率100%。全年未发生重大农产品质量安全事件。完成3.8万公顷无公害农产品产地认定工作，“三品”认证农产品32个，其中无公害食品农产品20个，绿色食品产品12个。道州脐橙被纳入国家地理标志认证，“橘源”牌道州脐橙连获中国中部（长沙）农博会金奖，并通过国家绿色食品认证。道县玉华鹅业发展有限公司开发的“寿雁牌”鹅肝、鹅头、鹅掌、鹅肠等休闲系列产品，通过国家“无公害农产品”认证。

【农业产业化】 2016年，道县农产品加工业实施新扩改项目28个，比2015年增长16.7%；项目总投资2.07亿元，完成投资16250万元；全县农副产品加工实现销售收入382582万元，利润24594万元，上交税金8645万元。其中粮食、油料、白酒、饮料5个行业发展速度较快，全县规模以上粮食加工企业6家，实现销售收入2.01亿元。全县新增培育湘浩油茶等省级农业产业化龙头企业4家，金山油茶、辰龙生态农业等市级农业产业化龙头企业15家，拥有“湘浩”油茶、“月岩”山泉、“鑫爱莲”大米等多个省级名牌产品或著名商标。

【新型经营体系建设】 2016年，道县新增流转面积186.67公顷，农村土地流转总面积4026.67公顷，其中流转耕地1053.33公顷，占耕地面积的37.2%，培育种粮大户2717户、专业合作社260个、家庭农场242个。全县农村土地确权登记颁证试点工作全面推进，对4.06万公顷进行确权和登记，90%的农户完成最终的确认签字，提前1年完成省委省政府下达的目标任务。完成农村土地利用规划，发放农村土地经营权抵押贷款460万余元。成立道县农村建设投资开发有限责任公司，为农业企业投入资金1000万元。

【精准扶贫】 2016年，道县脱贫2641户、9590人，完成1个省定贫困村整体“脱帽”，易地搬迁贫困户57户、160人，完成贫困户危房改造1060户。投入资金2699万元，对贫困地区79所义务教育薄弱学校实施提质改造。对无劳动能力、无经济收入来源的贫困户852户、2368人实行兜底，保障其基本生活需要。完成扶贫小额贷款13167万元，完成永州市下达5600万元任务的235.1%，直接受益贫困户3267户。

【农业社会化服务】 2016

年，道县病虫害专业化合作组织50余家，专业化统防统治面积2.43万公顷，较2015年增加0.1万公顷。有飞防公司5家，其中深圳市翔宇新科技有限公司有无人飞机16台，服务面积333.33公顷。全年补贴农机具数量3186台，补贴总额806.2万元，受益户数2649户，超额30%完成省市分配任务，结算率名列全市前列。完成水稻机插秧面积1.12万公顷，水稻耕、种、收综合机械化水平提高3%，被评为全国平安农机示范县、全省水稻育插秧机械化技术示范推广项目县。

农村经营管理

【农村土地确权登记颁证】 2016年，道县有22个乡镇和街道551个村、127250户参与确权登记工作，对681732块承包地、4.31公顷进行确权和登记，到户资料的打印全面完成，90%的农户完成最终的确认签字，被评为湖南省农村土地确权登记颁证工作先进单位。

【新型农业经营主体建设】 2016年，道县新型农业经营主体参与农村土地流转面积4万余公顷，发展农民合作社43家，新增成员2100户，全县拥有两家国家级示范社、10个省级示范社、50个县级示范社。认定家庭农场250家，增加家庭农场65余家，根据《湖南省培育扶持1万户家庭农场实施方案》，全县有134户种粮大户获得省级家庭农场补助。

【农村“三资”管理】 2016年，道县农村经营管理局开展农村集体产权制度改革试点，制定工作方案，明确工作任务，规定工作步骤，在富塘街道上莫村进行试点，召开村支“两委”班子会议、村民代表大会、村民大会，试点村向富塘街道提出申请获得批复，进行成员资格的核定和农村资产资源的评审。全年对全县106个村的村级财务进行清理审计，其中局机关完成村级财务清理21个村，发现瞒报收入3.92万元，少记收入3.94万元，重复报帐支出3.01万元，虚报支出4.83万元，套取强农惠农资金5.94万元，克扣强农惠农资金3.21万元，涉及村干部11人。2016年，道县被农业部评为第三批全国农村“三资”管理示范县，被湖南省评为农村“三资”管理先进单位。

【农村土地流转】 2016年，道县农村土地流转总面积6.23万公顷，占全县农用地27.59%，全年增加农村土地流转面积0.41万公顷，其中耕地流转增加0.15万公顷，山林地流转增加0.13万公顷。其中耕地流转面积2.63万公顷，林地流转2.82万公顷，养殖水面流转0.17万公顷，其他农村用地流转0.60万公顷。按流转形式统计，委托型1.62万公顷，占流转面积的25.96%；出租型3.22万公顷，占土地流转面积的51.66%；转包型0.68万公顷，占流转土地总量的10.96%；互换型0.25万公顷，占土地流转面积的4.05%；转让型0.26万公顷，占土地流转总面积的4.24%；入股型0.20万公顷，占全县土地流转总面积的3.13%。通过土地流转，道县建成千亩以上农业基地96个、万亩以上农业基地16个，引进和发展省市农业龙头企业24家，走在全省发展规模特色农业的前面。

蔬菜种植

【概况】 道县蔬菜办前身为道县人民政府蔬菜领导小组，成立于1987年11月。1990年6月，更名为道县人民政府蔬菜办公室，是政府议事协调的正科级行政机构。2002年7月，更名为道县蔬菜局，是道县人民政府正科级直属事业单位。2016年10月，更名为道县蔬菜办，为县农业委员会归口管理的正科级公益一类事业单位。道县是全国蔬菜产业大县、全省蔬菜产业重点县，有濂溪大洞、四马桥华山、仙子脚沙田、清塘上塘家、审章塘田广洞、柑子园把截大洞、祥霖铺大盘、审章塘宋洲等专业蔬菜基地8个，蔬菜种植专业合作社18个，两家蔬菜种植和加工企业。2016年，道县蔬菜办以全市第一名的成绩获永州市2016年度“菜篮子”工程县区长负责制先进单位（在该项工作考核中已是连续第五年得分第一名）；道县获评“全国农产品质量安全示范县”称号。

【蔬菜种植面积】 2016年，道县蔬菜种植面积3.31万公顷（含复种），产量77.86万吨，产值16.01亿元，是全县农业生产中除粮食作物外的第二大种植作物，是道县农业增效、农民增收的另一支柱产业。其中原地正禾农场有限公司经营的濂溪万亩供港蔬菜基地，产出蔬菜9240吨，产值9687万元，出口创汇1128万美元。全县通过无公害蔬菜产品认证16个，全省第一家蔬菜质量追溯系统正在筹建当中。

【外销蔬菜基地建设】 2016年，道县外销蔬菜播种面积全年达到2.69万公顷，完成常年性外销基地建设面积0.14万公顷，其中高规格标准化基地352公顷。

【蔬菜产业标准化园】 2016年，道县绿美果蔬种植农民专业合作社在清塘镇室家村投资建设的13.37公顷蔬菜大棚休闲观光园，投入资金500万余元，完成200余座钢架大棚建设，休闲主体大棚和监控系统全面完工。

【城镇专业蔬菜基地建设】 2016年，道县蔬菜办按照年初制定的计划，巩固和完善万家庄乡华岩、天堂福，东门乡白泥塘，上关的东源、白石岩、中山石等城镇专业蔬菜基地建设；结合县长“菜篮子”办点示范，整合资金800万元，加强清塘镇室家村城镇应急专业蔬菜基地建设；整合资源建设祥霖铺田广洞、新车镇桐溪尾村、审章塘送洲村、四马桥镇四马桥、华山村等3个香姜、香芋、金瓜特色蔬菜产业基地。全县全年新增城镇专业蔬菜基地建设面积0.04万公顷，确保道县蔬菜市场供给，平衡菜价，自给率78.8%。协助道县天益美食用菌有限公司以清塘镇塘家村食用菌生产基地为中心，突破道县食用菌规模化生产的瓶颈，基地建设初具规模，标准化生产基地建设正在规划中，基础设施建设即将全面启动。

畜 牧 水 产

【概况】 2016年，道县畜牧水产局机关内务设有：办公室、政工股、计财股、监察室、计生和妇女工作、综治信访、政务中心、工会、兽医队伍管理。综合业务设有：畜牧股、水产股、渔政管理股、兽医药政股、饲料工业办、品改站、项目办、农产品质量安全检测中心、动物卫生监督所。主要负责全县地方禽种资源保护和合理开发利用；全县渔业行政执法监督；制定全县动物防疫计划，指导开展动物免疫接种；全县饲料、兽药的生产和经营的监督执法和管理；农产品的质量安全监督以及检测等工作。全局系统有干部职工178人，在职人员142人，退休人员36人。全县出栏生猪98.9万头，牛8.2万头，羊7.3万只，家禽680.6万羽，水产品产量2.85万吨。养殖业总产值43.8亿元，占农业总产值的43.5%，比2015年增长8.1%。获得“全省重大动物疫病防控先进县”“全市养殖业工作目标管理考核先进县”，全县巡逻防控先进单位、食品安全先进单位、落实减负惠农政策先进单位、优化经济环境满意单位、项目建设鼓励奖、项目建设特别贡献奖、争资争策优秀项目一等奖等称号。

【道州灰鹅特色品牌】 2016年，央视七套《农广天地》栏目组到道县，对道州灰鹅产业发展进行专题报道。全县存笼道州灰鹅92.7万羽，出笼道州灰鹅200.6万羽。从20世纪70年代开始，道州灰鹅就成为湖南主要鹅种之一，在两广、港澳及东南亚市场享有盛名。

【动物防疫和检疫】 2016年，道县畜牧水产局加大动物疫病防控工作力度，全县没有发生区域性重大动物疫情和畜禽水产品质量安全事件。春秋两季强制免疫病种免疫密度均达100%，市级免疫抗体效果检测均达标，下半年代表永州市迎省检，免疫抗体检测合格率100%。按照重大动物疫病监测方案的要求，在祥霖铺、寿雁、梅花等养殖密集区进行动物疫病监测，采集血清和病原学样品2600余份自检和送省市业务部门检测，没有发现血清或病原阳性样品；采集道州灰鹅血清、咽腔拭子对150份送农业部检测，检测结果均达标。利用“动物防疫合格证”办理的审批许可，督促养殖场完善动物防疫条件，落实免疫主体责任，接受动物卫生监督；严格执行检疫申报制度，做好流通和屠宰领域的检疫执法工作。举办官方兽医培训班两期、样品采集技术培训班1期、规模猪场动物疫病防控技术培训班1期，提升工作人员和养殖户的动物疫病防控业务水平。春秋两防采购注射器、抗应激药品等各类防疫物资一批，发放乡、村两级动物防疫员免费使用；新购配发22个乡镇（街道）冰箱、电脑、打印机、文件柜等设施设备各1套，有效改善乡镇站所办公条件。完成祥霖铺、寿雁、白马渡镇等3个乡镇站所的标准化建设。

【质量安全监管】 2016年，道县畜牧水产局开展畜禽水产品质量安全监管的工作，全县没有发生重大畜禽水产品质量安全事件。县级设置质量安全监管办公室，乡镇设质量安全监管站，配有专职监管人员。开展“瘦肉精”专项整治、水产品违禁药物专项整治、生猪屠宰“扫雷”行动、兽用抗菌药专项整治、饲料专项整治、农资打假专项治理等6项专项整治行动，出动890人次，检查畜禽水产品质量安全生产经营企业619家次，查出问题4起，主要涉及销售过期兽药，进行及时收缴，并下达整改通知书。全年“瘦肉精”抽检样品8507个，检测合格率100%，水产品抽检样品120个，检测合格率100%。衔接公安机关，建立行政执法与刑事司法衔接工作机制，依法查处大案要案。10月份，与道县公安局、道县市场和质量监督管理局联合行动，捣毁两个非法加工销售牛板筋的“黑窝点”，刑事拘留涉案人员何某、黄某等10人。建立病死畜禽及不合格畜禽水产品无害化处理机制，要求入围生猪调出大县项目规模养殖场（户）优先建设无害化处理池，做到病死畜禽及不合格畜禽水产品无害化处理率100%。

【标准化建设】 2016年，道州灰鹅特色产业园区内有道州灰鹅饲养基地1个，道州灰鹅加工厂1个，有肉鹅宰杀生产流水线1条，具备年加工道州灰鹅20万羽的能力，开发“寿雁牌”鹅肝、鹅头、鹅掌、鹅肠等休闲系列产品。推广标准化养殖场建设，确定蚣坝、四马桥、桥头、仙子脚、清塘、寿雁、梅花、祥霖铺、白马渡、营江、万家庄、上关等12个沿河乡镇为道州灰鹅重点区，计划两年内发展62个标准化灰鹅养殖示范场（户），其中年出笼1万羽以上的2个，5000羽以上的10个，3000羽以上的20个，1000羽以上的30个。通过示范辐射效应，带动全县灰鹅产业向规模化、标准化方向发展。同时，聘请省市科研院校专家教授为顾问，加强技术保障，对道州灰鹅标准化建设工作进行指导。

【渔业保护】 2016年，道县畜牧水产局渔政管理股采取多种措施加强渔业资源保护，成立以局长任组长，分管副局长为副组长的领导小组。与公安等有关部门开展联合执法，对存在电渔现象的潇水等河流域的重点河段及各田间沟渠的重点地段开展地毯式集中清剿电、毒、炸鱼等非法捕捞行为，对县境内的“三无”船舶开展清查整顿，对重要河段、重要码头和重要水域进行常态化夜巡。加强春季禁渔宣传，印制《道县人民政府关于春季禁鱼的通告》400余份粘贴到各村。先后在潇水、洑水等县域主要天然河道实施人工增殖放流，投放“四大家鱼”和黄颡鱼等优质鱼种（鱼苗）120万余尾。

【“弘扬长征精神，庆祝党的生日”主题攀登活动】　2016年6月28—29日，道县畜牧水产局组织局机关党员干部结合2016年度草原监测工作开展“弘扬长征精神，庆祝党的生日”为主题的攀登韭菜岭活动，局机关20余名党员干部参加，全部登上湖南省第二高峰韭菜岭。

林　业

【概况】　2016年，道县林业局设有机关股室和森林公安局19个、基层林业站13个、木材检查站3个，归口管理国有道县月岩林场、桥头林场，全县林业系统干部职工1000余人。全县经济林面积累计达5.07万余公顷，其中油茶3.53万公顷（含新造高产基地0.61万公顷），厚朴0.87万公顷，脐橙0.67万公顷，居全市前列。全县林业用地16.99万公顷，有林地面积13.22万公顷，活立木总蓄积612.9万立方米，森林覆盖率62.7%，湿地保护率78.8%，林业总产值达22.9亿元。林业三项主要指标均居全市前列，为湖南省重点林区县、湖南省油茶产业重点县、全国生态文明先进县，被增列入全国重点生态功能区，获得湖南省财政厅2017—2018年油茶大县财政奖扶资金，林业政务信息工作被湖南省林业厅评为先进，位列全省县市区第八位，在全市排位第一位。道县林业局被湖南省林业厅评为2016年度全省林业宣传和生态文化建设先进单位，寿雁林业站被湖南省林业厅评为湖南省林业站“一站式全程代理服务”示范站，山林纠纷调处被评为全省先进单位，执法质量综合考评被湖南省森林公安局评为优秀单位，综合考评获全市第一名，并获全县先进。森林防火工作被市委市政府评为先进县，严打专项行动被市森林公安局评为先进单位，收缴整治枪暴物品被市森林公安局评为先进单位，全县综合目标管理考核被评为先进单位。全县三项优先，社会管理综合治理，信访攻坚年活动，城乡巡逻防控，人口和计生，安全生产，信息工作，食品安全，“雁过拔毛”式腐败问题专项整治等工作被评为先进单位。内部改革成效显著，干部职工素质能力建设取得较大提升，单位绩效考核步入规范化、正规化轨道；林业各项经费保障更加有力，干部职工工资待遇稳步提高。

【植树造林】　2016年，道县突出造林基础地位，完成新造林0.27万公顷（其中油茶造林0.06万公顷，面上造林0.09万公顷，重点工程造林0.12万公顷），对验收合格的，道县林业局给予种苗补助。森林经营完成0.85万公顷。完成绿色通道造林绿化220千米，大苗种植4.2万株，其中富塘至双牌界种植胸径12厘米银杏、泡桐大苗0.4万株，国道G207线、省道S323线、省道S325线及主要县道两旁种植6厘米~8厘米樟树、红叶石楠大苗3.8万株。完成育苗26.7公顷，完成义务植树270.5万株，义务植树尽责率98.5%。完成东洲山、祥霖铺村、楼田等30个行政村（社区）秀美村庄示范村建设，东洲山社区被湖南省林业厅授牌为省级秀美村庄建设示范村。

【森林防火】　2016年，道县发生森林火警火灾78起（报市里6起），过火面积113.3公顷，受害面积30公顷，森林火灾发生率3.5次/10万公顷，森林火灾受害率0.035‰。同比2015年，过火面积和受灾面积分别下降6%和10%。对森林火案全部查处到位，其中刑事案件15起，行政案件35起，其他28起。

【病虫害防治】　2016年，道县发生林业有害生物0.60万公顷，无成灾面积。全年防治林业有害生物0.55万公顷，防治率91%。林业有害生物专项普查工作顺利结束，迎检验收工作顺利。

【野生动物保护】　2016年，道县林业局开展“爱鸟周”等宣传、执法行动，查处案件30余起，收缴放生各类野生动物3000余只（条）。发布《关于禁止猎捕陆生野生动物的通告》，领导带队24小时现场值守巡护毛巾田和白马渡候鸟保护站，并实行日报告制度。

【生态保护】　2016年，道县林业局推进生态旅游，重点打造月岩国家森林公园、周敦颐故里、鬼崽岭、湘源温泉等示范景区和“水上乐园”“森林人家”等品牌。

【林政管理】　2016年，道县林业局严格限额采伐，推行减伐禁伐，对商品林实行逐年减伐，对公益林和主要通道两侧林木实行禁伐。强化监督检查，严格把好“伐前设计、伐中监督、伐后验收”三关。强化林业行政执法，全年立案84起，侦破84起，行政处罚87人。

【林地管理】　2016年，道县林业局申报永久性征占用林地手续项目19个，占用林地面积312.48公顷，其中批复的15个，占用林地面积257.89公顷，征缴森林植被恢复费2949万余元。开展清理整顿专项行动，清查砖厂、石场等临时占用林地68家。

【林业改革】　2016年，道县林业局主体改革抓好林改“回头看”工作，配套改革以加快林业专业合作社建设为抓手，扶持培育一批林业专业合作社、家庭林场、专业大户，提高农民组织化程度。全面落实《道县国有林场改革实施方案》，重点落实好定性定编，并着力解决经费到位、项目扶持和补贴拨付困难，巩固改革成果。

【落实强林惠民政策】　2016年，道县林业局做好林权流转服务，夯实林权抵押基础。搞好森林保险工作，全县投保森林面积9.18万公顷。及时足额发放涉农资金，结合两项专项整治行动，按照市县督察整改要求，加快发放退耕还林补偿资金和公益林补偿资金，争取到位项目资金5000余万元。

【林业队伍建设】　2016年，道县林业局结合“两学一做”学习教育和党建工作开展，重视加强内部管理制度建设，完善作风和效能建设长效机制，实现标本兼治、综合治理的目标。通过每季度党委书记专题党课教育，强化全局党员干部的廉政意识、责任意识、创先意识和大局意识。实行股（室）自查自评、分管领导考评、领导小组评定、局党委审定“四级评审”考评模式，月月考评，每季通报，单位评类，个人排名，年终汇总，奖优罚劣，促使全局干部职工作风明显转变。出台教育强县、教育强林新政策，使林区富裕，促林业振兴。成立青年示范队，投入10万余元，与院校合作组织专门培训，提高林业队伍整体素质。

水　利

【概况】　2016年，道县水利系统有干部职工506人，其中在职390人（局机关65人、局下属所站325人），离退休人员116人。局机关内设办公室、人事股、财务股、水资源管理股、水利建设和管理股、水土保持股、监察室7个行政股（室）。下设防汛抗旱指挥部办公室、水利规划计划室、水利工程管理站、水土保持监督管理站、农村饮水安全工程水质检测中心、农村供水管理总站、水利工程质量监督管理站、河道管理站、云溪水库管理所、上坝水库管理所、廊洞水库管理所、乐海水库管理所、向阳坝管理所、陆洲坝管理所、久佳河坝管理所、桐溪尾河坝管理所、国营电排站、地方电力管理站等事业单位18个。2016年，道县水利局贯彻中央、省、市水利会议精神，落实县委各大战略目标，有效推进水利各项工作，实施大中型水闸除险加固、农田水利建设、农村饮水脱贫攻坚，全面推进河长制等工作，为全县经济社会发展提供坚强的水利基础保障。道县水利工作得到上级的充分肯定，获得全省抗洪抢险先进集体，道县最严格水资源管理工作、水库污染治理工作获得全市先进集体。河道管理工作获永州市河道采砂管理年度考核优秀和湖南省水行政执法依法行政试点县考核验收小组第一名。经湖南省水利厅检查验收，道县成功获批省级“濂溪水利风景区”，道县潇水水源地成功晋级为全国重要饮用水水源地等。

【水利建设】　2016年，道县投入水利建设资金3.75亿元，完成小农水重点县项目建设扫尾工作，于5月下旬通过市级验收；完成投资4312万元，实施40座小（2）型水库除险加固建设；完成上坝灌区节水改造项目资金1280万元。完成山洪灾害防治非工程措施建设资金185万元。继续抓好重点民生实事农村饮水安全项目，完成投资840万元，增加农村自来水受益人口1.76万人，农村自来水普及率72.94%，超额完成上级下达的目标任务。全县整合五小水利资金3820万元，完成705处小沟渠、小塘、小坝、小水池等五小水利工程建设。协助县委、县政府全面启动涔天河水库扩建工程道县灌区和营乐源水库建设。启动投资4300余万元的向阳大型水闸除险加固工程建设；水利冬修完成。

【防灾减灾工作】　2016年5月4日16时—5日10时，道县普降暴雨，平均降雨量达83.1毫米，县城降雨量201毫米，超100毫米站点17个，最大暴雨238.3毫米。强降雨持续时间长、降雨量大，破坏性强，创下道县史上同期降雨之最。暴雨洪灾导致县城低洼区积水严重，25个乡镇场受灾严重。据统计，全县受灾人口86021人，紧急转移安置人口875人；因灾倒房17户、46间；全县农作物受灾面积2.56万公顷；交通、水利等基础设施损毁严重，直接经济损失2.28亿元。灾情发生后，道县防汛指挥部紧急调度，各部门密切配合，全力以赴抢灾救灾，把灾害损失降到了最低。多次召开防汛会商会和防汛专题调度会，科学研判，全面安排部署。全年召开防汛会商会21次，发预警信息14余万条。成功抵御11次强降雨袭击，取得防汛抗灾工作阶段性的胜利。道县气象部门、防汛办在监测道县及周边县在5月初有持续大到暴雨后，就迅速通过无线预警广播、96121、手机短信群发等方式，及时发出汛情警报，超前预警，提醒注意及时转移财产和人员，组织全县干部群众积极备战应对。灾害发生后，及时派出工作组赶赴灾情严重的乡镇（街道）查看核实灾情，设立临时集中安置点，紧急调拨大米等，组织医疗队伍，安排救灾资金，赶赴灾区，确保灾民有饭吃、有干净水喝、有衣穿有被盖，有病能及时得到医治。

【水资源管理】　2016年，道县水利局以良好的成绩代表全市通过湖南省人民政府对道县2015年最严格水资源管理制度考核。

【河道保洁】　2016年，道县水利局从控制工业排污、农渔养殖排污，加强生态保护等多方面进行全面保护，严格入河排污口和水功能区监督管理，加强水质监测，确保水功能区水质达标。

【河道采砂】　2016年，道县水利局严格河道采砂日常监管，及时处置各类涉砂矛盾，全年执法巡查出动800余人次，开展河道采砂安全生产大检查、源头治超200人次，及时发现制止违法河道采砂行为103起，处理超载装载砂石47次，化解群众矛盾纠纷62起。从3月1日开始，道县组织公安、水利、国土、交通、安监、民兵应急分队等部门，以及祥霖铺镇、蚣坝镇和上关街道等乡镇1000多人次，多次开展采砂集中整治。其中“潇水河两河口河段”集中整治行动，取缔非法采砂船舶22台，强制拆除上砂码头、行吊14个，并将拆解的废铁全部没收拖走，堆砂场地全部用挖机平整恢复原貌。开展大规模集中整治行动3次，完成潇水河两河口河段、东洲山至武家滩河段、白石岩至氮肥厂河段和永明河港口河段集中整治工作。

【队伍建设】 2016年5月，道县水利局选送1名年轻干部、1名领导干部到中共道县县委党校中青班、科干班学习；选送优秀人才到省、市参加水保、水资源、水建等专业和防汛抗旱培训、水利新闻写作等培训，进一步发展和培养一批水利技术中坚力量，顺应和服务于水利事业的发展。开展“两学一做”“雁过拔毛”式腐败和“纠‘四风’治陋习”等学教活动和党风廉政活动，绷紧预防腐败之弦。开展党风党纪教育，组织全水利系统干部观看警示教育片、参观革命烈士纪念碑、邀请县纪委、检察院专家上警示教育课等活动进行警示教育。进一步增强干部职工的思想意识、党性意识和责任意识。

农业机械化管理

【概况】 道县农业机械化管理局内设办公室、管理股、计生室、政工股、财务室5个股（室）；下设农机安全监理站、农业机械化学校、农机推广站3个下属股（站室）；有干部职工44人。担负着全县农业机械发展规划制定、实施，农机监督管理，农机安全监理，农机技术推广，农机驾驶人员培训等重要职能。道县是湖南省机械化育插秧大县之一，农机化发展水平一直处于永州市前列。2016年，全县农机总动力517383千瓦，有各种农业机械101817台（套），其中大中型拖拉机3643台，联合收割机997台，插秧机320台。

【新机具新技术推广】 2016年，道县农业机械化管理局通过鼓励扶持、项目带动、技术培训等措施，全县全年推广插秧机20台，机插秧面积0.57万公顷。全县全年拥有各型插秧机320台套，机插秧面积呈逐年增加趋势，机插秧推广的成效明显。此外，通过系列措施，全县有烘干机13台套。

【农机合作社建设】 2016年，道县农业机械化管理局注重农机合作社建设，使之成为解决规模种植、转变粮食生产的重要方式和发展现代农业的有效途径。全县全年有农机合作社19家，辐射带动农户2000户，服务农户5000户。

【农机购置补贴】 2016年，道县农业机械化管理局受理各种农机具补贴申请3334台套，补贴金额830.73万元。从规范运行机制、科学设置补贴程序入手，创造性实行补贴申报、补贴办理、补贴监管、入户上牌“一站式”服务的模式，补贴工作由“乱”变成“治”，彻底改变道县农机形象。湖南省、永州市农机局、纠风办、财政局等多次到道县检查，未发现任何问题。

【农机技术培训和农机安全监管】 2016年，道县农业机械化管理局农机技术培训和农机安全监管两项工作齐头并进，取得重大进展。全年培训各类农机驾驶员、操作手、新型职业农民300名，为农机安全生产提供人员和技术保障，为全县农机化快速发展提供有力的智力支撑。通过年检、上牌上户、专项整治、安全宣传、落实责任等措施，农机安全生产平稳运行，全年上牌上户拖拉机、联合收割机150台，年检拖拉机810台，全县未出现一例重特大农机安全事故，确保农机安全生产。

农业综合开发

【项目建设】　2016年，道县农业综合开发办公室项目建设如期完成既定目标。3月中旬完成投资1589万元的清塘镇久泥片高标准农田建设项目的扫尾外业工作；3月下旬对各标段进行全面自验；4月集中时间落实项目的全部内业资料；5月底、6月中旬分别通过市、省级验收。该项目在评比中分别获县委县政府争资类、实施类“优秀项目奖”。全面启动投入1400万元的上坝库区中灌渠的整修工作。该工程系与水利局共同实施的部门项目，前期完成投资200余万元，由于涉及项目设计变更，尚在变更核批阶段。完善富头种植专业合作社、湖南湘浩油茶生物科技有限公司的资料收集；实施四马桥道州灰鹅养殖农民合作社、谷源粮油食品有限公司等财政补助项目的工程扫尾。其中富头合作社、四马桥灰鹅养殖合作社通过省市验收，并完成工程款的划拨。完成四马桥镇滴华片高标准农田建设项目的设计规划、评审，项目财政资金1568万元到位入库。完成永清果业种植农民合作社等4个种养企业竞争立项的资质摸底建档工作并完善资料。

【党建工作】　2016年，道县农业综合开发办公室围绕“两学一做”学习教育活动，不折不扣落实党要管党、从严治党方针，开展精准扶贫、下派第一支书等系列党员党性教育活动，先后组织6场次专题党课讲座，6次专题讨论，结合庆祝建党95周年自主创新开展3次“永远跟党走”党性教育活动，使党员同志理想信念更加坚定，政治素质得到提高，工作作风明显转变，先进性进一步加强。加强对党员的日常监督和管理，开展“雁过拔毛”“整治懒庸散”专题活动，引用反面典型教育党员和干部职工遵纪守法、爱岗履责，通过学习《中国共产党章程》《中国共产党纪律处分条例》，警醒干部职工规范自己的言行，按程序落实1名预备党员按期转正。制定入党积极分子培养计划，收缴党费3467元，完成支部如期换届。保持党员领导干部的纯洁性，工作中党员领导干部始终加强团结、协调和沟通，做到思想上、组织上和工作上的团结，个人要求与组织原则的协调，大局与局部利益的协调，大事沟通，小事商量，从未因工作协调配合不够而发生矛盾纠纷。

【综治维稳】　2016年，道县农业综合开发办公室通过落实组织机构，强化责任措施，经常排查各类矛盾纠纷隐患，消除不稳定因素，强化普法宣传，推进依法治理，精心组织民调，按时执行夜巡和文明劝导，加强机关安保，未发生一起矛盾纠纷、上访现象和安全事故。宣传和落实计生政策，为育龄妇女提供服务，定期组织健康检测，加强对辖区内流动人口监管，未发现超生现象。为县政府指定的联系点祥霖铺兴坪村投入11.5万元基础设施建设帮扶资金，有效解决种植区的灌溉和除涝问题，经常义务参与烟农大田移栽、田间管理，销售烟叶600担，100%完成计划。

移民工作

【概况】　道县移民开发局系正科级全额拨款事业单位，属县政府工作部门，主要负责全县水库移民搬迁安置、移民后扶资金管理、移民项目实施、移民生产开发等工作，内设办公室、工程股、资金财务股、后期扶持股、规划计划股、政策法规股、产业开发股、搬迁安置股、纪检监察室及库区机埠维修站，下设道县库区科技服务中心和万亩脐橙基地两个自筹自支事业单位，主要负责全县库区脐橙基地的开发管理、技术指导服务、协助抓好基地配套设施建设等工作。道县移民局局机关编制12人、库区科技服务中心编制9人、万亩脐橙基地编制5人。2016年实有在编在岗干部职工72人。全县有大中型水库9座，其中大型水库1座（即双牌水库），中型水库8座（即上坝水库、乐海水库、廊洞水库、云溪水库、久佳水库、陆洲水库、向阳水库、桐溪尾水库），全县共有农村移民78172人，涉及22个乡镇场（街道），207个行政村，819个村民小组，其中移民人口占村民总数10%以上的，涉及20个乡镇场、107个行政村、629个村民小组。

【精准扶贫】　2016年，县移民局始终把实施移民精准扶贫工作作为一项政治任务来抓，成立由党政一把手任组长的库区移民精准扶贫工作领导小组，落实党政一把手为扶贫工作的第一责任人，落实行业部门扶贫责任，着力加强移民扶贫工作队伍建设，做到有场地、有人员、有经费，大力推动扶贫工作落实到位。结合“两学一做”学习教育，深入开展“一进二访”活动，摸清扶贫对象、核准困难家底、弄清贫困原因、把握群众需求，认真分析每个贫困村、贫困户的致贫原因，真正把“扶贫谁、怎么扶、谁来扶”的问题落到实处。对驻点扶贫村东门街道高车村69户贫困户开展结对帮扶活动，活动中每一个干部职工都下到贫困户当中去，把贫困户致贫原因找准，制定“一对一”的帮扶方案；投入80多万元，在高车村兴建60余亩的蔬菜大棚为主的特色种植基地，提升自身发展内力，增加贫困移民收益。结合库区贫困村实际，因地制宜，实施项目扶持，全年安排资金395万元，着力解决东门街道高车、白马渡镇庙头、清塘镇营乐源、小塘、富塘街道乌梨树、东门街道下塘、祥霖铺镇两河口、柑子园镇粮林等村8个重点移民贫困村的项目建设，主要用于发展特色种植、养殖业、农田水利、新农村建设、饮水安全、道路交通、技能培训等建设项目。

【实施移民避险解困项目】2016年6月8日，道县召开移民避险解困项目推进会，全县全面推进省第二批大中型移民避险解困试点工作。该项目总投资26339.33万元，其中中央补助资金10602万元。截至年底，签定安置协议1340户、4532.5人，占总任务5301人的85.5%，（其中：4个农村集中安置点安置165户、642人，1个进城集中安置点共安置29户、92人，6个社会保障安置点共安置161户、183人，进城购房134户、481.5人，分散安置851户、3134人。）分散安置户有95%完成主体工程，4个农村集中安置点和进城集中安置点正在全面推进，6个社会保障安置有4个点封顶，进城购房全部签订购房协议。

【发放移民后扶直补资金】2016年，县移民局严格遵循“一个尽量，两个可以”原则，将600元移民后扶直补资金足额及时发放，做到应发尽发。全年发放移民直补资金2873.93万元，解决广大移民的基本生活问题。同时，加强移民后扶人口动态管理工作，全年清理、核减移民后扶直补人口1697人，核减资金101.82万元。

【库区开发】　2016年，县移民局投入1170余万元，用于库区生产开发。其中：免费发放各种苗木16余万株，全面完成2015年库区新开发水果266.67公顷的移栽；在上关街道石门、清塘镇小塘等村集中连片开发脐橙面积133.33余公顷，在白马渡镇青口、白芒铺镇湾田等村进行零星开发脐橙133.33公顷；在富塘街道乌梨树、白马渡镇庙头等村开发油茶133.33公顷；对新老开发基地的基础设施建设和基地管护进一步加强，确保基地开发成功。此外，抓好脐橙初加工项目建设，完善上关爱农果业合作社脐橙储藏通风库配套建设，在白马渡镇脐橙基地兴建大型脐橙贮藏保鲜初加工通风库1个。

【移民工程项目】 2016年，县移民局投入后扶项目资金5768.39万元。根据省、市局批复的项目计划，按“轻重缓急”原则组织实施，截至年底，全县实施移民后扶项目435个，其中验收项目254个，占全年项目计划的58.39%；拨付资金4436.96万元，占计划资金的76.92%。

【移民培训】 2016年，县移民局根据省、市移民局安排培训898人次的任务，全年完成移民培训945人，其中以脐橙种植为主的实用技术培训793人，转移就业技能培训152人。

【信访维稳】 2016年，道县移民局把确保库区社会稳定摆到全局工作重要的议事日程，进一步强化组织领导，畅通移民信访渠道，健全矛盾纠纷排查调处机制，在宣讲政策、解决问题、痕迹管理上下功夫，做好移民信访维稳工作。全年接待来访20批次、80余人，处理来信来访及化解矛盾纠纷10件。同时，针对全县4个移民老信访问题，成立一个信访维稳调查核实处理组，通过政策解释、妥善处理，为库区和移民安置区经济社会发展营造良好环境。成功将库区科技服务中心和万亩脐橙基地34个工作人员的工资纳入县财政统筹。

【做好秀峰庙大桥坍塌事故善后工作】 2016年8月13日下午，白马渡镇秀峰庙大桥发生坍塌事故。事发后，县移民局履行业主单位责任，配合参与，做好失踪人员和死者家属接待安抚、对接沟通、生活后勤保障，掌握家属的思想动态和诉求意见，与事故伤亡人员家属多轮商谈、反复沟通，达成一致协议，伤亡人员的善后工作得到妥善处理。另外，根据县安全生产委员会办公室《重大安全隐患交办函》和县地方海事处《关于打捞清除秀峰庙大桥沉没物的函》要求，及时对秀峰庙大桥垮塌后桥体上的钢筋、水泥废渣、木板、河道中沉没的残留物清理工作作专门研究，在县海事局的帮助支持下，9月26日经过县采购中心依法采购，确定衡阳市俊源水上通航安全服务有限公司对大桥沉没物打捞，于10月18日，完成秀峰庙大桥沉没物打捞工作。

气象工作

【概况】 2016年，道县气象局有干部职工18人，其中在职职工14人，退休4人。内设科室2个，为综合管理办公室和防灾减灾科；直属业务单位4个，为气象台、科技服务中心、人工影响天气办公室、防灾减灾预警中心。获得“湖南省文明单位”“湖南省园林式单位”“湖南省文明卫生单位”“湖南省重大气象服务先进集体”，永州市“气象部门综合目标管理特别优秀单位”等称号。

【汛期气象服务】 2016年，道县汛期降水前多后少，4月、5月、6月异常偏多，9月显著偏多，7月、8月偏少。道县汛期经历9轮暴雨以上强降水过程，包括5月5日、5月8日全县大暴雨，3月20日、4月10日、4月17日、5月15日、5月20日、6月3日、6月13日全县暴雨。对于这几次过程，道县气象局均提前准确预报，并及时发布预警，汛期累计发布各类气象服务短信及预报信息60万人次，制作汛期趋势预测、专题气象服务、强降水天气预报等服务材料80期。全县未出现因气象灾害造成人员伤亡事故，并将经济损失降到最低。

【农业气象服务】 2016年，道县气象局创新服务机制，加强与农业生产部门和农业专业服务组织的合作，组织关键农事期联合会商，并汇总出台农业气象服务材料，更具专业性和针对性；加强面对新型农业经营主体的“直通式”气象服务，明确服务对象，规范服务流程，细化服务方案，完善传播渠道等措施，加强对种植大户、农业专业合作社、涉农企业等重要农业经营主体的“直通式”服务；丰富气象为农服务产品，提升气象为农服务效益，针对春耕春播、夏收夏种、秋收秋种等关键农事期以及转折性、灾害性天气，制作发布《农业气象情报》《春耕春播气象服务专报》《夏收夏种气象服务专报》《秋收秋种气象服务专报》《农业气象灾害预警专题》等气象为农服务产品。

水文工作

【概况】 2016年，道县水文局有正式在编人员8人，其中工程师4人，助理工程师2人，技术员2人。主要职能是统一管理县域内水文资料的收集、整理、汇总，并报送上级水文部门审定；为县人民政府及防汛指挥部门提供实时雨水情服务；协助水行政主管部门管理和保护水资源，在实施取水许可、水资源费征收等项目中，负责水质水量分析评价及水功能区划等基础工作；为潇水流域的江河治理、防汛抗旱、水资源开发利用、水工程的建设管理，系统地收集水文资料；为双牌水库入库站，为水库的工程管理、防洪安全服务。从2014年起，承担全县山洪灾害防治非工程措施预警系统37个雨水情监测站点的管理维护工作。

【防汛测报】 2016年，道县水文局在潇水河段水文测验断面收集水文资料。2016年水情变化受上、下游水利工作影响，下游双牌水库水位达166.70米（吴淞基面）时，回水顶托影响本站水位变化，上游五洲电站发电及涔天河水库和红旗电站闸门启闭影响本站水位变化。全年降水量主要集中在4—6月。6月14日出现年最高水位171.06米，11月9日出现年最低水位164.97米，年变幅6.09米。全年主要洪水过程发生在5月19日—5月28日、6月3日—6月24日，实测最大流量2790立方米/秒，相应水位171.00米；实测最小流量28.3立方米/秒，相应水位165.04米。

【设施设备建设】 2016年，道县水文局贯彻县防指提出的“防大汛、抗大灾、抢大险”精神，确保2016年水文测报工作开展，确保在汛期做到“测得到，报得出，报得准确及时”，更好地发挥水文的“耳目、尖兵”作用，在洪水期间准确及时提供雨水情信息，为县委县政府及防汛部门在防汛抗旱期间决策部署、科学调度提供技术支撑。为保障湘江潇水流域自动测报系统、中小流域山洪预警系统和山洪灾害防治非工程措施预警系统等设备的正常运行，在汛前就组织技术力量对预警测报系统37个雨量、雨量水位一体站点的设施设备进行全面查检、维护，对存在故障的设备配件进行更换，确保所有仪器设备正常运行。主汛期期间每天对所有设施设备进行跟踪监测，发现出现故障站点，立即前往维修。汛后再进行一次全面检查、维护。进一步加强县水文局基础设施更新改造，完成声学多普勒流速剖面仪（ADCP）测流系统、道县水文巡测基地以及中小流域等、营江、四马桥水文站的建设工作。

【队伍建设】 2016年，道县水文局通过组织职工学习水文规范、条例和职业道德，同时依靠市局通过岗位锻炼、跟班学习、集中培训、参加技术学术交流、达标考核、业务竞赛等方式，不断不断加强干部队伍建设。

交通·通信

交通运输管理

【概况】 道县交通运输局是主管全县交通运输行业的县人民政府工作部门，担负着全县交通运输基础设施规划、建设、养护、管理、安全生产和运输市场管理等职能。内设办公室、政工股、财务审计股、基本建设股、安全法制股、运输综合股、交通战备股等7个职能股室，下设公路管理站、地方海事局、交通建设质量安全监督管理站、道路运输管理所、城市客运管理办公室、公路路政大队、交通运输服务站等7个事业单位。局机关有干部职工20人，局属事业单位有干部职工147人。2016年，道县交通运输局先后获湖南省交通运输行政执法评议考核先进单位，永州市春运工作先进单位、安全生产先进单位，道县“绩效考核一类单位”、组织工作先进单位、党风廉政建设先进单位、安全生产先进单位、综治维稳先进单位等称号。

道县县域内洛湛铁路贯穿道县南北，厦蓉高速横贯东西，国道G207线和道贺高速纵贯南北，并有多条省道相互联络，形成道县公路交通运输网的主骨架。2016年，全县公路通车里程2844.2千米，其中，高速公路77.3千米，国道112千米，省道189.5千米，县道393千米，乡道621.3千米，全县所有的乡镇所在地100%通水泥路（柏油路），100%的行政村通水泥路。管理公益性渡口18处，渡船19艘，浮桥1座，客运站场14个，运输企业4家，营运车辆3231台，维修企业59家，驾校8家。

【国道建设项目】 2016年，国道G207线道县绕城段改建工程指挥部从规划、交通、公路、国土、房产、交警等部门抽调精干力量工作人员，完成潇水二桥（扩宽）、潇水三桥施工图设计、道路施工图设计优化，林地报批、用地报批工作开展，招投标工作正在准备中，征地拆迁工作稳步推进。

【省道建设项目】 2016年，省道S354线道县上关至湘源温泉公路获取一阶段施工图设计批复，完成投资建设招投标，举行开工典礼并进场。省道S234线宁远柏家坪至道县柑子园公路，报送至湖南省交通运输厅会签，获得一阶段施工图设计批复。施工招标清单预算委托有资质的咨询单位进行审查，监理、施工招投标准备工作有序开展。县财政预算拨付500万元，用作国道G357线道县白马渡至李家园公路（长10千米，含白马渡潇水大桥900米）、省道S354米道县李家园至中坪公路（长22千米）、省道S234线道县油湘至蚣坝公路（长40千米）等项目前期工作经费。省道S351线宁远湾井至道县四马桥（道县段约9千米）、省道S236线宁远九嶷山至道县湘源温泉（道县段13千米），按照永州市交通运输局统一安排部署，由宁远县牵头，道县协调配合做好前期工作。

【干线公路项目】 2016年，干线公路实施项目3项，分别是国道G207线绕城段扩改、省道S354线和省道S234线公路建设。国道G207线绕城段建设完成道路一阶段施工图设计优化、潇水二桥拓宽工程和潇水三桥两阶段初步设计评审及修改、全线征地拆迁调查摸底和部分征地补偿，补偿到位1000万余元；省道S354线道县上关至湘源温泉公路征地拆迁全面启动并动工建设；省道S234线宁远柏家坪至道县柑子园公路几个前置专项报告批复，一阶段施工图设计批复报送至湖南省交通运输厅会签。施工招标清单预算委托有资质的咨询单位进行审查，监理、施工招投标准备工作有序开展。

【农村公路建设】 2016年，道县交通运输局完成农村公路提质改造工程130.36千米，投资4012.9万元；计划外项目完成农村公路新建道路60千米，投资2400万元；完成危桥改造14座；投资1163万元；完成营江岗下桥、社复桥等6座渡改桥工程，投资5200万元；完成安保工程87.20千米，投资1308万元。

【水运工程建设】 2016年，道县交通运输局完成8道渡口码头建设项目，投入360万元，其中省补资金180万元，地方配套资金180万元。

【农村客运网络化建设】 2016年，道县交通运输局完成招呼站建设任务80个，农村客运网络化建设行政村通客车率100%。

【运输市场发展和监管】 2016年，道县交通运输局强化对客运、货运、驾培、维修、站场等行业的监管。推进“平安交通”创建，完成1个省级、4个市级示范点的任务。组织大管控、大排查、大整治专项行动，从根源上消除安全隐患。开展“监管执法年”活动，提高安全生产法治化水平。严格管控安全生产风险，制定风险源管控责任清单，建立风险源档案，出台交通系统风险源目录，签订责任状，把风险源管控工作纳入安全生产考核。强化应急演练，注重安全宣传教育，将应急演练和宣传教育日常化。通过一系列措施，全年交通运输系统没有发生一起安全生产责任事故，安全生产形势持续稳定。全年办理办理营运车辆年审1065台（货车570台、客车335台、教练车160台）。增加更新客运车辆8台，增加货运车辆789台，教学车辆46台，完成客运量314.28万人次，客运周转量3225.7万人千米，完成货运量582.4万吨，货运周转量5895.4万吨千米，分别比2015年同期增长1.2%、1.3%、1.6%和2.1%。

【党风廉政建设】 2016年，道县交通运输局突出交通运输部门工作实践特殊，开展“三严三实”和“四讲四有”教育活动。学习习近平关于“讲规矩、守纪律”及“三严三实”等方面的重要讲话精神，运用违犯中央“八规定”精神问题及相关违规犯法的典型案例进行警示教育，做到早提醒、早警示。开展“机关内部食堂违规公款消费、违规发放津补贴或福利、财务票据突出问题和党员干部带彩娱乐”等四项专项整治，不断增强讲规矩、守纪律的意识。及时贯彻上级关于进一步整治大操大办婚丧喜庆事宜和违规操办“升学宴”“谢师宴”等相关文件精神，使广大党员干部和工作人员自觉讲规矩、守纪律，不触碰底线。落实“月督查、季评比”制度，严格落实党风廉政建设主体责任，确保干部作风过硬。落实两个责任，增强防腐拒变的自制力。认真落实党委党风廉政建设的主体责任和纪检的监督责任，采取得力措施，确保交通队伍清正廉洁。在全系统内层层签定责任状，明确规定党风廉政建设的职责任务与要求。组织开展党风廉政宣传教育月活动，组织党员干部学习有关文件精神，开展党纪法规知识测试，用通报的违规违纪和失职失责的典型案例进行教育警示，强化自省约束。落实领导干部个人事项报告制度。做好局机关财务审计工作，及时进行违规津贴补贴清退。进一步完善有关党风廉政建设方面的各项规章制度，增强反腐拒变的自觉性和自控力。全年集中组织培训6期，培训人员500余人次，在各级媒体刊登稿件50余篇。办理市县人大、政协提案20余件，做到答复、见面、满意率100%。

【精准扶贫】 2016年，道县交通运输局机关干部职工和局二级单位联户联点，共为乐福堂乡杨柳塘村、中村坊村、龙山角村、乐福堂村、富头村、龙村、大莲塘等村，解决公路建设资金400万余元，帮扶贫困对象195户。

公路管理

【概况】 道县公路局于1994年从道县公路段更名而来，是道县人民政府直属的正科级全额拨款事业单位，负责道县境内国道、省道及部分县道的建设、养护和管理。2016年，道县公路局内设办公室、政工股、财务股、工程股、养护股、路政股、纪检监察室、综治办、安全法制股、下洞治超站、仙子脚超限超载卸载场等11个股（室）。全局干部职工247人，其中在职147人，退休100人。管养总里程242.38千米，其中国道109.66千米、省道62.65千米、县道70.07千米，各类桥梁39座。

【公路工程建设】 2016年，道县公路局完成下洞超限检测站站场前期建设竣工验收，投资100多万元建设地磅土建工程、配套精检系统和不停车检测系统。做好潇水大桥、濂溪桥工程启动所需相关启动程序，勘测设计的资料收集，配合道县省道S354线工程、人员调度及其他县城市道路建设的人员调度与技术指导。总投资290多万元，推动占地面积6000平方米、建筑面积1000余平方米的道县仙子脚镇永安关公安公路检查治超站的建设，采取“两站合一”的建设方式，把永安关公路公安检查站打造成道县公路开展超限治理、公安开展治安检查的主阵地，实现公路公安联合执法，为道县公安机关实现“一站查控、全网联动”的警务实战和筑牢社会防控安全屏障发挥重要作用，最大限度地围追堵截各类违法犯罪分子。

【公路养护管理】 2016年，道县公路局养护股结合公路养护实际，紧扣“创新、发展、规范、勤俭”工作主题，以精细化养护管理为手段，开展养护工作，全面完成公路养护任务，干线好路率95%，增加干线好路率70.75%。道县公路局全年列养公路里程242.98千米，在养里程168.73千米。市局年初下达的路况目标为：原有省道路况优良率88%，增加省道路况优良率50%。实际完成后，通过三季度路况评定，道县公路局原有国省道路况优良率96%，增加国省道路况优良率61%，综合好路率76.76%，均超额完成，市局下达的目标任务，基本上消灭路面失养失管现象。全年完成G207沥青混凝土路面修补786平方米，修补沥青路面3760平方米，修复县道X069线水毁路面8793平方米，新建省道S323线道永段及县道X069线石砌水沟1103米，整理路肩74.3千米，清理路肩土石方和垃圾6850立方米，清挖肠梗阻235米，清理水沟60.4千米，修复石砌水沟、路肩墙52处、1245米，清通涵洞231道，修复涵洞5道，增设公益路口水沟盖板12处、60米，埋设公益路口涵管8处、47米，水泥断角修补47处，补灌缝11200米，清理塌方590平方米，打草82千米，刷新树木、路缘石47.37千米，刷新桥梁9座，完成国道G207线安保工程建设2.45千米，完成标志牌6块、标线及减速标线1805平方米、爆闪灯16盏，确保局管养公路整体路况稳定及安全通畅。管养国省干线121.30千米，有水沟52217米、涵洞237道，养护股针对水沟肠梗阻、水沟淤积、石砌水沟破损、涵洞堵塞、损坏等问题进行大排查、大整改。投入资金39万余元，使用挖机15台班，结合人工清除肠梗阻128处、2190米，清理水沟50027米，修复石砌水沟、路肩墙52处、1245米，清通涵洞231道，修复涵洞3道，增设公益路口水沟盖板12处、60米，埋设公益路口涵管8处、47米。系统治理国省干线路容路貌，组织人工、机械全面清除路肩边坡的杂草、浮土、枯死树木，清理路肩反坡和路肩堆土，清理路肩35760平方米，治理国道G207线托管路段路肩反坡6780平方米，清运国道G207线及省道S323线跨方及堆土3876立方米，清运垃圾260立方米，打除路肩高草103.8千米，刷新公里碑百米桩86.71千米，修补国道G207线沥青混凝土路面12处、303.7平方米，省道S323西线处治断角22处、58平方米，投入资金390余万元，结合"美丽公路"及"美丽乡村"建设，采用乔木、灌木、草皮相结合，打造高中低立体景观。国道G207线开展美丽公路建设种植银杏树4800余株，种植草皮2.8千米、4670平方米，种植红叶石楠1500株、红千层1500株。组织安全法制股、路政大队、养护股组成安全隐患排查小组，对管养的国省干线及支线进行地毯式排查，并列出隐患清单，限期整改，消除安全隐患点段12处，增设标志标牌10块，修复钢护栏8处、32米，清理边坡跨方8处，修复挡土墙2处、45米，并加大对上路人员的安全意识教育，规范公路养护作业及小修工地的现场设置。国道G207线安保工程投入资金18万元，完成标志牌6块、标线及减速标线1805平方米、爆闪灯16盏。针对2016年道县境内普降大到暴雨，导致管养公路多处水毁的情况，道县公路局紧急启动应急预案，抢险分队24小时待命，本着安全、保通优先的原则，及时处置。清除塌方2698立方米，修复涵洞9道，抢修县道X069水毁路面5320平方米，清理省道S323宁道公路跨方1420立方米，修复挡土墙489立方米、县道X065线修复石砌挡墙108立方米、防撞墙18米。

【公路路政管理】 2016年，道县公路局路政工作紧紧围绕"法制路政""智慧路政"建设战略目标，以创建"美丽公路"和"路政管理示范路"建设为核心，开展各项工作。路政大队制止违法建筑45处，拆除临时厂棚及棚屋709处，清除路障1863处，清除摆摊设点597处，清除路面砂石遗洒55处，拆除非公路标志571块，处罚案件58起，处理案件8起，制止打场晒粮85起，办理路政许可2起。收取路赔费3.7万元，罚款16.35万元，合计20.05万元。仙子脚卸载场1—7月份检测车辆8912台，超限车辆154台，收取罚款23.4万元，卸载车辆1台，卸载货物75.74吨，8月份由于站场建设所有人员暂时编到县常态化流动治超组，检测车辆1000余台，超限车辆230台，收取罚款60万元，卸载超限车辆8台。下洞治超站货运车辆28077台，检测车辆14282台，超限车辆87台，收取罚款4.15万元，路赔费0.02万元，合计4.17万元，卸载超限车辆3台，卸载货物36.16吨。三部门合计84.219万元。5月，开展"路政宣传月"活动，出动宣传车辆18台次，出动人员50人，散发宣传单1万余份，制作宣传横幅20幅。5月16—28日、7月18—24日集中开展割"马槽车"专项整治行动。两次专项整治行动抽调交警、交通、公路90余人、执法车8台次，组成联合执法队伍。同时，利用电视、手机报等新闻媒体大力宣传，各乡镇、治超成员单位悬挂治超宣传标语。专项整治行动强制切割非法改装车、"马槽车"52台，罚款9900元。6月，开展"安全宣传月"活动。6月16日在敦颐广场开展安全生产咨询日活动，印制宣传资料2000份；6月27—30日送安全生产知识联合下乡，制作两块宣传模板，印制宣传资料4000份。

汽车运输

【概况】 永州汽车运输总公司道县分公司是道县唯一的国家道路运输二级企业，下设三科一室一队，即生产经营科、安全科、财务科、办公室、护卫队，有职工283人，其中退休156人，内退31人，营运车辆51台，跨省区线路牌40块，县际线路牌11块，主要经营上海、江苏、广东、广西、海南以及本省长沙、衡阳、永州、零陵、新田、蓝山等地的道路旅客运输和包车运输任务。

【经营管理】 2016年，永州汽车运输总公司道县分公司实行合同管理，推行合同规范化、标准化管理模式，加强年度计划的执行力度，详细分解年度计划，明确责任，明确进度，加强成本管理和核算工作，对非生产性开支严格控制、厉行节约、堵漏增效，减少资金流失。

【安全管理】 2016年，永州汽车运输总公司道县分公司坚持"以人为本、安全第一"的原则，丰富教育内容，强化安全监管，抓好隐患治理，加大追责力度，开展"道路客运安全月""平安交通""打非治违""安全生产大排查"等多项重点安全活动，狠抓安全标准化建设，使全公司安全基础工作有较大提升，安全管理水平全面提高，安全形势持续稳定，被永州市安监局评为2016年安全标杆企业，被永州市运管处和永州汽车运输总公司评为安全管理先进单位。

电　　信

【概况】 中国电信道县分公司成立于2004年1月，是中国电信股份有限公司在道县的分支机构，承接在道县的基础通信建设、运营和业务发展及服务工作。2016年经营的业务有：移动通信业务（包括133/173/177/180/189/181/153）、固话业务、互联网接入及应用、数据通信、国际及港澳台通信等多种综合信息服务。内设综合部、市场部、网络部、乡镇支局，有总经理1名、员工75人。全县城区、乡镇设有中国电信代办业务网点，均能办理手机上户、话费缴纳、宽带安装等业务；城区4G网络覆盖均值达70%以上，宽带业务覆盖全县城区及乡镇。

【重点经营】 2016年，中国电信湖南省公司明确未来五年湖南电信的发展规划，即"1个聚集战略，秉承两个发展理念，把握4大市场定位，强化'3大保障'战略实施要点，中国电信道县分公司全体干部员工聚焦实干，推进改革转型，在公众市场、宽带市场、集团客户、行业应用等业务方面做到专而精。

【聚焦市场】 2016年，中国电信道县分公司聚焦社会渠道的提量、提质，做好市场份额的稳盘。坚持有效渠道的规模化发展，确保市场掌控力。通过省市县推进的社会渠道一把手工程，规划好商圈店与普通渠道的布局，形成较好的渠道建设体系，农村区域尤其注重标杆厅的建设，从外部形象的硬件到经销商经营思路的软件入手，并借助于一拖几的战略布局，实现乡镇渠道终端运营与操盘的能力。在规划好渠道的同时，聚焦宽固市场，实现业务平衡发展。主要通过全家一起用电信来抢占宽带、移动市场。城区以自建为主、乡镇及农村以合建为主，以宽带项目的规模化覆盖为目的，将公司的宽带资源的覆盖面尽可能提升，尤其是竞争对手少、用户价值高的行政村市场。通过实行宽带资源的网格化管理，做透宽带的精细化营销。改变合作商思想，实现移宽的双轮驱动，以移促宽、以宽促移，实现移宽业务的稳定发展。新增移动用户21636户，宽带用户6219户，网络电视7582户。

【集团拓展】 2016年，中国电信道县分公司主要以客户关系沉淀为基础，利用行业应用为切入点，实现集团单位客户的入网。做透三大专项市场，以教育信息化（校园通）、商企酒店为重心，由发展企业单个用户向发展团体业务转型。

【网络保障】 2016 年，中国电信道县分公司在 4G 及宽带领域正大力发展，以用户需求带动网络建设取得初步成果，为进一步加快推动 4G 布局，加快发展网络信息化服务，推动经济结构调整。年底制定三年滚动规划，计划在 2017 年一季度启动第一阶段的建设。

移动通信

【概况】 中国移动通信集团湖南有限公司永州市道县分公司（简称永州移动道县分公司）于 1999 年 7 月挂牌成立，现为永州移动分支机构。2016 年，道县移动公司设有 3 个部室，两个中心、1 个中心营业厅、1 个老模式城区营销中心、1 个乡镇营业部、7 个片区营销，在岗合同制员工 62 人，劳务派遣制员工 5 人。

【市场经营】 2016 年，永州移动道县分公司把握 4G 发展机遇，加快移动互联网转型，实现市场经营能力的显著提升。收入同比增幅 10.98%；期末通话客户份额 69.01%，提升 0.67PP；4G 套餐客户渗透率 77.37%；一级渠道 107 家，份额 58.15%；核心商圈渠道 16 家，份额 48%；客户满意度得分率 100%，并列全市第一位。

【移动 4G 网络及宽带建设】 2016 年，永州移动道县分公司 LTE 综合覆盖率 98.78%，LTE 下载速率 32.92Mbps，当年 12 月日均 2G 流量 247GB，4G 流量 2986GB，较 2015 年 12 月 2G 流量同比下降 21.74%，4G 流量同比增加 68.68%，2/4G 网 4G 网络手机流量占比为 92.2%。网络资源方面，2G 基站 269 个，4G 基站 437 个，较 2015 年底分别增加 44 个、92 个。家宽小区数 188 个，当前端口数规模 27742 个，较 2015 年分别增加小区 130 个、端口 15609 个。

【综合管理】 2016 年，永州移动道县分公司对腐败工作坚决做到“零容忍”、在员工队伍中牢固树立“红线” “底线”意识，党支部落实“三会一课”制度、做到“一岗双责”，鞭策全体党员按“两学一做”要求做一名合格党员为企业的持续、健康发展发挥党员骨干先锋作用。关心员工的工作与生活，落实关心员工的各项政策，精心规化、组织员工的文体及户外活动，提升企业的凝聚力。

联　通

【概况】 中国联通道县分公司成立于 2001 年 10 月，是中国联合网络通信有限公司在道县的分支机构，承接在道县的基础通信建设、运营和业务发展及服务工作。经营的业务有：移动通信业务（包括 130/131/132/145/155/156/176/185/186）、固话业务、互联网接入及应用、数据通信、国际及港澳台通信等多种综合信息服务。2016 年，设本部、自营厅、城区网格、蚣坝网格，有员工 30 余人。全县城区、乡镇设有中国联通代办业务网点，均能办理手机上户、话费缴纳、宽带安装等业务；城区 4G 网络覆盖均值 90% 以上，宽带业务覆盖全县城区及部分乡镇。

【重点经营】 2016 年，中国联通湖南省公司明确未来五年湖南联通的发展规划，即“1 个聚集战略，秉承两个发展理念，把握 4 大市场定位，强化 3 大保障”战略实施要点，中国联通道县分公司贯彻省公司的“1243”实施纲要，要求公司全体干部员工要聚焦实干，推进改革转型，2016 年在公众市场、宽带市场、集团客户、行业应用等业务方面做到专而精。

【聚焦市场】 2016年，中国联通道县分公司聚焦社会渠道的提量、提质，做好市场份额的稳盘。坚持有效渠道的规模化发展，确保市场掌控力。通过省市县推进的社会渠道一把手工程，重点区域自己拿，次要区域进行补强，规划好4G旗舰店与普通渠道的布局，并落地好社区沃店等渗透型渠道的建设，形成较好的渠道建设体系，农村区域尤其注重标杆厅的建设，从外部形象的硬件到经销商经营思路的软件入手，并借助于一拖儿的战略布局，实现乡镇渠道终端运营与操盘的能力。在规划好渠道的同时，聚焦宽固市场，实现业务平衡发展。通过项目驱动抢占宽带蓝海市场，城区以自建为主、乡镇及农村以合建为主，以宽带项目的规模化覆盖为目的，将公司的宽带资源的覆盖面尽可能提升，尤其是竞争对手少、用户价值高的行政村市场；通过实行宽带资源的网格化管理，做透宽带的精细化营销；改变合作商思想，实现移固的双轮驱动，以移促固、以固促移，实现移固业务的稳定发展。

【聚焦集团拓展】 2016年，中国联通道县分公司聚焦集团行业信息化的落地与推广，以客户关系沉淀为基础，利用行业应用为切入点，实现集团单位客户的入网；做透三大专项市场，以教育信息化（沃教通）、十户联防、商企酒店为重心，由发展企业单个用户向发展团体业务转型。

【网络保障】 2016年，中国联通道县分公司在4G及宽带领域大力发展，以用户需求带动网络建设取得初步成果，为进一步加快推动4G布局，加快发展网络信息化服务，以推动经济结构调整。年底制定3年滚动规划，在2017年一季度启动第一阶段的建设。全年需建设4G基站58个，建设光缆长度120千米，完成光纤到户端口3000个。根据公司三年滚动规划，计划在未来五年建成目前3G基站的覆盖规模，规划新增4G基站175个，计划新建杆路及光缆600千米，所有重点乡镇必须到达覆盖，计划到2019年光纤到户用户端口翻番，达到4.2万个。

财政·税务·金融

财　　政

【概况】　2016年，道县实现地区生产总值171.24亿元，增长92%，第一、第二、第三产业增加值41.54亿元、44.33亿元、85.37亿元，分别增长3.2%、7.4%、13.6%。实现固定资产投资168.18亿元，增长17.2%。社会消费品零售总额54.58亿元，增长11.9%。城镇居民人均消费支出18282元。农村居民人均纯收入13159元，增长8.9%，农村居民人均消费支出12378元。全年全县财政总收入11.87亿元，比2015年增加1.63亿元，增长16%，为年度预算的100%。其中：地方一般公共预算收入完成8.44亿元，比2015年增加8314万元，增长10.9%；上划中央收入完成2.52亿元，比2015年增加6562万元，增长35.2%；上划省级收入完成8995万元，比2015年增加1506万元，增长20.1%。全县公共财政支出完成35.2亿元，比2015年实际完成数增加3.14亿元，增长9.8%。全年全县地方财政收入8.44亿元，上级补助收入24.84亿元，转贷财政代理发行地方政府债券收入7.09亿元，2015年结余6897万元，收入41.08亿元。地方财政支出35.21亿元，上解支出1587万元，地方政法债券还本支出5.67亿元，安排预算稳定调节基金150万元，支出41.04亿元，年终滚存结余400万元，全部结转下年支出。

【财源培植】　2016年，道县财政面对政策性减收、重点税源企业开工不足、房地产行业持续低迷等严重挑战。年初组织财税三家联合做好税源调查，对各纳税企业及各重点建设项目进行排查摸底，掌握税源情况。加大协税护税力度，与全县46个与税收征管相关联的部门和所有乡镇签订征管协议，形成税收征管部门联动，税收收入占财政总收入比例较2015年提高2个百分点。招商引资的成效逐步发挥，工业园实现各类税收8920万元，年缴税500万元以上的企业4家，华新水泥实现税收2144万元，有效弥补冶炼行业开工不足。面对持续低迷的土地市场，通过招商引资的方式引进湘粤桂综合物流园和冷链物流园，确保土地出让收入及相关税收有所增长。同时，加大非税收入规范管理，实行“以票管费”，掌握收入动态，特别是对土地出让收入实行动态管理。全年完成非税收入3.27亿元，比2015年增长2096万元，增长6.8%。争取上级补助资金突破24.84亿元，比2015增加0.09亿元，其中争取各类专项资金8.16亿元；争取一般性转移支付15.87亿元，比2015年增加2.7亿元；争取一般性债券资金1.73亿元，比2015年增加10222万元；置换债券53601万元，比2015年增加23601万元，支持地方经济发展。

【服务发展】　2016年，道县财政发挥财政资金导向作用，推进“工业强县”战略。优惠政策进驻园区，兑现各项税收返还及土地优惠政策奖励资金1.21亿元，投入资金5418万元，支持推进标准化厂房、道路等园区基础设施建设，完善“水、电、气”等配套措施，提升园区承载能力，增强发展活力。重点项目保障有力，争取农村公路、饮水安全、垃圾处理、污水处理、污染治理和城镇化引导资金。投入5056万元，用于沲水河重金属治理工程、病险水库加固项目及危桥改造、渡改桥、农村公路等项目建设。完成89批次工程招投标和19.2亿元招投标保证金的监管和返还工作，支持全县的重点工程建设。美丽乡村建设有序，争取财政奖补资金1937万元。其中，一般性财政奖补资金1437万元，“美丽乡村”项目财政奖补资金200万元，“十村连片”财政奖补资金300万元，实施一事一议财政奖补项目282个。拨付资金2909万元，支持库区和移民安置区基础设施建设；筹集资金3.45亿元，支持城乡环境综合整治、垃圾污水处理、保障性安居工程、农村危房改造和特色民居修缮等建设，城乡面貌明显改善，成功列入国家级重点功能区生态考核单位。

【支出保障】 2016年，道县财政部门按照公共财政的要求，优化支出结构，把财力向民生倾斜，在保障工资及时足额发放、机关正常运转的同时，集中财力优先安排民生支出。全年各类民生支出达到26.6亿元，占公共财政预算支出的75%，比2015年增长17.8%。

【教育事业保障】 2016年，道县免除城乡义务教育阶段学生学杂费1478.8万元；拨付贫困寄宿生生活补助1437万元。按省定标准保障义务教育阶段中小学日常公用经费，拨付义务教育公用经费8384万元。建立义务教育阶段中小学校舍维修改造长效机制，改善办学条件，加大旧校改造力度，安排义务教育阶段维修改造资金1860万元。完成61所合格村小建设，本级财政投入资金2605万元用于合格村小建设、信息化建设及高中化债等，新建教师公租房109套，改善老师住房条件。向上级争取项目资金，其中薄弱学校改造资金2212万元，用于新建五中教学楼，五小科教楼，仙子脚中小教学楼等项目。

【医疗卫生保障】 2016年，道县没有落实对基层医疗卫生机构实施基本药物制度后的经常性收支差额，安排补助资金1926万元。促进基本公共卫生服务均等化，筹集资金2794万元，比2015年增长13%。新农合、城镇居民医保财政投入由380元提高到420元，财政投入28973.9万元，比2015年增加2239.4万元。

【社会保障】 2016年，道县推进机关事业单位养老保险制度改革，全面整合城乡居民医疗保险制度。全年筹集资金10亿元，其中：争取上级资金5.7亿元，征缴基金4.2亿元，拨付各项基金支出9.2亿元，确保离退休干部职工和城乡居民养老金、医疗保险待遇按时足额发放。提高社会救助标准，发放城乡低保、五保补助资金1.02亿元。全面推进惠农补贴发放“三位一体”改革，确保涉农补贴资金足额、及时发放到位。通过“一卡通”发放补贴项目43项，87批次，发放金额2.3亿元。推动农业“三项补贴”的改革试点工作，拨付农业支持保护补贴资金6097万元。

【财政改革】 2016年，道县推进税制体制改革，协调国税、地税部门做好“营改增”改革工作衔接，宣传“营改增”改革的相关政策和措施，确保“营改增”改革试点工作开展。加强预算管理，坚持综合预算，做实、做细预算，完善预算编制与预算执行相结合的机制，科学合理安排各项财政资金。加大预决算公开力度，推进财政预决算、部门预决算和“三公”经费公开常态化。推进国库集中支付改革，实施乡镇财政国库集中支付改革，纳入国库集中支付单位117个。所有财政性资金全部实行国库集中支付，全年纳入国库集中支付的资金38.95亿元，其中直接支付37.8亿元。规范财政专户管理，建立健全国库资金管理制度，确保财政资金安全。加强国有资产管理，全面开展行政事业单位国有资产清查，加强国有资产处置、转让、出让、出租的监督，规范和加强行政事业单位国有资产管理。出台《道县行政事业单位国有资产管理办法》，对中金运通等国有资产处置完成交接。加强预算绩效管理。制定《道县预算绩效管理操作办法》，对祥霖铺镇卫生院部门整体支出、畜牧水产局部门整体支出、道县民政局2014—2015年农村低保专项支出和农村五保专项支出等8个项目进行绩效评估，建立花钱必问效，无效必问责的绩效评估制度。严控财政支出，坚决落实厉行节约的各项规定，压减“三公”经费及其他行政开支，全县“三公”经费支出4300万元，比2015年下降1%；完成采购369批次，采购金额13403.62万元，比2015年同期增加526.20万元，增长4.09%，节约资金2309.13万元，节约率14.69%；完成项目评审1050个，评审金额37.2亿元，审定金额30.65亿元，核减资金6.55亿元，核减率17.6%。

【财政管理】　2016年，道县财政以强素质、优作风、提效能为目标，全面加强干部队伍建设。加强学习教育，制定学习计划，明确学习内容，组织干部职工参加清华大学素质提升班培训，提高干部职工理论素养和解决实际问题的能力；落实县委决策部署，全面落实从严治党要求，开展“两学一做”学习教育活动，提高党员干部的党性修养。完善内部管理制度，修订和完善机关内部公务接待、经费开支、车辆运行、签到、请假等一系列管理制度，严格执行首问责任制、来访接待制、外出告示制、当日办结制等规章制度，更加规范、具体、严格的管理制度，促进机关作风明显好转，办事效率明显提高，被评为机关效能建设与优化经济发展软环境考核满意单位。强化党风廉政建设，坚持一岗双责，强化局党组主体责任和纪检组的监督责任，加大党风廉洁建设力度，加强机关党建工作，推动作风建设常态化、长效化，树立“为民、务实、清廉”的财政形象。

地方税务

【概况】　2016年，道县地方税务局有干部124人，其中在职干部93人，离退休31人。在职干部职工平均年龄42.6岁，本科以上学历51人，大专学历36人，下设8个科室，4个税务分局，1个办税服务中心，1个稽查局和1个信息中心。负责全县7街道4乡11镇和1个工业园区范围内1283户单位纳税人，4463户个体纳税人的地方税收征管工作。全年，县地税局以“带好队、收好税、服好务”为工作主线，稳步扩大税收收入规模，增强依法治税能力，提升纳税服务水平，队伍建设卓有成效。2016年，道县地税局获评“湖南省园林式单位”，全县“2016年综合考核先进单位”“2016年度优化经济环境和机关效能建设满意单位”“2016年度党建工作先进单位”“2016年度平安创建先进单位”“2016年度烤烟生产工作先进单位”“优质服务窗口”等称号；道县地税局办税服务中心获评“湖南省青年文明号”单位；道县地税局团支部获评“湖南省五四红旗团支部”；地税干部唐峥获评“湖南省地税系统稽查岗位能手”，何山峰获评“永州市地税系统行政综合岗位能手”，王彩红获评“永州市地税系统征管能手”，唐少兵获评“永州市地税系统优秀办税员”，何宙鑫获评“永州市地税系统纳税服务岗位能手”。

【地税收入】　2016年，道县地方税务局组织入库各项收入5.92亿元，比2015年增收6721万元，增长12.8%，收入增幅、收入进度分别排位全市第二、第三位，收入总量再创历年新高。在全县范围再次开展“营业税”欠税专项清理，由局领导挂帅，抽调36名业务精英分成13个组，严格工作纪律和考核奖惩办法，挂图作战，压实责任，定点发力。协同财政、国税、房产、国土、银行综合治税，确保欠税及时入库。同时，依法依规通过催报催缴、欠税公告、强制执行等举措，强化执法刚性，对全县52户营业税重点纳税人清理入库营业税欠税4427万元。在组织收入工作中，落实市局、县委县政府下达的收入计划，建立常态化的收入分析机制，提高收入预测的准确性，始终把收入分析作为挖潜增收和服务决策的重要抓手；强化税收征管和协税护税机制建设，在股权转让、农村砖厂、采石场、采沙场、加油站、驾校等行业的税收征管上取得较大突破，工商、公安、住建、房产、国土、财政等部门的协税护税责任得到进一步明确和强化。狠抓收入质量管理，通过常抓常督、严肃征收纪律、金三信息化监控、向党政汇报协调等手段，从机制上遏制税收虚增、混级混库等违纪行为，基本上把住收入质量底线，确保收入量增质更优。

【征管转型】 2016年，道县地方税务局做好征管转型开局工作，及时召开征管转型研讨会，成立征管转型工作领导小组，分析困难、谋划思路，营造攻坚克难氛围，做好宣传动员准备；规划近期目标、明确部门职责，将责任落实到岗、细化到人。推进国地税合作，拓宽合作范围，共建联合办税服务厅，共享征管数据，共同协调配合，实现“一人一机双系统”办税模式，解决纳税人“两头跑、重复找”的问题，推进国地税服务深度融合、执法适度整合、信息高度聚合。从“粗放式”征管向“精细化”征管转型，最大限度确保小税种应收尽收；从“以票控税”向“信息管税”转变，加强数据质量管理，及时进行税源数据信息采集对比，确保数据的真实性、准确性、有效性，以实现征管科学化、精准化。简化办税流程、开辟绿色通道，及时处理纳税人投诉及涉税舆情；定期开展纳税人满意度调查，公开征集纳税人意见和建议，及时整改；主动宣传、落实税收优惠政策，在政策允许范围内帮扶小微企业，优化服务促征管。

【绩效管理】 2016年，道县地方税务局立足垂直管理实际，有效推行绩效管理，着力构建指标牵引、过程监控、持续改进、责任保障、信息化支撑的绩效管理体系，让绩效管理真正成为落实工作任务的“助推器”、检验工作成效的“测量仪”和追究工作责任的“紧箍咒”。坚持强基固本，推进绩效管理制度化，构建绩效组织体系，强化信息技术支撑，确保绩效考评有章可循，夯实绩效管理基础。突出指标牵引，推进绩效管理科学化。发挥绩效指标的引领性，层层递进、步步深化；突出绩效指标的节点性，加强过程管理和平时考评，推动工作落实和持续改进；强化绩效指标的可考性，明确具体标准，合理设定档差。结合工作实际，建立任务清单，明确工作重点；设置管理台账，建立落实清单，跟踪工作进度；严格开展考评，建立奖惩清单，强化工作绩效。注重过程管理，推进绩效管理痕迹化。“督查+考评”同步驱动，使绩效查摆问题、督查整改落实成为常态；“通报+讲评”同步开展，查缺补漏，改进提升；“奖优+惩劣”同步传导，体现差距，扣分面100%。

【纳税服务】 2016年，道县地方税务局从提升品牌意识，强化服务理念入手，提升纳税服务满意度和纳税人遵从度。统一纳税服务规范，通过网站、税企QQ群微信群等发放宣传资料，向纳税人宣传办税流程、减免税申报条件等，不断简化办税流程。针对营改增工作存在国地税业务交叉和相互不熟的问题，先后组织双方业务部门和相关人员通过视频上课、现场指导、上机操作等形式进行6次联合培训，网络实行互通、业务实现对接、难题得到破解；办好纳税人学堂，组织纳税人培训12期，培训纳税人400余户。9月，道县国地税联合办税服务厅正式揭牌启用，面积800平方米，拥有20个“一窗通办”综合服务窗口、2台自助办税机、4台自助办税电脑、2位导税人员、22位前台人员及1个纳税人维权中心。由国地税工作人员共同进驻，实行“一人一机双系统”办税模式，可通办当前国地税所有业务，实现税费业务“进一家门、办两家事”，解决纳税人“两头跑，重复排队”等问题，降低征纳成本，减轻办税负担，有效杜绝漏征税款现象发生，提升国地税征管效能。

【队伍建设】 2016年，道县地方税务局强化人才培养，不断优化队伍建设。3月，在全局中层正职及以下人员进行职位（岗位）轮换。由于准备严谨、组织严密、纪律严格，整个岗位轮换工作风清气正，轮换面82%，有效优化人力资源配置，增强干部队伍活力。6月，在市局下发职位缺位选拔工作方案后，鼓励支持业务骨干、年轻干部报名、备考、参加市局公开选拔考试，4人成功调入市地方税务局，其中还有1名中层干部成功入职副科级领导职位，鼓励上进，不埋没人才。7、8月，为推动地税系统“岗位大练兵、业务大比武”活动的进行，建立“一把手亲自抓、分管领导负责抓、主管部门具体抓、相关部门协作抓”的工作机制，通过“以练促学、以学促干”，提升业务素质，增强履职能力，担起岗位职责。采取在职自学、集中培训、实践锻炼等方式培养人才，坚持工作学习两不误、两促进，使主动学习、积极学习、针对学习成为常态。在这次“练兵比武”活动中，1人获得“省稽查能手”，4人获得“市岗位能手”。10月份，以有关法规制度为依据，公正、公开、公平地选拔出德才兼备、群众公认的优秀人才，竞选出中层正职2人，中层副职3人，填补因人才调动而空下来的职位，缓解“营改增”后队伍士气下滑的氛围，配全配强队伍结构。制定并下发《关于进一步加强作风建设考核有关规定的通知》，从出勤、着装、执法等方面详细明确扣分事项、扣款标准。坚持由局领导带队，明察暗访次数原则上每周不低于1次，不打招呼、不定时间、不设路线；推行“一月一通报、一季一兑现”考核制，即每月以实名通报的方式汇总通报，每季合并到县局绩效考核中统一兑现。下发作风通报10期，实名通报违反作风建设规定73人次，诫勉谈话3人次。

金融证券

【金融服务】 2016年，道县银行存贷持续增长，强化金融信贷考核，兑现2016年度信贷考核奖励242万元，制定2017年金融信贷考核办法，提升银行部门的信贷积极性。2016年末，全县金融机构存款余额155.2亿元，较年初增长17.2%，各项贷款余额62.7亿元，较年初增长31.09%；存贷比40.3%，提升4个百分点。进一步创新融资思路，依托城市融资平台，采取PPP、融资建设、银行贷款等方式，加强与启迪桑德、湖南建工、郴州建工、中航集团等国际国内知名大集团合作，与国开行、农发行、华融湘江银行等大型商业银行战略合作，实际融资规模38.4亿元，其中，政府平台融资实际到位23亿元。金融扶贫取得实效，道县农商银行成为全县金融扶贫的主力军。扶贫小额贷款完成市下达5600万元任务的247.6%，完成省下达5220万元任务的266.6%。

【金融平台】 2016年，道县各银行机构密集进驻，引进各类银行机构到道县设立分支机构，构建融资“洼地”。金融平台进一步夯实，长沙银行进驻并挂牌营业，炎陵农商行发起成立道县村镇银行获批，华融湘江银行即将进驻道县。发挥湖南农信担道县办事机构的职能作用，全年申报担保业务11笔金额8000余万元，其中省财政厅批准三笔5035万元。由县政府作担保的湘中投资公司获银行贷款5000万元，促成湖南农副产品集中验放场项目（永州公路口岸项目）完成一期主体工程，与永州无水港形成“北有无水港南有验放场”格局。协调县内银行机构举办银企座谈会，破解资金难题。县金融办、县工商联、农商银行联合举办以“合作、发展、创新、共赢”为主题的政银企洽谈会，参会企业60余家，签约20家。在8月全市政银企洽谈会上，道县包装申贷项目8个额度23.1亿元，其中，4个项目签约协议贷款10.4亿元。

【金融生态】 2016年，县金融办严格防范金融风险，配合上级监管部门做好金鑫小贷、中储担保的检查监管工作，同时加强金鑫小额贷款公司、永州中储融资性担保公司的日常监管，做到“一月一报表一现场检查”。《关于规范清理整顿民间融资的实践与思考》调研文章获评由中国法学会主办、湖南省法学会承办的“第十一届泛珠三角合作与发展法治论坛”优秀奖。排查处置非法集资风险，协助依法稳妥处置“万家天府债务纠纷”“顺泽天成”房产行为涉众金融风险。加强非法集资风险排查，组织相关部门对投资中介、典当、担保、房产等行业领域开展排查活动，开展互联网金融风险专项整治。同时，通过多种渠道，开展打击非法集资宣传。协抓打击假币犯罪，会同县人民银行、工商、公安等部门开展打击假币犯罪宣传活动，在全县营造遏制外流假币犯罪的良好舆论氛围。协同公安机关开展打击假币犯罪专项行动，反假币工作获公安部电令嘉奖，做法得到国务院反假办肯定推广。

中国人民银行道县支行

【概况】 2016年，中国人民银行道县支行有3项工作得到上级行领导的批示肯定，有12个专业在上级行年度考评中获优秀。支行全年获得各类荣誉9项，被人民银行永州市中心支行评为先进单位。

【信贷投入】 2016年，中国人民银行道县支行通过召开金融形势分析会、金融工作座谈会等形式，做好政策分析与解读，稳定地方党委政府和经济主体的货币政策预期。利用支农再贷款、差别存款准备金等货币政策工具，持续促进信贷结构优化，引导金融机构加大对节能环保、加工贸易、战略新兴产业等行业领域的信贷投入，发挥金融支持经济增长、促进经济结构调整的作用。全县金融机构各项贷款余额62.7亿元，全年实现信贷累放32.8亿元，较2016年年初净增信贷投放14.9亿元，增长30%，属历年信贷投放增幅、增量最大年份。

【三农扶贫领域金融支持】 2016年，中国人民银行道县支行与有关部门沟通协调，合理运用支农再贷款工具，科学引导信贷资金投向，确保信贷资金重点投向“三农”、中小微型等实体经济。实现支农、扶贫再贷款累放9笔、6.8亿元，余额1.7亿元，有效壮大辖内农商行支农或扶贫资金实力。同时，通过对再贷款使用加点幅度的严格限制，使农村贷户切实享受到再贷款支农或扶贫的真正实惠。重视金融扶贫服务站建设工作，严格按照“八有”标准，于5月中旬在永州市率先建立道县下白村金融服务试点站。全县完成63个贫困村建站任务并通过验收揭牌，服务站协助农户建档8842户，开展农户信用评级8620户，实现有效授信7352户，促进贫困村信贷投放1588万元，其中扶贫小额信贷796万元。

【金融管理】 2016年，中国人民银行道县支行做好对新设的长沙银行道县支行的开业服务与管理工作，对辖内6家银行业金融机构开展综合评价。强化区域金融风险防范，依法开展商业银行征信管理、支付结算、人民币管理等专项业务检查8次。

【维护区域金融稳定】 2016年，中国人民银行道县支行强化地方性金融机构流动性监测管理，关注县域内外各类金融不良信息的传播，制定金融机构流动性风险处置预案。做好行业风险和风险企业监测工作，关注域内各行业经济体发展状况，对新增不良贷款的风险企业进行全面跟踪监测。做好法人机构存款保险首次评级工作，及时组织各项评级培训，严格执行评级制度和标准。7月，完成对道县农商行的首次评级工作。推进道县金融安全区创建工作，协助县委、县政府强力整治社会信用环境，促进全县金融生态环境明显优化。3月，道县被授予“永州市金融安全区创建工作达标单位”称号。

【支付体系建设】 2016年10月下旬至11月上旬，中国人民银行道县支行完成对道县可疑个人结算账户清理核实专项抽查，抽查银行营业网点16个，抽查可疑个人账户11846户。稳步推进农村助农取款点行政村全覆盖，通过召开涉农金融机构联席会议、约见涉农机构领导谈话、实地跟踪下乡布点等多种方式，督促助农取款布点和巡检工作。全年，辖区完成布点巡检218户，覆盖率60%，居全市前列。

【经理国库】 2016年，中国人民银行道县支行总结国库TCBS系统运行经验，确保系统运行安全和国库核算水平稳中有升，重点开展国库在线监督创新工作项目，该项目被人行长沙中支行列入2016年湖南金融服务创新重点工作项目计划，自年初实施以来取得良好成效。发现和纠正不合理预算支出22笔，涉及金额3.92亿元；向道县人大和道县财政部门报送预算执行监督意见书16份、监督报告7份，确保国库监督制衡更为实时有效，促进财政预算执行更为公开透明，保障国库资金的安全完整。上报的经验材料《联合人大实施在线监督，探索国库监督制衡新机制》获人行长沙中支行领导批示肯定。

【征信管理】 2016年，中国人民银行道县支行开展农村新型经营主体信息采集工作，改善对农民专业合作社、家庭农场等新型农村经营主体的金融服务，完成231个全部在册新型农村经营主体和362个其他涉农商户基本信息的采集工作，对116个农民专业合作社开展评级授信，与53个专业合作社建立实质性信贷合作关系，实现信贷投放1245万元。开展贫困农户信用数据库建设，实现入库农户14335户，涵盖全县所有贫困农户，并进行全面评级，其中授信10097户，有效授信面70%，授信金额34854万元。推动信用报告在干部任用中查询应用，并将干部任用查询率提升至85%，其中为道县人大、政协拟提名或推荐人选办理查询734人次，7人因信用不良而被组织部门取消提名或放弃推荐，在人事任用中起到较好的信用阻断作用。

【人民币管理】 2016年，中国人民银行道县支行继续加强人民币管理，以创建“省级发行库示范库”为契机，开展自查自纠和风险排查，对发行库管理相对薄弱、风险比较突出的重要岗位和关键业务环节，采取防范措施，规范业务操作，确保防控措施落实到位，彻底消除各种风险隐患。10月，在道县第五中学组织开展“大手牵小手，反假路上一起走”的反假宣传进校园活动，通过发放宣传单、主题报告会、宣传专题片等方式，向广大师生介绍第五套人民币的发展过程以及人民币的真伪辨别方法。联合县公安部门打防结合整治假币犯罪，在全县范围内开展打击假币犯罪综合整治活动，全县破获假币案件 11 起，收缴假币 2266.25 万元。12 月 1 日，国务院反假货币工作联席会议办公室副主任熊俊一行到道县调研指导反假工作，对中国人民银行道县支行的工作做法给予肯定。

中国建设银行股份有限公司道县支行

【概况】 2016 年，中国建设银行股份有限公司道县支行（以下简称建行道县支行）内设两个部室：公司业务部、个人信贷业务部，下辖 3 个营业网点：道县支行营业部、道县爱莲支行和道县濂溪分理处，分别位于道县潇水南路 443 号、道州中路（爱莲商业广场入口处）、潇水中路（通力宾馆旁），6 个离行式自助银行。在职员工 35 人。全年安全营运无事故，获得永州市文明单位和永州市建行先进党支部称号。

【支持实体经济】 2016 年，建行道县支行以地方经济发展为己任，承担社会责任。在大型企业的信贷投放上，持续加大对基础产业、重点项目、民生领域的信贷投入。截至 2016 年 12 月 31 日，在文化教育、医疗卫生、基础交通设施等方面累计投放贷款超过 5.2 亿元，其中交通领域支持道贺高速、宁道高速、城镇环城公路等建设，贷款 4.6 亿元。教育医疗领域重点项目有道县二中科教楼 210 万元，道县人民医院急救中心、住院大楼等 3500 万元，道县中医院门诊、住院大楼 3000 万元，共计 6700 余万元。

【线上线下改善客户体验】 截至 2016 年 12 月 31 日，建行道县支行有综合性服务网点 3 个，自助服务区 6 个，累计投放自助设备超过 50 台，推广商户销售终端（POS）1500 户。在国内首家推出手机银行服务，并率先在同业中实现技术、服务功能和服务流程等多方面的创新。围绕“互联网+”和大数据应用，建行在业内首创个人网上全流程自助贷款——建行“快贷”，让客户足不出户、轻松点击，便能在几分钟之内网上自助完成在线申请、实时审批、在线签约以及灵活使用、随借随还等全流程。发展并完善包括网上银行、手机银行、微信银行在内的“三大渠道”，搭建起“善融商务”“悦生活”“惠生活”三大生活平台，工资代发、社保养老金网银代发、公积金贷款网银代扣等“悦生活”民生缴费项目。

【支持小微企业发展】 2016 年，建行道县支行贯彻湖南省人民政府有关支持小微企业发展六十条措施，根据小企业贷款“短、频、急”特点，发挥该行小企业中心专营专注职能，优化业务操作流程，推行贷款网上审批，推行“速贷通”“成长之路”“小额通”“税易贷”“Pos 贷”“小微企业快贷”等专门针对小微企业的信贷产品，扶持符合产业政策、具有资源优势、民族特色和市场竞争力的优质小微企业发展。

中国农业银行股份有限公司道县支行

【概况】 2016 年，中国农业银行股份有限公司道县支行（以下简称农行道县支行）内设 5 个部室：综合管理部、风险管理部、运营财会部、公司业务部、个人金融部，下辖 7 个营业网点，2 个离行式自助银行。在职员工 78 人。年末各项存款余额 27.7 亿元，比年初净增 2 亿元。其中储蓄存款 25.4 亿元，比年初净增 1.3 亿元；对公存款 2.26 亿元，比年初净增 0.66 亿元。贷款余额 4 亿元，比年初净增 1.4 亿元。各项存款在道县位居四大银行之首，各项贷款仅次于建行，位居第二位。代理保险营销名列前茅，不良贷款可控，完成上级下达的全年利润指标。综合治理工作良好，全年无刑事治安经济案件。

【新业务发展】 2016年，农行道县支行围绕建设“区域内最大的和一流商业银行”的目标，个人金融业务快速发展。“大行德广，伴你成长”服务“三农”的品牌形象，种养大户、专业大户得到信贷支持，小微企业得到壮大。利用互联网金融服务“三农”，电子银行业务得到发展，方便利用互联网缴费。个人理财业务快速发展，专项分期、掌上银行、代理保险、信用卡业务超速发展。

【服务县域经济】 2016年，农行道县支行坚持以服务县域经济发展、服务“三农”作为发展战略，以向客户提供优质服务为宗旨，提供多样性产品，推行服务多元化，提升金融服务水平。调整贷款投向，提供多样性的融资服务，政府购买服务项目贷款2.4亿元；小微企业贷款发展到12户，发放个人按揭、生产经营、消费贷款2.5亿元。

【渠道建设】 2016年，农行道县支行优化大堂服务，开发和配备超级柜台10台，点均超过1.2台，电子银行业务大幅度增长，渠道交易量不断提升。新增6台自助设备，惠农服务点业务量大幅度增长，有营业网点的网点覆盖面70%，现代服务手段提升，降低柜员工作压力，顾客排队长的现象得到改观。

【队伍建设】 2016年，农行道县支行继续开展“三严三实”“两学一做”学习教育活动，进行合规文化建设教育；组织两次专业技术培训和1次技能竞赛；在青年员工中开展“比学赶超”活动，宣传和营销银行产品，提升服务质量。组织中年员工参加省市分行续航力培培训，提升员工思想业务素质。重视人文关怀，各网点全部进行升级改造，工作生活条件得到改观。

【完善考核机制】 2016年，农行道县支行强力推行综合绩效考核，季度劳动竞赛，把绩效考核作为考核员工的主要方式，制定统一考核模板，定期绩效沟通，按季考核，基本做到按业绩论英雄，加强团队营销意识，激发员工工作积极性。

永州农村商业银行道县分行

【概况】 2016年，道县农村商业银行各项存款487088万元，净增106261万元，增长27.90%，完成湖南省联社分配任务的206.33%。各项贷款234269万元，实际净增43994万元，完成94.43%。表内不良贷款4465万元，不良率1.91%，比年初减少0.2个百分点。到期贷款收回率99.50%。电子银行替代率62.84%，完成123.22%；发行社保卡43.1万张，激活率58%；增加手机银行19841户，完成283.44%；增加自助设备（含POS机）203台；增加对公存款客户174户，完成133.85%。实现营业收入29987万元，其中贷款利息收入19780万元，经营利润14231万元，上缴税金3756万元。获得“湖南省文明卫生单位”“湖南省农村信用社绩效考评先进单位”，永州市“全市农商银行绩效考核先进单位”“全市农商银行企业文化建设先进单位”，道县综合绩效考核、平安创建先进单位、十佳纳税大户等称号。

【经营转型】 2016年，道县农村商业银行按照现代金融企业的要求，完善法人治理结构。规范“三会一层”治理结构，落实股东大会、董事会在经营中决策权，进一步明确经营层的职责，强化监事会的监督职能。电子银行转型有新突破。加快自助设备布放，累计布放自动取款机（ATM）等自助设备67台，推广手机银行和网银客户，手机银行用户累计36472户，同时把提高电子银行替代率作为向现代金融企业转型的一个重要指标来抓电子银行业务。公务卡、贷记卡业务获湖南省联社批复。继续坚持“支农支小”市场定位，加大涉农小微的支持，12月末，涉农贷款余额228744万元，净增35872万元，农贷占比97.64%，累计发放涉农贷款193616万元，占各项贷款累放的95.65%；全年增加小微企业135户，净增小微贷款17600万元，确保“三个不低于”。加强对基础客户的培养。在稳定原有客户的基础上，继续深入开展“两扫五进”活动，增加个人信贷客户3217户，完成全年任务的306.38%；增加法人贷款户22户，完成全年任务的157.14%。资金业务有突破。全年业务交易笔数1120笔，同比增加939笔，增长518.78%，交易量576.67亿元，同比增加453.67亿元，增长368.84%。实现资金营运收入10598万元，同比增加4348万元，增长69.58%，占全行总收入的35.35%。

【转变营销理念】 2016年，道县农村商业银行增强营销主动性，对已有优质客户经常进行沟通维护，将重点单位存款维护分片包干到总行班子成员，通过增进感情吸收新客户、留住老客户。抓好行业系统性客户，通过与总商会合作召开洽谈会，吸收一大批新客户，增加对公开户174户。树立全员营销意识，由“坐等贷款”转变到走出去、上门营销，开展集团客户贷款授信竞赛活动，新拓展集团客户贷款授信单位59个，授信864户，授信金额14940万元。参与对接金融产业扶贫，对14443贫困农户进行评级，并建档立卡，评级面100%，授信13736户，授信金额48119万元，发放扶贫贷款3267户，贷款金额13167万元。

【健全考核机制】 2016年6月，道县农村商业银行实行新的员工绩效考核系统，实行按量、按价、按月考核，绩效工资下不保底、上不封顶。员工也能拿到支行长的工资，客户经理按业务指标完成情况按价计酬。综合柜员按个人办理的业务笔数、现金流量等实行计价考核，柜员争相办理业务。建立客户经理等级管理考核。把客户经理等级划分为五等十五级，对不同等级的客户经理实行不同的贷款审批权限和薪酬待遇，最高级别的客户经理薪酬待遇可达到总行副行长薪酬的系数；实行系统考核，激发客户经理营销积极性与管贷主动性。事事有考核，奖罚分明，全面打破“大锅饭”，有效调动员工积极性。

【风险管控】 2016年，道县农村商业银行严把贷款“入口关”，以支农支小作为控风险的定位不动摇，把贷款调查和支付关作为控风险的主要手段，针对受托支付存在的突出问题，重新制定实施细则，规范支付行为。对大额贷款进一步加强管理，总行成立大额贷款贷后管理领导小组，实行大额贷款班子成员包户、台账式管理、例会会商制度，负责对大额贷款进行监控，发现问题及时采取处置措施。实行不良贷款动态管理和责任追究，对到期贷款、关注类贷款及新形成的不良贷款建立台账，按月预警监测、通报督导。加大对不良贷款责任清收和责任追究力度，全年对35人次实行经济处罚及扣发绩效工资27517元。对存量不良贷款加大清收力度，开展清收专项攻坚活动，激发全员清收的热潮。营业部早出晚归组织攻坚小组抓表外清收效果明显，城南支行退休员工主动参与清收行列。年初，分两批次对全员开展一次案防专题培训。邀请道县检察院反贪部门领导开展一次警示教育，员工案防意识有很大提高。抓好岗位轮换、强制休假制度落实，加大对“九种人”的排查和管理力度，排查出“九种人”4人。进一步加强审计监督，对全县26个网点进行真实性审计，开展科技信息、财务、整体移位等30个专项审计；开展经济责任审计46人；对全县所有网点进行11次序时常规稽核；对全员进行参与民间借贷、非法集资、经商办企业等异常行为排查；开展一次集中时间、集中人员、跨部门、跨业务条线的全面排查。狠抓反洗钱、结算、科技信息、统计等风险管控，有效防范风险。

【企业文化】 2016年，道县农村商业银行制定《企业文化建设实施方案》《员工服务规范标准》和《员工文明规范服务处罚办法》，成立高规格的企业文化建设领导小组，从营业网点形象、环境卫生整治脏乱差、员工仪表举止、文明用语入手，开展企业文化建设活动。总行领导、机关部室总经理不定期利用远程视频监控进行检查督促。狠抓晨会点评、员工着装、仪容仪表、肢体语言、精神面貌、工作纪律等日常服务行为；总行通过QQ群、微信群、视频会议等对各网点文明服务进行点评，实行每周一讲评、每月一检查、半年一考核、年终一考评的考评考核制度。加大“五小”建设投入。投资120万余元，完善17个农村网点小食堂建设，配齐电视机、空调，改造网点浴室并安装热水器、排气扇，10个有条件的网点开辟小菜园、小活动室、小阅览室，为基层网点员工添置全新的衣柜、桌椅、沙发及床铺生活用具。开展星级网点建设。聘请专业培训公司对营业部、月岩、城南、东门4个支行开展“标杆网点”建设，又组织各支行到标杆网点示范学习，城南支行成功创建为“四星级网点”。通过“标杆网点”和“星级网点”的成功打造，上述4个支行成为全县企业文化建设示范网点。

【党建工作】 2016年，道县农村商业银行班子成员以《准则》《条例》和中共中央总书记习近平讲话内容为学习重点，以集中学习和“自学”相结合的方式，带头利用每周工作例会和专题学习之机，开展系统学习、讲解和讨论，撰写学习心得。建立党委班子联系点。班子成员分别联系2~3个支部，组织支部党员开展“四讲四有”专题讨论，上党课14次。按照不遗漏一个支部、不遗漏一名党员的要求，对147名党员建立党员组织关系排查信息登记表。开展党员违纪违法未给予相应处理情况排查清理，对因酒驾受到刑事责任追究的党员1名，给予留党察看一年处分。2月，对全辖13个基层党支部进行换届。及时开展党费收缴和补交工作，查补党费100720元。践行党建实践活动，总行班子成员和机关部室总经理采取一对一精准结对帮扶清塘镇小塘村21户贫困农户，投入帮扶费用8万元。开展困难党员、员工慰问走访115人次。组织对13个支部开展党员评议，全行146名党员均参加评议，对优秀党员进行表彰，同时做好两名基本合格党员的帮教。开展整顿软弱涣散基层党组织工作，重新设置党支部13个，对支部书记进行调整，先后3次对支部书记进行集中培训。继续深入开展“雁过拔毛”式腐败问题和“纠‘四风’、治陋习”专项整治，全行253名员工全部进行自查并填写自查表。

中国人寿道县支公司

【概况】 中国人寿道县支公司内设综合管理部、健康保险部、客户服务部、个险部、银保部、团险部及经理室7个部室，下辖道江营销服务部、清塘营销服务部、祥霖铺营销服务部、寿雁营销服务部、蚣坝营销服务部5个乡镇营销服务网点。每个乡镇服务网点都有公司的营销人员服务，突破时间和地域的限制，延长服务半径和服务时间。经营范围包括万能险、分红险、健康险、意外险、财产保险等业务。2016年，全公司有761人，其中在岗工18人、劳务工2人、派遣工5人、代理人736人。其中代理人中个险623人，比2015年增长91%；团险33人，比2015年增长80%；银保80人，比2015年增长60%。

【业务发展】 2016年，中国人寿道县支公司长险首年标准保费1090.39万元，比2015年增长58%；首年期交保费2220.98万元，比2015年增长63%；长险新单保费3756.10万元，比2015年增长56%；十年期保费1593.93万元，比2015年增长61%；短期险保费1067.64万元，比2015年增长46%；代理财产险业务366万元，比2015年增长48%。

【大病保险】 2016年，中国人寿道县支公司负责道县城乡居民大病保险理赔工作，协调道县医保中心，从医保系统中获取2016年医保中心后台报账（不包括医院一站式结算患者）的大病保险补偿患者清单并复印所有2016年大病保险后台报账患者的资料，填入《道县支公司大病保险理赔人员名册》，确保大病患者待遇及时享受。

【新型农村合作医疗意外伤害补偿】 2016年，道县根据卫生部、财政部、保监会、国务院深化医药卫生体制改革领导小组办公室《关于商业保险机构参与新型农村合作医疗经办服务的指导意见》等相关文件精神，将新农合意外伤害补偿管理委托给中国人寿道县支公司和中国人民人寿保险道县支公司。中国人寿道县支公司负责梅花镇、大坪铺农场、乐福堂乡、东门街道办事处、桥头林场、洪塘营乡、寿雁镇、桥头镇、仙子脚镇、月岩林场、清塘镇、新车镇、营江街道办事处等13个乡镇场（街道）的意外伤害补偿。对于参合农民因外来的、突发的、非本意的、非疾病的原因致使身体受到伤害（如交通事故、工伤、刑事案件受伤、日常劳动和生活中的跌伤、烫伤、火伤、中毒等造成的意外伤害）进行经济补偿。

【企业文化】 2016年，中国人寿道县支公司的企业文化体系是以“成己为人、成人达己”为核心理念；以“建设国际一流金融保险集团”为企业愿景；以“特别能吃苦、特别能战斗、特别能协作、特别能奉献、特别守纪律”为企业精神；以“相知多年，值得托福，要投就投中国人寿”为品牌口号；以“依法合规、创新驱动”为经营理念；以“诚实守信、客户至上”为服务理念；以“以人才为本、德才兼备”为人才理念，增强企业的凝聚力和向心力，树立企业良好的社会形象。

商贸·旅游

商务和粮食

【概况】 2016年5月，县商务和粮食局由原商务局和原粮食局合并组成，有在职人员43人，内设办公室、政工股、财务股、市场运行消费促进股、市场建设和贸易服务发展股、市场秩序监督股、对外经贸合作股、投资管理服务股、粮食调控和统计股9个股（室）。全县新引进项目18个（其中外资项目2个，内资项目16个），合同投资过亿元的项目有特变电工、龙威盛科技等5个，合同利用内资36亿元人民币，合同利用外资8500万美元；合同审批外资8000万美元，到位8500万美元，占年度任务（7500万美元）的100%；到位内资27.09亿元，完成任务目标112.8%，超过任务数3亿元，同比增长22.4%，完成任务内资到位增长率超过全市平均水平；外资到位8000万美元，完成任务目标106.6%，同比增长23%，外资到位增长率超过全市平均水平。全年完成进出口额9000多万美元，超额完成任务目标1000万美元，比2015年增长28.6%，建溢鞋业出口业绩稳健，年出口额过2000万美元；破零企业两家：百斯特服饰和顺通贸易。劳务输出1428人，比2015年增长27.5%；完成营业额2716万美元，比2015年增长27.5%；对外投资中方合同额2700万美元，比2015年增长22.7%，全面完成市下达任务计划。完成社会零售消费品总额56.72亿元；全县销售汽柴油72680吨，比2015年同期增长25%，其中中石化道县经营部油量54098吨，完成上级下达的工作任务。全年全县粮食行业收购稻谷16.1万吨，其中早稻12万吨、中晚稻4.1万吨；加工大米9.6万吨、加工山茶籽油1094吨；销售收入5.97亿元，实现利税2515万元，工业总产值5.98亿元，达到道县粮食“十三五”规划目标。

【电子商务】 2016年5月，道县建立农村淘宝县级服务中心1个，建立村级站点53个，淘帮手80个，存活率85%，村服务点月均收入1000元。全县农村淘宝交易总额超过2400万元。推进电商精准扶贫村7个（分江头村、井头村、审章塘村、高车村、七里岗村、洞仂口村、松柏塘）；电商交易总额和网络零售额完成70%，电商平台服务网点100个；增加电商平台企业3个；电商培训1200人；纳入统计电商企业数18家；增加省认定电子商务企业3家；总人口50万人以上的县区入驻各电商平台或永州特产馆农产品10种以上的企业，道州铺子占6种；建立苏宁电器、湘村购、轻松网购、易田电器、居无忧、每天惠、农友等电商平台或服务站，建立社区、农村服务站点30个。通过大学生创新创业资金租赁潇水中路商业步行街1幢2层整层1500平方米的商铺作为电子商务创业街，正在装修进行中，该街区入驻的企业6家，即将入驻的企业15家。向省厅争取电子商务进农村推进工作项目资金50万元。建立两个扶贫村的村淘服务点，运营正常。

【参加2016中国（上海）沪洽周】 2016年，道县招商团在2016年的“沪洽周”招商活动中，分别参加永州（上海）招商推介会，湖南（上海）招商推介会。道县湘源公园城市综合体项目、凯新鞋业生产销售项目、通讯光学玻璃生产项目、万亩药材种植及深加工项目，签约金额17亿元。

【招商引资】 2016年春节、清明期间，县商粮局邀请一大批外来客商到道参观考察，深入了解道县资源特色、风土人情和投资环境。全年，接待外来客商达73批、186人次。先后陪同县委、县政府主要领导及分管领导到珠三角、长三角等经济发达地区“敲门”招商十余次，考察红星美凯龙总部、东莞广上运动用品、广东睡冬宝家用纺织品等多家大型企业。在8月18日上海举行的“沪洽周”招商活动中，签约合同4个，合同引进内资14亿元，外资5000万美元，发布招商项目20个；在10月21日在东莞举行的永州对台招商活动中签约正式合同1个，合同引进外资3000万美元。

【优化招商环境】 2016年，道县建立健全招商引资项目会审机制，凡在各种“节会”上签约的项目，都要列为重点项目进行跟踪调度，实行“定项目进度，定工作责任，定联系领导”的跟踪负责制，对项目核准、备案、审批、注册登记、开工建设和经营管理过程中出现的新情况、新问题要全程跟踪负责，所有签约项目履约率100%。

【落实招商政策】 2016年，道县将“诚信”贯穿于招商引资各个环节。主动为企业落实县里出台的供地、税费、用工、人才引进等投资优惠政策，降低企业综合投资成本，增加企业利润，扶持县内企业做强做大。如主动帮助企业兑现标准厂房补贴；开展县、乡、村三级连动协助园区企业招工，在县级领导的带领下远赴云南、贵州等地为园区企业招工等。

【外贸服务】 2016年，道县加快道县外贸出口服务平台建设，特别是湖南省农副产品验放场的建设，以促进全县对外贸易工作的发展。加大资金和政策扶持，在坚决兑现外贸出口扶持政策的同时，向省、市商务部门汇报，争取上级商务部门加大对道县外贸出口企业的资金扶持力度，以促进全县外贸企业的成长壮大，发展外贸经济。

【成品油监管】 2016年，县商粮局会同安监、消防、公安、质监、工商、气象等相关部门对全县的成品油市场展开4次联合整治行动，“大排查大管控大整治”进行两次行动，1次“打非治违”专项行动，夏季消防等专项行动两次，检查加油站、点200余家。出动执法车200余台，出动执法人员600人次，下发限期整改通知书40余份，处罚金额1.4万元，查封无照经营的加油站（点）5余家，向安监、消防、工商发出通报函6份。会同交通、安监、公安等部门查获非法营运油罐车1台，刑拘1人；会同县安监、工商、仙子脚镇政府等部门取缔非法加油点1处，收缴汽柴油500升，行政拘留1人。

【电商宣传活动】 2016年，道县注重加强与各种媒体的合作，利用丰富的舆论媒体资源，打造电商发展的宣传阵地，更好地促进电子商务发展。通过县电视台、网站、QQ、微信公众平台等媒体宣传全县的电商发展情况，进一步扩大道县电商工作的影响力。6月3日，召开全县电子商务大会。会上，副县长林志刚做主题工作报告，副县长胡斌清宣读农村淘宝第一批网上报名工作情况的通报，各个街道及相关部门递交责任书，县委副书记、县长刘勇会作讲话，形成齐抓共管的浓厚氛围。

【履行粮政职能】 2016年，道县商粮局紧扣“抓收购、保供应、稳市场”和“粮食省长负责制”的总要求，履行粮政职能，保障国家粮食安全。落实国家粮食购销政策。做好省储粮的轮换及新增指标的收购工作和县级储备粮新增指标的收购工作。收购中，充分发挥党员先锋模范作用，继续推行“人性化服务”工作，保护粮农利益，解决农民“卖粮难”，让群众送“放心粮”“满意粮”。加强粮食市场监督检查，组织开展两节两会期间食安整治行动，不定期开展粮食库存检查，对纳入国家粮食局统计范围内加工、收储经营企业的经营资质进行检查并进行重点监管。强化食品安全工作，开展粮食科技活动周和食品安全宣传周宣传活动，发放宣传资料3000多份，制作展板6块，悬挂横幅标语两幅，接待群众咨询500多人次。从乡镇粮农手中共抽取21份早中晚稻谷样品送市粮油质检中心检测，了解全县区域内粮食重金属和农药残留量是否超标。开展专项调查，做好2015年度社会粮油供需平衡和农户存粮专项调查任务；根据市局的安排部署，做好2016年度早稻（油菜籽）、中晚稻产量、商品量、收购量等情况的预测；准确掌握粮食价格、收购进度、粮食市场走向并做好分析和预测及时上报。做好省储粮、县储粮和应急成品粮的监管工作，为确保国家粮食安全尽职尽责。推介企业，继续保持“谷源和湘浩”两家省级龙头企业和“金穗”一家市级龙头企业，继续保持“鑫爱莲”和“湘浩”两个湖南省著名商标。制定道县粮食应急预案，落实和完善粮食供需应急体系。做好粮食流通统计及培训工作。

【项目建设】 2016年，县粮食局引导行业发展，推进项目建设。在资金非常紧张的情况下，开工建设道县金穗粮油贸易有限公司蚣坝粮站1万吨收纳仓项目，于2016年9月完工验收，新增县级骨干粮库1个。

金穗粮油贸易

【概况】 道县金穗粮油贸易有限公司是一家政策性粮食收储管理为主，兼营大米加工销售的粮食购销企业，仓容5.89万吨。2016年，道县金穗粮油贸易有限公司内设综合办公室、财务部、业务部等3个职能部室，下辖梅花粮站、清塘粮站、蚣坝粮站、仙子脚粮站、白芒铺粮站和爱莲米厂6家粮食仓储库点，在册职工176人。公司获永州市“农业产业化龙头企业”等称号。

【政策性粮食收购】 2016年，金穗粮油贸易公司严格按照有关政策，及早做好销售腾仓和宣传发动，根据产粮情况科学合理选点布局，方便农民送粮。收购过程中，严格按照质量标准定级定价，运用政策性粮食收购“一卡通”系统结算付款，杜绝白条，维护农民利益。全年计收购稻谷2.5万吨（其中最低价粮食1万吨）、加工大米2.1万吨。

【储备粮油管理】 2016年，金穗粮油贸易公司贯彻中国储备粮管理总公司、中储粮湖南分公司精神，通过做实粮油质量数量、做实仓储基础设施、做实仓储管理标准化、做实科技储粮项目、做实包仓制等“五个做实”，确保粮油账实相符率100%，粮油质量达标率100%，粮油宜存率100%。仓库建设和维修改造投资800万元，在蚣坝粮站新建仓容1万吨，增加县级骨干粮库1个，库区仓储基础设施大为改善，科技储粮项目全面推开，基本实现智能化储粮，确保库存粮食低温、绿色、安全。

【财务管理】 2016年，金穗粮油贸易公司按照全面预算管理要求，结合实际做好年度全面预算的编制工作，并将预算管理渗透到各业务环节，预算指标分解下达到各部室、各粮站，签订预算管理目标责任书，公司预算管理工作逐步走向科学化和规范化。同时，通过清理银行账户、实行资金日预算管理、全面推广网银支付、加强“银企直联”，实现账户在线，随时监管。强化资金集中管控，确保资金管理更加高效安全。

【爱莲米厂】 2016年，金穗粮油贸易公司所属的爱莲米厂按照以库带厂、以销定产的工作思路，围绕轮换搞加工，寻找市场拓客户。全年累费计加工原粮3.1万吨，生产大米2.1万吨，销售大米2.1万吨。

【党建工作】 2016年，金穗粮油贸易公司将2015年群众路线教育实践活动中排查出来的问题再一次“回头看”，建立整改台账，明确整改时间和措施，确保限时整改到位。按照道县商务和粮食局党委的要求，开展“三严三实”教育实践活动。组织党员骨干学习党中央有关精神，学习商粮局领导讲话，结合四风、四害整治，抓好四查、五做实，开展严以用权和严以律己专题学习，并提交学习心得体会。同时征求党员干部的意见和建议，开好民主生活会，有效解决作风不实纪律不严、担当不够等突出问题。公司党总支结合公司实际，采取党总支书记上党课、党员干部学《准则》，结合当前正反两个方面的典型事例，开展反腐倡廉教育，弘扬正能量，发挥党员的模范带头作用。通过对县商粮食局领导的讲话和储备粮核心理念的学习，结合当前的形势和公司实际，加强政策理论和专业知识学习，提高队伍素质。完成总支会和工会的换届选举工作。

商业事务管理

【概况】 道县商业事务管理办公室（简称道县商管办）位于潇水中路118号三楼，有18名在职干部、职工。主要业务是贯彻落实国家有关商业的方针、政策、协助政府做好行业性地方法规，行政规章和管理措施的起草工作，经授权监督执行；组织制定、考核本系统管理规范和目标管理办法，指导商业企业改革，引导企业加强内部管理，确保扭亏增盈任务的完成。

【信访维稳】 2016年，道县商管办按照中共道县县委、道县人民政府关于维护社会稳定工作的部署和要求，坚持以人为本，开展矛盾纠纷排查化解工作，解决关系群众切身利益的矛盾和问题。及时传达贯彻全县维护社会稳定暨信访工作会议精神，详细安排部署商管办维护社会稳定的各项工作。深入开展“百日矛盾纠纷排查化解活动”，按照“排查得早、发现得了、控制得住、解决得好”的要求，坚持“预防为主、教育疏导、依法处理、防止激化”的原则，以排查解决因企业改制、征地拆迁、复退（第二次入伍）军人等引发的信访问题；每季度组织力量进行一次全方位、拉网式排查，及时摸排掌握一些可能引发集体上访的重点事、重点人和一些苗头性、动态性问题，做到未访先知、接访有备。全年排查出各类信访案件91件，对排查出的问题，坚持能调则调、案结事了原则，综合运用人民调解、司法调解、行政调解等手段，坚持“三位一体”，超前主动地做理顺情绪、化解矛盾的工作，妥善协调处理部分征地补偿等一大批重点信访案件。建立和完善信访案件督查督办制度，对国家、省、市交办案件和县立重点信访案件，按照“一个案子、一名领导、一个专门班子、一套工作方案、一抓到底”的要求，落实包案领导和办案部门的责任，限期办结上报，做到信访案件件件有着落、事事有交待、案案有结果。坚持重要会议和重大活动期间信访值班制度，在搞好日常矛盾纠纷排查化解工作的同时，按照上级部门的要求，在重要会议召开和重大活动举办期间，时派信访主管领导到现场值班，确保信访工作不出问题。转变工作作风，变群众上访为干部下访，树立“宁可我们千难万难，不让群众一时为难”的服务意识。面对信访对象，“动之以情、晓之以理”做到接待热情，法律政策解释到位。定期走访慰问，符合政策的及时给予落实。全年接访118人次，县级接访12人次，省级接访2人次。成功劝访息访5人次。

【定点屠宰】 2016年，道县商管办生猪屠宰办公室以全国猪肉产品质量安全检查为契机，狠抓生猪屠宰基础工作和硬件设施建设，在全县范围内建立9家生猪定点屠宰场，为屠宰场建立《值班制度》《检疫检验制度》《生猪进场登记制度》《不合格肉品召回制度》《病死猪肉销毁无害化处理制度》等制度，配备检疫员、检验员，对各屠宰场的检验员进行培训和发证。各项管理工作均有专人负责，分工明确，细化到人。检疫人员每天坚持24小时值班。定点屠宰场做到有办公室、有制度、有明细台账。同时加大执法力度，稽查队伍一般情况下保证7~8人，在公安、动检、工商等部门的密切配合下，从生猪屠宰的源头抓起，严查两章两证是否齐全，严格打击市场上白板肉、注水肉、病害肉等不法经营行为。生猪屠宰办公室组织各种形式的培训，加强稽查队队员的知识和业务学习，以保证稽查工作的正常开展。全年出动290人次屠宰执法大行动，严厉打击市场上白板肉、注水肉、病害肉等不法经营行为的发生，全年查处屠宰违法案件12起，烧毁深埋病死猪肉2000余千克，从源头上杜绝一些屠宰市场不法行为的发生。全年屠宰生猪18.9万头、菜牛8300余头，严格按照国务院《生猪定点屠宰管理条例》，狠抓肉品上市质量，保证全县人民吃上“放心肉”。稽查队配合各乡镇政府，重点检查各集贸市场，对市场的猪肉产品进行检查，逐步规范市场，通过重点整顿工作，市场上的猪肉产品证章齐全，有效保证猪肉食品的安全。

【屠场搬迁】 道县城关生猪定点屠宰场始建于1996年，设立在原道县食品公司城关食品站院内。随着城市的发展，屠宰场设置不符合国务院《生猪屠宰管理条例》的相关规定。2016年，道县商管办通过挂牌投标建设新屠宰场的污水处理工程，按照新屠宰场的设计，处理后的废水流入山脚湘源村的田间水沟，经过湘源村饮用水井边，直接流入潇水河。新屠宰场当时按照县城长远总体规划图进行征地，导致新屠宰场进出入必须通过湘源村道。村道只有4米宽，屠宰场每天交易期间，300多名从业人员和运猪车、摩托车、板车等车辆同时进出，因村道狭窄无法避让。道县商管办多次与上关街道办事处、湘源村协商，签订宽8米的屠宰专用道路合同。同时，多方筹措资金进行屠宰场雨水、污水分流及排水管连接城市排污管网建设。保证营业后的屠宰场生活、生产用水可以直接与城市排污管网相互连接，不会对周边的环境产生新的污染。1月19日，新屠宰场搬迁营业。

【中心工作】 2016年，道县商管办以县委、政府全年中心工作的具体要求为目标，以全面开展“扶贫攻坚、结对帮扶”工作为契机，深入基层，了解民情民意，推进求真务实的工作作风。全年投入资金6.9万元支持寿雁镇空树岩村的扶贫建设工作，水泥硬化村道200米、建设党建工作室100平方米。完成单位烤烟生产任务，道县商管办主任何吉带领工作人员深入烤烟驻点清塘镇小平村，组织落实全年烤烟面积。与村两委的干部群众一起深入田间地头，掌握实际情况，制定帮扶措施，写好《民情日记》。围绕小平村的工作目标和重点，制定具体可行的工作措施。全年投入3万余元资金支持小平村生产工作，全面完成县委年初下达的烤烟生产任务。压缩单位开支，筹措资金2万元支持桥头镇的秋冬水利建设。

烟草专卖

【概况】 道县烟草专卖局（分公司）成立于1985年，

2016年内设专卖监督管理股、市场服务分部、烟叶生产经营分部、办公室、综合室/纪检组、财务股、基建办、内管派驻组、物流配送分部10个部门股（室），下辖两个标准化烟草工作站（含祥霖铺烟草站、清塘烟草站、新车烟草站、梅花烟草站、寿雁烟草站、四马桥烟草站、白马渡烟草站7个烟草站），在岗职工123人，其中大学本科及以上文凭54人，中共党员65人；持证卷烟零售客户1898户，烟农约1275户。全年销售卷烟1.88万箱，收购烟叶6.5万担。

【烟叶生产】 2016年，道县烟草专卖局（分公司）严格按照合同量组织生产，全方位掌控种植规模，稳控规模成效凸显。签订合同烟农1275户，实际移植面积0.21万公顷，累计移栽株数3100万株。完成蚣坝镇相关村落土地整理项目，规模400余公顷，形成路相通、渠相连、旱能灌、涝能排的格局。落实“提高上部烟叶可用性示范”科技推广项目1780公顷、精益生产推广533.33公顷，推广密集烘烤助燃固硫剂应用示范烤房100座，烟蚜茧蜂防治烟蚜1780公顷，生物食诱剂防治烟田虫害80公顷，精益生产水平有效提升。烟叶生产的5个重要环节全面实现专业化服务。专业化机耕、分级均达到100%，现代烟草农业建设稳步推进。10月19日，中国烟草援建水源性工程道县营乐源水库开工。

【卷烟营销】 2016年，道县烟草专卖局（分公司）党组班子分别带队开展市场走访，掌握大量一手资料，采取措施提振状态，促进卷烟销售。全年销售卷烟1.88万箱，实现销售收入3.62亿元。利用乡镇赶集等时机，开展促销帮扶等活动，开展品牌推荐活动61场次，婚庆营销26场次，帮助零售客户销售卷烟4842条。监管重心、市场服务向农村市场、边界市场、新兴市场延伸，为工业园区、东方丽都等新兴住宅小区符合条件的商户办理烟草专卖零售许可证，有效促进消费。进一步落实4211客户服务标准，加强重点客户、重点品规订货情况的跟踪，核实维护136个客户基础信息。与中国建设银行等银行协商客户办理银行贷记卡事宜，有效缓解客户资金压力。

【专卖管理】 2016年，道县烟草专卖局（分公司）开展烟草市场专项整治行动4次，出动打假打私人员328人次，查获各类违法经营案98起，查获各种违法经营卷烟198.028万支。查获部督级假烟网络案1起、互联网售假案2起，拘留14人，逮捕3人，被判有期徒刑2人，有力地打击涉烟违法犯罪活动。以“端窝点、断源头、破网络、抓主犯”作为突出重点，不断完善落实市场管理制度，市场控制力进一步加强。同时，开展卷烟市场整治专项行动，形成整治市场合力，网上监管处理卷烟预警1.75万起（其中启动异常情况调查流程11起）。全年对不规范行为下达范经营建议书4份，并督促相关部门整改到位，及时纠正“两烟”生产不规范经营行为。

【企业管理】 2016年，道县烟草专卖局（分公司）承担省、市烟草局9个科研及技术推广项目。全年集中培训安排培训8场，内容涉及到“两烟”生产经营、专卖法律法规等，参训员工600人次。对口资助藕塘村等多个自然村基础建设，资助23万余元。实现全年内部管理零差错、安全生产零事故、劳动用工零纠纷、舆情监督零炒作。开展集中学习讨论7次，上党课3次，开展专题学习讨论4次。

旅　　游

【概况】 2016年10月，原道县旅游局改名为道县旅游工作办公室，为正股级公益一类事业单位。主要负责全县旅游景点、旅游区的规划和建设；制定全县旅游行业管理制度，负责旅行社、导游员队伍、旅游行业的管理与服务；负责旅游投诉处理工作，配合有关部门做好旅游行业安全、救援、保险卫生等工作。组织全县旅游整体形象宣传和重大促销活动以及旅游产品的开发设计和促销；负责旅游信息的收集、分析和预测以及全县旅游统计工作。核定全额拨款事业编制8名，其中主任1名，人员从原县旅游局在编在职人员中划入。2016年，道县旅游工作围绕“突出文化做旅游”的发展思路，按照创建知名文化旅游目的地城市的要求，进一步发挥文化资源优势，依托文化提升旅游品牌，推进文化与旅游产业相结合，实现文化旅游产业的快速发展，全面完成各项工作任务。全年全县实现接待国内外旅游者人数315万人次，旅游收入9.4亿元，分别同比增长16.7%和20.5%，其中接待入境游客3633人次，创汇29.1万美元，分别增长19.3%和23.3%。

【景区景点开发建设】 2016年，道县在建旅游项目5个，投入资金2.1亿元。濂溪文化园新投入1.2亿元建设濂溪书院暨濂溪祠、爱莲湖、书院广场、道清公路、景区内穿衣戴帽、道路等。何宝珍故里年内投入350万元，完成何宝珍故居建设，树立何宝珍铜像，完成何宝珍广场和生态停车场的建设。革命烈士纪念碑一期工程总投资600多万元，占地面积约0.97公顷，建筑面积约2800平方米，纪念碑身总高度26.1米，寓意中国共产党道县支部委员会成立于1926年10月。乡村旅游——两河口村投入建设资金2000多万元，高标准编制旅游专项规划，新建文化广场、健身中心，水泥硬化大、小停车场4处共5000平方米，购置游乐船只并新修建游船码头1处，新修建休闲垂钓游乐中心1处，新建仿古木制观光亭两处，新建改造旅游厕所3座，农村淘宝进驻，新安装视频监控全村覆盖。贵头村完成农村整治、村主干道路建设、亮化工程、绿化工程，规范两处天然游泳场，沿河风光带建设完成。道县欢乐世界水上乐园项目总投资1.2亿元，第一期6000万元，用于建设游泳池、滑梯、海盗船游乐场等。

【旅游基础设施】 2016年，道县全面启动总投资5.1亿元的连接湘源温泉的上坦公路建设；对全县旅游标识标牌的设立进行摸底。建设旅游厕所5座，分别是周敦颐故里景区旅游公厕、月岩景区公厕、湘源景区旅游公厕、东洲草堂旅游公厕、何宝珍故里旅游公厕。

【旅游宣传促销】 2016年，道县继续在衡枣高速出口与零陵大道交汇处租赁大型户外广告位，专门刊播道县旅游形象标语。由光影魔石（北京）科技有限公司发起出品的电影《爱莲说》正式建组启动，进入前期筹备阶段宣传道州理学文化。先后参加永州市人民政府主办、永州市旅游外事侨务局承办的2016年湖南永州-昆明旅游航线推介会；组织旅游企业参加在天津举办的“2016年中国旅游产业博览会”、在桂林举办的“中国-东盟博览会旅游展”、在长沙举办的“2016年中国湖南（第七届）旅游产业博览会”等旅游展会，通过各种大型旅游展会平台，宣传道县丰富的旅游资源，提升道县旅游品牌知名度。

【招商引资】 2016年，道县将濂溪文化园、月岩国家森林公园、湘源温泉、鬼崽岭遗址、两河口等旅游项目进行包装发布。成功引进广东省广州市云银游乐设备有限公司在两河口村建设“欢乐世界”主题旅游项目，项目总投资1.2亿元。5月13—15日，组织珠海永州商会、珠海内蒙古商会等20余个商会“走进道州、感受道州”商务考察活动，发布两河口、月岩等重大旅游项目6个。

【重大节庆活动】 2016年5

月19日，道县开展2016年“中国旅游日”系列宣传活动，活动当天道县旅游企业推出公益惠民特价活动，充分体现旅游业惠民、便民、亲民的主流方向和“爱旅游、爱生活、爱道州”的主题；6月9—11日，成功举办中国（道州）第七届周敦颐国际理学文化旅游节系列活动，吸引海内外周子后裔来道县瞻仰周敦颐故里、开展理学研讨。端午节期间，举办2016年“海湘城杯”龙船赛，全县的90余艘龙船、2400余名运动员参赛，吸引广东、广西、上海、湖北等省内外20余万人次前往观看，《湖南日报》等多家媒体对道县龙舟赛进行专题报道，全面宣传道县独特的龙船文化和端午民俗。

【行业规范管理】 2016年，道县坚持一手抓发展，一手抓整顿，以规范旅游市场秩序为重点，分别在春节“五一”“十一”前夕联合工商、公安等部门开展旅游景区安全检查、旅游商品质量专项治理、旅行社规范经营等系列活动，对外公布旅游投诉电话，接受社会监督。旅游行业规范有序，没有接到旅游方面的投诉。

道县月岩国家森林公园管理

【概况】 湖南省道县月岩国家森林公园管理局（简称月岩国森局）位于道县都庞岭山脉东麓北部，属五岭山脉之一的都庞岭山系，位于湖南省南部，永州市道县西部，距道县县城23千米。月岩国森局以1958年建立的月岩林场为基础建立的，2000年，道县建立永州都庞岭国家级保护区核心区，4月，经国务院批准成立永州都庞岭国家级自然保护区管理局下设道县月岩分局。2008年12月，经国家林业局批准成立月岩国家森林公园管理局，2010年国家批准为副处级事业单位，与道县月岩林场、都庞岭国家级自然保护区月岩分局至今为“三块牌子、一套人马”管理机构。是一个既承担生产经营任务，又具有社会服务职能的综合性林场，不过经过国有林场改革后生产经营采伐在逐年减少，采伐指标向生态保护发展过渡。2016年，全林场总林区面积1.77万公顷，其中国有林1.51万公顷，生态公益林1.2万公顷，森林总蓄积86.6万立方米，自建场以来累计造林面积0.6万公顷。有职工541人，在职职工279人，离退休职工224人。在岗职工207人（管理人员35人，生产人员172人）。管理人员中有工程师2人，助理工程师5人。职工中有高级工89人，中级工90人，初级工64人。进入财政编制211人，在岗在位的227人，在岗尚有16人未能解决财政编制。管理局内设办公室、资源管护科、自然保护科、财务科、项目开发科、政工人事科、经营科、应急处突林业综合执法大队7个科室的行政机构，下辖香炉山、坦里源、黄土江、南北冲、中坪、空树岩、王家、集材场8个分场。

【项目争取】 2016年，月岩国森局根据国家有关项目申报要求，为争取上级资金支持，局党委书记何月军带队先后多次到省、市，向林业、财政、发改委等上级部门汇报有关国有林场改革、扶贫、危旧房改造、道路、用水、用电等项目情况，争取上级专项资金。截至2016年12月月底，争取落实项目资金1400万余元，其中：道路建设资金440万元，用油补助资金120万元，生态林补偿资金220万元，扶贫资金60万元，森林防火综合项目600万元。

【基础设施建设】 2016年，月岩国森局进一步加大投入，改善基础设施建设。公园新投入资金1000余万元，其中自筹160万元，其中投资120万元建设森林防火营房200平方米，基层建设完工；投资260万元，修建庆里源景区公路1.96千米，庆里源道路、护坡等基本完工。11月，道县规划局设计院对黄土江分场道路进行规划设计。投资50万元，新建王家分场附属工程，主体建设完工。集资400万余元对危旧房改造项目中未列入计划的路面硬化、水电、围墙、路灯、绿化等基础设施进行建设，进一步改善干部职工的生活条件。公园拥有（车船4台/艘），游步道68千米，床位数12张以及172个餐位数。

【森林公园经营】 2016年，森林公园经营实现旅游收入365.11万元，旅游总人数3.82万人次。在永州电视台天气预报中植入广告进行宣传园内景点景观，也通过网络旅游推广活动等手段进行向外界宣传。把公园内的各项工作动态、政策条例、景色景点等通过森林公园主页向社会发布，并把此项工作列为各科室每月考核项目之一，直接与工资绩效挂钩，形成“人人皆为宣传者”的良好宣传氛围。4月，与永州骏马传媒有限公司签订“高高的都庞岭”宣传协议，创作一首形象歌曲、拍摄一部风光片，制作一本画册，投资30万元。同时，参与规格较高的旅游推广活动：“东盟国际旅游展”和“第十届联合国世界旅游组织/亚太旅游协会旅游趋势与展望国际论坛”。在“东盟国际旅游展”期间，月岩国森局参展人员以图册资料和宣传海报的形势参与会展，并对参展的各展位进行考察、学习，以提高月岩国森局的旅游宣传能力。通过“第十届联合国世界旅游组织/亚太旅游协会旅游趋势与展望国际论坛”，月岩国森局参会人员对国际旅游形势有一个大概的认知，开拓视野、眼界，对森林公园今后的发展有积极的作用。年初，月岩国森局与各片区人员签订《森林资源管护目标管理责任书》，分片包干，年末根据责任书进行严格的考核。月岩国森局还实施“定人、定点、定酬”的承包责任制管理模式，根据具体的岗位设置上岗人数，按照管护面积的困难度，增加日常巡护点，并将岗位职责落实到人和具体地点，并与薪酬直接挂钩，实行适当的奖惩措施，全年没有出现破坏森林公园自然环境和资源的违法犯罪行为。加强林政执法监管力度，综合检查站按照责任划分，严厉打击偷砍盗伐和乱捕乱猎的行为。同时，月岩国森局警务室充分利用自身林政执法权力，落实哨卡值班管理制度、过失责任追究制度和考核制度。组建巡护小组人员，每日分为早中晚3班10次不定期进行巡查，及时对景区交通、乱停乱放、违章用火、乱搭乱盖、垃圾乱丢等行为进行有效疏导，确保景区交通无障碍。安排专人定期对园区范围内安全、卫生等状况和经营情况进行检查，确保游客饮食安全和透明消费。

【自然保护区管理】 2016年，月岩国森局严格执法、强化管理、以基础科研和宣传教育为手段，根据国家“全面规划、积极保护、科学管理、永续利用”自然保护总方针，采取多种措施，狠抓湖南都庞岭国家级自然保护区管护工作，为实施“十三五”规划发展战略做好服务，林业建设保持良好发展态势。保护区实施第一、第二期基础设施建设项目，截至2016年年底，总投资2176万元，其中月岩分局投资1012万元。8月，配合道县林业局执法部门对收缴的眼镜蛇、银环蛇、五步蛇、乌梢蛇及蛙类等500余条（只）在庆里源景区进行放生，全年境内无破坏森林公园自然环境和资源的违法犯罪行为。重视公园内生态资源的巡护监测，特别是对公园内的福建柏、资源冷杉、长苞铁杉等的实时动态监测，做好相关巡护及监测记录。同时，本着“预防为主，科学防控，依法治理，促进健康”的原则，开展森林病虫害的防治工作，狠抓森林有害生物的预测预报、防治和检疫工作，有效遏制森林有害生物的传入，确保资源的安全。

【月岩国有林场管理】 2016年，月岩国有林场造林1.19公顷，补植64.79公顷；严格按照森林经营方案制定年度计划，结合中央及省财政下达的森林抚育补贴试点任务，推进森林抚育补贴试点工作，完成森林抚育面积666.67公顷，幼林抚育面积420公顷，中幼林间伐完成面积266.67公顷；修复防火线108.5千米，迹地更新面积105.20公顷，黄土江分场杉木种植大径材培训基地133.33公顷。申请国家木材战略储备基地建设项目133.33公顷和上报以国有林场为主体的首批林业碳汇项目4449.2公顷。森林防火方面实现“主体责任制”和“一岗双责制”，落实森林防火追责制。项目总投资275.38万元，初步建成火情瞭望台1座以及室内控制系统1套，采购森林消防车1辆、普通运兵车1辆、扑火机具20套、扑火设备20套，采购电脑2台、数码相机1台、宣传车1辆、宣传牌30块。除每个分场自备防火队外机关又专门建设一支20人以上比较专业的森林资源防火处突队伍。在清明、五一、十一期间，严防设卡，安排专职人员对各个片区进行防火重点巡护，确保全年无火警火灾发生。前期实施效果明显，森林火险综合治理工程及措施初具成效，连续多年被道县评为森林防火工作“一等奖”。

月岩—周敦颐故里风景名胜区管理

【概况】 2016年，月岩—周敦颐故里风景名胜区管理处有在职干部职工13人，内设综合办公室、工程建设科、旅游发展科3个科室。月岩—周敦颐故里风景名胜区官方接待游客为2.7万人次，社会接待游客6万人次，整个景区游客接待量8.7万人次。

【规划设计】 2016年，月岩—周敦颐故里风景名胜区管理处编制完成楼田美丽乡村规划；《楼田村历史文化名村规划》通过湖南省人民政府审批，为申报国家级历史文化名村打下基础；做好旅游道路工程设计和广场、村庄立面整治方案设计。

【工程建设】 2016年，周敦颐故里规划的两个安置区（共120户）建设完成二层主体。完成濂溪书院立项、招投标工作；完成濂溪书院、濂溪书院广场、道路的征地工作；完成濂溪书院及广场的场地平整、基础工程，完成濂溪书院的启圣祠、正殿、拜殿、清风楼等主体。协助县交通局完成道路路基清淤、填石片。协助国土局建设好荷花池基础工程。完成百亩荷花池景观工程招投标、启动建设。完成空心村整治调查。楼田村申报中国传统村落成功。将楼田村申报国家历史文化名村。协助水利局启动水渠建设。协助村委、县各部门启动村委会、围坪等建设。

【对外宣传】 2016年6月，道县成功举办中国（道州）第七届周敦颐国际理学文化旅游节系列活动，提高月岩—周敦颐故里风景名胜区的知名度，扩大风景区在省内外的影响。月岩—周敦颐故里风景名胜区管理处不断提升自身服务水平，提高接待能力，借鉴和吸收经验，听取游客合理性的建议，提高游客的满意度，参观人数逐渐增多。

道县濂溪山庄管理

【概况】 道县濂溪山庄管理委员会是道县人民政府的派出机构，属正科级行政事业单位，于1993年3月成立道县濂溪山庄经济技术开发区管理委员会，负责濂溪南、北两岸开发区的建设工作。2008年8月机构改革后，主要工作是负责道州火车站新区路网建设。2016年，有干部职工15人，其中行政干部编制10人，行政工勤编制3人，事业编制2人。内设办公室和财务室两个职能部门，在道县县城月岩西路（道州火车站旁）设临时办公地点。主要负责对道州火车站新区的12条主次干道的征地、道路市政配套设施建设、房屋征收和安置区等建设，并对原濂溪南、北两岸开发区的住宅办证工作。

【党建工作】 2016年，道县濂溪山庄管理委员会切实加强领导班子建设，提高领导班子执政能力与驾驭全局工作能力。规范和完善党员管理制度，加强党员教育工作。加强基层基础建设，发挥服务中心作用。抓好党费收缴管理和党员统计工作，做好党员发展工作。组织党员参加组织活动，做好支部的老党员、困难党员走访慰问工作。

【综治维稳】 2016年，道县濂溪山庄管理委员会结合自身特点，制定“平安单位”创建工作方案，组织召开单位动员会议，利用张贴宣传栏、发放宣传资料和横幅等形式广泛普及法律知识，调动单位干部职工参与创建工作的积极性，达到齐抓共管的新局面。坚持人防、物防、技防“三防”结合的工作方法，成立夜巡逻队，对责任路段进行巡逻。针对本单位治安防范设施相对薄弱的特点，在进入单位通道安装电子监控器，有效地增强防范力度。做好防火、防盗、防事故预防措施的落实，协助辖区派出所、综治部门及县“三非、三强”办，对本单位周边以及重点工程施工场地进行安全综合检查。

【安全生产】 2016年年初，道县濂溪山庄管理委员会与火车站新区项目建设单位签订《安全生产及防火责任状》，完善安全生产及防火值班制度，配备各种防火用具，坚持“安全第一、预防为主”的忧患意识，同时每月还要不定期的到施工单位进行安全生产大检查，发现隐患及时整改。若遇重大隐患则下达《整改通知书》限期整改。因安全防患意识强措施得力，确保全年无大小安全事故发生。

【精准扶贫】 2016年，道县成立“道县濂溪山庄管委会驻村工作组”，并设立驻村工作队办公室。管委会党委书记、主任欧波任组长，副主任何清泉任副组长，王晶、胡文迅任工作组成员。按照国家扶贫工作和县委、县政府要求，工作组要求驻村干部要认真履职，进驻到村；要进入角色，吃透村情，协助村干部制定致富方案，帮助联系致富项目；要严格纪律，约束自己；要当好宣传员，宣传贯彻党的路线、方针和各种惠民政策；要按时完成脱贫任务。

【民生工程】 2016年，道县濂溪山庄管理委员会完成月岩西路、站前路、环形路和何绍基文化广场12.5米高、路灯72盏、6米高景观灯28盏、4.5米高景观灯28盏、6米高箱灯9盏、2.5米高景观灯（雕灯）4盏、30米高高杆灯4盏。

【安置区建设】 2016年，道县濂溪山庄管理委员会石厨头安置区完成工程建设投资1500万余元。主要完成的工程项目有：填土12.6万余立方米，道路硬化3千余平方米，砌筑综合管道530余米，完成房屋桩基712根，改造和铺设供电线路1900余米，供水管1400余米。

【征地】 2016年，道县及时对新区项目建设重新进行规划调整，完善健全城市市政建设配套功能。新区由原来规划的190.27公顷增至为377.40公顷，增加用地187.13公顷。组织资料批回用地153.33公顷，征用土地33.33公顷，合同签字率均在75%以上。坚持既不回避矛盾、也不激化矛盾的原则，把征地带来的社会影响降低到最低限度。

城乡建设与管理

国土资源管理

【概况】 2016年，道县被国土资源部授予“国土资源节约集约模范县”；道县国土资源局获全国国土资源政务信息网上公开执行情况县级第三名，被湖南省国土资源厅授予信访工作先进单位，被中共道县县委、道县人民政府授予综合考核、党建、党风廉政建设、十佳尊师重教、安全生产、综治、重点项目、统战工作、志愿服务组织、烤烟生产先进单位以及保持平安单位和优质服务明星单位，被道县联席办授予全国“两会”信访维稳工作先进单位。

【耕地保护】 2016年，道县国土资源局严格耕地保护，按照数量、质量、生态的要求，明确责任，考核兑现。将土地管理和基本农田责任纳入乡镇场（街道）党政领导主要负责人任期内目标考核的内容，严格实行耕地保护第一责任人离任审计制度和政府约谈制度，加强土地管理和耕地保护问责力度。通过层层签订土地管理和耕地保护责任书，将责任落实到田间地块、到农户。对工作履职好的给予表扬和奖励，对工作不力的给予全局通报批评和处罚。执行政策，规范管理。从严执行用途管制制度，强化农村村民建房审批和管理，进一步强调村民建房一户一宅的原则，规定村民建房不得占用耕地特别是基本农田，要求城镇居民不得到农村购买宅基地，相关单位和工作人员不得为其办理手续。保证数量，提升质量。

【基本农业建设与保护】 2016年，道县完成省级投资7189.5万元、建设规模0.22万公顷的基本农田示范县梅花镇梅花村等29个村整村连片推进土地整治和市投资600万元的祥霖铺镇分江头村等3个农村土地整治项目。承担的周敦颐千年诞辰建设工程之一的爱莲湖基础工程顺利完成任务；项目投资总额7243.44万元，建设规模约721.97公顷、增加耕地约618.16公顷的涔天河水库道县灌区耕地后备资源土地开发项目开工；成功申报省级投资约1200万元的柑子园镇油湘村等3个村及白芒铺镇小甲村等3个村的两个农村土地整治项目。在项目建设过程中，邀请道县纪委、检察院、财政局、审计局、农业局等单位对项目建设进行全程跟踪监管，定期不定期进行质量抽查，对质量不合格的，坚决予以拆除重建，确保工程进度和质量，保证全县4.53万公顷耕地、3.8万公顷基本农田面积未减少，质量有提高。

【矿产管理】 2016年，道县坚持生态优先，强化矿产管理。推进湘江保护一号工程，严格执行湘江源头保护方案，依法关闭祥霖铺镇青龙采石场，完成华新水泥季家岭和小湾家、祥霖铺镇上渡周家山采石场和青龙采石场采矿权的整合。发放采矿许可证10本，收缴采矿权价款83.72万元，资源补偿费19.04万元，环境治理备用金29.28万元，强化矿山年检年审制度，年检年审率100%；科学合理地划定禁采区、限采区，全面完成第三轮矿产资源规划修编工作。加强矿山（点）巡查监管力度，定期不定期对矿山进行明查暗访，加强超深越界行为的查处和打击力度，有效地维护道县矿产资源开发秩序；稳步开展废弃矿山复垦复绿工程，完成复垦复绿面积13.33余公顷。

【用地管理】 2016年，道县想方设法做好项目用地报批和供地工作。批回新增建设用地7宗、面积124.43公顷，是湖南省下达道县新增建设用地指标的2倍；全年通过招拍挂出让土地36宗、面积187.33公顷，实现土地出让金等各项财政收入1.7亿元。年初，出台《道县党政干部违反国土资源管理规定行为责任追究暂行办法》和《关于道县国土资源管理突出问题警示约谈暂行办法》，为进一步严格国土资源管理，强化责任追究和党政干部国土资源法制意识，促进国土资源管理法治化、制度化、规范化奠定基础。

【监测执法】 2015年，道县涉及的土地矿山卫片执法疑似图斑621个，监测总面积178.53公顷；2016年，全部查处到位并结案，通过湖南省国土资源厅执法检查、验收合格。全年开展动态巡查102次，联合执法6次。制止矿山违法现象18起，查处矿产资源违法案件移送公安机关1起。制止土地违法违规现象34起，立案查处案件17件，面积12公顷，其中耕地面积1.41公顷，17宗违法用地全部拆除，拆除面积2180平方米。闲置土地清理处置工作扎实到位，由于工作措施得力，未出现新的闲置土地。

【地质灾害防治】 2016年，道县国土资源局全面推进地质灾害防治工作，成功承办永州市国土资源局交办的全市地质灾害应急演练——营江街道车边村东岭脚滑坡泥石流地灾防御应急演练；全面开展地质灾害汛前排查、汛期巡查、汛后复查和汛期24小时领导带班值班值守制度；加大应急抢险物资储备；通过道县电视台播放地质灾害应急避险宣传片，在城区敦颐广场、火车站和各乡镇场集镇所在地设立咨询宣传台，发放宣传资料，在地质灾害点附近对受威胁住户进行一对一的宣传和警示等方式加大宣传力度，强化地灾预警机制，做到预警预报全覆盖。全年发布地灾及气象预警信息25次，信息18225条，进一步提高群众防御地质灾害的自我保护意识和应变能力，增强对突发性地质灾害的应急反应能力和处置能力；提高科技应用水平，新购置航拍无人机1台，手持GPS测绘设备2台。通过新设备的运用，为全面调查了解和防治灾情提供较为详细的第一手资料。安排专项资金168万元，对巡查排查新发生的16起地质灾害隐患点开展全面治理，工程完工后由县纪委牵头，组织县检察院、两办督查室、财政局、审计局、住建局、水利局、质监站等部门成立工程竣工验收组对治理工程进行全面检查验收，均一次性验收合格。全年没有发生一起因地质灾害造成人员伤亡和较大财产损失的事故。

【征地拆迁】 2016年，道县依法依程序开展征地拆迁，坚决执行“先补偿、先安置、后征地”的原则，坚持保证标准、让利于民的理念，保障被征地农民的合法权益。完成周敦颐故里濂溪书院与濂溪祠、广场，道县教师进修学校附属小学，红星西路，良田社区配套用地，涔天河道县灌区右总干渠，湘源大道第二安置区，碧桂园，道县永安关公安、公路检查检测站和状元东路等11个项目征地拆迁工作，征收土地109.94公顷，支付土地补偿款5491.84万元；集体土地上征收房屋10户，征收面积1637平方米，支付房屋征收补偿款553万元，全部依法补偿安置到位，特别是在湘源大道道路拆迁和火车站片区178户土地遗留问题处理工作中，既按照要求完成拆迁和处理任务，又有效地消除信访隐患，保障群众的合法权益，得到县委、县政府主要领导的好评和拆迁安置户的满意和理解。全年完成土地储备入库 12 宗、储备土地面积 71.3 公顷。

【政务公开】 2016 年，道县做好信访和信息公开工作，受理信访案件 37 起，信访按期办结率达到 95%，书面回复率 100%。坚持“政务公开为常态，不公开为例外”的原则，全面推进政务信息公开工作，把国土资源工作动态、征地拆迁、土地矿产招拍挂、项目招投标、文件通告等信息在县人民政府网站及局门户网站上及时公开，主动接受社会监督，保障群众的知情权、监督权，该项工作得到上级部门的高度肯定，获全国国土资源政务信息网上公开执行情况县级第三名。开展宣传教育活动，加大法律法规宣传力度和国土资源知识普及。利用“4·22”地球日、“科技活动周”“安全生产月”“6·25”土地日、“8·29”测绘日等宣传活动日，采取开设政策法规咨询台、发放法律知识传单等多种形式，开展国土资源知识宣传活动，通过网上回复及现场解答群众土地、矿产法律咨询 42 余次，让更多群众了解国土资源法律、法规知识。

【矿产安全生产责任制】 2016 年，道县坚持“以人为本，安全第一”，完善矿山安全生产监管体系，强力推进和落实安全生产一岗双责和领导带头巡查制度，实行矿山安全生产乡镇（街道）国土资源所所长第一责任制，由矿管股统一进行调度和检查，通过上下联动，以及各乡镇（街道）和有关单位的通力协作，全年没有发生一起重大安全生产事故。

【中心工作】 2016 年，道县按照县委、县政府的统一安排认真开展平安社区“夜巡”活动和民调走访活动，取得很好的效果。结对帮扶，大力推进精准扶贫。局干部职工与祥霖铺镇两河口、港口、郎龙、麦山洞等村的 122 户特别困难户进行结对帮扶，全局开展为帮扶对象“献爱心、送温暖”捐款活动，捐资 5 万余元；作为精准扶贫后盾单位，为该村争取项目资金 260 余万元修建田间沟、渠、路、休闲广场，添置健身体育活动器材等，改善村民的生产生活条件。

【管理水平】 2016 年，道县国土资源局不动产登记发证工作顺利推进。按照相关文件要求，将原属于房产、林业部门不动产权登记的职责划归道县国土资源局，成立道县不动产登记中心。完成相关人员的划转、工资核算等基础工作，同时按照要求于 8 月 30 日颁发第一本不动产权证书，不动产档案资料、电子数据除房产档案外按规定移交县不动产登记中心。发放不动产权证书 74 本、不动产证明 14 张。业务基础得到进一步夯实，全县城镇土地利用总体规划（2006—2020 年）调整完善、新一轮永久基本农田划定、耕地质量等级调查评价与监测工作等各项工作也基本完成。信息化工作进一步加强，政务内网全部按要求安装“三合一”保密管理软件，为国土资源数据安全运行增添一道新的保障，全局各项工作基本实行无纸化办公。财务管理进一步规范，遵守国库集中支付制度，严格执行财务收支“两条线”管理，项目资金实行专户、专帐、专人管理，封闭式运行，确保资金安全，各项开支符合相关规定并通过道县审计局的年度审计。办公环境进一步优化，按照创建省级文明单位的要求完善局机关的各项软硬件基础设施建设。省级文明单位完成公示，市级园林式单位通过实地验收。

【干部队伍】 2016 年，道县国土资源局加强干部职工政治理论和业务技能培训，采取“送出去”“请进来”相结合的方式加强人才队伍建设。送出去参加土地报批、地勘地矿、地灾防治、不动产登记、测绘、信息化建设等业务培训 16 批次、123 人次，特别是集中组织46人到永州市国土资源局参加为期3天的不动产知识培训班；邀请省市专家、党校教授从地灾防治、业务技能、与媒体沟通、突发事件应对、消防安全、思想道德教育和党风廉政建设等方面对干部职工进行培训。集中组织72人参加职工定级考试，组织全局干部职工参加并通过行政执法证考试和普法考试，提高干部职工的政治理论素养、业务技能水平和依法行政能力。强化干部职工的服务意识，在政务服务大厅和窗口实行“一条龙”办公，一次性告知，一个窗口进出，一样标准收费，在局一楼大厅设置便民服务台，印制办事流程、办理手续资料清单和有关问题答疑单等资料，设立相关知识宣传栏，让群众少跑路、少费时、不找人，并设置学雷锋志愿服务岗、文明服务引导员等，让群众切身感受到“门好进、脸好看、事好办”。

【党建引领】 2016年，道县国土资源局健全局机关党组织，选举产生局机关第一届党委，设立机关党支部5个，进一步优化组织结构，增强管党治党意识，落实管党治党责任，把从严治党细化量化到国土资源工作各个方面，为国土资源工作健康发展提供坚强的组织保障；强化党建五基建设，设立党员活动室和党员档案室，全面实行党务政务公开，开展党费收缴清理行动，提高党员缴费的自觉性；严格执行三会一课和一会五评，开展民主生活会和组织生活会、党员评议和测评；深入进行“两学一做”学习教育，深刻学习和领会党章、习近平系列讲话精神，组织中国共产党成立95周年庆祝等系列活动，党建工作获得县委的表彰。强化责任落实，严格执行局党组党风廉政主体责任和监督责任和班子成员党风廉政“一岗双责”制度。成立以市局副调研员，县局党组书记、局长蒋建俊为组长，县局其他党组成员为副组长的党风廉政建设工作领导小组以及惩治和预防腐败体系工作领导小组；制定《2016年党风廉政建设党组主体责任和纪检组监督责任的意见》，明确纪检监察负责全局党风廉政建设责任制的监督检查工作。制定《2016年反腐倡廉建设和作风建设重点任务组织领导及责任分工责任分解方案》，将工作任务和工作责任分解细化、落实到人；局党组与下属各单位签订党风廉政建设责任书，制定廉政谈话制度和廉政约谈制度，并将党风廉政制度落实情况作为干部考核使用、评先选优的重要依据。定期召开党组会听取纪检组组长党风廉政建设工作报告，专题研究党风廉政建设和惩防体系建设推进工作，把加强党风廉政建设和作风建设与国土资源业务工作一起部署、一起落实、一起检查、一起考核。贯彻执行中央“八项规定”、省委“九项规定”和市委“十项规定”等相关规定，不乱用权力，不乱花公款，严格按照上级规定执行公务接待、公务出差、公务派车等廉洁自律规定，局里的“三公经费”没有超过财务预算规定。严格按照有关规定如实向纪委、组织部门报告个人重大事项。开展两项专项整治行动。及时成立“雁过拔毛”式腐败问题和“纠四风、治陋习”两项专项整治行动领导小组，制定实施方案，召开动员会进行安排部署，局专项整治办不定期到局机关和局属各单位进行明察暗访，发现问题及时查处、曝光，全年诫勉谈话4人次，警示提醒4人次，查办案件2起，处理2人。在纠四风方面，给予1名醉酒驾驶工作人员留党察看1年和降低岗位登记处分。同时，完成工会的换届选举，加强工会的组织领导，全面活跃干部职工的文化生活，参加市局组织的全市国土资源系统气排球赛并获得二等奖。工青妇和老年管理工作进一步加强。

环境保护

【概况】 2016年，道县环境保护局（以下简称道县环保局）践行生态有限发展战略，推进生态文明建设，全县环境质量总体保持稳定，环境空气优良率86%以上，县域地表水水质保持Ⅲ类或以上，城区集中式饮用水源水质达标率100%；声环境质量继续保持良好水平；未发生较大环境污染事故。从2016年起，道县列入国家重点生态功能区，通过一批重点减排工程，完成永州市人民政府下达的大气污染治理任务；完成环保违规建设项目清理整治90家，清理整治完成率100%；环境应急管理中心通过环境应急县级三级达标验收。

【机制建设】 2016年，道县环保局贯彻执行《中华人民共和国环保法》等国家环境保护的方针、政策和法律、法规，成立道县环境保护委员会，对道县人民政府环保相关职能部门和乡镇人民政府及辖区企事业单位履行环保职责进行综合协调和统一监督管理。推进减排和治污市场化，全面落实道县排污权有偿使用。加快推进环境监测服务社会化进程等工作。开展监测服务社会化工作各项调查，环评报告书（表）的环评本底值监测和环保“三同时”验收监测全面推向市场，由有监测资质的机构完成。建立公安驻环保联络工作室，确立环保司法联动机制。推进社会信用体系建设，开展环境信用等级评价工作。

【环保宣传教育】 2016年，道县环保局集中组织开展干部职工学习行政执法及法律程序知识，进一步提高干部职工的执法水平。组织开展健康乐跑系列活动和环保知识进校园活动。紧扣“六·五”世界环境日主题“为生命呐喊”和中国主题“改善环境质量，推动绿色发展”，动员引导全县社会各界着力践行人与自然和谐共生和绿色发展理念，从身边小事做起，共同履行环保责任，改善环境质量，推动绿色发展，共建美丽家园。

【环境监察执法】 2016年，道县环保局将查处环境违法案件作为加强环境执法工作的重要手段，运用《中华人民共和国环保法》及配套办法和相关法律法规，加大违法案件处罚力度。开展环境保护大检查行动357次，出动执法人员2499人次，排查企业174家，完成环保违规建设项目清理整治90家（其中工业企业35家，非工业企业55家），立案查处环境违法行为11起，下达处罚决定书11份，罚款执行到位3.14万元。全面落实随机抽查制度，全年抽查企业24家，重点检查被检查企业的生产状态、环评“三同时”制度执行情况、污染防止设施运行情况、主要污染物排放情况，并按照要求制作污染源现场监察笔录及现场照片。落实危险废物规范化管理工作，按时间申报危废处置数据，危险环境废物污染事件出现的次数为0。按照湖南省发改委、省财政厅、省环保厅《关于调整排污费征收标准等有关问题的通知》规定的新标准征收排污费。

【环境应急管理】 2016年，道县环保局加强对工业园企业的应急预案动态管理，落实环境风险防范措施，加强环境应急能力建设，提高处置突发环境事件能力，检查企业14家，并要求企业按照要求制定企业环境应急预案，上报至道县环保局备案。道县环境应急管理中心完善达标验收的各项资料，各项硬件设施达到达标验收的标准，通过环境应急县级三级达标验收。道县未发生较大环境污染事故，环境安全得到较大保障。

【主要污染物减排】 2016年，道县环保局通过实施一批重点减排工程，完成年度主要污染物减排目标任务。县城饮用水水源道县二水厂断面水质全部达到Ⅱ类以上，县交界断面江村镇江村渡口处水质1月、2月、5月、7月、9月、10月、11月、12月水质为Ⅱ类，其余月份为Ⅲ类水质，全部达到《地表水环境质量》

规定的水质标准。完成削减化学需氧量120吨、氨氮12吨目标任务。全县环境空气优良率达到86%以上，环境空气质量进一步改善。削减氮氧化物596.13吨，完成全年削减量575吨的任务，二氧化硫控制排放量2268吨。

【污染防治】 2016年，道县环保局完成永州市人民政府下达的大气污染治理任务，PM10、PM2.5年均浓度较2015年有较大下降，环境空气优良率达到86%以上。完成湘江污染防治第二个“三年行动计划”年度工作任务，即完成污水处理厂二期工程、道县地税局旁生活垃圾中转站工程、畜禽养殖禁养区划定划分工作、道县泡水河流域历史遗留重金属污染综合治理二期工程、道县仙子脚镇原石山化工厂含砷废渣安全处置工程。

【农村环保】 2016年，道县环保局牵头落实道县生态红线划定工作。编制《道县县城饮用水水源保护区县水文站—祥霖铺镇源田里村段划分技术报告》。开展农村环境综合整治，重点推进农村污水处理工作。逐村制定农村污水处理方案，推广人工湿地等农村污水处理技术，全面开展农村环境综合整治工作，完成祥霖铺镇两河口村、清塘镇楼田村等32个行政村的农村污水治理工作，完成全县10%以上的目标任务。

【党风廉政建设】 2016年，道县环保局推进党风廉政建设和反腐败工作，召开局党组工作会议4次，专题研究部署全局党风廉政建设工作，落实公务回访机制。年初，局党组经多次研究，制定印发《关于落实党风廉政建设党组主体责任纪检组监督责任的实施意见和办法》，得到有效实施。加强制度建设，构建机关规范化管理体系。深化作风建设，切实维护群众利益。执行干部任用条例，选好用好干部。深化作风建设，坚决惩治腐败。

住房和城乡规划建设

【规划编制】 2016年，道县住房和城乡规划建设局按照规划全覆盖要求，做好县城、乡镇、村庄规划。全面完善县城规划编制．县城总体规划（2016—2030）完成编制，人口与用地规模获湖南省住建厅审批通过。燃气、给水、排水、环卫、消防、住房保障等专项规划已完成；历史文化名城保护规划、工业园区控规完成初稿编制；火车站片区、城东片区、城北片区及老城区控规采取购买服务方式实施编制。推进村镇规划实施，完成寿雁镇、蚣坝镇、仙子脚镇等9个建制镇总体规划编制，正在实施其他两个建制镇和4个乡的总体规划编制。完成全县188个行政村规划编制，占全县总体村庄的57.8%。加快编制重点项目规划，完成道县六小等7所合格学校规划；完成状元东路、潇水北路等10条道路测绘设计工作；完成华凯电子、晶石电子等12个县工业园项目规划设计；完成碧桂园、锦绣乾城、御泽园等5个小区规划；完成湘源西路、城西路等6个道路红线图规划。

【规划管理】 2016年，道县住房和城乡规划建设局不断加强规划管理力度，全面提升规划管理水平。规范办证流程，依法严格审批规划办证，坚持行政审批事项、办事程序、申报材料、承诺时限、收费标准、收费依据等“六公开”的原则，全年办理“建设用地规划许可证”572件、“建设工程规划许可证”218件、“乡村建设规划许可证”539件、“建设项目选址意见书”39件，办结率100%。规划建设秩序，严厉打击违法乱建行为，开展大型联合执法36次，下达停建通知书503次，停建违法建设720次；依法拆除违法违章建筑或临时厂棚1778座，有效拆除面积5.3万平方米。提升县城品质，启动建筑立面改造工作，对潇水路、道州路计划开展临街建筑立面改造，编制规划设计。

【重点项目建设】 2016年，道县住房和城乡规划建设局统筹推进重点项目建设，各项工作稳步向前迈进。招投标工作取得较好成绩，全年公开招标建筑和市政工程64项，建筑面积38.91万平方米，总投资额8.63亿元。房产建设项目逆势上扬，华城新域、玉龙湾、九鼎商业乐园、江南华府、万和世纪城、御景豪庭、海湘城等10余个住宅小区建设扎实推进。文体公园启动建设。道州碧桂园项目建设迅速，项目3公顷展示区1.6万平方米建筑完成建设，同步推进湘源公园建设。铜锣湾商住小区项目计划进驻道县。江南华府、兴业绿洲成功创建湖南省“质量标准化”示范工程。市政道路建设加速推进，道州中路、月岩西路、湘源中路提质改造工程基本完成，潇水北路项目建设取得较大进展，城区营江西路、和一西路、振兴西路等16条断头路建设制定两年实施计划，全面完成规划设计工作。

【重点工作】 2016年，道县住房和城乡规划建设局在两河口村开展美丽乡村建设试点，同步推进楼田村、贵头村、车田洞村等村庄开展美丽乡村建设，统一进行立面设计，统一建筑外墙粉刷、统一颜色，规划设计庭院风光，取得较好效果。农村危房改造工作进度完成，结合精准扶贫，全面完成2100户危改指标，同时在全市首次推广应用装配式建筑，在莲塘尾村五保户集中联建点开展试点建设。启动历史文化名城创建工作，历史文化名城保护规划设计完成初稿，到零陵区学习成功创建经验，带回大量创建数据资料，起草创建工作实施方案、领导小组，全面完成前期工作。楼田、小坪、田广洞村被列入第四批中国传统村落名录，通过专家评审公示，向上申报历史文化名村，楼田村申报国家级，小坪村、田广洞村申报省级相关资料报送湖南省住建厅。

城市管理

【概况】 道县城市管理行政执法局为政府组成局，有在职干部职工426人。局机关设6个内设机构：办公室、政工股、财务股、公用事业管理股、法规股、数字城管中心。有6个下属事业单位：城市管理执法大队、自来水公司、环境卫生管理所、市政设施管理站、路灯管理所、燃气管理站。2016年，获得全市城管系统“2016年度安全生产工作先进单位”“2016年度城市管理综合考核先进单位”，获得县委、县政府颁发的“党建工作先进单位”“人大建议、政协提案办理工作先进单位”“争资金争政策优秀单位”“社会治安突出问题集中整治先进集体”“安全生产工作先进单位”“县级文明单位”等称号。

【市容市貌建设】 2016年，道县城市管理行政执法局采取逐区域逐路段集中力量整治的方式，对农贸市场等重点市场、潇水路等重点路段的市容市貌违章违规行为开展集中治理，下达整改通知5000余份，整治规范店外经营、乱摆乱放零散摊担7000余处，整治占道经营点1100余处，处罚出店经营200余处，拆除四脚棚、遮阳伞400余个，清理违章占用通道12处，处理噪音扰民60余起；取缔三小旁等7处马路市场；对县城区所有在建工地进行围档，对建筑物料进行归整，规范整治占道堆放建筑物料、装潢房屋店面行为100余起，工地施工、门店装修基本实现围档作业、隔离施工。对县城区绿化树、路灯杆、电线电缆上的吊挂物、破损广告、横幅进行全面清理，清理各类吊挂物10余车。对经营门店前卫生、秩序进行劝导、督促，同时引导市民车辆文明停放，处罚违章停放车辆100余台次，劝导乱泼乱倒、乱停乱放等不文明行为6000余人次。

【户外广告】 2016年，道县城市管理行政执法局根据“减量治乱、调整置换、出新提档、规范有序”的原则，对城区“破、旧、乱”和不符合户外广告设置规划影响市容环境的各类户外广告进行整治。整改拆除不符合规定的大型户外广告126处，28697平方米，清理破旧路灯杆旗347杆，清理牛皮癣广告3.2万处。通过整治，城区户外广告达到“三符合”，即：符合市容规划要求、符合市容设置准则、符合市容管理规定。在城区主次干道及重要路口，设置大型公益宣传广告67765平方米。

【城区保洁】 2016年，道县城市管理行政执法局按照“道牙无尘、路无杂物、设施整洁、路见本色”的标准，强化道路清扫、清洗、清运力度，重点加强市场周边、背街小巷等环卫薄弱环节的保洁力度，对潇水路等重点路段，实行主要街道14小时、背街小巷8小时保洁制度。全年出动环卫车辆2000余台次，1000余人次，清扫面积6000余万平方米。组织人员定期对城区河道及边坡的垃圾进行清理，累计共出动人员2000余人次，打捞船500余次，打捞垃圾700余吨。定期巡查城区环卫设施，及时维护环卫设施，确保环卫设施功能完善、外观整洁干净。按照二类以上公厕标准，每座公厕安排1名环卫人员负责，做到卫生“六无六净”、设施完好。针对生活垃圾，进行拉网式清理，逐家逐户收集垃圾，并将生活垃圾集中运转至垃圾填埋场进行无害化处理。县城生活垃圾实现日产日清，收运垃圾能力120吨/日，生活垃圾清运率100%，全年收运垃圾7.2万余吨。推进城乡环卫一体化项目，2016年完成项目可研、立项、项目PPP咨询、物有所值及财政可承受能力评审等工作，并完成竞争性磋商和公布磋商成交结果，向中标公司发出中标通知书。

【亮化工作】 2016年，道县城市管理行政执法局持续推进路灯提质工程，投入470余万元，安装LED路灯340余盏，逐步将城区老旧路灯更换为绿色、节能、环保的LED路灯。完成西洲公园、濂溪南北岸、高速连接线等区域的亮化提质改造建设，对城市主干道、标志性建筑、商业综合体进行立面亮化，逐步形成具有道县特色的亮化景观带；持续推进背街小巷路灯建设，逐步实现背街小巷亮化全覆盖。健全完善亮化管理长效机制，加强亮化设施的日常维护管理，加强夜间亮化巡查，制订便民服务卡，及时发现和解决市民报修故障路灯，确保主干道亮灯率达到99%以上，次干道及背街小巷亮灯率97%以上。

【城区供水】 2016年，道县城市管理行政执法局投入1600万余元完成道州中路和道州南路供水主管网改造；投入200万余元完成湘源大道供水主管网的新建工程；投入100余万元完成乌家山廉租房的供水管网安装工程，解决1000余户住户的用水问题；投入400余万元完成城北加压泵站建设，解决濂溪河以北区域供水压力不足问题。投入资金3000余万元，新建和改造城区供水管网90余千米，增加用水户3000余户。

【基础设施】 2016年，道县城市管理行政执法局推进城区主次干道提质改造工程，完成湘源大道道路建设，红星西路开工。实行城区主次干道、排水管网等市政设施维护日常化管理制度，定期对城区路面、人行道、雨污管网进行巡查，并及时将破损的市政设施维护到位。修复破损人行道板2730余平方米，破损路面1000余平方米，新建排水管道2500米，疏通雨水井口120处，维修下水道检查井盖板200余套。推进污水处理厂二期工程建设，道县污水处理厂总设计规模为4.0×10立方米/天，其中已建规模为2.0×10立方米/天，本期扩建规模2.0×10立方米/天。二期工程完成可研、环评、行业审查、立项、等前期工作并签BOT补充协议，全面启动建设。

城市建设投资开发

【概况】 道县城市建设投资管理有限责任公司（以下简称道县城投公司）成立于2003年7月，属国有独资公司，注册资本4亿元，同时成立道县城市基础设施建设投资管理中心，属道县人民政府正科级全额拨款事业单位，两块牌子，一套人马，有干部职工23人。道县城投公司公司主要职责是代表县政府筹集城镇建设资金，投资城镇基础设施建设，经营管理国有资产等。2016年内设工会、综合办公室、融资管理股、工程建设管理股、财务管理股、纪检监察室等一会两室三股，下辖控股或全资子公司8家。

【项目建设】 2016年，道县城投公司在建全县重点项目有湘源大道项目、道县月岩西路石厨头安置区工程、标准厂房项目、综合物流园路网项目、易地扶贫搬迁项目以及县委政府计划要求实施的项目18个，全年完成总投资超过9亿元，包括自身承担业主和共同业主的项目。城区东南西北4个进出口通道全面建成，实施200余条城区主干道和背街小巷提质改造，完成20万米供水、排水管网提质改造，较好解决城区内涝问题，城区农贸市场、停车场、垃圾中转站、公厕、路灯等市政配套设施逐步完善，确保道县成功创建省级卫生城市。

【融资工作】 2016年，道县城投公司资产整体近100亿元，投资和偿债能力明显增强，资产和负债结构进一步优化，发展潜力越来越好。公司紧扣国家金融政策，加大融资争资力度，拓展融资渠道，成功获得国开行、农发行、农行、华融湘江银行、长沙银行等金融机构授信额度35.8亿元，到位资金9.6亿元。

文化·教育

【概况】 2016年，在道县文化广电新闻出版局、道县体育局的基础上，组建道县文体广电新闻出版局（简称县文体广新局），加挂道县版权局牌子，为县人民政府工作部门。内设7个股（室）：办公室、政工股、文化艺术股、体育股、文化市场和新闻出版股、广播电影电视股、科技股。归口单位4个：道县广播电视台、道县文化市场综合执法大队、道县全民健身服务中心、道县文物管理局。下辖3个二级事业单位和一个企业单位：文化馆、图书馆、祁剧工作室、电影公司，其中祁剧工作室为差额拨款单位，电影公司为自收自支单位，其余均为全额拨款单位。局系统干部职工91人，其中，机关11人。主管全县文化艺术、新闻出版、文物、体育、广播电影电视等工作职能。

【文化阵地建设】 2016年，县文体广电新闻出版局完成文体公园的规划，实现乡镇综合文化站、村级农家书屋100%覆盖，并坚持免费开放。为各乡镇配备全民健身设施19套，配备广场舞音响设备98套。广播村村响、户户通工程全面完成，验收通过。

【文体活动】 2016年，县文体广电新闻出版局开展“庆祝中国共产党成立95周年“红旗颂”大型合唱比赛”“欢乐潇湘和美永州第七届少儿音乐舞蹈大赛、第八个全民健身日展示、“纪念中国工农长征胜利80周年书画联展”“周敦颐国际理学旅游文化节暨道州龙船赛”“纪念中国工农红军长征胜利80周年演唱会”“携手创卫、美丽道州、健康生活”庆“三·八”气排球比赛、庆“五一”全县职工拔河比赛、“碧桂园”杯篮球联赛等活动。完成送戏下乡60场次，完成全年公益电影放映6867场。县文化馆通过“国家二级馆”评估定级，举办古筝免费培训班和永州市文化馆（站）摄影专干培训班，创作出文艺作品，其中舞蹈作品2个，文学作品21篇、摄影作品20件。县图书馆添置电子阅读机和28台电脑等设备。免费开放接待人数5.1万人。

【队伍网络建设】 2016年，县文体广电新闻出版局举办农家书屋管理员、社会体育指导员学习培训和“送文艺下乡”志愿服务活动18场次，提升公共文体服务能力。全县有登记注册的文艺团队有5支，体育协会有9支。

【文物保护】 2016年，县文体广电新闻出版局坚持文化资源的保护、发展与利用并重。组织申报道县楼田村为全国历名文化名村的工作，楼田村、田广洞村、小坪村通过国家级传统村落的评审。争取2300万元的国家文保资金，对月岩摩崖石刻进行保护，完成6处红军地标建设任务。完成红军过境道县遗址普查，完成何宝珍故居宗祠、纪念馆和广场的建设。编制完成豪福湘江指挥所抢修方案，投入100万元，修缮文塔，配合完成千年古县申报工作，全面启动道县历史文化名城申报工作。申报“道州龙船赛”为国家级非物质文化遗产。成功申报《道州山歌》为市级非遗项目，传承人为市级代表性传承人，《道州洗风药习俗》传承人为市级代表性传承人。11月，组织开展《道州调子戏》传承人开班授徒，做好道州调子戏的传承保护工作。

【文体产业】 2016年，道县坚持文化与生态相结合，文化生态保护开发与旅游开发相结合的理念，做好文化旅游产业。濂溪故里景区、何宝珍纪念馆初步建成。加快推进鬼崽岭遗址、月岩国家森林公园、何绍基故里等文物保护及开发利用工作。完成30个行政村健身路径等体育设施建设，进一步提升全县农村体育设施基础。

【文化市场】 2016年，县文体广电新闻出版局坚持依法行政，严格审批程序，简化审批手续，实现行政审批再提速。组织开展市场法规培训，经营户经营意识明显增强。推行文明执法、严格执法阳光执法，以文明创建、安全生产、城市管理贯穿市场监管工作的始终，网吧整、娱乐市场整治、扫黄打非等工作有序推进，有效精华文化市场环境。

文化市场综合执法

【概况】 2016年，道县有文化经营单位128家，其中：网吧59家、娱乐场所7家、出版物经营单位5家、营业性演出团体3家、音像制品经营单位8家，印刷企业8家、包装印刷公司3家、电子游戏场所3家、演出场所1家，游泳馆3家，艺术品经营单位16家，从业人员2000余人。道县文化市场综合执法大队设6个股(室)：综合办公室、财务室、法规股、举报中心、执法一室、执法二室。为全额拨款参公事业单位，负责全县文化市场综合执法工作。编制27人，实有执法人员20名，配备领导职数一正两副。评获2016年度全国打击侵权盗版有功单位、2016年度全省文化市场综合执法工作先进单位。

【“扫黄打非”】 2016年，道县文化市场综合执法大队落实道县《党委（党组）意识形态工作责任制实施办法》要求和《关于深入推进“扫黄打非”进基层的实施方案》部署，强化党委、党组抓“扫黄打非”进基层责任，落实党委、党组主要负责人第一责任人的责任和分管负责人的直接责任，把“扫黄打非”进基层列入党委、党组重要议事日程，定期研究“扫黄打非”进基层工作，制定具体工作推进计划，做到领导到位、措施到位、人员到位、经费到位、责任到位。

【网吧整治】 2016年，道县文化市场综合执法大队开展“护苗2016”专项行动，网吧管理工作迈上新台阶。出台《道县网吧专项整治工作实施方案》和《道县暑期文化市场专项整治工作实施方案》，按照方案的工作目标、重点、步骤和要求，加大网吧市场巡查和违法违规行为的处罚力度，继续保持严管重罚的高压态势。

【歌舞娱乐场所监管】 2016年，道县文化市场综合执法大队查处接纳未成年人为重点，同时开展对场所内播放曲目、文化产品内容、从业人员名簿、营业日志等情况的检查，严禁歌舞娱乐场所接纳未成年人进入消费或在场所内从事任何形式的经营性活动。对违反规定，接纳未成年人或有其他违规行为的，依法予以从严处罚。针对电子游戏场所非法定节假日接纳未成年人问题和违规机种问题，开展查处电子游戏厅违规游戏机的专项治理行动。

【非法音像制品经营行为查处】 2016年，道县文化市场综合执法大队重点查处政治性非法出版物和走私盗版音像制品，加强文化产品的内容审查，坚决查处传播淫秽色情、凶杀暴力、封建迷信和网上有害信息。组织开展整治低俗音像制品专项行动，以进一步落实中央关于净化社会文化环境精神，保护未成年人健康成长，维护社会稳定，保障国家文化安全。

【卫星电视地面接收整治】 2016年7月1日至9月30日，道县文化市场综合执法大队在日常检查执法的基础上，开展集中整治行动，工商、公安、文化市场综合执法、电视台等部门密切配合，联合开展检查执法。成立整治工作领导小组，召开整治工作领导小组会议4次，印发整治通告600份，印发宣传资料6万份，开展集中整治行动3次，出动专项整治车辆170车次，执法队员420余人，查处违规销售经营户127户，没收接收天线上714面，接收机714台，高频头714个。

【严管出版物市场】 2016年，道县文化市场综合执法大队积极开展“净网2016”和“清源2016”专项行动，重点检查出版物集中销售场所、繁华街区、交通枢纽、电脑城、报刊亭、集（夜）市等部位，依法取缔兜售非法出版物的游商地摊，坚决查处政治性非法出版物，含有淫秽色情、暴力、恐怖、残酷、迷信等内容以及非法出版物、侵权盗版少儿出版物、非医学需要选择胎儿性别出版物、非法报刊和涉政、涉军类违规报刊，盗版盗印党和国家领导人著作、中共十八届五中全会学习辅导读物和教材教辅等。对检查中发现销售政治性非法出版物的，从销售向印刷、运输、寄递等环节溯源，铲除制售传播网络。

文物管理

【概况】 2016年，道县文物管理局搬迁至道县道州南路118号，有干部职工4人。全县有国保单位4处，即玉蟾岩遗址、鬼崽岭遗址、濂溪故里古建筑群及月岩石刻、潇贺古道；省保单位3处，即道州石城墙，周凤山、周歧山将军故居，何绍基故居、状元楼、探花第及东洲草堂；市保单位22处，县保30处。

【文物普查】 2016年，县文物管理局完成道县第一次可移动文物普查工作，完成单位馆藏文物的清库登录并审核。对文物系统外收藏单位完成文物认定与登录工作。

【国保单位的“四有”档案编制】 2016年，县文物管理局遵循规范要求与科学记录的原则，完成玉蟾岩遗址、鬼崽岭遗址及濂溪故里古建筑群3个国保单位的“四有”档案编制工作，为文物保护工作提供科学严密的资料依据。

【红色遗址普查】 2016年，县文物管理局开展红色遗址普查工作及部分遗址立标工作，普查遗址35个并进行摄像、定位、描述等记录工作，对茶园渡口遗址等6个单位进行立标工作，共建地标6处，纪念设施两处。

【文物抢救保护】 2016年，县文物管理局开展文物抢救保护工作。何宝珍故居建设一期工程完工，完成投资500余万元，完成公祠、纪念馆、管理用房等建设，何宝珍纪念馆进入实质性布展阶段。文塔抢修完成工程量的70%，修缮效果良好。月岩摩崖石刻抢险加固设计方案报省文物局审批。湘江战役豪福红军指挥部抢救维修方案报市文物处审批。编制完成田广洞村和小坪村申报省级历史文化名村文本，编制完成道州千年古城申报文本。全面启动道县申报省级历史文化名城工作。

体育

【概况】 2016年，道县新设立县全民健身服务中心，内设办公室、业务指导股、场地管理股、体彩发行股，属公益一类副科级事业单位，主要职责是贯彻落实《全民健身实施计划》，组织开展全县群众体育工作，宣传健身政策法规，组织开展群体赛事活动，管理体育场馆和健身设施，负责全县体育彩票发行的日常事务性工作和体彩公益金的使用和管理，开展健身项目培训。

【群众体育】 2016年，道县开展以“我运动、我快乐、我健康、我幸福”为主题开展各类特色活动。庆“三·八”全县气排球比赛，39支队伍、近500名干部职工参赛；庆“五·一”全县职工拔河比赛，32单位、400余名运动员参赛；端午节“海湘城杯”龙船赛，104支龙船、3000余名运动员参赛及20余万名群众观赛；“碧桂园杯”道县篮球联赛，有20支队伍、300余名运动员参赛；成功举办道县第八个“全民健身日”展示活动暨广场舞大赛，近1000名运动员云集敦颐广场展现道县人民蓬勃向上的精神风貌。县全民健身服务中心获评道县“文化文艺工作先进单位”称号。

【竞技体育】 2016年，县全民健身服务中心为落实奥运争光计划，培养优秀体育后备人才，配合市体校到各乡镇选拔优秀体育苗子，道县籍运动员2016年参加湖南省水球锦标赛获得男子团体1枚金牌、女子团体铜牌1枚；参加湖南省青少年游泳锦标赛获得男子200米自由游铜牌、400米自由泳铜牌；参加全国青少年水球锦标赛获得男子团体银牌1枚。年底，组织县冬泳协会运动员参加“福田杯”第23届全国冬泳锦标赛，获得65岁~69岁老年组50米蛙第一名，100米蛙第三名。

【体育产业】 2016年，道县有体育彩票销售网点40个，全年销售量950万元，体育事业经费及体彩公益金全部用于群众体育活动、青少年竞技体育训练及体育场地基础设施建设。

【健身路径】 2016年底，县全民健身服务中心向省、市争取路径工程14个，全部用于完善室外体育健身设施，满足群众日益增长的体育健身需要。

广 播 电 视

【概况】 2016年，道县广播电视台内设办公室、财务室、总编室、新闻专题部、制作播控部、技术开发部和广播事业部，下辖湖南有线道县网络有限公司。全台有干部职工205人，其中在职在岗156人（含参管公务员10人、乡镇广播员33人和临聘人员35人）、离退休49人。获“2016年永州市广播电视新闻通联工作先进单位”“2016年全县文明单位”“2016年道县宣传思想工作先进单位”“2016年全县政务信息工作先进单位”和“2016年度维护稳定工作先进单位”等称号。

【宣传水平】 2016年，道县广播电视台拓展“互联网+”办台思维，做到节目新闻、资讯、娱乐、网络、广播的有机结合。全年完成内宣报道2950条；外宣在央视上稿12条、在省级卫视上稿82条、在市电视台上稿290条。注重民生新闻的深度挖掘，围绕“创省文国卫”大力宣传造势，对城市建设提质扩容、创卫创森成效成果、工业农业发展新貌、社会民生信息资讯等方面做好大量的宣传报道。围绕全县的中心工作先后开辟《创卫创森》《法制道州》《药监之窗》等一系列专栏，宣传定位准确，报道及时到位。专题节目在格调上注重社会性、知识性、趣味性，把内容定位在弘扬社会正气，反映群众心声，讴歌经济发展主旋律方面，打造“平民化”栏目。先后制作播出《道州梦我的梦》等专题节目，并配合县委组织部制作《两学一做》专栏；策划启动《道州好声音》《潇湘丽人道县旅游形象大使》选拔大赛。

【广电事业】 2016年，道县广播电视台推进全县广播电视公共服务体系建设，完成省里下达的直播卫星“户户通”工程任务，解决1.1万户边远地区的看电视问题。推进全县

“光纤入户”工程，完成万和世纪城、锦绣花园等5个小区，开通下汶村等6个村有线电视网络。加快全县公共文化服务建设，巩固发展全县广播“村村响”和山洪地质预警系统，完成全县283个山洪预警广播点和全县2000多个“村村响”广播终端的日常维护，确保汛期广播能响和日常广播能听。基于“互联网+”思维实现“广电+”业务融合发展，把广电机制变革、产业多元化发展的思路融入广电事业建设发展中，开通“广电微信公众号”，初步实现广电技术、内容、业务、形态、功能等各方面的转型升级。策划新的广告增长点，全年完成广告收入139.29万元。

【管理制度】 2016年，道县广播电视台进一步修订完善《绩效考核实施办法》《人事管理制度》《财务管理制度》《公务接待制度》等16项规章制度。建立健全《关于改进干部职工作风建设的有关规定》等文件，各部门负责人签订《目标管理责任状》，使管理制度进一步健全，做到用制度管人管事，形成良好的工作氛围。成立督查领导小组，制定《道县播电视台2016年督查督办工作制度》，下发督查考评细则，每一季度采取定期与不定期检查督导的形式，对各部门布置的工作、服务质量进行督查考评，坚持“一月一通报”制度，按照制度，奖罚兑现。公司成立客服中心，提高客户服务水平。开展“阳光服务工程”活动，向社会公开服务电话，公开服务承诺，小故障随叫随到，大故障24小时排除。机关做好后勤服务保障工作，促进全台各项工作的健康发展。全台严格执行各项安全播出规章制度，确保安全播出。累计播出近1万小时，实现安全播出“零”事故。

【队伍建设】 2016年，道县广播电视台党委重点强化党建引领，提升党员素质。制定《道县广播电视台2016年党建工作方案》，对全台开展“两学一做”学习教育进行具体安排部署，台党委成员分工到4个支部进行指导督促学习。全年各支部定期召开党员大会、支委会；组织党员进社区、结对开展精准扶贫；学习党章党规和习近平系列讲话等读本，并分别对“四讲四有”进行专题讨论。“七一”期间，由台主要领导围绕“学党章党规，学系列讲话，做合格党员”在全台党员大会上进行专题党课讲座，进一步提升全台党员干部的政治思想觉悟。台党委要求工作人员严格宣传纪律，遵守新闻工作者职业道德准则，杜绝各种违规、违纪事件的发生，对群众反映的问题，一查到底，决不姑息迁就。对有线电视网络从业人员，严格落实服务承诺制度，让群众满意、用户满意。全年制定党员学习培训计划，采取集中培训与个人自学相结合的形式，开展职工各类业务知识培训8场次、作风思想教育课4堂；对新闻采编人员进行针对性地专业技能培训每月1期；派出业务骨干到省、市兄弟电视台进行考察学习4批次8人，提高全台党员、专业技术人员的整体素质。成立以纪委书记带队的纪检监察领导小组，采取定期与不定期检查督导的形式，对台党委布置的各项党建工作、当前的各项任务指标和服务质量进行督查，特别是对违反考勤制度和纪律要求的现象进行严格督办。每月初定期发出上月的督查通报，并由政工室核定奖惩标准，由财务室按照绩效考核办法实行当月兑现，有效提升全台工作人员的业务能力和服务水平。

新华书店

【概况】 2016年，湖南省新华书店有限责任公司道县分公司（以下简称道县新华书店）有正式在册在岗员工26人。下设经理室、综合事务部、资产财务部、图书业务部、教材业务部与中心门市部。道县潇水中路设有中心门市部，营业面积700平方米，经营图书、音像制品、文化用品3万余种，在道县一中校园内设有1个校园书店，经营图书、报纸、杂志2000余种。

【教材发行】 2016年，道县新华书店严格业务流程，在教材的征订上，加强与教育行政部门的沟通和协作，严格遵守国家出台的一系列中小学教材出版发行的政策规定，采取以征订上门、送书上门为内容的服务，急学校所急，帮学校所需，本着对学校、对学生负责的态度，坚持社会效益第一的原则，确保教材配套齐全、发行及时，“课前到书、人手一册”政治任务顺利完成。

教育

【概况】 2016年，道县有各级各类学校614所，其中职业中专1所，普通高中1所，完全中学1所，十二年一贯制学校1所，初中23所，九年一贯制学校9所，小学272所，特殊教育1所，幼儿园305所。有教职工6849人，其中职高教职工365人，普高教职工510人，初中教职工1255人，九年一贯制学校教职工534人，十二年一贯制学校教职工202人，小学教职工2509人，特殊学校教职工10人，幼儿园教职工1464人。有职高学生5816人，普高学生8643人，初中学生31059人，小学学生68132人。有入园入班学前儿童29706人。另有短期职业培训5432人。2016年，道县教育坚持顶层设计明确改革和发展思路，中共道县县委、道县政府人民出台《关于进一步加快教育优先发展的实施意见》，提出推进教育改革和发展的基本原则、总体目标和具体措施，进一步加大教育投入，教育支出占财政总支出的比例超过18.9%，较2015年增长16.3%。各级各类学校加强党风廉政建设和师德师风建设，对优秀教育工作者、师德标兵、优秀教师进行表彰，对学校乱收费、家教家养乱象和“吃空饷”严肃查处，县委办、政府办印发《道县教育“三名”工程实施方案》，对名师、名校、名校长的评选和奖励办法作出明确规定。县委副书记、县长李天明在《永州日报》发表《全员参与 共同担责 齐心协力演好教育强县大戏》，提出道县要牢固树立教育优先发展理念，以办好人民满意教育为目标，以立德树人为宗旨，以提高品质为核心，以学校建设为突破，补齐补强学前教育，加速提升义务教育和高中教育，做大做强职业教育，实现道县教育在永州南部率先崛起。道县全年先后被评为湖南省现代教育技术先进县、湖南省三年学前教育先进县、湖南省特殊教育先进县、湖南省教育考试工作先进县，高水平通过湖南省人民政府“三评合一”教育督导评估。

【学前教育】 2016年，道县有幼儿园305所，入园幼儿增加到29706人。有公办中心幼儿园20所，公办小学附属幼儿园90所，民办幼儿园195所。道县教育局民管办每年对民办幼儿园进行年度检查，道县学前一年教育率98.27%，学前三年幼儿教育率81.46%，被评为湖南省三年学前教育先进县。西洲幼儿园园长周晨被任命为湖南省教育研究事业发展与管理专业委员会委员。举办幼儿教育艺术活动比赛、婴幼教论文评比，开展学前教育宣传月系列活动，在永州市幼儿教育优秀艺术领域活动录像评比中，道县教育局示范幼儿园的《小吃店》获得一等奖，道县教育局直属幼儿园的《怪怪的汽车》获得二等奖，海昊小太阳幼儿园的《音乐会》获得三等奖。黄颂2016年被评为“永州市名园长”。新蕾幼儿园、仙子脚镇晨晖幼儿园，后江桥中心幼儿园，白芒铺中心幼儿园被列为永州“十三五”骨干民办立项幼儿园。

【义务教育】 2016年，道县实施“三名”工程，进一步加强教师队伍和校长队伍建设，推进教育事业持续协调健康发展，打造道县教育的品牌，涌现一批名师、名校和名校长。桥头小学教师黄晓娟获得“湖南省最可爱乡村教师”称号，小甲学区马垒小学教师李明华获湖南省运达乡村教师提名奖，牛路口中心小学校长陈快元被评为永州市优秀校长，蚣坝中心小学唐莲花、营江学校教师胡艳岚被评为市优秀班主任，桥头林场学校教师王平刚、五中教师唐钟锋被评为市师德标兵，六中教师义华正被评为市先进教师工作者，寿雁中心小学校长李好新、六中校长郭创任被评为永州市名校长。先后投入3268万元，完成69所村片小合格学校建设和3所公办幼儿园建设。特别是坚持把城区学校标准化建设作为解决城区学位紧张问题的重要抓手，先后出台《道县城区学校专项规划（2016—2030）》和《道县城区学校建设三年攻坚行动规划方案（2017—2019）》，把14所学校提质扩容建设打包成10个重点项目，分别成立由县级领导任指挥长的10个建设指挥部。全面推进道县二中、潇水学校、明达学校、一小、二小等8所城区学校标准化、规范化建设和扩容提质及城南幼儿园的搬迁工程，着力破解城区学校大班额问题。增加教学班211个，增加学位9595个。县委县政府出台《道县乡村教师支持计划》《道县农村教师岗位津贴管理暂行办法》，深化教育领域综合改革，加强乡村教师队伍建设，夯实义务教育基础。从2016年9月开始，根据任教学校距离县城的远近，发放农村教师每人每月200元~1000元的岗位津贴。全县教师班主任津贴每人每月不低于500元。实行教师公费体检制度，教师每两年公费体检不少于1次，高级职称教师公费体检每年1次。落实农村教师岗位津贴、班主任津贴、特困教师救助资金等福利待遇3500万元，增加扶贫配套资金220万元，学生免除学杂费覆盖率100%，发放各类助学金1820万元。

【普通高中教育】 2016年，道县县委、县政府作出《道县高中学校托管初中学校的实施办法（试行）》，一中托管绍基学校和潇水学校，二中托管敦颐学校，托管学校和被托管学校在学校管理、学科建设等各层面实施对接。托管学校实行自主招生，被托管学校必须保证80%以上的优秀毕业生入读托管学校。政府为普通高中学校化债和贴息680万元。道县五中恢复高中招生，道县高中阶段毛入学率由2015年的61.41%提升至2016年的74.46%，净增13.05个百分点，增幅排全省第一位。10月15日，县委、县政府颁发《关于加快发展高中阶段教育的实施意见》，落实高中阶段学校办学自主权，健全对校长的监管奖惩机制，加强高中阶段学校师资队伍建设，着力提升高中学校的教育教学质量，优化高中阶段学校的发展环境，每年按学年初预定的高考目标兑现奖惩承诺。提供大学生生源地助学贷款1763人、1369.74万元，还给168人发放入学路费10.5万元。

【中等职业教育】 2016年，永州市工业贸易中等专业学校有全日制学历教育在校学生5816人，职业培训学员5432人。

【民办教育】 2016年，道县有民办教育机构223个，其中民办中小学5所，在校学生2584人，培训机构23个，培训学生4388人，民办幼儿园195所，入园幼儿19196人。道县人民政府加大对民办教育的管理力度，作出《关于进一步加快民办教育发展的意见》，县教育局制定《民办幼儿园管理办法》《道县民办学校（幼儿园）年度检查细则》，坚持严把准入关、日常监督检查关和年度检查评审关。软件方面着重办学理念、师资、管理水平的考察，硬件方面着重设施、安全、卫生检查。民办学校在评先评优、生均公用经费与公办学校一视同仁。

【家庭教育】 2016年，道县中小学办起家长学校30所，按照省市示范家长学校评估细则评估考核，有11所被评为县级示范家长学校，其中绍基学校家长学校、进修附小家长学校、六中家长学校、寿雁中心小学家长学校、审章塘学校家长学校等5所被评为市级示范家长学校。

【教育科学研究】 2016年，道县教育科学研究中心组织中小学教师课堂校、片、县三级大比武活动，参加比武的是中小学各科教师和学校行政领导，每次比武先在教学片内进行，然后分行政领导组和学科教师组进行全县大比武，每次比武设一、二、三等奖，并颁发奖金，全县全年教学大比武发奖金17.2万元。学生参加学科竞赛，道县一中学生参加第11届全国应用物理竞赛，刘必伟获得全国一等奖，郭生宝获得全国二等奖，另有3人获得市一等奖，4人获得市二等奖，6人获得市三等奖。在全国第33届中小学生物理竞赛中，道县高三学生获得湖南省二等奖1人、永州市一等奖2人、市二等奖2人、市三等奖2人。6月26日，在湖南省高中化学竞赛中，道县一中高三学生夏春阳，赵茂求分别获得全国二等奖、湖南省二等奖，另有8人获永州市一等奖，3人获市二等奖，2人获市三等奖；高二学生何凯、汤力、田少秋获湖南省二等奖，唐嘉利、周坤获省三等奖，另有2人分别获永州市二、三等奖。10月15日，在“湖南省中学数学教师解题”竞赛中，道县三中教师杨海英获永州市一等奖，绍基学校教师周力拉、陈运伟、周文东，敦颐学校教师李成、文妙舟、李丛湘获永州市二等奖。5月18日，在“永州市中小学美术欣赏教学竞赛暨观摩教育活动”中，三小教师蒋佳林课堂教学获一等奖。9月20日，在永州市初中化学解题能力与课堂教学实践竞赛中，道县6名教师参赛，获5个一等奖，1个二等奖。其中一中教师杨丰毓代表永州市参加湖南省化学新课程优质课观摩评比活动获说课一等奖。10月19日，在永州市中小学音乐、美术学科录像课、教学设计、课件评比活动中，梅花中学教师杨丽梅美术参赛课件获一等奖。学术论文方面，敦颐学校教师何美英《“雨伞”在地理适应教学中的应用》获市一等奖，下蒋学校教师李龙秀《构建农村初中历史复习有效课堂方法初探》获市二等奖，一中教师唐义志《浅谈高三数学二轮复习试卷讲评课的方法》获市三等奖。

【教学仪器和电化教学】 2016年，道县有标准实验室109间、仪器室99间、仪器柜3267个、准备室99间，电脑教室65间、电脑3315台，多媒体教室68间，全县教学电化仪器设备总值8443万元。全县仪器电教工作完成2015年合格学校功能室建设扫尾工作和2016年合格学校功能室建设。对会潭中学、井塘中学、岑江渡中学的教学设备进行摸底统计，根据学校情况配备常用的教学器材设备。注重学校数字化学习环境、数字化教育教学管理环境以及数字化的沟通平台的建设，中心小学以上的学校100%实现电信光纤网络宽带接入。与电信沟通，学校网络提速不提价，全县各校带宽20兆~100兆。完成道县教育局网站的升级改版，建设并完善全局的电子政务系统，搭建短信平台，学校管理迈上信息化、现代化轨道。投入121万元，完成道县三中班班通、校园网、电脑教室和多媒体教室的建设。制定道县教育局信息化建设方案，为全面实现“三通两平台”打下良好的基础。在2016年度全国“一师一优课、一课一名师”活动中，获部级优课两节，分别是一中教师刘彦、三中教师周菊花的晒课，获省级优课9节、市级优课43节。全县中小学生参加“2016年永州市中小学电脑制作活动”和机器人竞赛，2人获市二等奖、2人获市三等奖。全县中小学教师实验教学、电化教学优秀论文评选活动，获市一等奖6篇、二等奖13篇。在湖南省教育厅装备处举办的实验说课竞赛中，一中教师马丽获省二等奖，六中教师夏文香获省三等奖。在永州市电教馆组织的实验说课竞赛中，道县获一等奖3人，二等奖4人。永州市化学教师实验技能大赛，道县获一等奖1人，二等奖3人。全市首届教育信息化交流展示系列活动，道县获一等奖3人，三等奖5人。永州市中小学数字资源应用说课竞赛，道县获一等奖1人，二等奖3人。永州市自制教具大赛，道县获一等奖3人，二等奖3人，三等奖8人。

湖南省永州市工业贸易中等专业学校

【概况】 湖南省永州市工业贸易中等专业学校（简称永州工贸学校）建有信息技术类、加工制造类和文化艺术类3个专业群，开设电子技术应用、电子与信息技术等13个专业，其中电子技术应用专业为省级精品专业、省示范性特色专业；电子技术应用、畜禽生产与疾病防治、服装设计与工艺3个专业的实训基地为省级校企合作生产性实习实训基地；依托主体专业优势兴办16家校办企业。学校占地54万平方米，校舍面积13.2万平方米，绿化面积35.2万平方米，实训基地建筑面积1.85万平方米，总资产8702万元。2016年秋招收全日制学历教育新生2291人，全日制学历教育在校生5816人，有116个教学班，毕业学生1613人，职业培训规模51280人天。教职工365人，其中专任教师297人，硕士研究生32人，专业课教师197人，“双师型”教师178人，兼职教师47人，省市专业带头人14名，高级职称教师68人。2016年，永州工贸学校强化内涵建设，提高人才培养质量，对口高考“二本”以上上线43人。学校工作亮点突出，获评第十三届全国中等职业学校“文明风采”大赛优秀组织奖，被评为“创青春”湖南省大学生创业大赛和“挑战——彩虹人生”湖南省职业学校创新创效创业大赛优秀组织奖、永州市文明单位、永州市依法治校示范校、永州市无烟单位和永州市中等职业学校技能竞赛先进单位等。

【思想教育】 2016年，永州工贸学校全面推行未成年人思想道德教育，培育和践行社会主义核心价值观教育，围绕“立德树人”的根本任务，开展“千人诵读、千人签名”“忆苦红歌会”竞赛、禁毒知识竞赛在线答题、纪念中国工农红军长征胜利80周年等系列“中国梦”活动。开设道德讲堂，弘扬传统文化。开展学习践行《道县市民文明公约》等活动，争做文明有礼的道县人。利用传统节假日，开展清明节祭英烈活动。学校建好心理咨询室，配有含1000模型的沙盘一套，安排具有国家二级、三级心理咨询师资质的兼任教师为学生进行个体咨询，帮助学生解决心理问题。5月，开展“心理健康月”活动，举办针对中职生“早恋”的心理讲座和就业指导讲座。9月，对新生进行适应性教育及自我认识教育。学校结合国家省市“文明风采”竞赛和“创业大赛”要求，开展技能竞赛活动，提升中职生工匠精神和职业素养，促进学校德育工作和校园文化建设。在湖南省职业院校创新创效创业大赛和全国职业院校创新创效创业大赛中，杨立月、李元平等同学创作的“煤气自动排气控制器”获评省一等奖和国家三等奖。在市十二届文明风采竞赛中，获一等奖33个，二等奖47个，三等奖42个。在全国文明风采大赛中，《潇湘八景——烙画》和《余韵——残荷之美》两件作品获得全国一等奖，另获得全国三等奖两个。

【教学科研】 2016年，永州工贸学校加大项目开发建设，加强教学科研工作。校企双方根据技术技能人才成长规律和企业岗位需要，共同研讨论证，制定人才培养方案，开发核心课程和特色教材等。按照双向选择原则，学生、学校和企业明确权益及学生在岗培养的具体岗位、教学内容等。理论课采用多媒体信息化教学，专业实践课采用理论实践一体化教学。根据专业培养目标和分层分级分类训练的原则，建立与专业培养目标相适应、循序渐进的实践教学课程体系。将专业技术结构体系的三要素与教育对象的岗位工作需求和岗位技术能力合理整合，优化课程模块教学，重点突出学生专业技术应用能力、专业技能提升能力和岗位创新创业能力。根据现代职业教育发展要求和产业转型升级对多样化技术技能人才的需求，建设“校中厂、厂中校”，创新人才培养模式；制定并实施《教学模式改革实施方案》，推行项目教学、案例教学、工作过程导向等教学模式；创新和实践“教师、师傅一体，课堂、车间一体等”，有效实现教、学、做合一。根据教育部的要求，严格依法依规选用、使用教材；根据实际情况和合作企业、合作院校共同开发25本校本教材。通过整合专业教学目标、专业标准等专业群的资源，建好数字化教学资源库、专业素材资源库和自主学习型课程子库等3个资源库。11月，中德诺浩（北京）教育投资股份有限公司到校考察交流，双方就学校汽车制造与检修专业合作办学进行协商，从专业规划、人才培养方案等方面的合作进行探索。

【校园文化】 2016年，永州工贸学校强化校园文化建设，成功创建为市级文明单位。设立“道德讲堂”，将思想政治教育分为经典文化与道德教育、法纪和自律教育、人生规划教育等板块，邀请离退休专家、道德模范等主讲，举办讲座12期。学校投资400万元建“智慧校园”。学校广播站、电子化校报、校园门户网、电子宣传屏和阅报栏等，占领学校文化传承主阵地，弘扬主旋律。提升校园文化“软实力”，加大校园文化建设力度，营造浓郁的文化氛围。把握学校历史和使命，形成“厚德、精技、自强、创新”校训，建成“莲花”校标和名人校园雕塑、廉洁文化广场、鲁班广场、文化石等文化设施，增强校园文化承载能力。

【队伍建设】 2016年，永州工贸学校加强干部教师队伍建设，提高学校教师队伍整体素质。按照《永州工贸学校教师素质提升计划（2016—2018）》，制定并实施《永州工贸学校2016年暑假教师培训工作方案》，培训的主要内容有：专家讲座、教学工作诊断与改进专项培训、师德师风专项培训、教师业务素质提升专项培训和教师业务学习及业务考试等。安排孙玉俊等15名教师到大连机床厂参加培训，范文玲等9名老师到厦门友达光电参加培训，刘杰等16名教师到道县晶辰电子参加培训，邱艳华等12名教师到道县胜进服饰参加培训，蒋建中等9名教师到浙江金华众泰汽车参加培训。完善《永州工贸学校专业（学科）带头人、骨干教师评选与管理暂行办法》，开展十三五期间首批校级专业（学科）带头人、骨干教师评选活动，获评校级专业（学科）带头人28人、骨干教师31人。组织教师参加永州市中小学骨干教师和学科带头人评选活动，有8人获评。组织59名教师参加湖南省远程教育培训学习，促进教师终身学习理念的形成。组织5名教师参加北京师范大学组织的全国职业院校教学诊断与改进暨质量管理水平提升研修班培训，组织21名教师参加省级培训，组织68名教师参加市级培训。在国家级“创新杯”教师信息化教学说课大赛中，获三等奖2个；在湖南省职业教育与成人教育优秀论文评选中，获得二等奖2个，三等奖4个；在永州市自制教具大赛中，获得一等奖1个；在市中职学校教师说课活动中，获得一等奖1个；在市中职语数英骨干教师培训说课比赛中，获得一等奖2个；在市教育技术论文评选中，获得一等奖2个；在市中职学校第二届微课比赛中，获得一等奖8个。《电子技能与实训》课程入围2016年湖南省职业教育名师空间课堂建设项目。

【资助情况】 2016年，永州工贸学校本着“公平、公正、公开”的原则，把学生资助工作纳入学校日常工作的重要内容。学校学生有国家免学费、国家助学金、学生奖学金、学校年度部门预算资助贫困生资金等校内资助，还设有行业企业奖学金、助学金及校团委募捐资助家庭经济困难学生的经费等。全年国家免学费11063人次，金额1327.56万元，国家助学金受助学生1552人次，发放助学金155.2万元；校内资助2475人，资助金额90.6万元；行业企业奖学、助学922人，金额13.2万元；校团委募捐助学5人，金额2.87万元。

【办学特色】 2016年，永州工贸学校深化实施产教融合、校企联合办学，实施“三对接”办学。对接园区办职校，推动课堂进车间。利用与园区“零距离”接触的优势，创新课程设置与培训方式，使车间与课堂随机转化；与企业合作建立实训基地，把相关课堂开设在企业车间，让学生在生产车间“学中做、做中学”，推动技术进企业。县委、县政府引导学校利用技术优势兴办经济实体，学校创办玉华鹅业有限公司等校办企业16家，示范引领园区产业发展壮大。学校建立专业动态调整机制，主动对接县内工业园支柱产业设置课程，根据园区产业开设适用专业，面向市场办专业。学校创办电子技术应用等重点专业5个，被园区企业称誉为“技师的摇篮”。办好专业促产业，道县工业园区形成电子信息、轻纺制鞋、先进制造、生物科技四大支柱产业，培育规模企业55家。学校电子类专业促进道县电子信息产业的发展，县委、县政府创建电子信息产业园，引进电子信息企业27家，成为全省首批两化融合试验区和循环经济示范园。对接车间开课堂，批量培养技术技能人才，每年为园区输送技能人才1700人以上。县委、县政府出台激励政策，吸引毕业生到园区就业，鼓励往届毕业生返乡创业。学校与企业共建专业、共同开发课程、共享实训基地等，园区企业每年选送员工到学校参加技能培训2000多人次。

【培训方式】 2016年12月，永州市委争取农业部重视，以永州工贸学校为载体创建农业部管理干部学院（中共农业部党校）实践教研基地、永州市农村党员和青年农民培训中心。培训中心采用“党建+产业技术扶贫”方式，计划用5年时间，培训5万名农村党员、青年农民致富带头人，全面提高农村党员、青年农民的思想政治素质、科技文化素质和带头致富、带领群众共同致富的能力，从源头上增强农民脱贫致富本领，探索一条从“输血”到“造血”的技术扶贫新路子。

湖南省道县第一中学

【概况】 2016年，湖南省道县第一中学（简称道县一中）有教学班70个，在校学生4600余人。在职教师294名，其中研究生学历20人，本科学历243人，特级教师1人，高级教师82人，一级教师93人，国家级骨干教师2人，市级和省级骨干教师26人。

【办学条件】 2016年，道县一中塑胶田径运动场完工并投入使用。道县一中体艺馆主体建设大致完工，该工程建筑面积13142平方米，预算投入2900多万元，是道县重点建设项目之一。图书馆超市化5个阅览室调整到位，采购新书20万元。物理实验室改造升级方案得到市、县电教馆指导认可。

【办学成绩】 2016年，道县一中高考二本以上上线412人，首次突破400人大关，取得历史性重大突破，其中一本上线128人，创历史新高。

【教学科研】 2016年，道县一中在教学竞赛、辅导和论文评比中，获得国家级一等奖8人次，二等奖、三等奖41人次，省级奖励63人次，市级奖励70人次；在2016年度全国“一师一优课，一课一名师”晒课中，获“部优课”1人、“省优课”1人、“市县优课”29人，受到永州市教育局表彰。

【学校文化】 2016年，道县一中举办形式多样、内容丰富的班级文化大赛活动。开展班旗设计大赛、语文素养大赛、国学经典诵读大赛、手抄报竞赛、各种学科竞赛等活动。推动学生社团的建立，在原有的文学社、广播社两个社团的基础上发展到现在的科技创新社、羽毛球社、新媒体协会、卓越足球社等12个社团。围绕创建“书香校园”“绿色校园”“运动校园”主题开展一系列活动，2016年下期获得“市园林式单位”称号 。加强对学生的心理辅导，逐渐形成特有的心理教育模式，于11月被湖南省教育厅评为“湖南省心理健康教育特色学校”。

【德育工作】 2016年，道县一中加大学生行为习惯管理、宿舍管理、心理指导和值班社区服务等工作力度，提升政教工作效果。对学生干部进行一系列培训，从纪律、学习、生活等方面开展专题讲座，提高学生干部的素质，增强学生干部自我教育、自我管理、自我服务的意识，培养多元化学生管理人才。利用升旗仪式，班会、全校聚会等经常性进行安全教育，在近校沿河路段设置永久性警示宣传栏，学校行政人员牵头，各班班主任为主体组建巡河队，中午、晚上按时段巡查。

【教学改革、教学常规管理】 2016年，道县一中在课堂方面，继续推动把课堂主动权、思考权交给学生的课堂教学改革；训练方面，印制《道县一中作业批改、讲评记录本》，提高作业布置和批改的有效性；加大教案检查力度，定时定量检查教师备课情况；每学期编印《教学简报》4期，内容详尽，提高教学过程管理精细化水平。

【学校财务等级升级】 从2016年起，道县一中被县委、县政府批准为一级财政预算单位。

【科技创新、学生奥赛】 2016年9—11月，“中国流动科技馆道县站巡展暨全国科普日活动”在道县一中展出，全县1.3万多人次参展。学校“科技节”学生参赛作品近60件，教师科教作品3件，学生作品《新型移动式艾荼净化甲醛装置》入选市科技创新竞赛决赛。首次组队参加湖南省青少年“乐高FLL”机器人工程挑战赛，并获省一等奖。

【第十届教职工代表大会】 2016年9月6日，道县一中召开第十届教职工代表大会，审议通过《绩效工资方案修订》《红白喜事管理办法》两项典型提案，体现民主治校的方略。

【“枫林”奖学金、“德威”助教基金】 2016年，道县一中由张亚红先生捐助的“枫林”奖学金奖励30名品学兼优的学生，共计12万元；由皮社胜、杨文伶夫妇创办的“德威”基金表彰优秀教职工、先进教育工作者30名，共计12万元。

湖南省道县第二中学

【概况】 2016年，湖南省道县第二中学（简称道县二中）有教职工251人，其中专任教师232人，教辅人员44人；中学高级教师55人，中学一级教师78人；省优秀教师12人，省级骨干教师9人；市级学科带头人5人，市级骨干教师2人；县级骨干教师16人。有50个教学班，在校学生3570人。高考二本上线49人，其中有23人为特长生。

【德育工作】 2016年，道县二中政教处组织学生学习《中小学生守则》《学生文明礼仪标准》等。落实年级组主体责任，要求各年级组抓好学生平时的养成教育和培养良好的学习习惯。各年级分别举行一系列学生活动：篮球比赛、气排球比赛、班班有歌声活动。同时还开展“最美教室”“最美寝室”的评比活动，团委组织学生开展一系列的活动：三月学雷锋活动、学生志愿者环保宣传及环境卫生清理活动、“远离网吧、杜绝毒品”宣传周活动、“一帮一、一对一”爱心活动等。出台严禁学生玩耍手机的制度，对上网成瘾、夜不归宿、厌学的学生进行教育转化。加强与社会、家庭的交流，高三年级部分班级召开家长会，让家长协助和配合学校处理学生应急情况。

【高中毕业班工作】 2016年，道县二中制定详细的高三教学工作方案，行政领导深入班级参与高三年级的管理，协助班主任做好学生的思想工作。做好确保生、边缘生、特长生的跟踪指导工作，每周找教师交流2~4人次；每周找学生交流2~4人次；每周深入教室听课2~4节；参与月考等质量分析会；参与高三学科备课组教研活动；督促检查教师备课、下班辅导、作业批改等情况。把确保生、边缘生、特长生、文化生分解到班，科任教师和责任领导实行承包制，做好点对点，一对一的复习指导工作。抓好教学常规的管理和集体备课，提高课堂效率。学校要求第二轮复习必须自编导学案，自己精选练习或考题，抓好周考和月考，对边缘生实行面批面改。为高中毕业班师生召开百日冲刺誓师大会；以班为单位召开确保生和边缘生会议，为他们诊断把脉，增强信心；利用学校读书走廊、公布栏、高三教学楼公告栏为高考营造气氛；完善高考奖励制度，增设过程奖（10万元），承包奖1万元/人。

【教学科研】 2016年上期，道县二中举办“5+1”教学示范课评优活动，请优秀教师上“公开课”“示范课”，以点带面，共同提高。坚持公开课引路，示范课促教，推行“5+1”教学模式、学法指导、改革考核等形式，把教学业绩与教师个人利益结合起来，激发教师的工作积极性。全校按照这个模式对教师的教案进行评选和赛课，开展优秀教研组的评选活动。完善公开课、示范课、听课、评课制度，要求每位教师每个学期听课不少于15节，校级领导不少于30节。注重教师的培训工作，按上级部门规定选派老师参加国培，省级市级轮训。同时注重名师培养，通过学校推荐，上级批准，有3名市级骨干教师，13名县级骨干教师。

【师资队伍管理和师德师风建设】 2016年，道县二中强化教师的工作纪律，每天由值日领导对教师上班进行检查登记并与绩效工资和考核挂钩。政教处重新制定出《道县二中班主任常规管理细则》，对班主任的“八到场”进行认真核查登记，强化班主任的日常工作管理，班主任手册、班日志、学生谈话纪录每月按时检查并采取一月一通报，其结果与班主任津贴和年终考核挂钩。开展强师德、正师风、树形象教育活动，规范教师从教行为，教师以德立身、以德从教、以德育人。

【奖教助学】 2016年5月，在第十一届中国中学生作文大赛湖南赛区“为先杯”作文比赛中，蒋阳《星空下的遐想》获全国三等奖，郑燕娟《逆袭》获全省三等奖。1月，在第九届中国高中生才艺展示大奖赛中，获全国二等奖2人：高三（8）班张慧城《在落寞与繁华之间》、高三（9）班何清《生如逆旅》；全国三等奖2人：高二（9）班左丹《我与梦想同行》、高三（14）班杨松《像向日葵般绽放》。8月，在第十届中国高中生才艺展示大奖赛中，2人获全国二等奖：高一（13）班黄诺《我们仨》、何文婷《此恨绵绵无绝期》。5月，在“书香湖南2015年全县少年儿童‘中国梦·汉语美’”主题推荐书籍读后感撰写活动中，获湖南省二等奖：高一（12）班廖玉海《青春，注定成长—读韩寒〈青春〉有感》、省三等奖：高一（9）班何薇《徽因，万古人间四月天——读〈你是人间的四月天〉》。

湖南省道县师范学校

【概况】 湖南省道县师范学校创建于1958年，是永州市直属公办普通中专学校，是湖南省示范性中等职业学校、永州市大专层次小学幼儿园教师培养基地、永州市教师继续教育中心。学校占地面积8.67公顷，2016年，有在职教职工168人，在校学生3522人。开办开设小学教育免费师范生五年制大专班、学前教育免费师范生五年制大专班，开设学前教育、旅游服务与管理、社会文化艺术等专业。2015年12月，中共永州市委常委会决定将道县师范和祁阳师范合并搬迁到永州市城区，创建永州市幼儿师范高等专科学校。12月28日，潇湘幼儿师范高等专科学校新校区举行开工仪式，计划2018年秋季搬迁至新校区办学。

【招生就业】 2016年秋季，道县师范学校通过举行中职新生入学文化检测，从4000名考生中择优录取各专业新生884人。当年在校学生数3522人，新生总计1052人。2016年，学校毕业生总人数1452人，就业率99.26%，对口就业率97%。学校举办2016届毕业生共需见面会，百家用人单位为2016届800多名毕业生提供1200多个岗位，为引导学生本地就业、高质量就业搭建良好的平台。毕业生就业单位、就业岗位和就业待遇相比同类学校有明显优势，社会用人单位对毕业生的思想道德素质和职业素质评价满意率90%以上。

【人才培养】 2016年，道县师范学校实施构建“一个模式”、破解“两个难题”、加强“三基教学”、实施“五项改革”的“一二三五”工程，深入推进学校教育教学改革。学校讨论初步通过新的学前教育专业、小学教育专业和旅游服务与管理专业人才培养方案，突出专业核心能力和实践能力的培养。对接《教师教育课程标准（试行）》《幼儿园（小学）教师专业标准》以及国家教师资格考试大纲，进一步强化文化基础知识教学、专业基本理论知识教学、基本专业技能训练和专业核心能力培养。一年级实行月考制，各年级学期末均开展专业基本功考核。以主题校园文化系列活动为主体，学校全年开展校级、年级组等大中型活动30多场次，开设学生社团20多个，小先生团队成员400多人，丰富“以文化人、活动育人”师范特色育人模式。学生获得国家、省市级奖励269项，其中包揽湖南省第三届青年艺术节非专业类舞蹈、朗诵一二等奖。学校推进信息技术背景下的“学教一体化”教学模式改革，在永州市第二届微课比赛中4位教师获一等奖，5位教师获二等奖；在湖南省第二届微课比赛中4位教师获二等奖。

【品牌创建】 2016年，道县师范学校落实市委提出的“三名工程”，推进“品牌四创”工程，着力提升学校办学品位与办学优势，被确定为湖南省示范性中等职业学校，获得“湖南省教育系统先进基层党组织”“湖南省安全文明校园”“永州市党建工作先进单位”“永州市五四红旗团委”“永州市三八红旗集体”“永州市综合治理先进单位”等10多项省市级荣誉。《湖南日报》《永州日报》、永州公共频道、永州教育信息网等多次对学校办学成果进行报道。学校重点加强学前教育专业品牌建设，优化人才培养模式改革，加强特长生培养力度，构建全员、全程、全方位实践育人体系。学校重视师资队伍建设，坚持“引进”和“培养”两手抓。通过招考引进全日制硕士学历研究生2人，培养市级学科带头人1人，骨干教师6人。教师参加省市级各类专业比赛，获奖60多人次。针对教师资格证国考，学校面向全校教师举办“学前教育理论与实践研修班”，邀请著名专家授课。学校选派20余人参加全国中职学校微课与翻转课堂教学实践高级研修班，培育教研教改主力军。学校两项省级课题顺利结题，其中校长唐广勇主持的《中职学校情感教育策略研究》获得优秀等级；教师发表或获奖论文80多篇，其中唐广勇、李康耀等在中文核心期刊上发表高质量论文。

【学校管理体系建设】 2016年，道县师范学校加强各项制度建设，制定《道县师范学校教学督导工作制度》《道县师范学校各处室目标管理考评办法》等多项制度，并通过行政会、教职工大会、教代会和工代会等形式讨论通过，推进依法治校进程。学校选拔首批7位教学督导员，成立道县师范学校教学督导组，配合学校教学部门对学校教育教学活动和青年教师成长的监督、检查和指导，强化对教学质量的监控。2月，学校按照《党政领导干部选拔任用工作条例》的有关规定，选拔任用7名中层领导干部，其中2名正科级干部，5名副科级干部。同时以岗位职责为目标考核依据，按照量化考评和民主测评相结合的方式，把考核结果与管理人员任用晋升、培养培训、绩效奖励挂钩，形成长效激励保障机制。学校高度重视安全稳定工作，严格落实安全目标管理责任制，建立安全稳定工作月通报、季度研判、检查督导机制，系统谋划安全教育和安全管理，全年组织开展消防逃生演练、防溺水、反校园欺凌、食品安全卫生等安全教育活动20多次，被评为“湖南省安全文明校园”。

【党建工作】 2016年，以何云峰为核心的道县师范学校党委班子认真贯彻落实主体责任，科学规范全年党建工作，创新党建工作机制，加强制度建设，创新组织生活内容和形式，激发党支部和党员活力，加强党员教育与管理，基层党组织的战斗堡垒作用和党员的先锋模范作用得到充分体现。学校被评为“湖南省教育系统先进基层党组织”“永州市党建工作先进单位”，学校教师党支部在党支部规范化建设考核验收中被评定为优秀。同时，学校党委强化“两个责任”意识，落实“一岗双责”，将党风廉政建设与学校师德师风、校风、学风建设密切结合，营造廉洁从教、爱岗敬业、为人师表、教书育人的良好环境，被评为“廉洁文化进校园”示范校。学校党委充分发挥组织领导作用，加强对工青妇、学生会等群团工作的研究和部署，师生文体活动丰富多彩，学校被评为“永州市三八红旗集体”“永州市五四先进团委”等。

社会管理与服务

人力资源和社会保障

【就业再就业工作】 2016年，道县人力资源和社会保障局（以下简称道县人社局）围绕“人社人为人民”这一工作主线，始终坚持把做好就业工作作为一项重大政治任务和人社工作第一位任务抓好抓实，以就业优先工作为发力点，贯彻落实大众创业、万众创新这一国家战略，力促全县就业再就业工作稳中有升。年内，实现全县城镇增加就业7531人，失业人员再就业3049人，就业困难人员再就业757人，分别完成目标任务的126%、127%、126%；援助零就业家庭16户，零就业家庭动态就业援助率100%；增加农村劳动力转移就业6100人，完成目标任务的102%；城镇失业率控制在3.5%以内。落实优惠政策扶持就业，安排就业困难人员公益性岗位1000余个，提供大学生就业见习岗位50余个，发放就业见习补贴60万余元。落实服务企业用工“23条”优惠政策，补贴园区企业及员工社保金额200万余元，兑现企业用工奖励200万余元，为园区企业做大做强提供坚实保障。免费为高校毕业生开展办理求职登记、档案托管等服务，帮扶高校毕业生就业，吸纳800余名高校毕业生到园区企业就业。通过简化创业担保贷款程序，强化部门联动，实现创业担保贷款办理“一条龙”服务。发放创业担保贷款3043万元，增加创业主体2436户，创业带动就业4500余人，创业带动就业倍增效应充分显现。抓好职业培训促进就业，着力提升劳动者就业技能。结合园区企业用工特点，有针对性的开展各类培训，年内职业培训总人数6120人，创业培训1080人，分别完成全年目标任务的102%、108%；为园区12家企业免费培训员工1200余名，有效提升园区企业生产效率。举办“春风行动”“民营企业招聘活动周”等系列招聘活动70余场次，组织70余家企业进场招聘，帮扶园区企业达成就业意向超过1万余人，签订用工合同超过8000余人，有效缓解园区企业用工难题。道县被评为“湖南省创新创业带动就业示范基地”。

【社保改革】 2016年，道县人社局围绕市局年初下达的基金征缴任务，加大工作力度，创业工作举措，实现社保体系由政策全覆盖向人群全覆盖。推进社保改革，按照社保体系全覆盖要求，紧贴民本民生实际，推进各项社保改革。按时按质完成城乡居民医保制度整合，实行统一的城乡居民医保制度；严格按照省市要求，制定出台机关事业单位养老保险改革和机关事业单位工作人员工资调整相关文件，改革任务完成；企业离退休人员工资实现13年连增。同时，加大社保政策宣传力度，宣传社保法律法规。开展各类宣传活动30场次，发放宣传资料37万余份。抓好扩面征缴，着力挖掘新的基金征缴源。征缴基本养老、失业、工伤、医疗、生育等社保基金3.73亿元，完成目标任务的114%。支付各项基金4.8亿元，其中：征缴企业社保基金7521万元，失业保险基金320万元，城镇职工医疗保险基金6500万元，工伤保险基金662万元，生育保险基金110万元，城乡居民养老保险基金2350万元，机关事业养老保险基金1.97亿元。人社信息化水平不断提升，发放社保卡50万张。向上争取社保资金2.6亿元。强化社保基金监管力度，将基金安全纳入目标管理考核内容，使基金监管常态化，监管工作由被动转化为主动。截至2016年12月底，道县人社局联合县委督查室对全县待遇领取人员的生存资格认证开展“地毯式”检查，认证10.5万人，追补回重复、死亡冒领基金60万余元，确保社保基金在阳光下高效运行。特别是在城乡居保工作方面，进一步建立健全机制制机制，在全市率先出台实施丧葬补助金等制度，被湖南省人社厅作为经验典型予以大力推荐。

【招考招录】 2016年，道县人社局以强化人事人才管理和收入分配改革为发力点，力促人事人才管理日趋规范。完成招录招聘，坚持“逢进必考”原则，严格报名、笔试、面试、体检、考察等程序。招录公务员35名；招聘专业技术人员474名，其中教育系统93名，卫生系统326名，其他事业单位55名，考试安全率100%，未出现一起违纪违规和社会舆情要情，做到用人单位满意、考生满意、社会满意。

【人事管理】 2016年，道县强化人事管理，办理事业单位工作人员辞聘27名，调配37名。加强业务指导管理，事业单位岗位设置全力推进。完成专业技术人员职称评聘工作，申报完成初级职评审735人。其中：申报高级210人，中级250人，初级275人。加大专业技术人员继续教育培训力度，全年培训专业技术人员3000余人次。做好军转干安置工作，安置军队转业干部1名。

【职工福利工作】 2016年，道县做实职工福利，完成全县机关事业单位工作人员工资调标工作。办理退休手续386人，审批一次性抚恤金168人。制定出台机关单位工作人员工资调整等3个实施办法，相应工资审批完成；机关公务员职务与职级相关审批工作完成。

【职工合法权益保障】 2016年，道县人社局贯彻落实中央、省市维护劳动者合法权益文件精神，把保障农民工工资支付纳入全县职能单位综合绩效考核范围，有力地维护劳动者合法权益。做好劳动关系协调，以开展各类活动为载体，宣传《中华人民共和国劳动合同法》等法律法规，督导各用工单位规范劳动合同签订等工作。补签劳动合同1300份，劳动合同签订率98%以上；做好企业劳动用工备案和工资集体协商工作，全县已建工会组织企业工资协商359家，已建工会组织企业工资集体协商建制率90%以上，促进用人单位与员工共享和谐。加大监察执法力度，大力查处损害劳动者合法权益行为，为农民工撑起强有力的“保护伞”。受理群众投诉举报48起，立案23起，结案22起，为农民工追讨薪酬2000万元。维护劳动者权益，加大劳动人事争议仲裁力度，加强和完善劳动人事争议仲裁实体化建设，畅通争议仲裁渠道，主动维护劳动者全法权益。受理符合劳动人事争议仲裁案件18起，立案受理18件，结案率100%。

【机关作风建设】 2016年，道县人社局以加强党风廉政建设为发力点，全面加强机关作风建设。强化制度建设，进一步修改完善《道县人社局绩效管理实施细则》《道县人社局公务接待制度》《道县人社局公车管理制度》等20项规章制度。整治“四风”突出问题，管住“思想” “嘴巴”“轮子”。强化权力运行，进一步梳理规范职权目录，对各股室、经办机构的职权进行清理，绘制科学的工作流程，做到有法可依。坚持“三重一大”制度，做到重大决策实行民主集中制，防止专权、滥权现象的发生。强化督导检查，狠抓作风建设工作，精简会议文件、减少评比达标表彰活动、压缩“三公”经费，清理多占办公用房，整治党员干部吃空饷、借婚丧嫁娶之机收红包敛财等问题，有力地刹住“四风”蔓延势头。会议数量同比减少50%，文件下发数量同比减少45%，“三公”经费支出同比下降减少60%。开展巡查25次，查处违反工作纪律人员48人（次）。

民政

【概况】 2016年，道县民政局紧紧围绕撤县设市这一总体目标，抓好基层基础和重点项目建设，依法精准施救扶贫，落实社会福利及优抚安置政策，创新社会组织管理，强化基层组织建设，推行标准化管理，完成全面建成小康社会各项目标任务，各项工作取得较好成效。获全省福彩发行工作进行县、全省村务公开民主管理和城乡社区建设示范单位、全省乡镇区划调整改革先进单位、全市先进基层党组织等荣誉，在全市民政工作和全县县直单位目标管理考核中均获先进单位。

【民生保障】 2016年，道县民政局共争取上级下拨各类民政资金1.96亿元，比2015年度增加2800万元，增长16%。城乡低保月均保障4.38万人，发放城乡低保金7504万元，月人均救助水平分别达到258元、121元，比2015年分别提高9.8%、18.5%；保障农村五保对象0.57万人，发放农村五保供养金2108万元，集中和分散供养标准分别达到每人每年5700元、3200元，比2015年分别提高11.9%、14.6%。认定兜底保障脱贫对象2366人，发放保障金506.79万元。医疗救助1.47万人次，发放救助资金1038万元；临时救助1157人次，发放救助资金210多万元。下拨冬春救助资金210万元，有序应对自然灾害，紧急转移安置0.2万人次，发放救灾资金55万元。

【福利事业】 2016年，道县民政局发行福利彩票4359万元，比2015年度增加980万元，增幅29%，被省民政厅授与全省福彩工作先进县。建立残疾人两项补贴制度，发放补贴345万元，惠及2800多名困难残疾人和2980多名重度残疾人。机构责任险覆盖全县33家养老机构，为1.4万多名“五类”困难老人投保意外险；发放高龄补贴129万元、基本养老服务补贴113万元，基本养老服务补贴覆盖率100%。完成农村“三留守人员”摸底排查，建立“三留守人员”数据库；全年保障孤儿785人，发放基本生活费514万元；慈善助学助医助困1645人次，救助资金132.66万元。

【拥军优属】 2016年，道县民政局落实优抚安置对象抚恤补助标准，发放各类抚恤金3156万元。出台《关于在全县退役军人中深入开展“双带双促”活动的实施意见》，深化“双带双促”活动。全年扶持137名退役军人创业，发放扶持资金103万元；为580多名优抚对象解决生活、医疗、住房等实际困难，发放帮扶解困资金190万元。接收退役士兵440余人，为245名退役士兵发放一次性经济补助139.8万元，为187名退役士兵发放家属优待金277万元，免费培训退役士兵173人，符合政府安排工作的16人全部安置到位。落实军休干部政治生活两项待遇，走访慰问优抚对象2360人，发放走访慰问资金68万余元。

【深化改革】 2016年，道县撤县设市得到民政部和省市支持，县委常委会明确2017年正式启动撤县设市申报工作，组建工作班子，对撤县设市指标达标任务进行分解，明确牵头领导、责任单位和责任人。

完成合村改革，全县合并减少建制村216个。创新社会组织管理，完成首批4家行业协会商会与行政机构脱钩任务，社会组织孵化基地建成投入使用；继续推行政府购买社会组织服务，与县冬泳协会、京剧协会签订政府购买服务协议。完成10家社会组织等级评估。加强社区建设，荷叶塘、小江口两个社区办公用房建设和大坪子社区综合改造全部完成；“三社联运”试点深入开展，引导“三社”力量参与社会服务；在祥霖铺镇两河口等5个村开展农村社区建设试点；改进村居议事协商机制，出台《道县村居务重大事项议事协商制度》，城乡居民依法自治达标率100%。

【专项事务管理】 2016年，道县民政局完成千年古县申报资料编撰，推进第二次全国地名普查工作，完成所有外业调查和内业整理，建立地名数据库。继续推进婚姻登记机关规范化建设，推行网上预约登记服务，依法依规开展婚姻登记，全年结婚登记合格率、档案完整率均达到100%。开展“夏季送清凉”和“寒冬送温暖”专项救助活动，做好流浪未成年人、精神病人等特殊流浪群体的救助救治保护工作，救助流浪乞讨人员938人次，发放救助资金69万元。

【项目建设】 2016年，道县建成小型养老机构2所、社区日间照料和城乡养老服务示范点各4个，全年新增养老床位137张。白芒铺中心敬老院投入使用。福利中心大楼主体工程完工，殡仪馆、公墓项目开工。完成乡镇报灾网络建设，实现乡镇网络报灾。

卫生和计划生育

【概况】 2016年1月，道县卫生局与道县人口和计划生育委员会整合，设立道县卫生和计划生育委员会（简称县卫计委）。截至2016年年底，道县卫生计生系统有干部职工3157人，其中在职2511人，离退休646人。全县有医疗卫生机构552家，其中县直医疗卫生单位9家、乡镇（街道）卫生院24家、乡镇（街道）卫生计生监督管理所22家，民营医院8家，个体诊所21家、门诊部2家、医务室2家、村（社区）卫生室462家，代管机构2家。全县卫计系统内医疗机构完成门诊1070616人次，住院98553人次，开放病床2200张。全年计生统计年度全县出生9985人，人口自然增长率8.23‰，出生人口性别比119.08。全年查处“两非”典型案件6起，处理回复计划生育信访举报案件20起，处理回复率100%。全县4402名城镇独生子女父母依法享受奖励资金。全县卫生计生工作按照“保基本、强基层、建机制”的要求，深化医药卫生体制改革，推进基本公共卫生服务均等化，加大投入，加强基层医疗单位基础设施建设，强化卫生计生服务管理，提升服务质量和水平，完成工作目标任务，受到县委、县政府和省市业务主管部门的表彰。

【卫生计生融合工作】 2016年，道县卫生和计划生育工作从抓思想统一上着手，在新领导班子组建后迅速召开班子成员会、卫计委系统单位负责人大会，把全体干部职工的思想统一到县委、县政府的重大决策部署上来。围绕工作目标任务，一手抓工作推进，一手抓行业作风建设，按照要求整合人、财、物管理，在生育政策调整、机构体制改革，工作方式转型的特殊时期，保持定力、保持力度、工作不断档，全面完成省市下达的目标任务。在推进公共卫生计生服务融合工作中，选定柑子园镇卫生院新建业务综合楼一楼创建为高标准计划生育药具优质服务示范展示大厅，全县各乡镇街道均按要求，增添新的药具知识宣传挂图和药具发放流程图，安装空调、电脑、办公桌、展示柜，免费发放避孕药具和药具宣传资料，接受群众咨询，宣传计划生育知识，受到领导和群众好评。在公共卫生服务业务融合工作中，加快参与基本公共卫生服务的效应衔接，与县计生协会联合举办一期基本公共卫生服务项目专业培训班，县卫计委领导、各乡镇（街道）计生协会常务副会长等相关人员近200人参加《国家基本公共卫生服务规范》内容专题培训，乡镇（街道）卫生院每月利用乡村医生例会对乡村医生、计生协会骨干会员进行公共卫生服务知识培训，通过培训，提升基层医疗机构和计生协会共同参与实施基本公共卫生服务的能力。落实党风廉政建设责任制，实行班子成员和中层骨干联点责任制，班子成员履行“一岗双责”职责，开展“两学一做”教育，严明政治纪律和政治规矩，规范权力运行，严格把好选人用人关，健全反对“四风”长效机制，以零容忍态度惩治腐败，查处违规违纪案件14人。在全系统医疗机构中开展“三好一满意”创建活动，寿雁镇、祥霖铺镇、蚣坝镇、桥头镇卫生院被湖南省卫生和计划生育委员会评为“群众满意卫生院”。

【宣传两孩政策】 2016年，道县卫计委全面贯彻落实中共十八届五中全会提出“全面实施一对夫妇可生育两个孩子”政策和修改后的《人口与计划生育法》，依法依规，做好计划生育政策调整和普及生育知识宣传工作，全年印发宣传资料60万份；印发健康教育书5650册；悬挂宣传横幅360余条；开办电视专栏300期；开办宣传栏700多处，出宣传刊2900期（次）；出动宣传车1200余台次；设立流动人口计划生育宣传服务咨询点60个，组织人员在车站、广场等人员密集的地方开展宣传，向群众普及婚前保健、孕期保健、产前筛查和诊断等优生优育科学知识。

【计生技术服务】 2016年，道县卫计委推进免费孕前优生健康检查项目，完成孕前优生健康检查5654对，参检率102.8%。换发“婚育证明”34438本。创新避孕药具发放模式，在恒康、华康、九芝堂大药店设立避孕药具免费发放窗口，在县工业园召开国家免费避孕药具发放现场会，在县政务中心、濂溪街道办事处、县人民医院、县中医院、县妇幼保健和计划生育服务中心、和一大酒店等流动人口聚集场所安装6台药具智能发放机，各乡镇（街道）政府（办事处）增高药具展示室，提高药具发放覆盖面，全年免费发放避孕套8万余只，外用药膜9100本，全县使用药具人数占落实综合节育措施人数的7%以上。

【拓展生育关怀内涵】 2016年，道县财政从乡镇场（街道）上缴的社会抚养费中调控10%共60余万元作为生育关怀专项资金，从生育关怀资金中列支6.95万元为2318户农村独生子女户、“失独”家庭及手术并发症（后遗症）对象购买每份30元的计生家庭意外伤害险；扶助计生家庭致富，落实省级计生办“三结合”项目1个，落实贴息项目8个，资金11.81万元；开展计生关怀系列走访慰问活动，年内走访独生子女家庭、两女结扎家庭、“失独”家庭798户，发放慰问金33.5万元。开展计生精准扶贫，首批启动12户计生扶贫创业发展项目12个，投入资金12万元。

【推进计生基层群众自治示范村创建】 2016年，道县将计生基层群众自治工作列入全县计生目标管理考核，濂溪街道开展示范乡镇（街道）创建，32个村（社区）开展示范村（社区）创建，经年终考核，示范引领作用有效发挥，24个村被评为“计划生育基层群众自治先进单位”，受到县委、县政府综合表彰。道县计生协会被省计生协会授予“全省计生协会模范单位”称号，道县在2016年度全市人口与计划生育工作目标管理考核中被评为“良好单位”。

【公立医院综合改革】 2016

年，道县卫生工作以深化医药卫生体制改革为主线，推进县级公立医院综合改革，基本药物制度覆盖县乡村三级医疗机构，全年三级医疗机构网上采购基本药物15761万元，全部实行药品零差率销售。乡镇卫生院门诊次均药费从62.8元降至30.5元，下降51.4%；住院次均药费从566.5元降至417元，下降26.4%。县级公立医院采购药品1.1亿余元，取消药品加成，实行药品“零差率”销售，基本药物配备率、使用率均达40%以上，“药占比”28.66%，比2015年下降0.56%。

【医疗机构设施建设】 2016年，道县投入1027万元，完成寿雁、东门、横岭、洪塘营4个乡镇（街道）卫生院业务楼建设7036平方米，县级医院投入信息化建设资金1000万元，不断扩展信息化技术在医院应用的广度和深度，将医院信息系统从收费物质管理为中心的管理信息系统向以病人为中心，以一卡通系统、条码技术、电子病历、医护工作站、归档和通信系统、实验室信息系统为核心应用的临床信息系统加速推进。

【实施人才工程】 2016年，道县实施人才工程，激活人才队伍，培训卫生技术人才1200人次，派出业务能力较强的医师到上级医院进修急诊内科、重症医学科、脾胃科、儿科、肾内科、神经内科等专业86人，培训中医药适宜技术500人次，培养全科医生47人。

【打造特色专科】 2016年，县中医院脾胃科、眼科被永州市卫计委确定为重点中医特色专科，全国基层名老中医药专家传承工作室项目和省中医药管理局县级中医临床传承骨干培训项目落户道县中医院，全国基层名老中医药专家何进阶主任医师，湖南省名老中医傅玉成副主任医师共带教学生7人，并举行“中医药传承拜师仪式”。8月，县人民医院与湘雅二医院、省人民医院建成高标准远程会诊与教学中心。8月，县人民医院成功开展经单孔腹腔镜“精索静脉高位结扎”手术，刻项单孔腹腔镜手术在永州市尚属首例。9月，经湖南省卫生计生委批准，县人民医院被认定为湖南省首批助理全科医师培训基地，成为永州市第一批被认定的两家培训基地之一。12月，县人民政府向永州市卫计委致函，推荐县人民医院晋升三级医院。提升基层中医药服务能力，投资150万元完成15所乡镇（街道）卫生院中医馆建设，乡镇卫生院和村卫生室分别能开展适宜技术18种和5种以上，基层中医药服务覆盖率100%。

【公共卫生服务机制创新】 2016年，道县卫计委创新公共卫生服务机制，狠抓免费公共卫生服务项目的数量、质量和群众满意度，按照“政府购买服务”“做多少事给多少钱”的原则，完善公共卫生服务经费核算办法下拨经费，调动工作人员积极性，推进疾病预防控制。全年报告乙丙类传染病3642例，比2015年上升9.59%，无甲类传染病报告，未发生重大传染病疫情。完成精神病医院住院楼建设1800平方米，新增病床60张。救治救助重性精神病患者120名，实现住院“零自费”，超额完成为民事实事省定100名的任务数。

【推进免费婚前医学检查项目】 2016年，道县卫计委推进免费婚前医学检查项目，全年婚姻登记6461对，婚检5588对，婚检率86.49%，超过省市级要求任务。加强出生缺陷干预，全面实施免费叶酸增补项目，拓展叶酸发放渠道，全县叶酸增补应服7403人，实际服用7107人，增补率96%，达到市级要求。

【落实农村孕产妇住院分娩补助项目】 2016年，道县卫计委落实农村孕产妇住院分娩补助项目，实施农村孕产妇住院分娩基本医疗全免费，全年农村户籍产妇9033人，农村孕产妇住院分娩补助4946人，补助率54.75%，补助经费268.3万元。救助贫困高危孕产妇473人，救助资金93.37万元。开展农村适龄妇女“两癌”免费检查3335人，发现宫颈癌病变1例，宫颈癌1人，CINⅢ1人，阳性结果110人。强化以控制孕产妇死亡率和5岁以下儿童死亡率为重点，促进妇幼基本公共卫生服务均等化，孕产妇死亡率9.7/10万，5岁以下儿童死亡率5.75‰，孕产妇系统管理率92.81%，儿童系统管理率90.4%，适龄儿童建卡建证12704人，建证率98.8%，一类疫苗接种178694人，接种率99.96%。妇幼保健各项指标圆满完成，“儿童保健服务合格县”成功创建。

【执法检查】 2016年，道县卫计委实施公共场所、生活饮用水、传染病、餐具消毒行业、学校卫生、医疗机构执业监督3628家（次），下达卫生监督意见书1123份。加强计划生育监督，全县审查社会抚养费征收案件3363件，督促乡镇立案768件，全县征收上缴社会抚养费664万元，县计生法庭受理非诉执行案件64件，结案64件；加大出生婴儿性别比偏高问题综合治理力度，打击“两非”行为，排查86个引产对象，查实有价值的“两非”线索案件6起，结案6起。

道县人民医院

【概况】 2016年，县人民医院有在职职工850人。其中高级职称60人，中级职称216人；硕士研究生4人，本科434人。拥有飞利浦1.5T超导核磁共振、美国GE Optima 660 64排128层螺旋CT、GE彩超、欧林巴斯电子胃、肠镜、腹腔镜、膀胱镜、肾镜、胆道镜、自动化血球计数仪、罗氏-411化学发光分析仪、AU-680、东芝120生化分析仪、数字X光机（DR）、12舱位高压氧等一大批国内外先进医疗设备及百级层流手术室。医院坚持以党建工作为抓手，精神文明和行业作风建设不断加强；公立医院综合改革有效推进，继续实行药品“零利率”销售；开展多项医疗新技术、新项目，医疗水平明显进步，护理技术不断提高；设备管理逐步规范，购置先进设备保证临床医疗需要；后勤保障逐步完善，重点工程建设顺利，基础建设成效明显；完善质效考核方案，调动职工主观能动性，人才队伍建设不断加强，医院综合实力稳步提高。全年完成出院病人数44257人，门急诊384944人次（其中门诊266753，急诊118191）；较2015年分别增长18.1%、0.8%。手术人次7082次，实有病床668张，病床使用率103.37%。出院者平均住院日5.72日。业务收入较上年增长26.71%。

【成功开展连续性肾脏替代疗法】 2016年3月，县人民医院成功开展新型“连续性肾脏替代疗法”，填补道县这一技术空白。

【永州市首例经单孔腹腔镜手术】 2016年8月，县人民医院成功开展道县首例经单孔腹腔镜“精索静脉高位结扎”手术，该项手术是永州市首例单孔腹腔镜手术。

【市县联手成功抢救特重型颅脑重伤患者】 2016年，县人民医院与永州市中心医院专家联手，对因不慎摔伤头部，造成特重型颅脑外伤，颅内大量血肿，脑疝的67岁戚某进行救治，11月27日，戚某康复出院。出院时患者神志清楚，肢体功能正常。

【“120”成功救援掉落悬崖伤员】 2016年6月27日，县人民医院“120”值班人员与消防队员一道，不畏艰险，成功将掉下悬崖的某林场李某接回医院救治。新华网、《湖南日报》、红网、凤凰网等主流媒体以《大山深处的救援》进行长篇报道。

【建设高标准远程会诊中心】 2016年，县人民医院建设高标准远程会诊与教学中心，8月通过远程会诊与教学中心请湘雅二医院、湖南省人民医院等专家视频教学，提高医师的业务能力。

【成为湖南省助理全科医师培训基地】 2016年9月，县人民医院经湖南省卫生计生委批准，被认定为湖南省首批助理全科医师培训基地，是永州市第一批被认定的两家培训基地之一。

【医德医风建设】 2016年7月，县人民医院制定出台《道县人民医院医德医风建设管理规定》，细化医德医风考核细则，健全医院医德医风教育、制度、监督、考评长效机制，完善医德医风建设体系。开展医疗卫生行风重点问题专项整治工作，查处收受回扣、收受红包、开单提成等行为，规范医疗行为，提高医疗质量，促进行风建设不断完善和发展。

【业务能力建设】 2016年，县人民医院派出业务能力较强的医师外出进修，包括急诊内科、重症医学科、儿科、肾内科、神经内科、感染科等专业。派出各类短期学习班、学术会50余人次，为进一步落实分级诊疗做好人才与技术储备。

【优质护理】 2016年9月，县人民医院扎实开展优质护理工作，夯实晨、晚间护理工作；将病情观察（评估）、健康教育、康复指导、沟通交流等融入晨、晚间护理之中；做好病床单位管理；营造温馨就诊环境，改善住院服务流程；加强护士护理礼仪规范。

【设备更新】 2016年，县人民医院投入资金约1600余万元，购置儿科设备、麻醉机、呼吸机、脉动灭菌器、电子内窥镜、血管造影、移动DR、钬激光、等离子电切等设备一批，投入临床使用，提高医疗水平。

【基础设施建设】 2016年8月25日，道县“120”急救中心和内科大楼封顶，完成主体工程建设。同时，投入200万余元，对医院急诊科、眼科诊室、检验科抽血室装修改造，更新医用电梯，对热水供应、配电扩容改造，确保后勤保障。

【纪念国际护士节】 2016年5月，县人民医院开展系列纪念国际护士节系列庆祝活动，举办“护士日记”征文比赛和“首届品管圈竞赛”，“护士征文日记”评出一等奖2名；二等奖6名；三等奖10名。“品管圈”评出一等奖1个；二等奖1个；三等奖1个；优胜奖5个。举办优质护理服务表彰大会，表彰“优质护理服务优秀单元”4个，“服务明星”9人，“黎明天使”11人，“优秀护士”10人、“护理事业贡献天使”6人。

【组织开展“医疗精准扶贫·光明行动”】 2016年12月12日开始，县人民医院开展为期一年的以眼科白内障免费手术为主要内容的“医疗精准扶贫·光明行动”。拟慈善救助500名白内障患者，累计减免医疗费用达50万余元。

【庆祝中国共产党成立95周年】 2016年6月30日，县人民医院组织54名新老党员、入党积极份子到县革命英雄纪念广场缅怀、纪念革命先烈，为革命先烈敬献花篮。党员们还参观县工业园区、“湘雅道州医院”选址及道县中医院北院，了解全县经济发展成果以及“十三五”期间及其他医疗机构发展规划。“七一”期间，各党支部结合工作实际，组织党员干部医疗队到贫困村开展义诊、巡回医疗工作，送医送药下乡。对一批老党员、生活困难党员进行走访慰问，帮助他们解决实际困难。

【绩效考核】 2016年，县人民医院对原有《绩效管理方案》进行修订、完善和补充。突出考核工作重心，将医德医风和各部门职责纳入每月考核。新方案更加全面、细致，可操作性、实用性更强，使医院的绩效考核管理更加规范化。进一步完善制度，明确岗位责任，理顺工作关系，改进工作中不规范的现象，增强职工的责任感，激发出工作新热情。

【群体活动】 2016年，县人民医院组织职工开展气排球赛，有36支男、女队参赛，近400余职工参加。获得道县“五一国际劳动节”气排球比赛第二名。职工舞蹈协会、自行车协会、篮球协会、乒乓球协会、羽毛球协会等开展各类活动。舞蹈协会组织参加全县组织的“三八”妇女节、端午节敦颐广场、“8·8”全民健身日广场舞大赛”、九九重阳节等演出活动。12月28日晚上举办元旦文艺晚会。组织参加“金鸡报晓活丽道州”2017年道县春节联欢晚会演出活动。开展技术操作比武，参加全市总工会组织的“永州工匠操作大赛”，获得二等奖。在6月18—19日，获得永州市第六届职工技能大赛护理技能竞赛团体“第三名”。

乡 镇 场

濂溪街道

【概况】 濂溪街道辖区范围为濂溪河以北区域，辖濂溪、寇公楼、良田、东阳、荷叶塘等5个社区，总面积18.6平方千米，总人口6.8万人。2016年，固定资产投资1.6亿元，比2015年增加1.1亿元，增长30%；工业产值6769万元，比2015年增加5485万元，增长24%。计生工作连续3年被评为全市模范乡镇（街道），信访维稳连续3年实现零进京非访登记挂号，被评为市级先进单位、市级安全生产示范乡镇；党建、宣传、征兵等工作都被评为县级先进单位称号。

【项目建设】 2016年，濂溪街道在推进项目上下功夫，按照“工作项目化、项目责任化、责任具体化”的要求，采取领导牵头、任务分解、责任到人的办法全力以赴抓好项目建设，推进潇水北路、振兴西路、城北路、富塘路、四小扩建、长征路和富塘西路提质改造等工程的开工建设项目，制定出台项目实施方案，每个项目都有至少1名领导、一支队伍，征地拆迁和项目进度要实行每天一报送、每周一调度、每月一交账，把项目责任有力贯穿、层层传导。湘源中路全线贯通，突破街道10余年的拆迁瓶颈，给城市北面建设发展有一个好开端，给道县全面建成小康社会和加快撤县设市步伐，给道县“五城联创”建设有一个好局面。全年征地40余公顷，拆迁房屋40余座，保证辖区内7条城区道路等基础设施建设和5个高档商业开发小区建设、2所学校扩建工程等的建设用地需要，为经济社会发展和城市基础设施建设打下坚实的用地保障，确保各项工程实施。

【改善民生】 2016年，濂溪街道养老、医疗、失业、工伤和生育保险扩面征缴实现突破，全街道基本实现养老保险、城乡居民社会养老保险、医疗保险全覆盖。落实惠民政策，严格有序地开展城乡居民最低生活保障工作，对辖区低保对象实行动态管理。发展文化体育事业，各项全民健身项目得到全面落实，健身运动会、文艺汇演等活动丰富居民的精神文化生活；社会福利事业、卫生事业、教育事业都得到全面加强。

【城市建设】 2016年，濂溪街道调整思路，巧用创建省级卫生县城的社会资源，先后对5个社区背街小巷进行路面硬化和提质改造，安装节能路灯。利用创“国卫”“省文”“省园”和“省历史文化明城”县城的契机，大兴背街小巷建设，改善民生民本，多方筹集资金1200余万元，2014年—2016年硬化背街小巷60余条100余千米，铺设污水管道1万余米，安装路灯300余盏，拆除违章建筑300余座，改造旱厕400余所，改善背街小巷的“硬化、净化、亮化”问题和群众的生产生活环境。

【安全生产】 2016年，濂溪街道针对辖区建材商店、建筑工地、小工厂，家庭作坊、烟花炮竹店众多这一情况，街道办事处以制度建设为保障，把安全生产作为经常性工作来抓，深入开展检查、督查工作，对城区主次干道、加油站、烟花炮竹店、危险化学品、建筑施工现场等行业和领域为重点，集中开展检查整顿行动，检查生产经营单位210个，落实整改措施85条，推进安全生产大检查、大督查、大整改“三大行动”的全面落实。

【综治维稳】 2016年，濂溪街道开展综治维稳和平安创建活动，不断增强社会治安防控能力，做好矛盾纠纷排查调处工作，调处各类矛盾纠纷27件，调处成功率99%，确保重大节会的安全稳定和重点项目的施工环境。协调城北派出所开展“扫黄打黑”专项整治行动，维护辖区社会稳定。

【党建工作】 2016年，濂溪街道高度重视基层党建工作，履行党建责任人的职责，配强党建工作队伍，每个社区配备一名专职副支书和一名组织干事，专岗专责抓党建。在城区社区推行党建网格化管理工作，成立社区党工委，将支部建在网格上，党小组建楼栋里，完善组织构架；注重党建引领、党建惠民，激发党员干部干事创业的强劲动力。为破解项目征地拆迁难的问题，对辖区所有的县重点项目都派出一个由党政领导兼任队长的党员突击小分队，效果明显，湘源中路突破10余年的拆迁瓶颈全线贯通，在项目建设和矛盾化解中，交出做合格党员的优异答卷。在辖区5个社区办公楼一楼建成高标准便民服务大厅，将原街道办的人员下放到社区管理，直接服务群众逐步弱化街道办职能，强化社区职能；注重问题导向，紧盯2015年述职中发现的问题和2016年市、县核查交办的问题，以钉钉子精神整改落实，高标准建设东阳、寇公楼、良田3个社区的远程教育示范站点。

西洲街道

【城镇化建设】 2016年，西洲街道重点工程有序推进，街道党工委抽调领导班子成员深入到辖区内各个指挥部工作，配合县委、县政府搞好城市提质扩容和旧城改造，各个重点工程建设项目稳步推进。重点支持月岩西路、道州中路、道州南路、小江口路、火车站新区、君泰花园、九鼎房产等项目建设，搬迁房屋339座，建筑面积4.6万余平方米，确保各项建设工程顺利推进。基础设施日益完善，街道党工委、办事处投入资金60余万元，在大坪子社区、石厨头社区、西洲社区新建日间照料中心，投入近90余万元在大坪子社区建设1个社会组织孵化中心，新建2处居民活动中心，完成6个社区背街小巷道路水泥全面硬化，新砌垃圾池16个，维修70余个污水井盖，新增和改造路灯、便民灯300盏，完善辖区内各项基础设施。街道党工委、办事处巩固省级卫生县城成果，开展环境卫生整治。清理背街小巷陈年垃圾3000余车，清理堆积物3700余处，乱堆乱放1.2万余处，清运建筑残土1000余车。配合相关部门开展整治渣土乱堆运、车辆乱停、商贩摊担乱摆、广告招牌乱挂等违章行为，街道辖区市容市貌大幅提升。

【党建工作】 2016年，西洲街道围绕发展目标，坚持党建引领。推行党建网格化管理工作，各个社区全部设立“一委、一会、三站一办”，建立社区党工委5个，网格党支部63个、网格党小组126个，下沉街道干部65人。加强党员干部作风建设，对街道、社区干部的教育管理，坚持从严管理，推进干部作风建设常态化、长效化。出台社区党工委《党员考核手册》，对党员实行分类管理，从4个大的方面细化为21个考核指标，实行百分制量化管理。

【社会治安】 2016年，西洲街道坚持“打防结合、预防为主”加大治安整治工作力度，狠抓安全生产和法制建设、信访稳定和依法治理等工作，确保街道经济社会和谐稳定发展，树立道县中心城区的良好形象。正确处理各类纠纷矛盾，把辖区矛盾纠纷控制在萌芽状态，把问题解决在基层。信访工作实行领导包案责任制，对群众来访和诉求，积极接访，及时处理，全年调处各类纠纷矛盾55件。组织各社区组建民兵应急分队，在辖区内进行定期或不定期开展治安巡逻防控，组织开展义务巡逻2次，出动巡逻人员6000余人次，维护城区社会治安的稳定。

【安全监管】 2016年，西洲街道围绕促进经济发展和确保社会稳定的大局，抓好安全生产各项工作的落实，有效遏制各类重特大事故的发生，安全生产形势总体平稳。深入检查，消除安全隐患，对重点行业和领域开展安全生产专项整治和打非治违工作，做到党政主要负责人最少每季度1次带队检查安全生产工作、党政副职至少每月1次带队检查安全生产工作，街道每月召开1次安全生产专题会议，进行1次安全生产督促检查整改，全年开展安全生产大排查、大检查6次，排查各类生产经营场所619家，其中存在严重安全隐患的有49家，存在隐患200多条；没收各类烟花爆竹18件，发放整改通知49份，检查宾馆30家、酒店8家、酒吧3家、KTV4家、网吧15家、大型超市5家，检查灭火器200余个，检查存在消防安全隐患23件，发放整改通知23份。组织开展多形式安全生产宣传活动，进一步强化群众的安全意识，有效普及安全生产法律法规和安全知识。举办安全生产知识讲座、安全防火知识讲座3次，在敦颐广场、火车站、办事处驻地等多次开展安全生产活动，发放安全生产宣传资料3万余份，出动安全生产宣传车28余次，悬挂安全生产横幅40余条。街道、社区还有效利用现有的宣传平台，电子显示屏滚动播出安全生产标语，张贴宣传标语500余条，制作安全生产宣传版面40余块。

【干部作风】 2016年，西洲街道把党风廉政建设纳入街道工作重要议事日程，统一研究、统一部署、统一实施，定期分析，按照“谁主管、谁负责”的原则，将街道党风廉政建设和反腐败工作任务进行分解细化，分工落实到每一位班子成员，与各社区和街道直属单位签订《党风廉政建设责任书》，建立健全“党工委统一领导，党政齐抓共管，纪工委组织协调，部门各负其责，依靠群众参与”的良好工作机制。强化制度保障，制定下发《西洲街道党风廉政建设主体责任书》《西洲街道党风廉政建设监督责任书》《西洲街道党风廉政建设班子成员责任书》等系列文件，出台《西洲街道办事处街道、社区干部目标管理考核方案》和《西洲街道办事处考核考勤办法》等相关制度，加强党风廉政建设的制度保障。突出正风肃纪，开展纠正“四风”和“雁过拔毛”式腐败问题专项整治问题，建立健全作风建设常态化机制，对存在“索拿卡要”的人和事，坚决查处和严格实行责任追究，确保作风建设规定落到实处。街道纪检监察室立案4件，结案4件，开除党籍1人，警告处分3人。排查出“雁过拔毛”式腐败问题线索6条，立案调查2起，警告处分2人；排查出“四风”问题线索3条，立案调查1起，警告处分1人，通报批评12人次。

【计生工作】 2016年，西洲街道加大计生工作保障力度，在人力、财力和物力上给予重点保障，全面完成独生子女父母奖励户的发放工作，组织符合条件的育龄群众参加免费孕前优生健康检查，街道计生服务所对已参检的对象按要求进行定期随访，随访率100%。通过举办计生专题宣传活动，派发计生宣传品、宣传单张，加大计生政策宣传力度。加大计生服务活动开展力度，计生B超室免费为育龄妇女做孕情检查2000多人次，免费发放避孕套2.2万多只，为100多名育龄妇女提供免费的生殖健康普查普治服务。

【教育质量】 2016年，西洲街道推进义务制合格学校创建，辖区内每所学校的校园环境都大为改观，基本办学条件得到很大改善。教学管理科学化，各校在创建工作中始终突出管理提升这个重心，并取得实效。学校管理工作通过创建逐步趋向科学化、合理化，出现宏观与微观并重、激励与鞭策互补，制度与人性结合的良好势头。各项管理制度趋向规范化、系列化，在创建活动中，各校进一步完善学校的管理制度，使管理制度更健全、内容更具体、操作性更强，推进学校重大事项及决策的民主化、公开化，不少学校通过创建坚持民主理财，师生对学校管理满意度逐步提高。素质教育深入化，各校推行素质教育的意识在逐步增强，办学行为在进一步规范，全面开课不再停留在口头上。全街道各中小学校全部按部颁标准开齐课程，开足课时，音、体、美等学科的教学也引起各校的高度重视。学校通过创建，在实施素质教育上开始注重张扬学生个性，开发学生潜能，提高学生素质。

【医疗卫生】 2016年，西洲街道按照“扶贫帮困，分类施救”的指导思想，将城乡低保户、五保户、重点优抚对象作为救助的重点，在救助资金和救助力量上尽量倾斜。全年城乡医疗大病救助金全部发放到患者手中。实现与新农合、城镇居民医疗保险等社会保障制度的有效对接，解决群众看病难、看病贵和因病致贫、因病返贫问题。

【社会保障】 2016年，西洲街道筹措和落实优抚、低保、救灾救济资金，有效解决贫困人口温饱问题。全年城乡医疗大病救助45人，保障城市低保对象1553户、3444人，发放城市低保金7617460元。保障农村低保对象142户、244人，发放农村低保金319092元。通过低保年审排查，取消不符合条件城镇低保户146户，新审批城镇低保137户，提标92户，农村低保户取消6户，新增2户。发放洪灾救济大米7000斤，棉被60床。发放孤儿救助金11人、1.6万元。发放丧葬补助52人、25万元。

梅花镇

【概况】 梅花镇位于湖南省永州市道县北部，镇政府驻地梅花村，距县城16千米。东邻双牌县理家坪乡，南接白马渡镇、东门街道、富塘街道，西邻寿雁镇、乐福堂乡，北连双牌县打鼓坪乡、理家坪乡。辖区东西最大距离12.8千米，南北最大距离12.1千米，总面积85.45平方千米。其中陆地80.8平方千米，占94.6%；水域4.65平方千米，占5.4%。人口密度为每平方千米445人。2016年合村后辖梅花、蒋莫、斜坡渡、赤源、修义、盘家、东风、车头、石下渡、贵头、宜阳、仙田福、斯屋、司空岩、廊洞、社湾、宜新和棠下等18个行政村、254个村民组、9730余户、4.1万人。

【党建引领】 2016年，梅花镇坚持以培养“学习优、作风优、素质优”的党员干部队伍为重点，打造“基本组织保障好、基本队伍建设好、基本活动开展好、基本制度完善好、基本保障落实好”的先进基层党组织，使广大党员干部的政治素质、理论水平和业务能力得到新的提高。推进“两学一做”教育制度化常态化。党委召开专题会议研究部署“四个”推进，夯实支部主题党日，支部“三会一课”纪实管理，党员积分管理和规范支部书记“双述双评”工作。抓好党组织和党员信息采集，集中时间、集中力量，确保全镇高质量按时采集录入。强化党建引领，突出党建加扶贫和软弱涣散基层党组织工作。2016年获得“湖南省基层先进党组织”称号。

【精准扶贫】　2016年，梅花镇成立以党委书记何智英为组长的精准扶贫领导小组，制定《梅花镇2016年度精准扶贫工作实施方案》，做好入户调查、表册填报、结对帮扶、政策解释、矛盾化解、夯实基础、助推发展等工作。召开精准扶贫工作再动员、再部署、再落实会议，全镇上下达成共识，统一思想，理清思路，明确责任。始终坚持问题导向，精心安排部署，全面澄清底子，细化一户一策，加强动态管理，有效地提升脱贫攻坚成效。全年召开精准扶贫工作推进会15次；在突出问题整改中，镇村两级建档立卡和脱贫备案资料从无到有，从有到细，完善各类资料审核装订120多本，填写并完善所有贫困户档案和扶贫手册；信息采集883户、3041人并全部录入系统，达到精准识别、精准退出，在市、县多次检查中得到肯定。年底实现减贫125户、339人。

【烤烟种植】　2016年，梅花镇烤烟产业持续有力发展，种植面积稳定在386.67公顷以上，全年收购烟叶10500担，完成烟叶收购金额1600万余元，实现税收160万余元。其中宜阳大洞连片种植烤烟200公顷，是全县最大的连片种植区。

【通过省“粮食生产先进县”样本点验收】　2016年，梅花镇优质稻支柱产业稳中有增，进一步调整农业产业结构，出台一系列有力措施。完成粮食播种面积3066.67公顷，其中早稻800公顷、晚稻1333.33公顷、优质稻933.33公顷，发展宜阳大洞1个666.67公顷优质稻示范片和2个33.33公顷示范片，成功通过省粮食生产考核组“粮食生产先进县”样本点验收。

【特色种养业】　2016年，梅花镇特色、种养业规模扩大，形成特色养殖、大棚蔬菜、水果开发农业产业格局。传统养殖业方面，新发展仙田福、车头、蒋莫等村，全年发展生猪养殖大户（500头以上）22户，年出栏生猪突破10万头；特色养殖，以东风、社湾村的山羊，社湾村的肉牛养殖，赤源村野猪养殖为代表的特色养殖初具规模；蔬菜种植方面，主要是打造棠下、宜阳村的40公顷大棚绿色环保型蔬菜基地；水果开发方面，主要是扩种三和农庄13.33公顷香柚、斯屋脐橙种植，打造车头、棠下、宜新和赤源村近40公顷优质草莓基地和火龙果、红心柚等特色水果。

【乡村旅游】　2016年，梅花镇乡村旅游产业成效明显，开发贵头村天然浴场，全年累计接待游客近2万人次；推进何宝珍故里建设，高起点高标准完成故居建设，村主干道、沿河风光带、穿衣戴帽等项目建设全部完工，完成投资3500多万元。县委、县政府将贵头村作为爱国主义教育基地和红色旅游基地，何宝珍故居建成开馆至2016年年底接待游客1.5万多人次；革命烈士纪念碑建设全面完工，全年接待游客上1万人次。

【惠民工程】　2016年，梅花镇落实惠农惠民政策，严格执行各项惠农政策的落实，粮食直补、良种补贴等各项补贴资金及时打卡到位，公示到位，做到不卡壳、不截留；落实农业保险政策，有力减少农民因自然灾害造成的损失；全面实施动物防疫，免疫率100%；及时足额将下拨的民政物质发放到位，全年发放社会救助救济金近560万元，受益人数1200户；做好五保户、低保户核查、审批及呈报工作，实现农村低保应保尽保，较好解决弱势群体的生产生活问题，使他们真正感受到党的温暖和关怀。抓好社会保障工作，全镇参加养老保险缴费1392人，自主缴费12667人，完成县政府分配任务的94.8%，自主缴费率95.4%。全镇待遇领取人员 5626 名，发放养老资金近 540 万元。敬老院集中供养五保老人 28 人，基本做到老有所养。做好新农合参保续保工作，改善农民看病难、看病贵的问题，新农合参保率 100%。

【社会和谐】 2016 年，梅花镇围绕省、市、县信访综治维稳相关会议精神，开展法制教育宣传，完善社会治安和综治维稳网络，持续加强边界睦邻友好关系处理，特别是在重大节假日和重要时间节点，加大对重点隐患人群的稳控力度，为镇域经济社会发展创造一个健康、有序、稳定的社会环境。全镇无一例进京赴省挂号，实现赴省进京“零登记”“零挂号”的目标。实行综治信访工作党政一把手负责制，确立专职人员专抓，明确具体人员负责。为方便群众办事，化解矛盾，明确党政领导到政务中心值班坐班制，负责接待来访人员。全年接到来信来访 110 余人次，调处各类纠纷 200 余次，做到矛盾纠纷处理不出镇、不上交。利用派出所、司法所等职能部门作用，建立建全综治信访维稳网络建设，成立综治委、综治办、矛盾纠纷调解中心，村里设人民调解室，并设定专职调解员和信息员，配齐配强政法队伍，有效避免群体性事件和非正常上访事件的发生。处理治安案件 36 起，调处民事纠纷 45 起，全镇没有发生群众性纠纷械斗，无重大刑事案件。切实加强禁毒工作和打击外流盗窃犯罪的打击力度，涉毒人员尿检率 80%，社区戒毒 100%，外流贩毒下降 80%；成功劝回自首和抓获外流盗窃犯罪人员 8 人，占全镇网上外流盗窃追逃人员的 80%。

【安全生产】 2016 年，梅花镇安全生产形势平稳有序，全面贯彻省市县安全生产工作相关会议精神，严格落实“党政同责、一岗双责”的安全生产责任体系，与各行政村、镇直各单位、相关企业 100% 签订安全生产目标管理责任状，层层压实安全生产工作责任。大力开展安全生产大检查、大管控专项行动，采取定期检查与节假日专项检查相结合的方式，组织开展“打非治违”和非煤矿山、食品药品安全、防溺水、校园周边环境等专项整治行动，及时发现安全隐患，及时限期整改。组织开展安全生产大检查 36 次，下发限期整改通知单 27 份及时消除安全隐患 63 起，全镇没有发生重特大生产安全事故发生。

【卫计工作】 2016 年，梅花镇人口计生工作稳控得当，持续加大流动人员核查管理力度，不断加强计生“三位一体”阵地建设。完成县卫计委分配的各阶段指导性任务，同时，加大社会抚养费征收力度，严格执行计生利益导向机制，着力打造责任计生、法治计生、阳光计生。全年有 325 位 60 岁以上的两女结扎户和独生子女户得到政府奖励、扶助资金等方面的优惠政策。

【教育事业】 2016 年，梅花镇多途径改善教育教学条件，通过宣传发动、检查指导等多种形式，确保全镇适龄儿童全部入学，全镇小学入学率、中学入学率均达 100%，15 周岁受初等教育率 100%。车头中心小学通过合格学校验收，梅花中心幼儿园、梅花中学教学楼和梅花中学体育场建设全部完工，梅花中学通过校友会捐赠建设全县乡镇学校唯一的橡胶跑道。东风、廊洞和司空岩村片小危改和安居工程全面完工。

【城镇建设】 2016 年，梅花镇城镇建设步伐加快，发展动力不断增强。全镇基础设施大投入、大发展，重点开展国土整理、美丽乡村等项目建设，镇容村貌变化巨大。投入 6300 多万元的国土整理项目全部完工，全面完成投资 2400 万元的廊洞水厂工程，全镇 15 个村和所有镇直单位都已用上安全、优质、卫生的自来水，投入 460 万元的沿国道 G207 线村的穿衣戴帽工程全部完成，投入 200 万元的“北大门”绿化工程全面完工。廊洞、贵头、梅花村完成通村公路拓宽工程8千米，村民出行更方便。开展农村环境污染治理，致力开展农村环境卫生整治。全镇18个行政村全部购置新的垃圾桶，聘请清洁员，并开展环境卫生督查和奖罚兑现。对国道G207线沿线村庄和梅花市场开展以治理农村环境污染、拆除乱建乱搭和占道经营、整顿交通秩序及规范农用车定点停放、整治集镇市场秩序的“四项整治”专项行动，拆除乱搭乱建雨棚和临时建筑物258座。通过整治，207国道沿线村庄和梅花马路市场拥堵现象大大改观。整合一事一议项目，实施亮化工程，在梅花、社湾、斯屋、修义、宜阳、斜坡渡等村安装路灯，村里实现美化、亮化。

寿雁镇

【概况】 2016年，寿雁镇生产总值达到15.25亿元，增长6.9%；其中工业总产值6.8亿元，增长8%；农业总产值8.45亿元，增长6%。社会固定资产投资总额累计完成1.85亿元，增长20%；社会消费品零售总额累计完成6.4亿元，增长21%；农民人均纯收入8780元，增长16%。财政收入累计完成1873.5万元，增长13%。

【党建工作】 2016年，寿雁镇以深入开展“两学一做”教育实践活动为契机，加强党员队伍建设，转正党员28名，发展党员11名，培养入党积极分子72名；强化干部的实绩考核，促进干部尽职尽责；加强镇村干部队伍培训力度，参加上级组织培训44人次，自身组织培训265人次。

【小城镇建设】 2016年，寿雁镇不断夯实镇村基础设施建设，多方面筹集资金400万元，拓宽硬化村道24.5千米；美丽乡村示范片建设顺利推进；农村环境污染治理取得初步成效、市场整顿成效明显。

【文化教育】 2016年，寿雁镇教育教学环境不断改善，师德师风明显提高，教学质量稳中有升。全年投资140余万元，重建改造合格小学9所。

仙子脚镇

【概况】 2016年，仙子脚镇辖黄田岗、神仙头、下石塘、大伟、下坝洞、塘头、下白、岭背、齐家湾、石山脚、向明、小洞尾、蒋家岭、车田洞、白土塘、沙田、仙子脚、罗敏、洞尾、堡子岭、分水桥，20个行政村，1个社区居委会，265个村民小组，8203户，42296人，全镇国土面积132平方千米，耕地2128.4公顷，水田1411公顷，旱地717.4公顷。

【精准扶贫】 2016年，仙子脚镇减少贫困户180户、705人，农民年人均收入较2015年有所增加，完成拟定的脱贫任务。整合扶贫、危房改造等项目资金210万元，改善两个省定贫困村的基础设施。下白村成立柑桔种植合作社，流转土地66.67余公顷，投资600万元，种植水果37.4公顷，每年收入700万元。石山脚村沙滩桔扩园6.67公顷。

【农业发展】 2016年，仙子脚镇加强农田基础设施建设，实施沙田大洞万亩土地开发整理和蒋家岭大洞的部分低产水田改造，抓好洑水河存富村河堤及拦河坝加固除险和治理工程建设。修建水渠8800米，改善灌溉面积278.67公顷。完成8个小（2）型水库的加固除险工程。完成罗敏村、沙熊家村等9个村的冬修项目。全镇种植水稻1560公顷，产出936万公斤。培育种粮大户23户，面积358.4公顷，产出241万公斤。秋冬种植面积0.23万公顷。抓好秋冬种作物管理，提高单产和产值。油菜产量6.67公斤/公顷，蚕豌豆产量7.33公斤/公顷，绿肥产量100公斤/公顷，秋冬种平均亩产值达到650元以上。完成下坝洞、烟竹坪、水头坝油菜示范片66.67公顷，罗敏村油菜13.33公顷，其他每个行政村办好一个不少于4.33公顷的示范片。完成水果示范点小伟村40.8公顷，柑橘种植以村为主。全镇出栏生猪3.97万头、牛1.02万头、羊5700头，出笼家禽43万羽，水产品1600吨，发展各类养殖大户200户，完成种草、改良草场106.67公顷。

【林业工作】 2016年，仙子脚镇实施造林面积86.67公顷，其中山上造林66.67公顷，村庄造林20公顷，完成县政府下达的造林绿化整地工程建设任务。全镇落实公益林总面积1907.47公顷，公益林补偿款414874元。落实森林防火各项措施，对发生的森林火警火灾进行及时扑救，并对相关责任人进行批评教育和处理，有效遏制火灾易发高发频发势头。

【美丽乡村建设】 2016年，仙子脚镇投入资金735万元，实施5个美丽乡村示范村建设。把车田洞村确定为省级美丽乡村重点布点建设，把下白村作为镇美丽乡村示范村布点建设，把洞尾村、石山脚村、蒋家岭村作为人居环境整治重点村建设，推进示范村、示范片建设。引导村村整治，解决农村垃圾、农村污水等问题，加快农村空心房拆除、危房改建，进一步规范农村住房建设。车田洞村的美丽乡村建设纳入湖南省人民政府为民办实事项目示范村。结合“空心村”整治规划要求和各村发展实际，强力拆除“路边厕”“路边猪栏舍”等影响村容村貌的违章建筑。车田洞村拆违34个，下白村拆违13个，黄田岗村拆违8个。

【电子商务】 2016年，仙子脚镇组织开展电子商务培训500余人次，发放宣传资料6000余份，悬挂宣传横幅35幅，张贴宣传标语2000余条。规划车田洞、齐家湾、黄田岗、沙田、下白、石山脚、堡子岭、仙子脚等8个村电子商务网点，方便农民网上购物和销售。

【教育科技】 2016年，仙子脚镇有村片小13所，中心幼儿园1所，小学附设幼儿园7所，民办普惠性幼儿园13所，非普惠性民办幼儿园1所。有在职初中教职工60人，其中专任教师58人，具有本科学历的48人，专科学历的10人，学历合格率100%；有在职小学教职工137人，其中专任教师136人，具有大专以上学历的123人，学历合格率99.86%。有初中学生1072人，小学生2838人，在园幼儿1463人。初中适龄人口入学率、小升初升学率、九年义务教育覆盖率均达100%；学前三年毛入园率76.7%；小学适龄儿童入学率100%。

【医疗卫生】 2016年，仙子脚镇有乡村医疗机构29个，其中，镇卫生院2所，住院病床100张，专业卫生从业人员29人。全镇参加新农合35307人，参合率92%，筹集基金4236840元。全镇普通门诊补偿48476人次，享受农村合作医疗补偿2403294元；普通住院补偿6464人次，医疗补偿金额14519915元；特殊门诊补偿242人次，医疗补偿金额342312元；获得二次补偿153人次，补偿金额3178324元。

【社会保障】 2016年，仙子脚镇享受农村居民最低生活保障的对象户811户、1695人，月发放保障金207626元；新增农村低保对象814人；提高五保供养水平；完善城乡医疗救助制度。全镇五保户、低保户、贫困户和优抚对象医疗救助177人次，发放大病救助款172226元。全镇救助困难户590户。落实好优待抚恤政策，全年发放各种抚恤金670962元，其中伤残军人2人、1.8万元，烈属2人、21786元，复员军人27人、324000元，带病回乡退伍军人14人、73416元，参战涉核退伍人员40人、233760元。

清 塘 镇

【概况】 2016年，清塘镇成功创建“湖南省安全生产示范乡镇”“湖南省生态文明示范乡镇”“湖南省平安农机示范乡镇”“永州市纪委两项专项整治工作先进单位”“永州市安全生产十佳乡镇”等称号。

【精准扶贫】 2016年，清塘镇主要领导调查研究，动员部署，督查推动，做到机构、人员、经费、责任“四个到位”，全年召开精准扶贫工作会议38次，开展集中宣讲9次，设置宣传专栏42个，书写和悬挂宣传标语650余幅。明确工作职责，按照驻村帮扶工作要求，全镇贫困户1115户、3779人全部建档立卡，实行一对一帮扶。同时实施对帮扶人员工作考核办法，严格考核、过硬奖惩，确保责任到人、帮扶到户。加强项目管理，深入分析贫困户的致贫原因，制定全镇精准扶贫五年规划和年度计划，提出有针对性、切实可行的致富措施。打造“一村一品、一户一业”的农村特色产业，集中发放扶贫小额贷款900余万元，全年1026名贫困户实现脱贫，其中营乐源村实现整村脱贫。

【农业标准化建设】 2016年，清塘镇发展特色农业，注重农业产业调整工作，全镇克服一年两次特大洪涝灾害的影响，开展抗灾自救行动。全年种植烤烟240公顷、水稻3968.67公顷、玉米238.67公顷、蔬菜1874.13公顷、水果818.67公顷；发展植树造林工程，新种桑树132公顷、松树241.33公顷、油茶树316.8公顷；出栏肉猪65246头、山羊8955只、牛4566头。严守耕地保护红线，建立全镇基本农田保护面积台账，全镇耕地保有量3205.07公顷，达到基本农田保护面积、制度、责任、标志“四落实”的要求。做好土地管理与监管，严格查处和打击各类土地违法行为。加强农业标准化生产，以原地正禾农场、室家大棚蔬菜园为重点，着力打造农业标准化生产示范基地，加大基地农产品质量安全管控，创建农业品牌。

【产权制度改革】 2016年，清塘镇通过农村产权制度改革，明晰农村土地承包经营权、农村集体建设用地所有权和使用权、农村房屋所有权、林权，建立配套保障机制，促进农村产权流转，推进农村产权抵押融资。兑现落实惠农政策，全年发放良种补贴65.9万元、耕地地力保护补贴420.82万元、油茶种植补贴3.33万元、能繁母猪补贴2.28万元、公益林补贴38.72万元、农村最低生活保障61万元、农机购置补贴46万元、移民后扶补贴14.59万元。有效规范村级财务管理，建立严格的村级财务审批制度，村级重大开支做到村支两委集体研究、群众参与、片组长、驻村干部监督的工作机制，明确村理财小组的工作职责，落实村级财务定期公示制度。

【重点民生实事】 2016年，清塘镇发展农业基础设施，新修大小水利工程24处，完成土石方1.5万立方米，增加农田灌溉面积66.67余公顷。实施农村安全饮水工程，投入资金90万余元，新增4个村的村民集中喝上自来水。科学制定乡村规划，对18个村进行统一规划设计，其中有10个村按照规划启动项目建设。开展通村公路扩宽工程，申报项目资金，全镇70%的村级道路实施扩宽。按期缴纳住房公积金，按照比例要求，足额缴纳全镇干部职工的住房公积金。推动新农合、新农保缴费进度，新农保自主缴费13508人，自主缴费比例96.8%；新农合参合任务4.72万人，参合46256人，参合率98%。

【美丽乡村建设】 2016年，清塘镇强化领导、明确责任，制定《清塘镇美丽乡村建设工作推进方案》《清塘镇美丽乡村建设工作要点》及相关工作制度、职责，细化分解美丽乡村建设任务，落实具体责任，指导各村开展美丽乡村建设工作。根据各村实际情况，针对美丽乡村建设的难易程度和现阶段水平，拟定美丽乡村建设工作时间节点任务和相关要求。重点对楼田村、小坪村、石枧村、上面村等创建为全面小康示范村。其中小坪村争创省级全面小康示范村，楼田村争创市级全面小康示范村。清塘镇被列为全市小康示范乡镇创建单位。加大投入，强化宣传，通过制作宣传标语、召开全镇干部及村民代表大会、印发传单等方式，开展全面宣传，提高群众知晓率，让广大干部群众参与到美丽乡村建设中来。全年美丽乡村建设投入资金5460万余元。召开美丽乡村建设动员大会和业务培训会，对开展美丽乡村建设的目的意义进行详细阐述，对美丽乡村建设业务知识进行集中培训。

【农村电子商务信息化】 2016年，清塘镇电商发展在2015年清塘村、小坪村2家“农村淘宝”店的基础上新增尹家村、廖家村、久佳村、石枧村、土墙村、洪家宅村、上塘面村等7家“农村淘宝”店，“农村淘宝”店数量在全县名列前茅。新增小坪村、清塘村、孟家村、久佳村等4个村的“轻松网购”服务店。全镇电商网点设置得到全面覆盖，电商从业人员发展迅速。网格化建设稳步推进，在全镇24个行政村主要路口和重点场所都装置电子摄像头，信息与县里实行共享，纳入网格化管理。全镇按照“网格化定位、多元化服务、信息化管理、全范围覆盖”的要求，对辖区实行严密的网格管理，网格化平台完成第一批3个村及第二批14个村的建设工作，全镇村级网格化率70.8%。

【用活财政政策保障基层民政】 2016年，清塘镇赤字减债有新成效，通过开源节流，镇财政偿还历年债务65.4万元，连续5年来没有出现财政赤字，实现低水平财政收支平衡。实现一般财政预算收入757.22万元，财政专项补助收入263.5万元，其他拨款65万元，全年财政正常支出实现900.52万元。财源建设有新途径，运用财政政策，改进财源建设方式，挖掘财源发展潜力，向上争取专项扶持、基金投入等，增加农民收入。发展全域旅游产业，立足本镇资源，支持濂溪故里、营乐源水库、万亩蔬菜基地等重点项目的建设，着力培植新的经济增长点。基层民政建设有保障，镇党委委员兼任民政工作分管领导，同时配备3名民政专职工作人员，办公室配置办公桌椅、电脑、打印机等。民政室拥有140平方米独立的办公场所，经费纳入镇财政预算，经费约5万元。

【计划生育工作】 2016年，清塘镇强化组织领导，成立镇计生工作领导小组，由镇党委书记任顾问，镇长为组长，镇人大主席为常务副组长，计生办主任、各农业组长为成员。控制人口计生率，全镇人口出生数为649人，其中男性348人、女性301人；计划内548人，其中一孩出生244人、二孩出生304人、多孩出生101人；出生率12.52‰，计划生育率88.28%，综合节育率90.08%，出生婴儿性别比115.6，自然增长率10.5‰。如期完成四大手术指标，完成手术数705例，其中长效节育措施587例，引流产118例，100%完成任务。推进计生村民自治，24个村全部实行计生村民自治。计生协会按照“组织健全、活动经常、搞好服务、形成风尚”的标准，加强基层协会组织建设，不断提高镇村计生协会工作水平，使协会会员发挥“带头、宣传、服务、监督”的职能作用，全年发展新会员1340人。按期足额征收社会抚养费，镇党委加强对社会抚养费的征收力度，把责任压实到村、驻村干部和片组长，加大对非诉案件起诉力度，特别是对一些拒不缴纳的“钉子户”依法申请县法院计生法庭强制执行，全年征收社会抚养费60万余元。

【综合治理工作】　2016年，清塘镇维护稳定保一方平安。成立以镇党委书记为镇综合治理委员会主任，镇长为副主任的领导班子，成立镇综治办，明确专人专抓，配齐配强综治队伍。健全综治维稳网络，整合镇派出所、司法所等职能部门力量，做到村村都有调解员。突出抓好各种信访、上访案件的排查调处工作，确保不发生赴省进京非正常上访，实现“零登记”“零挂号”的目标。严厉打击各种违法犯罪活动，处理治安案件81起，调处民事纠纷230起，各种矛盾得到有效的平息和化解，没有发生群体性越级上访，无群体性纠纷械斗，无重大特大刑事、治安案件。

【禁毒工作】　2016年，清塘镇镇党委重视禁毒工作，结合镇村实际，成立高规格的禁毒工作领导小组，制定《清塘镇2016年禁毒工作方案》，并依托村委会，发挥派出所民警、信息员和广大群众在禁毒工作中的积极作用，保障禁毒工作正常开展。开展“五进”活动，先后发放宣传单1.5万余份，制作大型宣传牌18块，宣传标语3200份，开展禁毒专题讲座4次，开展“6·26”专题禁毒宣传活动，受教群众1.3万余人。始终保持打击毒品违法犯罪活动的高压态势，严惩各类毒品违法行为。全年查处毒品案件8起，抓获违法人员11人，其中送强制戒毒1人，社区戒毒4人。

【安全生产】　2016年，清塘镇党委、镇政府把安全生产工作纳入党委政府工作的重要议事日程，多次召开专题会议，专题研究部署，把安全生产工作纳入镇年终考核目标。成立高规格的镇安全生产工作领导小组，领导小组下设办公室，由镇分管领导兼任办公室主任。专门安排4名专职安监员，安排4间专门办公室，配置配齐办公设备，将安全生产工作经费列入镇里的年度财政预算，切实做到重点支持、优先解决。集中组织辖区6家工矿企业参加4期安全生产法规和安全技能培训，参训人数90余人次。发挥镇、村、户三级宣传联动机制，镇财政投入20多万元，在辖区道路两旁设置安全警示标志286块，印发安全生产知识小手册1.1万份，还建立QQ群和微信群，组织开展安全生产法规和安全知识学习4期，参加培训和学习3000余人。多次开展以“安全发展，预防为主”为主题的安全生产月系列宣传活动，出动宣传车26台次，张贴宣传标语、横幅3400余条，发放相关安全知识宣传资料3万余份。开展危险化学品专项整治行动，加强对2家加油站、11家农药店等危险化学品生产经营单位的安全监管工作，依法取缔关闭非法加油站1家，建立安全隐患档案，进行不定期督查，发出整改指令书31份，排查并整改安全隐患78处。加强马路市场整治，集中开展集镇市场整治，拆除违规厂棚200多个，规范经营摊位1000余个，有效打击占道经营、污水横流、垃圾乱扔、广告乱贴等不良行为。开展农村自建房安全专项治理，按照美丽乡村规划要求，完善建房审批手续，在源头上有效规范农村自建房行为，重拳打击乱搭乱建行为。通过全面的治理，制止违章建房行为25起，处理违法人员5人，农村建房安全形势稳步提升。开展“打非治违”专项整治行动，针对赶集时农用车非法载客现象突出的问题，联合交警、交通、农机等多部门开展联合执法6次，实行重点打击，查扣各类违法车辆60余台，拘留3人次。“打非治违”整治行动查处非法违规生产经营行为76处，整治到位76处，整治率100%。

【实施就业优先战略】　2016年，清塘镇突出就业优先促发展。镇党委、政府对就业工作高度重视，多次召开专题会议研究部署，制定《清塘镇关于推进就业优先战略的实施意见》，成立以镇党委书记为组长的领导小组。优化用工环境，为企业和务工人员提供便捷、高效服务，搭建桥梁，当好勤务员和宣传员。建立服务平台，全年发布岗位信息32次，发布岗位数400余个，向县工业园输送390余人就业，带动外出务工人员回乡就业的积极性。突出教育优先强基础。做到教育发展优先规划，教育工作优先研究，教育问题优先解决，教育投入优先安排，公共资源优先满足。镇主要领导、分管教育领导多次深入到各中心小学、片小、村小现场调研，为学校解决合格学校建设、安保等问题，落实重点项目建设。把久佳学校、月岩学校教学楼等项目建设纳入全镇重点项目目标管理，加紧推进实施。突出生态优先利民生。实施“生态立镇、产业强镇、旅游旺镇”战略，坚持生态优先，建设“现代休闲观光旅游示范镇”，全镇生态环境持续改善。11月，正式成为湖南省达标“生态文明乡镇”。

【党的建设】 2016年，清塘镇强化使命担当，压实党建责任。坚持党建引领，围绕基层党建工作突出问题攻坚克难，全年召开党建专题会议16次、党建工作推进会议8次。镇党委书记带头办基层党建联系点、讲党课、落实双重组织生活制度，镇党委班子成员定期深入到村，协调解决突出问题165个。在濂溪故里、土墙村高速出入口、集镇闹市、村级人口密集场所等区域树立大型永久性党建宣传标牌45块，悬挂党建宣传标语1200余条。着力补齐软弱涣散基层党组织和“两新”组织短板，两个软弱涣散基层党组织转化升级，“两个覆盖”进一步提升。严肃换届纪律和加强风气监督，完成乡镇党政领导班子换届和党代表、人大代表选举工作。推进党风廉政建设，开展“两个专项整治行动”，查处典型违纪案件5起。创新工作载体，激发党建活力。开好“两学一做”学习教育工作动员会，周密制定实施方案，高规格成立协调小组，建立学习教育QQ群和微信群，开展面向基层的宣讲活动。开展4个专题学习讨论，专题召开基层党支部专题组织生活会，做好民主评议党员工作，开展党员组织关系集中排查，排查整改基层党支部和党员中存在的突出问题。举办庆祝中国共产党成立95周年系列活动，组织全镇1000余名党员重温入党誓词，表彰7个先进基层党组织、7名优秀党支部书记和62名优秀共产党员，开展贫困党员慰问活动。成功举办第五届清塘“月岩杯”篮球联谊赛。坚持核心引领，务求党建实效。坚持围绕发展抓党建、抓好党建促发展，发挥党建引领核心作用，探索“党建+”模式，把党的政治优势转化为发展优势。通过发挥党建引领的核心作用，全镇各项工作都取得明显成效。四项省市创建活动均取得较好成绩，清塘镇卫生院被国家卫计委评为“群众满意乡镇卫生院”。营乐源水库、濂溪故里等一批重点项目建设推进顺利。基层党建七项重点任务取得阶段性成效。

【经济环境】 2016年，清塘镇坚持党风廉政建设常抓不懈。召开全镇纪检工作会议，开展行政效能建设活动，制定奖罚制度，激励广大干部力争上游，有效地发挥党员的先锋模范作用。建立健全规章制度，严肃工作纪律，开展责任追究。组织党员干部继续深入学习《中国共产党纪律处分条例》《中国共产党党内监督条例》等法律法规和相关文件，将全镇广大党员干部的思想和行动提高到廉洁务实，勤政为公的层次上来，做到自警、自省、自律、自励。坚持干部作风建设持续优化。重点解决少数干部职工不思进取、不负责任、不守规矩、不作为、乱作为等现象和问题，提高机关工作效能。进一步落实政务公开，按规矩办事、按程序办事，通过各种形式和途径向农民公开办事程序，增加政府工作透明度，同时，在全镇内部公开组织人事、财务审计、项目建设等重大事项决策实施过程，鼓励干部职工全程监督。加强思想教育，增强环境意识，深入调查研究，找准存在的隐患，突出重点问题，及时进行整改，抓好制度建设，规范约束行为。及时介入和妥善处理蒋家村“闽顺石场”采矿纠纷、营乐源水库征地纠纷、各类土地权属纠纷等，确保全镇社会大局稳定。

【学习宣传】 2016年，清塘镇建立领导表率机制，党政领导开展集中学习10次，实行党政领导干部学习计划制，制定党政领导干部学习计划表。每位党政领导在月前填写学习计划，确定本月学习目标，明确学习内容、方案和目标。建立全民参与机制，抓常态出成效。建立整体联动学习的机制，开创全镇上下争先创优大好局面。镇党委组织镇村干部集中学习《中国共产党廉洁自律准则》等法律法规和相关文件，观看《镜鉴》《不可触摸的底线》等警示教育片。围绕全县经济社会发展大局，执行县委、县政府关于促进经济发展、招商引资、推进新型工业化等优惠政策。加强新闻宣传工作，及时推介优秀人物，把其感人事迹宣传出去，把清塘镇优美的自然风景和深厚的人文景观宣传出去，让更多的人认识清塘、了解清塘。严格落实党报党刊的征订工作，及时完成上级分配的任务。加强舆情动态管理，遇到问题不回避、不推诿。以创建“服务型、文明型”机关为目标，不断创新工作思路，更好地树立政府窗口形象。加强制度建设，促进规范运转。制定各项工作目标考核管理制度，完善干部管理制度，做到按规章办事，按工作程序办事，按职责要求办事。投入6.6万元将政府大楼1200平方米进行补漏和维修，改善干部职工工作住宿环境。同时，建立镇政务中心，给群众办事提供方便。

【武装工作】 2016年，清塘镇抓好组织整顿，完成民兵整组。专门召开镇党政联席会议进行研究，及时调整民兵整组工作领导小组，制定整组方案计划，及时召开由村有关负责人参加的民兵整组工作会议，全面落实民兵整组工作。搞好教育训练，有效提升保障能力。利用民兵点验、民兵集训等机会，开展民兵职责使命、民兵战斗精神、坚持党管武装、适应新军事变革、政策时事、国际国内形势，以及《中华人民共和国国防法》《中华人民共和国兵役法》和《民兵工作条例》等学习。完成营乐源水库等重点建设项目的保障任务，完成“5·4”抗洪抢险任务。做好征兵工作，完成征兵任务。及时成立征兵工作领导小组，组织召开征兵动员会，采用横幅、标语、手机短信等方式进行广泛宣传发动。严格按条件和程序择优确定预征对象，向部队输送体检、政审双合格兵源。

【统一战线】 2016年，清塘镇制定全镇统战工作计划，把做好宗教场所安全保障、少数民族帮扶、非公经济引导作为全年工作重点。将统战工作纳入镇党委、政府的议事日程，作为村级目标责任考核部分，在镇设工作组，在村设专管员，做到分工明确，责任到人，形成“党委统一领导，工作组牵头协调，行政村各负其责”的工作格局。定期例会，加强培训，增强统战专职人员能力。年初，召开镇村统战工作会议，研究确定在统一战线各个领域方针政策的贯彻落实、重大问题的协调处理等工作，布置全年统一战线的各项重点工作，制定有利于统一战线工作情况通报交流的例会制度，加强党委对统一战线工作的领导，及时了解各村统战工作中的困难，增强统战工作凝聚力，推动全镇统战工作开展。

祥霖铺镇

【概况】 祥霖铺镇地处道县南部，位于东经111°27′12″～111°36′35″，北纬25°18′16″～25°28′03″。2016年末，辖祥

霖铺、青松、石家、上渡、大盘、小盘、银山、团结、下蒋、大井、自力、土麦、立福洞老村、立福洞新村、田广洞、达头山、白露塘、郎龙、先锋、胡家、常青、岑江渡、两河口、向阳、港草兴、红园、赤坝塘、秀水洞、洞尾、新车、高坝洞、八家、莫家湾、祥龙、雷洞、桐溪尾、三十工等37个村（居）民委员会，355个村民组，13139户，73182人。总面积208.28平方千米。2016年，全镇国民生产总值3.5亿元，社会商品零售总额1.44亿元，财政总收入865万元，比2015年增长5.8%，其中税收476万元。全镇在岗职工年平均工资3.2万元，比2015年增加4000元；农民人均收入6680元，比2015年增长13.1%。辖区内有金融机构农村商业银行网点、邮政储蓄银行网点。境内金融机构各类存款余额3.72亿元，比2015年增长9.1%；各类贷款余额4750万元，比2015年减少21.5%。年末城镇居民储蓄存款金额3.69亿元。五成农户建有楼房，每百户农户有摩托车38辆，电视机入户率71%，其中彩电占85%以上。是全国科普惠农兴村先进单位、全省先进农村科普示范基地、湖南省安全生产示范乡镇，道县粮食、茶油主要生产基地，有“水果乡镇”之誉，境内万亩脐橙基地，2008年被列为“湖南省对外出口基地”“湖南省绿色食品基地”；2009年被评为全国科普示范基地。

【种植业】 2016年末，祥霖铺镇有耕地面积4170.2公顷，其中水田3097.93公顷、旱地712.27公顷，以种植水稻、烤烟、脐橙、蔬菜为主。农业总产值2.55亿元，比2015年增长4.1%。粮食作物以水稻为主，粮食产量7.2万吨，人均1462.3千克。主要经济作物为烤烟、脐橙、花生、大豆等，烤烟种植面积400公顷，交售烟叶1.4万担，创税720万余元，全镇人均增收945元；油茶面积3592.73公顷，脐橙面积1533.33公顷，挂果面积1266.67公顷，产量7000万斤，产值超亿元，是湖南省脐橙出口基地。其中亚洲果业有限公司是湖南省最大的葡萄柚育苗、生产、加工、包装及出口基地。种植蔬菜453.33公顷、油菜533.33公顷、蚕豌豆100公顷，其中向阳村是全镇“油菜千亩示范片”，发展田广洞、新村、银山等村333.33公顷生姜、香芋特色蔬菜种植区和祥霖铺、小盘、立福洞老村等香菇种植村。

【养殖业】 2016年，祥霖铺镇畜牧水产业总产值4500万元。其中：生猪饲养量20万头，年出栏18万头；牛饲养量1.77万头，年末存栏0.99万头；羊饲养量1.64万只，年末存栏0.66万只；家禽年饲养量48.2万羽；养鱼面积433.33公顷，全年鱼产品出水3400吨。

【林业】 2016年，祥霖铺镇林地5069.93公顷，全部属人工造林。林木种类杉、松、桉、香樟等，分布较均。有封山护育林666.67公顷，中幼林抚育1333.33公顷。人工造林400公顷，同比增长41.2%。

【工业】 2016年，祥霖铺镇工业以建材、农产品加工、矿产加工等乡镇企业为主。年总产值0.85亿元，拥有企业7家、职工312人。

【集市商贸】 2016年，祥霖铺镇辖区内建有圩场集市。集市经营范围有农林副、工业、手工业产品及部分名、优、特、新产品，上市商品1000余种。年末，有商店146个，从业人员247人；城乡集贸市场有祥霖铺、常青、新车3处，年成交额1.35亿元。

【万亩脐橙基地】 祥霖铺镇于2002年10月创建的脐橙基地位于下蒋片区，辖下蒋、团结、上渡等7个行政村，规划面积2万亩，计划分“五期”实施。截至2016年年末，基地种植脐橙933.33公顷，果农600多户，其中6.67公顷以上的6户，规模已经形成，经济效益已凸显。基地按照政府主导、部门配合、乡镇实施、科技支撑、大户经营的指导思路，通过采取统一领导、统一规划、统一品种、统一技术、统一土地流转，统一品牌营销的措施，坚持大规模、高标准、优品种建园原则，实行大户承包的经营机制，实施无公害栽培技术，实行生态种养模式。2008年被湖南省列为“对外出口基地”“湖南省绿色食品基地”；2009年被评为全国科普示范基地，以基地果品为代表的道县脐橙参加国家和省级的农博会，多次获得金奖。2016年，基地实现产值1.2亿元。

【基础设施】 2016年，祥霖铺镇有洛湛铁路、厦蓉、道贺高速、国道G207线、省道S325线贯穿全境。南距高速出口1.5千米、江永火车站9千米、江永22.9千米、江华20千米。2004年建成的祥霖铺镇车站，日发客运汽车8班次，日均客容量650余人次。辖区内有邮政所1所，有国内信函、电子汇兑、邮政储蓄、国内外邮政快件和文书传真等业务，邮政线路延至各自然村，通邮面100%。镇辖区内分别设有移动、联通、电信3家公司业务处，固定电话和移动电话覆盖全镇所有村。程控电话交换机总容量1万门，固定电话用户390户，移动电话用户2.4万户，互联网用户3300户。37个村（社区）均已通电，全镇农民用电量为9000万度。境内有永明河、潇水河两大河流，水利资源丰富，蕴含丰富的水能资源。五洲电站（可发电）位于向阳村；另5个小（2）型水库，大江口水库位于上渡村，杜家塘水库位于达头山、祝福两村，新塘水库位于毛坪、大井、下蒋三村，荷叶塘水库位于郎龙村，南北冲水库位于桐溪尾村。

【社会事业】 2016年末，祥霖铺镇辖区内幼儿园12所，入园幼儿876人，教师22人；公立一贯制学校1所，在校学生1214人，教师67人；中心小学3所，在校学生3482人，教师180人；初中3所，在校学生1180人，教师101人；小学适龄儿童入学率、小升初升学率、初中适龄人口入学率、九年义务教育覆盖率均达100%。镇设文化站、广播电视站各1处，有村级文化活动室17处，各类文化专业户24户，村级图书室47个，藏书30余万册。有线电视用户8842户，入户率67.3%。全国文物保护单位鬼崽岭遗址1处，省级文物保护单位周凤山、周岐山将军故居1处。全镇共有标准学校体育足球场1个，学校体育场7个，篮球场7个，乒乓球桌19张。8.5%的村安装健身器材，经常参加体育活动人员占常住人口的31%。有镇级医疗卫生机构2个，门诊部4个，村卫生室37个，床位100张，每万人拥有病床5.13张；固定资产总值212.5万元。专业卫生人员55名，其中执业医师12人，执业助理医师14人，注册护士14人。2016年医疗机构完成诊疗2.78万人次。全镇37个村（居）委会61455人参加新型农村合作医疗，上缴资金921.825万元，参合率97.8%。全年发放良种直补、双季稻补贴、对种粮农民农资综合直补、良种补贴面积4170.2公顷，发放6项补贴资金688.41万元；发放民政资金504.29万元；发放农机下乡补贴资金256次、26.43万元。发放民政资金520.29万元，其中农村低保282.7万元，优抚等其他民政资金321.59万元，走访特困户资金14万元。全镇享受社会救助和农村低保户数1926户，人数3028人，新增111户、178人，通过各村自查清理取消140户、312人。新型农村社会养老保险完成缴费20267人，完成年初任务的90.8%。

四马桥镇

【概况】 四马桥镇位于道县东南部，县城至湘源温泉风景区公路、湘江二级支流泡水河横贯南北，东界宁远县水市镇，南接洪塘营瑶族乡，西临横岭瑶族乡、蚣坝镇，北与白芒铺镇、宁远县天堂镇毗邻。镇政府驻地距离县城30千米，全镇总面积120.7平方千米，其中水田1400公顷，旱地533.33公顷。辖四马桥、农科站、华山、燕山、西凤、立山、鸡公神、新家庄、良木洞、滴水营、小周塘、罗家山、彭家、郑家、周塘营、魏家、陈杨、塘坪、早和平、金狮头等20个村，1个居委会。244个村民小组，9981户。总人口3.86万人。2016年，四马桥镇围绕“立足农村，依靠农业，打造产业；定位城区，依托城市，搞活商业”的发展思路，坚持“三个突出”的发展原则，按照“逐项突破，重点跨越，科学发展”的发展要求，以产业结构调整为核心，以改善基础设施为突破口，以促进农民增收为着力点，全镇地方生产总值年均增长速度稳定在8%左右，财政收支情况好转，各项经济指标如期实现，镇域经济呈现持续、稳定、快速发展的良好态势。

【党的建设】 2016年，四马桥镇全面推进党的建设各项工作，组织“党的群众路线教育实践”和党员冬训等活动，制定《四马桥镇村级目标管理考核办法》，全镇干部干事创业的氛围日趋浓厚。基层基础进一步夯实，推进农村远程教育站点建设和村级组织活动场所建设全覆盖，关心爱护基层干部，全面加强机关、学校、社会团体党组织建设，基层组织战斗力进一步增强。党风廉政建设进一步加强，全面落实党风廉政建设责任制，不断加强对干部廉洁从政的教育、管理和监督，机关干部科学执政、依法行政、廉洁从政的自觉性不断提高。

【产业结构】 2016年，四马桥镇按照“田里产烟，坡上种果，山上种树，栏内养畜”的农业产业发展思路，突出发展优质烟、优质稻、优质果、优质工业原料林、优质畜禽等主导产业。产业结构调整取得明显成效，烤烟生产在巩固老区的基础上，致力发展新区，通过引导、扶持等一系列措施，培育一大批职业烟农，烤烟生产步入良性发展快车道。全镇烤烟种植面积200公顷左右，交售烟叶6800余担，实现税收100万余元，一批烤烟种植户通过种烟走上增收致富的道路。突出粮食生产的主导地位，围绕“不抛荒、扩面积、增产量”的目标，推广粮食新品种和普及农业机械化，粮食单产不断提高、品质不断提升。全年全镇产粮2万吨，建立华山、四马桥、农科站、麻湾、立山脚、燕山脚等优质稻示范基地，培育一批粮食生产大户。水果生产按照因地制宜的原则，通过示范带动，做大做强优质脐橙、优质板栗、优质梨等水果产业，培育彭家、郑家、周塘营优质脐橙示范基地，通过基地的带动和辐射，群众发展水果的积极性得到进一步提高。畜牧产业加快推进畜牧良种工程，生猪、牛羊、家禽、渔业生产规模稳中有增，畜牧生产实现由数量型向效益型的转变。年均出栏生猪10万余头，家禽56万羽，水产品起水总量1.8万吨。

【基础设施】 2016年，四马桥镇坚持基础先行原则，改善农村水、电、路、讯等基础设施条件，增强发展后劲，全镇投入各类基础设施建设资金9000万余元，其中农村一事一议项目资金投入500余万元，基础设施建设不断夯实。公路建设全镇98%的行政村完成通畅工程，实现全镇主要交通干道互通。省道S354线上坦公路改造工程即将动工建设。镇政府举债100余万元，完成四马桥集镇至塘坪村路段的水泥硬化。先后对永泉渠道、牛角坝、东坝、泡水河河堤、婆伤园水库、凤兴洞水库等一批骨干水利工程进行修复和加固；完成滴水营村到燕山村自来水饮水安全工程；涔天河灌区右干渠开工建设。完成涔天河至立山脚110千伏变电站电力线路抗冰改造工程，完成立山脚

110千伏变电站建设和线路改造工程。

【群众生活】 2016年，四马桥镇落实惠农政策，突出改善民本民生，各项惠农资金全部实行足额打卡发放。推行新型农村养老保险工作，全镇4600余名农村老人按月领到基本养老金。农村低保基本做到应保尽保，五保老人得到财政供养，群众生活得到有效改善，扶贫攻坚工作取得实效，全年脱贫95户、570人。

【社会事业】 2016年，四马桥镇坚持统筹兼顾，全面推进社会事业发展。文教卫体事业落实教育经费保障机制，加大教育投入；创新管理机制，推行素质教育，狠抓师德师风建设，教育教学质量稳步提高，两基成果得到巩固和提高。全镇小学入学率99.8%，辍学率0.2%，初中入学率91.39%。完善镇村两级卫生体系，农村卫生条件进一步改善；全面推行新型农村合作医疗保险制度，参合率95%以上；开展疾病预防控制、妇幼保健、艾滋病预防等工作，人民群众健康安全问题得到有效保障。改建燕山脚和华山村农村文化广场及农村文化书屋建设，为四马桥、农科站、毛里坪、鸡公神等村配备篮球场、乒乓球场，群众文体活动广泛开展。落实计划生育工作措施，宣传二孩政策，坚持“三为主”机制，稳定全镇低生育水平，高人口质量的目标，计生工作实现保类进位目标。

【社会大局】 2016年，四马桥镇以农村社会治安整治为重点，开展日夜巡逻工作和打击违法犯罪活动，净化社会风气。坚持以依法治访为切入点，严格执行信访责任追究制，进一步加大工作力度，坚持稳定压倒一切的方针，切实把矛盾化解在最基层。全镇调解矛盾纠纷325起，办理信访案件60余起。进一步强化安全生产管理，落实安全生产责任制和责任追究制，深入开展专项整治，对加油站点、超市、车站、市场等人口集中区域进行定期检查，杜绝重特大事故发生。落实防火责任制和责任追究制，坚决杜绝野外用火，森林火灾得到有效遏制。

蚣　坝　镇

【概况】 2016年末，蚣坝镇辖蚣坝居委会、金鸡洞村、沿河塘村、莲花塘村、银岭村、新油榨村、上云坝村、马家岭村、后江桥村、下湖洞村、丰村洞村、光家岭村、长江圩村、军洞村、南塘尾村、金星村、兴桥村、石马神村、小塘复村、叶子山村、豹岩村、夏柳村、合兴村、洲背村、糖榨屋村，计1个居委会，24个村委会，354个村民小组。总人口53820人，其中常住人口25146人，流动人口13858人。总面积139.68平方千米。有耕地面积3511.87公顷，人均0.07公顷。

【农业】 2016年，蚣坝镇生产粮食3.5万吨，人均650.3千克。蔬菜种植面积0.33公顷，产量9.7万吨。生猪饲养量7.4万头，年末存栏4.9万头；牛饲养量0.5万头，年末存栏1.3万头；家禽年饲养量80万羽。水果主要有冰糖橙、柑、西瓜等。林地0.8万公顷，林业主要有杉、国外松、桉树、油茶、经济林等，其中桐油坪万亩油茶基地初步形成。

【工业】 2016年，蚣坝镇形成以建材、矿产为龙头，集种养、加工、运输、商贸服务于一体的乡镇企业民营经济群。工业生产总值6.5亿元，拥有各类企业及组织43家；实现工业增加值0.82元，比2015年增长14.3%。

【商业】 2016年，蚣坝镇有超市和零售点278个，职工786人；社会商品零售总额2.85亿元，比2015年增长15.7%；城乡集贸市场3个，年成交额1.89亿元。

【文化艺术】 2016年，蚣坝

镇有镇文化站1处，有村级文化活动中心37处，各类图书室37个，藏书13万余册。有市级文物保护单位龙岩古迹1处。

【教育】 2016年，蚣坝镇辖区内有幼儿园8所，在园幼儿889人，专任教师47人；小学18所（含村小、片小），在校小学生4001人，专任教师162人，小学适龄儿童入学率100%；初中1所（道县第四中学），初中学生1687人，教职工总数102人，专任教师92人。初中适龄人口入学率、小升初升学率、九年义务教育覆盖率均100%。

【医疗卫生】 2016年，蚣坝镇有镇人民医院1个，村级卫生所35个；有床位50张，固定资产总值128万元。专业卫生人员38名，其中执业医师10人，执业助理医师4人，护士11人。所有医疗机构完成诊疗5.46万人次。25个村（居）有47631人参加新型农村合作医疗，参保率99.48%。

【社会保障】 2016年，蚣坝镇城镇最低生活保障户数47户、92人。农村最低生活保障户数1117户、2398人，支出298.224万元，月人均103.6元。国家抚恤、补助各类优抚对象388人，抚恤事业费支出236.8816万元，敬老院1家，床位50张，收养农村五保人员34人。参加新型农村养老保险16632人，参保率30.9%，享受待遇人数7371人，发放养老金60.8万元。

【基础设施】 2016年，蚣坝镇辖区内有邮政所1所，邮政业务总量3500万元，其中纯收入432万元。报纸、杂志累计期发行1万份。有客运站1座，自蚣坝发车至小甲，日发客运汽车4班次，日均容量150余人次。2005年建成镇自来水厂，有深水井4眼及成套净化设备，年供水1.15万立方米。镇区主要道路两侧铺设排水管道2100米。有变电站、供电站1所，位于道县第四中学附近，供电25个村（居）。

白马渡镇

【产业结构调整】 2016年，白马渡镇突出将烤烟作为农民增收、财政增效的拳头产品，常抓不懈。坚持以科技兴烟为主抓手，烤烟数量、质量均逐步提高。交售优质烟叶7000余担，创税180余万元。全镇以万亩脐橙基地为龙头，辐射带动附近村发展水果面积126.67公顷，又新开发雷家洞、泥江口脐橙基地133.33公顷。水果产量5300万余斤，实现产值1.06亿余元，脐橙种植户户户过万元，其中有50余户农户脐橙年收入突破10万元。雷家洞、青口、宜山坪等村的围堤渔业生产规模不断扩大。水产品养殖面积208.4公顷。有规模养殖小区6个，养殖牲猪3.8万头，年出栏2.5万头，饲养耕牛1.2万头，家禽20万只；发展牲猪100头以上大户25户，养牛30头以上大户10户，其中100头以上大户4户。突出抓好以国外松、油茶低改为主的造林绿化。全镇利用国家退耕还林政策，创新机制，鼓励多元投入，种植国外松433.33公顷、油茶低改320公顷，全镇生态建设成果不断巩固。

【基础设施建设】 2016年，白马渡镇继续加大对23个行政村的农村环境整治，健全农村环境卫生长效机制，在解决各行政村的生产生活垃圾处理的基础上，要求成立卫生整治队伍，实行“三包”责任制，进一步改善农村生产生活环境。投资30余万元对白马渡镇集市、青口集市两个马路市场进行集中整治。投入700余万元，对庙头村到武家滩村路段进行新修；对白马渡、东山、申尾等13个村的村道扩宽至4.5米，总里程53.8千米，投资4000余万元的白马渡镇烟水烟路配套工程、烤烟育苗工厂、烤烟工厂等项目完工，投资80多万元，完成对瓜地的小（2）型水库野牛塘水库的维修工作，解决附近

1200多名群众的生产生活用水问题；全镇多方筹资180余万元，新修及维修骨干山塘26口，河堤河坝9处，维修渠道1.7万多米，维修机埠、电排31个。着力推进远程教育，远程教育和文化共享点23个，先后在教学点组织55次农业技能培训和党的形势政策宣讲。

【落实安全生产责任】 2016年，白马渡镇组织安全生产宣传教育活动6次，全面宣传《中华人民共和国安全生产法》等法律法规等，悬挂横幅14条，书写永久性标语360余条，书写一次性标语400多条，散发《关于明确安全事故报告制度的通知》等安全生产月活动宣传材料1500余份，发放各类安全生产和消防安全宣传资料3000余份。开展各种安全生产检查活动130余次，检查客船13艘，农用车150余辆，校车10辆，烟花爆竹经营站（点）10处，加油站1处。

【维护社会大局稳定】 2016年，白马渡镇党政主要领导坚持开门接访，周一约访，超前预防，定期排查，着力整治农村突出治安问题，最大限度地减少和消除不稳定因素。全镇没有发生一起重特大恶性案件，没有发生一起群体性事件，没有发生一起规模性越级上访行为。镇司法机关查处刑事案件23起、查处治安案件67起，调处各类纠纷矛盾59起，平访息访7起。

【实施科教兴镇战略】 2016年，白马渡镇继续加大对中、小学教育的投入，改善办学条件，争取资金50余万元，建立镇中心幼儿园和樟武坊小学的改造。同时，办好农民技校，重视农民技术人才的培养，推广科技成果和新技术，不断提高群众的文化素质和致富本领。开展农业技术培训5次，转移农村剩余劳动力1200多人。开展各类信息调研4次；举办以“全面贯彻中共十八届六中全会精神、落实惠农政策”为主要内容的学习班3次，培训160余人；开展以“惠农政策、计划生育、安全生产、新农村建设以及我镇农业生产中的新思路、新办法”等为主要内容的报道宣传活动，发放宣传资料2500余份，张贴宣传标语、宣传画800余张，制作宣传栏28块，悬挂横幅32条。

【落实惠农政策】 2016年，白马渡镇发放粮食直补、良种补贴及综合补贴等228.4万元，库区移民补贴资金569.6万元，农机补贴46万余元，各项惠农政策认真落实到位，开展农村土地产权改革工作。同时，向上级各部门争取各种项目资金100多万元，全部用于改善民生条件。落实五保户444户、452人；落实农村低保户1390户、2442人。

【扶贫开发】 2016年，白马渡镇完成扶贫小额信贷1136万元，扶持危房改造贫困户51户、移民避险安置贫困户193户、低保兜底贫困户28户、贫困户教育助学“雨露计划”15人，贫困户园区用工转移就业300余人，新增农村电商9家。全年脱贫174户、620人。

【计划生育】 2016年，白马渡镇在计划生育工作中着重落实“五个狠抓”，实现“五个百分之百到位”：狠抓孕检，确保育龄妇女100%参检到位；狠抓出生漏报错报清理，确保100%统计到位；狠抓节育措施，确保手术100%落实到位；狠抓流动人口管理，确保100%管理到位；狠抓社会抚养费征收，确保100%征收到位。全年孕前优生优育健康检查完289对，完成总任务102%；全年符合政策生育率89.76%，出生率13.4467‰，性别比121.4，多孩率14.8%，死亡率6.6%。

东门街道

【概况】 东门街道办事处位于道县县城东郊，东与白马渡镇相邻，南与上关街道办事处交界，西与道江镇、富塘街道办事处毗连，北与梅花镇接壤，办事处驻东门社区。面积31.9平方千米，辖区内5个社区5个行政村（东门社区、东洲社区、北门社区、乌家山社区、冯家社区，下关村、高车村、白泥塘村、双塘村、新立村）。2016年末，辖区总人口16258人，其中城镇常住人口8841人，城镇化率55.72%，另有流动人口3020人。总人口中，男性8485人，女性7772人，14岁以下1285人，15岁~64岁13372人，65岁以上1601人。总人口中以汉族为主，达16088人，占98.9%；少数民族170人，占1.01%。辖区东西最大距离7.6千米，南北最大距离6.3千米，总面积31.9平方千米。其中陆地25.41平方千米，占79.7%；水域6.49平方千米，占20.3%。人口密度为每平方千米525人。财政总收入2059.4万元，比2015年增长10%。年末，境内金融机构各类存款余额8500万元，比2015年增长11%；各项贷款余额8020万元，比2015年年增长12%。

【农业】 2016年，东门街道耕地面积858.07公顷，人均0.05公顷，以种植水稻、蔬菜为主。农林牧渔总产值3亿元。辖区内蔬菜种植面积0.11万公顷，产量3.28万吨，主要品种有西红柿、黄瓜、茄子、辣椒等。全街道葡萄种植53.33公顷，主要集中在双塘、下关等村；杨梅种植20公顷，主要在东门、东洲等社区；脐橙种植800多公顷，主要集中在新立、上塘、下塘、白泥塘等村；枇杷种植20公顷，主要在下关、东洲山、白泥塘等村。畜牧业以猪、家禽为主。全年生猪饲养量2.5万头，年末存栏1.9万头，家禽饲养量20万羽。

【工业】 2016年，东门街道规模企业17家，工业总产值1亿元，实现工业增加值3100万元，比2015年增长10.4%。职工356人，涵盖食品、建材、农产品深加工、互联网+电商企业等多种行业，现代农业特色彰显。依托本资源和交通优势，发展特色经济，引入生猪养殖龙头企业温氏集团，打造“公司+农户”经营模式。

【基础设施】 2016年，东门街道公路里程165.6千米，实现村村通，基本达到户户通，主要干道基本拓宽至4.5米以上。有固定电话用户342户，移动电话用户1.1万户，互联网用户1600户。有湘江水系潇水河和洑水河，有友谊、猫仔冲小型水库两座，山塘80多口。

【教育科技】 2016年，东门街道有幼儿园5所，在园幼儿626人，专任教师30人，小学2所。适龄儿童入学率、九年义务教育覆盖率均达100%。

【文化体育】 2016年，东门街道设有教育文化服务中心1个，村级文化活动中心13个，各类图书室13个，美术创作组1个，书法村1个，文化专业户1个。有省级文物保护单位1处（何绍基故里）。

【医疗卫生】 2016年，东门街道建有乡级医疗卫生机构1个，村卫生室12个，床位36张，每万人拥有病床25.35张；固定资产总值600万元。专业卫生人员25名，其中主治医师2人、执业医师4人，执业助理医师6人，注册护士4人。每年医疗机构完成诊疗0.6万人次。辖区居民城乡居保参保率100%。

【人口和计生工作】 2016年，东门街道出生婴儿221人，性别比100∶127；全年通过网络信息平台交验流动人口孕环检短信168条；免费办理各类计划生育证件324例；有116对夫妇参加免费孕前优生健康检查；兑现各类奖励资金10万余元。社会抚养费征收额达50万元，计生专项经费30万元，按要求全部征收和投入到位。

【社会保障】 2016年，东门街道在全县率先全面完成对辖区内农村低保、社会保障兜底脱贫对象和特困供养人员认定清理整顿，对街道538户、816人进行清理，取消农村低保483户、671人、清理率100%，清退率82.2%，从申报审查的源头上杜绝关系保、人情保、群体保、懒人保，使真正困难群体以整户纳入原则做到应保尽保，并全部实行补贴打卡发放。推行五保对象集中供养，东门街道敬老院各类设施进一步完备，生活住宿条件进一步改善，散居五保老人补助进一步提高，保障能力进一步增强。省级贫困村高车村新建敬老院1000余平方米，投入80万余元，拥有床位18个。

【“五城同创”工作】 2016年，东门街道完成“五城同创”领导小组的安排，先后投入200多万元，进行整治背街小巷、清理白色垃圾、治理乱堆乱放、污水排放管网改造、清理建筑垃圾和基础设施建设等工作，社区环境卫生得到极大改善，基础设施逐步完善。

【国家森林城市创建】 2016年，东门街道按照县森林城市建设总体规划和实施方案，各项工程完成年度实施计划中规定的任务。组织开展全民义务植树活动，每年义务植树参加人数200多人次，义务植树3000多棵，绿化荒山造林200余公顷。

【平安创建】 2016年，东门街道开展矛盾纠纷化解攻坚年活动和平安创建活动，建立健全领导责任制，严格落实“一岗双责”责任制。围绕“保增长、保民生、保稳定”要求，坚持问题导向、底线思维，全面推行“平安东门周一大接访”建设。整合资源，化解矛盾，建立和完善群体性事件应急处置预案，不断提高化解矛盾、处置突发事件的能力，全年受理各类信访件20余件(其中12345信访热线1件、本级信访10件、上级交办件2件、领导接访20余件)，排查不稳定因素16起，化解各类矛盾纠纷20余起，办结率100%。推动落实安全生产责任制，创建市级安全生产示范街道，有序逐步整顿关停烟花爆竹、煤矿和非煤矿山，确保全年无较大以上安全事故。

富塘街道

【概况】 富塘街道位于道县中部，县城北部，东经111°57′37″~111°60′52″，北纬25°34′56″~25°59′48″。2016年辖李家园社区、五里牌社区、富塘社区和春秋塘村、上莫村、塘背村、曹家村，五侯村、共8个村民（社区）委员会，下设77个村民小组，人口1.4万，总面积24.2平方千米。

【农业】 2016年，富塘街道种植无公害蔬菜120公顷，新种植脐橙等优质果80公顷。如五候、上莫、塘背、春秋塘等村的水果种植形成一定规模。生猪出栏9000头；年存栏200头以上养猪大户8家；新发展200只以上的家禽大户150余户；养殖家禽20.6万余羽；养牛1600余头；稻田、山塘养鱼53.33公顷；造林绿化200公顷。

【工贸】 2016年，富塘街道发展民营企业5家。其中有五里牌村境内兴办的宏福酒厂和铝合金门窗加工企业。有超市和零售点120个、宾馆28家；

【基础设施】 2016年，富塘街道推进农村公路建设，截至年底各村（社区）完村水泥道路的硬化项目，完成农村公路村村通、天天通、路路通目标任务。有电信服务网点5个，移动服务网点8个，互联网用户952户。全年完成自来水工工程6个村，计划在建水利工程2个村。投入资金7万余元新建两座电排，完成李家园村等16口山塘的修固、坝加固和清淤等工程。维修渡槽水渠6500米，维修拦河坝、滚水坝两处600米，机耕道1600米，电排2座。建好村级组织场所

8所。

【社会事业】 2016年末，富塘街道有幼儿园4所，在园幼儿676人，专任教师10人；塘背村小学1所、上莫村小学1所，有在校学生90人，专任教师4人，小学适龄儿童入学率100%；中学1所即道县绍基学校，有40个教学班，在校学生3000余人；教职工100余人，其中高级职称13人，中级职称54人，本科以上学历101人，省市骨干教师及学科带头人8人。中考成绩合格率98.37%，居全市第三位，优秀率78%，全市第五名。初中适龄人口入学率、小升初升学率、九年义务教育覆盖率均达100%。有乡镇卫生院1所，卫生室12所，门诊部（所）3个。专业卫生人员33人，其中执业医师4人，执业助理医师4人，注册护士4人。8个村（社区）全部参加新型农村合作医疗，参保率100%。有学校体育场3个。30%的村安装健身器材，经常参加体育活动的人员占常住人口的60%。农村最低生活保障户数43户，人数103人，支出496680元。敬老院1家，收养农村五保人员30人。床位30张，收养农村五保19人；8个村（社区）全部参加新型农村养老保险，参保率100%。

乐福堂乡

【概况】 2016年，乐福堂乡辖11个行政村，135个村民小组，共4763户，2.2万人，总面积107.59平方千米。全乡上下坚持以科学发展观为指导，以发展农业生产和基础设施建设为主线，完成第五届各项工作任务，全乡经济社会发展取得较大进步。

【农村经济】 2016年，乐福堂乡不断扩面积、调结构、优品种，全乡农作物播种面积2866.67公顷，其中优质稻种植面积增加到646.67公顷；无公害蔬菜种植面积233.33公顷；冬种油菜面积366.67公顷；荒山改造种植国外松400公顷，种植油茶240公顷；水果和药材种植66.67公顷；发展养牛、羊、猪、鸡等养殖大户120多户，基本形成“一村一品”的产业发展格局。

【基础设施建设】 2016年，乐福堂乡着力抓好交通设施建设，增加通村水泥路80多千米，完成乐福堂乡外出要道，塘碑桥的重建工作；完成石桥头、车龙、乐福堂等村的公路加修护栏工作。全乡公路网的整体通达水平大大提升，更加方便群众出行和促进经济发展。推进农田水利建设，争取县直单位的项目扶持，通过“一事一议”等方式，对各类蓄水山塘进行维修加固。通过努力，全乡农田水利网建设水平大大提升，大大提高承受旱灾的能力，群众的生产生活条件大幅改善。治理环境卫生和美化亮化并行，树新农村建设典型。投入资金补贴对“空心村”进行改造；对全乡沿路两侧4.6千米主干道路进行道路绿化；完成塘碑等14个村的环境卫生整治工作，全乡加装太阳能路灯220余盏。

【发展社会事业】 2016年，乐福堂乡党委把民生作为工作的出发点，稳步发展各项社会事业，促进社会大局和谐稳定。坚持教育优先发展战略，改善学校教学条件，提升教育教学水平。落实优先发展教育的各项政策措施，小学入学率100%，实行所有学生读书免学费，还为贫困家庭学生免费提供助学金；改建泥乐小学、龙村学校等教学基础设施，教学条件不断改善。截至2016年年底，全乡90%的行政村建起文化共享站点和远程教育站点，形成图书、网络、影视三位一体的群众文化教育体系，不断创新敬老爱老工作，乡敬老院到2016年入住五保老人50余人。重视弱势群体救助工作，开展低保评议认定工作，做到符合政策条件户应保尽保。全面完成脱贫攻坚工作任务，到2016年累计脱贫人口

670人，在到江源易地扶贫搬迁点投入1400余万元，为57户、160人建成安置房57套，配置学校教学楼3幢建成完工。

【综合治理】 2016年，乐福堂乡加大打击违法犯罪力度，加强社会管理综合治理，确保全乡社会大局稳定，人民群众安居乐业。通过明责任，深排查，建台账，强化解，切实预防涉法涉诉、山林权属纠纷、村级财务、农村建房等各类易发群体性事件，致力把问题解决在基层，把隐患消除在萌芽状态，把矛盾化解在内部。开展打黑除恶、禁毒等专项行动，对重点治安村组进行集中整治，严厉打击村痞地霸、吸毒贩毒和违法犯罪人员。2016年开始，推进农村网格化管理。全年全乡没有发生一起重大群体性事件，没有发生重大恶性刑事、治安案件，没有发生一起重大安全生产事故。

桥头镇

【概况】 桥头镇位于道县西北部，镇政府驻地距县城46千米。东与乐福堂乡相邻，南与寿雁镇交界，西与仙子脚镇接壤，西北与广西壮族自治区全州县相交，北靠双牌县。1951年建立桥头乡，1958年为先进人民公社一部分，1961年体制调整为桥头人民公社。1984年复置乡。1995年撤区并乡与原会潭乡合并为桥头乡，2012年撤乡设镇为桥头镇。镇政府驻桥头村，原有31个行政村，经建制村合并后，辖桥头、石马山、五建、幸福、鱼田、会潭、白竹田、蒋包、庄村、腊树坪、坦口、石排楼、大江洲、石马山、狮子山、丘塘、大车坝、奔塘等18个行政村、219个村民组。全镇总面积258. 1平方千米，耕地5636. 7公顷，林地4670公顷，8794户，34141人。镇内有中学2所，中心小学2所，卫生院1个。境内多丘陵、高山。仙桥公路穿越全境。道县中型水库之一上坝水库和跳鱼台电站就坐落在境内，灌溉着桥头镇、桥头林场及仙子脚镇的2000公顷良田。镇经济以农业为主，盛产稻谷、大豆、药材、杉木、棕、石膏、山羊、生猪等。镇年工农业生产总值9788万元，年财政收入73. 3万元。

2016年，全镇每年种植烤烟53. 33公顷；种植玉米233. 33公顷；种植青蒿86. 67公顷；淡水鱼养殖200公顷；肉牛存栏2300头、年出栏1500头，产值1600万元；猪存栏1. 1万头，年出栏8000头，产值1600万元；山羊存栏3000只，年出栏2000只，产值200万元；其他家禽存栏7万羽、年出栏5万羽，产值450万元。全镇初步形成以粮食种植、烤烟种植、药材种植、畜牧水产为主的四大产业，成为农民增收的主要来源。全镇流转土地1333. 33公顷，流转土地用于植树造林666. 67公顷，突出造林特色，实现农民增收。全国五百强企业温氏集团投资过亿的大型养猪场落户鱼田村；在鱼田、邓家等村流转土地15公顷进行荷花鱼养殖。完成村村通道路工程、村村通自来水工程、村村通有线电视工程。配合上级相关部门完成新315线的拆迁工作。完成村庄合并工作，由31个村合并为17个行政村、1个居委会。投入人畜饮水工程建设资金累计达到1000万多元，解决全镇饮水难的问题。争取资金300万元对全镇4个小（2）型水库进行除险加固；争取资金280万元，修建引水渠2万余米；同时投入700万元用于桥头、石马山等村土地平整项目。协助电力部门陆续实施全镇31个村的农网改造工程，解决群众用电难的问题。对全镇毛巾田村至奔塘村、桥头村至腊树坪村、蒋包村至清寿源村等7条到偏远村的通村公路投入资金1000万余元，现已全部建成，实现村村通水泥路的目标。同时，百分之八十以上村道已拓宽至4. 5米。全镇投入资金30万余元，不断完善镇“五小”设施建设。

【维护社会大局稳定】 2016年，桥头镇坚持“稳定压倒一切”的方针，正确处理改革、发展、稳定的关系，着力整治农村突出治安问题，全镇没有发生一起重特大恶性案件，没有发生一起群体性事件，没有发生一起规模性越级上访事件，没有发生一起重大安全事故。

【民本民生改善】 2016年，桥头镇落实农村中小学“两免一补”政策，教学设施大为改善，教师的教学水平、学生的升学率都大幅提高，适龄儿童入学率100%，学生负担逐年减轻。桥头中心小学、会潭中心小学跨入全县合格学校的行列。2015年至2016年全镇多方筹措教育经费200万元，改造石排楼片小、丘塘片小、桥头小学、桥头中学的危房，硬化学校道路1600余米，加强学校运动场及电教化教育配套实施建设。高标准建成桥头中心幼儿园，可容纳幼儿300名入学。开展禁毒、反邪教宣传，以镇为依托，开展“平安桥头”等群众性精神文明创建活动。组织工作人员开展“两个排查”工作，做到防患于未然。以集中整治、强化日常工作为重点，对镇辖区集市非法搭建的厂棚进行依法拆除，对镇辖区下水道工程进行改建，加大各行政村环境卫生整治工作力度，初步实现“镇风文明、村容整洁”的目标。全面推行计划生育家庭奖励扶助和一对夫妇可以生育两个孩子政策，全镇人口自然增长率稳定在7‰左右，计生率92%，计划生育工作实现升类进位，跨入全县一类镇行列。新农合参保率连续4年达到100%，新农保参保率连续4年完成县里下达的任务并获得县里表彰。推进和完善对弱势群体“分类施保”，全镇五保供养户193人，每年发放五保资金61.76万元；享受低保2107人，每年发放低保资金268万余元，保障五保户和特殊困难家庭的基本生活，确保全镇救助资金及时发放到位。对全镇所有贫困户进行建档立卡，并结合贫困户实际制定脱贫帮扶措施，精准实施产业扶贫、教育扶贫、金融扶贫、社保兜底扶贫等专项扶贫，脱贫步伐明显加快。

【启动脱贫攻坚“三走遍三签字”活动】 2016年6月18日上午，在县人大常委会副主任周小平带领下，在镇党委书记熊小明，镇党委副书记、镇长吴国辉的陪同下，对各自联系贫困户进行帮扶走访。在走访的百人以上贫困户的庄村过程中，周小平发现该村经济条件落后，贫困户家庭条件十分困难，当即要求镇党委政府务必加大帮扶力度，真扶贫、扶真贫，针对各村不同条件要提出不同帮扶措施，镇党委书记、镇长走遍全镇所有贫困户；其他班子成员走遍分管片组联点村所有贫困户；驻村干部每月走遍所驻村的所有贫困户；村支部书记每月走遍本村所有贫困户；其他村支两委干部每月走遍分管片组所有贫困户；驻村帮扶责任人及村党员每月走遍所联系的贫困户。

【食品药品安全专项大整治会议】 2016年5月6日上午，道县桥头镇召开全镇食品药品安全专项大整治工作会议，大会上，主管领导吴国辉要求各镇直单位、行政村务必加大宣传氛围，组织食品药品安全讲座，宣传资料务必进村入户，与此同时明确专项资金5万元，纪委对此次活动进行全程跟踪监督，对此次整治会议投入力度不足的单位，严格按照年初制定的考核标准进行追责。

营江街道

【经济运行情况】 2016年，营江街道全年农业生产总值11201万元，增长7.6%；工业总产值完成8000万元，增长7%，全年主要经济指标顺利完成。

【新型城市化建设】 2016年，营江街道重点项目共四项，永州南部石油中转库，征地、迁坟工作完工，铁路运输线开工路基建设；道县殡仪馆及公墓建设完成征地22.73公顷，前期工程完成，即将进入二期工程；火车站新区建设工程完成征地93.33公顷，迁坟700多座，完成沿线改造细节，即将投入建设，计划年底拉着月岩西路路基；道清公路提质改造。在拆违控违工作上，更注重事前防范，全年按农业组分片包干，加强日常巡查，发现违建情况，及时介入，全年下发停建通知单10多份，没有出现新的违章建筑。

【为民办实事】 2016年，营江街道完成危房改造56座，全面完成县里下达农村危房改造任务。全街道998户、1905人享受农村低保，194户、202人全部享受五保供养。112户、399人贫困人口通过街道的政策扶持脱贫。辖区内农田、水利、烟基建设惠民项目全面完成。

【人口计生工作】 2016年，营江街道出生婴儿364人，出生率12‰，计划内306人，符合政生育率84%，出生性别比103：109，三查四术到位率92%；奖励扶助对象62人，奖励金额59520元，全年征收社会抚养费25.3万元，完成年度人口计生目标。

【安全生产工作】 2016年，营江街道终坚持把安全生产工作作为各项工作的重中之重来抓。坚持“安全第一、预防为主、综合治理”的方针，利用板报、标语等方式，开展安全宣传教育；加强安全隐患经常性排查机制，对辖区内各企业、各区域不定期的进行排查，发现隐患就地排除。开展安全生产专项治理工作，全年开展农村人员聚集场所专项整治工作1次，校车和电动三轮车接送学生专项治理3次，加油站停业整顿2次。道路交通、非煤矿山、食品药品、烟花爆竹领域整治实行经常性排查管控。全年，未发生任何安全事故。

【招商引资】 2016年，营江街道成立专门的工作队伍，帮助县工业集中区企业输送员工，并出台相关优惠政策，全年向工业园输送员工133人。

【党的建设】 2016年，营江街道全面推行“四议两公开”工作法。发展党员11名，预备党员按期转正7名。多次开展“两学一做”培训会、专题党课、学习习近平系列重要讲话精神，加强村级领导班子的战斗能力。加强软弱涣散党组织整顿。开展精准扶贫工作，深入农户，宣传政策，扶持农户脱贫。加强党务、政务、村务公开。严格村级财务管理，严禁收入不入帐，私设小钱柜，严格实行村支书、村主任、监委会主任、驻村干部“四签字”报帐制度。加强村干部的廉政教育工作。狠抓违法违纪案件的查处工作。由街道纪工委、财政所对个别群众反映强烈的村财务进行清理。贯彻《中共道县县委办公室关于进一步加强和改进党委中心组学习的实施意见》，进一步健全学习制度。成立以周明远为组长，其他党工委委员为成员的工作领导小组。解决火车站新区、石油储备库、殡仪馆及公墓等重大项目建设中的一些突出问题。以“乡风文明”为目标，开展文明村创建活动。全面及时完成党报党刊的发行工作，及时回复网络舆情，在道县新闻网上稿5篇。机关内部面貌有所改善。办公楼进行翻修，民政中心开设新大门，办公室进行粉刷整理，新筹备办公设备。制定《营江街道办事处教育教学工作奖励实施办法》，明确从2017年起每年拿出不少于3万元资金，用于奖励对营江教育事业做出突出贡献的个人及街道各阶段品学兼优的学生。

万家庄街道

【概况】 万家庄街道隶属湖南省永州市道县，位于道县县城南郊，东与上关街道隔河相望，南与祥霖铺镇交界，西、北与营江街道、西洲街道相邻。2016年12月，万家庄街道辖11个建制村和5个社区，115个村民小组，4593户，总人口2.02万人。总面积43.76平方千米，其中耕地910公顷。万家庄街道境内有厦蓉高速、道贺高速、G207国道线3条公路干线交汇，道贺高速境内设有互通出口，辖区内有道县综合物流园正处于施工建设阶段，有卫生院1所，完全小学（道县七小）1所，村片小1所，中学（敦颐学校）1所。距洛湛铁路道州站2千米。

【党建工作】 2016年，万家庄街道党工委围绕“三本手册”先后召开培训会，将手册的使用讲通讲透，确保规范使用，使“三本手册”成为党建工作指南。推进“两学一做”教育制度化常态化。召开专题会议研究部署“四个”推进，夯实支部主题党日，支部“三会一课”纪实管理，党员积分管理和规范支部书记“双述双评”工作。抓好党组织和党员信息采集。集中时间，集中力量，确保全街道高质量按时采集录入。强化党建引领，突出党建加扶贫和软弱涣散基层党组织工作。

【重点项目】 2016年，万家庄街道综合物流园、路网工程开工建设，站前大道项目进入征地阶段，道县七小搬迁、敦颐学校扩建项目完成项目规划。采取一个项目、一套班子，一包到底的方式落实到党政领导肩上；采取进村入户宣传项目建设的重大意义；层层召开村、组干部、党员、群众代表座谈会，协商解决问题。万家庄街道针对上述问题，成立领导小组，召开协商会议20余次，解决征地、迁坟、拆迁房屋补偿、参工参运等问题16件。

【精准扶贫】 2016年，万家庄街道成立以街道道党工委书记为组长的领导小组。制定《万家庄街道2016年度精准扶贫工作实施方案》，做好入户调查，表册填报，结对帮扶、政策解释、矛盾化解，夯实基础，助推发展等工作。召开精准扶贫工作再动员再部署再落实会议。做好贫困户识别工作，宣传精准扶贫建档立卡的相关政策。宣传建档立卡政策规定，把政策讲清、把程序讲透，把要求讲明，做到“家喻户晓、人人皆知”，最大限度的满足广大群众的知情权和参与权，调动广大党员干部群众的参与热情。全面按照县扶贫办的指示精神，发放建档立卡贫困贷款236万元，为建档立卡贫困增加收入23.6元。全年全街道脱贫119户、472人。

【经济工作】 2016年，万家庄街道着眼于强化主导产业，增加农民收入，以发展种植业，养殖业为主题，调整农村产业结构，使特色产业不断壮大。突出抓好粮食生产，把发展粮食生产工作重点放在制止耕地抛荒上，把抛荒耕地转包给种粮大户，确保中稻育秧面积“全覆盖”，实现粮食增产和农民增收的有机统一。采取在五洲、五一村办点“油—稻—稻”三熟制示范片，带动全街道各村种植油菜激情，完成油菜种植任务。利用国家退耕还林政策，创新机制，鼓励农民多方投入，完成造林绿化面积200公顷；小水果园扩园200公顷。到2016年底，全街道饲养牲猪5.85万头，年出栏3.5万头。发展养殖大户23户，其中养猪大户11户、养牛大户4户、养羊大户2户、养家禽大户6户，发展种植业、养殖业成为全街道农民增收致富新途径。

【信访维稳】 2016年，万家庄街道始终坚持“以稳定促发展，以发展促稳定”的方针，正确处理辖区各类纠纷矛盾。坚持以加强创新社会管理工作为重点，以创建平安万家庄街道为载体，把辖区矛盾纠纷控制在萌芽状态，把问题解决在基层。成立综治班子，加强对综治信访和平安创建的组织领导。由党政一把手负总责、亲自抓，一名分管领导具体抓。实行党工委领导包片、驻村干部包村、村组干部包组工作机制，按照“属地管理”与“谁主管、谁负责”的原则，与行政村（社区）分别签订综治维稳工作目标管理责任书，把维护稳定的责任层层落实到个人。针对辖区治安状况，始终坚持严打方针不动摇，不定期开展扫除“黄赌毒”等社会丑恶现象。物流园、G207国道绕城段、站前大道、敦颐学校、七小标准化扩建是全街道的重点建设项目。街道党工委面对这些信访问题，采取一个问题、一个方案、一套班子、一包到底的方式分解到街道领导、村干部肩上，确保街道社会经济发展，重点项目工程建设顺利进行。

【安全生产】 2016年，万家庄街道重视辖区安全生产工作，在重点行业和领域扎实有效的开展安全生产专项整治和打非治违工作，做到每月一次排查，每月一次督促检查整改。街道每次召开会议，都必须强化安全宣传教育工作。在高危行业坚持推行“经常查隐患、政府督整改、企业抓落实”的安全管理机制。全街道每年固定举办安全生产知识讲座、安全防火知识讲座2次；技能培训10次以上；发放安全生产宣传资料7000余份；开展安全生产应急救援演练1次；出动安全生产宣传车12车次；悬挂安全生产横幅26条次。

审章塘瑶族乡

【概况】 2016年，审章塘瑶族乡辖审章塘村、冯家村、黄家村、松柳村、向荣村、莲花宅村、黄土坝村、皂角坝村、鸭婆井村、永和村、福六田村、桃花井村、井塘村、沙子河村14个行政村，共199个村民小组。总人口2.8万多人，其中瑶族1.37万人，苗族255人。

【农业】 2016年，审章塘瑶族乡农林牧渔业总产值1.46亿元。粮食作物以水稻为主，粮食产量9530吨。主要经济作物以为烤烟、油茶和水果种植为主，烤烟种植面积92公顷，交售烟叶2575担。畜牧业以猪、羊、家禽为主，年生猪饲养量2.85万头，年末存栏1.18万头；羊饲养量1.06万只，年末存栏0.74万只。全乡有油茶山面积2933.33公顷，其中优质茶山2333.33公顷，素有“油海”之称。

【工商业】 2016年，审章塘瑶族乡辖区内有晏家田、向阳、石源冲、马基瑶4座水利发电站。引进风能发电项目，项目总投资8.6亿元，一期工程4.4亿元，该项目正在建设中。辖区内有两个农贸市场，餐饮、超市、便利店若干。

【基础设施】 2016年，审章塘瑶族乡境内有祥审、审井公路，西距国道G207 9千米，距道贺高速10千米。没有邮政所，信件都是由祥林铺镇和蚣坝镇邮递员送到，也没有通信营业厅，只有移动和联通的代理服务点，境内有1个农村淘宝代理点和两家快递公司服务点。家家户户都通电。审章塘村和井塘村使用自来水，其余的村都在使用传统的地下水。各村都建有活动中心，内有图书馆，老年的活动中心，乒乓球台。

【社会事业】 2016年末，全乡有幼儿园10所，在园幼儿486人，专职教师18人；公立九年一贯制学校1所，初中学校1所，小学1所，村小7所，幼儿园3所。在校学生2000多人，教职133人；适龄入学率、小升初升学率、九年义务教育覆盖率均达100%。新建公办幼儿园1所，维修村小2所，井塘中学宿舍楼正在建设中。有文化站、图书室各1个，每个村都有文化室、农家书屋、乒乓球台，学校乒乓球、羽毛球、篮球场设施设备齐全，审章塘学校正在新建标准化足球场1个。有卫生院2所，医护人员45人，床位58张；乡村卫生室22所，乡村医师22人，村村都有卫生室。全乡2016年农村合作医疗参合率88.7%，基本实现农村合作医疗全覆盖。全年农民工转移就业1590人，全乡有敬老院1所，收养老人46人，全乡低保户1400人，其中低保兜底脱贫户8户、22人，支出111.6万元；五保户270户、286人，支出83万元，国家抚恤、补助各类优抚对象146人，支出56.78万元，残疾人补助186人。民政部门资助低保、五保、优抚军人参加合作医疗1291人次，支出3.77万元。5项社会保险基金收入228万元，基金支出228万元。参加新型农村养老保险5537人，参保率96.7%，发放养老金150.12万元。

上关街道

【党建工作】 2016年6月以前，上关街道党工委设23个党支部，有党员825名。2016年6月以后，合并成17个党支部。上关街道党工委调整设置党建室及党员档案室，重新进行装修并配齐办公设备，在原来的基础上配齐党建联络员。与各支部签订党建工作目标责任书，细化工作要求，明确目标奖惩，并制定党建工作销号规定，规定每月25日为党建工作销号日。落实党工委班子联系挂帮党支部的责任，每个党工委成员联系帮扶1~2个党支部，选派20名优秀工作人员分别负责20村党支部的指导工作，抽调2名领导与4名党建联络员组建督查组，加强督查指导工作，确保规范动作不走样。实行周报、信息报送和新闻线索报送制度，借助县广播电视台、县《组织信息》、县政府网、新闻网站、上关街道阳光三农网等媒介扩大宣传，先后被县级及以上媒体采用信息稿件20余篇，在县电视台播放党建电视新闻5条。借助春节、“三八”“七一”等节庆活动深入宣传。采取开辟宣传栏、悬挂横幅、书写永久标语、印发资料等形式拓宽宣传渠道，上半年悬挂横幅20条，书写永久性标语21条，宣传展板140余块，张贴大、小标语400余条，印发宣传资料2000余份。探索村级后备干部的“选、育、管、用”工作机制，储备德才兼备的村级后备干部17名，畅通村干部用人、选人渠道。注重村活动中心建设，推进“六有六上墙”工程。严格保证村级办公经费不低于2万元的标准，执行村支书月报酬1000元、主任900元和秘书专干700元的发放标准，为村干部办理养老保险和意外伤害保险，激发村干部干事创业热情。以党员队伍建设为重点，着力提高队伍的执行力。全年组织春训及七一集中培训2期，其他各类培训8次，培训党员1600人次以上。严控党员发展质量，注意在一线发展党员，全年发展党员7名。加强党员积分制管理，进一步建立健全党员积分制管理，建立管理台账，各支部每月对党员进行一次评分公榜。加强流动党员的管理，定期或不定期与他们联系，了解他们的生活、工作情况，做到流动党员去向明、情况清。采取“支部结队”和“党员结队”帮扶的方式，落实机关和学校3个支部和100余名党员，结队挂帮20个村党支部和28名农村贫困党员，推进机关、学校和农村党支部建设。上半年，有两名党员获得县级以上表彰，1个党支部被县委命名为“五好”基层党组织。街道党工委表彰“先进基层党组织”4个，表彰优秀党务工作者11人、优秀共产党员28人。

【文明卫生工作】 2016年，上关街道全力以赴、全民动员、全面覆盖，打好创卫保卫战。规范建筑材料整齐堆放，建好隔离挡板。3月17日，联合县三非办对省道S323线进行全面清理，拆除违章建筑及厂棚，进一步美化环境。利用每周四“全民卫生日”发动群众开展卫生大扫除、清除孳生地，清除月岩东路及各社区卫生死角，做到保洁到位，清运彻底。在政务中心前高置宣传栏、评比栏，并定时更换宣传内容。

【产业结构】 2016年，上关

街道开展送资金、送信息、送技术的“三送”活动，推动农业向高效、生态、规模化农业转变。全年水稻种植面积1177.13公顷，筹资开垦荒田8.67公顷，有效地扼制水田抛荒现象，水稻复种指数、规范化种植水平明显提高。年初，开展早稻集中育秧和优质稻良种配送推广工作，优质水稻播种面积906.67公顷，比2015年增长33.33%，提高农民种粮效益。发展万亩脐橙基地1个，种植脐橙900余公顷，并取得良好效益。其中2016年在东方、龙江桥、向阳等村发展脐橙扩园333.33公顷；在坝子塘、董家冲两村种植梨子40公顷；在郑家、丁塘两村种植香桃100公顷。在石门、郑家发展苗木花卉基地两处13.33公顷；在上关、水南、湘源、白石岩发展有机蔬菜100公顷；畜牧业方面，新发展养殖大户55户，其中养猪大户50户，养牛大户2户，养鸡、鸭、鹅大户3户。提倡垦荒复绿，在东方、龙江桥、丁塘、七里岗、石门、坝子塘完成国外松种植140公顷，完成配套荒山补植补造85.33公顷，在七里岗、坝子塘、石门、董家冲等村完成优质油茶种植80公顷。

【综治维稳】 2016年，上关街道制订“六五”普法学习规划，利用干部学习日、远程教育播放学习等形式，认真组织开展学法、用法活动，重点抓好干部和青少年的法制教育工作。加强社会治安综合治理建设，建立健全社会治安综合治理领导小组，层层落实责任，逐级签订责任状。定期分析排查纠纷矛盾，及时作好调处工作，对排查出的重大隐患实行挂牌督办，建立调处矛盾纠纷的台账和督办表，明确调处领导和直接责任人，确保全办事处的社会稳定和各项工作协调发展。落实“五包”责任制，确保“三零”目标实现。利用召开座谈会、逐个走访、积极协调等方式，逐步平息复退军人、月岩东路购地户、水南村、虎子岩村因土地纠纷和村级财务的上访事件。

【计生工作】 2016年，上关街道符合政策生育率89%，村为主比例90%，已婚育龄妇女节育措施落实率100%，多孩率10.7%，统计准确率100%，落实优生健康检测197对。全年投入经费30万余元，改善办公条件，提高对育龄妇女的服务质量。

【安全生产】 2016年，上关街道创建市级安全生产示范乡镇，严格落实“一岗双责”责任制，保持安全生产的良好发展态势。强化安委会队伍建设，加强安监站人员的充实，配齐办公设施，安监站长专抓专干。安全生产责任制得到落实，层层签订责任书。村（社区）及企业、学校向党工委递交责任状。重视节假日安全生产，开展安全大检查活动，查隐患抓整改，明确整改时限、整改措施和整改责任人，确保整改效果，有效杜绝各类安全事故的发生。开展“安全生产月”活动和全国“两会”期间安全生产大检查行动。重点对防汛安全、防火安全、交通道路安全、厂矿企业、危爆物品，特别是校车安全进行全面系统的整治，党政领导对安全生产进行月销号制，定时对街道的安全生产工作进行带队检查、销号。全年无大的安全隐患、无安全事故。

【重点工程】 2016年，上关街道对辖区内的重点建设项目进行明确的分工部署，做到每个项目至少有一名党政领导具体抓，重点项目党工委书记、主任亲自抓。各个项目建设进展顺利：月岩东路建设相关遗留问题，逐步克服压力大、矛盾多、信访形势严峻的困难，全面进行清理清查，解决相关突出问题。打击“三强”“三非”工作常年开展，征地款清理、建房办证、拆违控违等工作进展顺利。国道G207线绕城段（上关境内）全面完成测量、规划征地阶段。道县八小在规划、征地、建设阶段。

【美丽乡村建设】 2016年，省道S323线沿路美丽乡村建设湘源社区、虎子岩社区、宝塔村、郑家村、黄家村、丁塘村、龙江桥村、东方村等7个村（社区）均要沿路建房。成立以书记为顾问，主任为组长，其他党政领导为副组长，驻村干部、村支书、国土所所长、规划所所长为成员的领导小组。实行点线结合，将7个村（社区）分成4个工作点，分别由党政领导担任队长，带队蹲点督促指导美丽乡村建设相关工作。另外，根据墙面美化、沿路绿化、沿路卫生保洁、沿路违章厂棚拆除等工作要求，分成4条线，每条线分别由一名党政领导负责具体抓好落实。细化分解建设任务，实行办事处领导联片、办事处干部包村、村组干部包农户的工作机制，领导靠前指挥，保证在限定时间内高标准完成建设任务。同时通过会议及入户宣传，确保宣传到位，家喻户晓。及时召开党政领导会和脱产干部、片组长及省道S323沿线村（社区）四大柱头会，进行宣传动员，安排布署各项工作。各工作队及村“四大柱头”分片包组包户上门入户做好宣传工作，取得群众的支持和配合。与户主签订施工同意书，与承包方签订施工合同，确保施工进度与安全。制定施工进度台账，做到每天一报告、一汇总，及时更新进度情况。

【各项社会事业】 2016年，上关街道低保户900户、1754人，清理不符合政策的低保对象67户、245人，发放救助资金8万余元，完成危房改造55户。潇水学校借二中托管机会学校硬件建设进展顺利，道县八小处于规划、征地、建设阶段。新农合参合率99.9%。完成民兵预备役工作任务。秋冬农业生产100公顷、蔬菜60公顷、绿肥及饲料40公顷。森林防火配齐配强防火人员和打火用具，搞好宣传，制定强有力的措施和方案，发现灾情及时组织人员打早、打小、打了，没有发生大的火灾。完成14个村文化广场建设，实现全街道20个行政村农家书屋的全覆盖。

横岭瑶族乡

【党建工作】 2016年，横岭瑶族乡开展“两学一做”学习教育，在第一时间成立由党委书记挂帅的横岭瑶族乡党的群众路线教育实践活动领导小组，集合全部力量，确保统一领导、分工明确、责任到人，全乡300余名党员，16个党支部参加学习教育，参与覆盖面100%。根据村级组织规范化管理“五有”的要求，乡党委、政府克服村级资金匮乏、土地资源有限等困难，加强村级组织阵地建设，根据县乡“两学一做”学习教育的重要部署，重新制作与挂上新版面，重点是党章党纪知识与习近平系列讲话精神。

【农村行政区划改革】 2016年，横岭瑶族乡将15个行政村重新划分为8个行政村，集中资源优势与区域优势，确定以横岭村和浪石村为中心村的发展思路，没有出现群众集访、上访。

【换届工作】 2016年，横岭瑶族乡党委、政府精心组织，层层压实责任，保证乡党委、人大、政府都按照组织意图达成目标。

【农村产业结构】 2016年，横岭瑶族乡依托市场和资源优势，把调优产业结构做为农民增收的重要手段。培育各类养殖专业大户3户，保证生猪年出栏2000头，牛1000头，鸡2万只，羊1500只。加强农业技术培训，举办培训班2次，培训40人次。组织劳务输出150人。

【新农村建设】 2016年，横岭瑶族乡继续加强城乡建设，投资10万元，完成建设项目1项。将政府院内围墙、水沟重新硬化修缮，粉刷新的版面墙用于政务、党务公开。投资26万元，完成莲花村、大河村等

6个村招呼站建设。投资10万元，完成丰木山村、枇杷山村村级卫生室建设。

【农业基础设施】 2016年，横岭瑶族乡完成农业基础设施建设投资136万元。其中乡建设项目1项，投资10万元；水库建设100万元；村级建设项目两项，总投资26万元。

【社会事业】 2016年，横岭瑶族乡精准扶贫稳步推进，完成脱贫任务69户、281人，完成小额信贷贷款500余万元，天鹅岭村各类养殖业方兴未艾、小路窝村种植与特色旅游产业初步形成。计划生育率89%，人口出生率12.5‰，人口自然增长率4‰，性别比为106∶100，达到上级要求标准。民政工作扎实推进，落实农村低保户216户，五保户103户。接转办理信访案件15件，办结15件。没有出现集体访、越级访，没有发生重大治安刑事案件，保持安定有序的社会局面。健全安全生产机构，开展安全生产专项治理，组织联合检查组先后进行20余次安全生产大检查，全乡没有发生安全生产事故。社会保障体系更加健全，城镇职工基本医疗保险人数97人，完成任务的100%；新农保参保人数4270人，完成任务的100%；新农合人数9435人，占任务的98.5%。

洪塘营瑶族乡

【概况】 洪塘营瑶族乡位于道县东南边陲山区，属九嶷山脉，乡人民政府距县城43千米，总面积224平方千米，其中山林面积2.03万公顷，有耕地面积606.67公顷，其中水田480公顷，辖10个行政村，122个村民小组，3024户，1.37万人。2016年，全乡工农业生产总值6400万元，比2015年增长12.6%。其中农业总产值3880万元，比2015年增长14%。社会固定资产投资4800万元。农民人均纯收入达到5814元，比2015年增长10%；财政收入154.79万元。农村产业结构调整和乡域经济发展等方面工作都取得较大成就。农村经济持续较快发展，粮食生产连续5年丰收。非公有制经济加速提质，发展活力进一步增强，全乡建成发电的小水电站25座。

【基础设施建设】 2016年，洪塘营瑶族乡有17个行政村，122个村民小组通水泥硬化公路，所有的行政村完成公路通达，全乡未通水泥路的最后2个村陡山湾、楠竹坪也分别修建8.5千米，全乡的交通实现行政村全覆盖。全乡17个行政村全都架通高压电，消灭无电村组，建立手机信号塔，实现村村通工程。对清明田水库进行扩容提质，对洞里片6个村的河堤进行修缮加固，对洞里片、广山片11个村及乡机关架设自来水，解决9000多人的饮水安全。以党建引领一切，突出抓好村级组织活动场所建设，全乡剩余两个没有活动室的村全部完工交付使用。争取上级资金，高标准建设乡文化服务中心，先后完成17个村的农家书屋建设，同时全乡所有村配备投影仪或远程教育用电脑。

【基础产业发展】 2016年，洪塘营瑶族乡扩大药材种植，对东江源、大洞田、楠竹坪、陡山湾、茶花坪、老何家、陈家等7村连片大规模种植厚朴。全年种植厚朴0.1万公顷，厚朴年产量520吨。全乡厚朴存土面积0.75万公顷。巩固杨梅种植，截至2016年6月，全乡种植杨梅333.33余公顷，其中挂果面积200公顷。抓好杉松种植，全年累计造林666.67余公顷，出产木材1.5万立方米、松香2000余吨。全乡丰产林存土面积1.07万公顷，木材蓄积量40万立方米。稳定粮食种植，抓好洞里片的优质水稻种植，建立陈家、老何家双季稻千亩示范片；利用本土优势，每年种植优质玉米133.33公顷，确保粮食生产稳产增产。因村制宜选择蔬果种植，东江脚、大洞田、老何家等村利用水田种植红皮罗卜13.33公顷，陈家发展新型药材种植丁茄6.67公顷、芋头6.67公顷，洪塘营发展种植猕猴桃13.33公顷。

【落实政策】 2016年，洪塘营瑶族乡严格按时间、按要求发放各种补贴资金。发放粮食直补11.7多万元，综合补贴70多万元，良种补贴10.5万元，公益林资金160万元。全面落实新型养老保险和医疗保险政策。新型农村养老保险于2009年起动，全乡当年缴费5862人，列全县先进。截至2016年年底，缴费人数5549人，领取养老金1567人。新农合参合人数13371人，参合率98.2%。抓好低保、五保供养和危房改造，乡敬老院于2008年建成使用，截至2016年年底，有40多名五保老人到院实行集中供养。对全乡2460余困难户、因灾户实行等级低保，17户大病户得到救助，30户得到危房改造资金16.5万元，特殊群体的基本生活得到保障。

【为民办实事项目】 2016年，洪塘营瑶族乡对清明田水库清淤，库埂加固，着力解决广山片5个村灌溉问题；对洞里片6个村的河堤河坝进行维修，改善农田灌溉条件。全乡广播电视和手机信号全覆盖，卫生院新大楼胜利落成并投入使用，解决看病难的问题；投入教育资金620万元，建成中心小学教学楼、学生礼堂、学生公寓楼各1幢，完成和平片小整体搬迁，广山片、瑶山片小学生实行集中寄宿制教学，全乡适龄儿童入学率97%。中学完成合格学校创建并经过省市验收。乡卫生院东江脚分院于8月投入使用，改变洞里片7个村群众看病难得问题。争取上级投入资金2800万余元，对洞里片、广山片11个村和乡直单位架设自来水，解决广山片人畜饮水困难和安全。争取上级资金对东江源、大洞田、香花树、浪泥湖等8村55千米进行道路水泥硬化，新建东江脚大桥，解决村民的出行问题。开展农村环境污染治理工作，全乡17个村有16个列入治理范围，在集市新建焚烧炉，改善农村生活环境。

【维护稳定】 2016年，洪塘营瑶族乡增强乡村两级调解职能，完善三调联动机制，调处各类纠纷矛盾390余起，无一例群体性械斗和民事转刑事案件发生。创建“平安乡村”“无毒乡村”，人民群众的社会安全感得到增强。处理突发事件，加强对突发性事件的处置力度，完善乡、村两级的防汛及山洪地质灾害预案，11个山洪地质灾害易发村村民每年进行预演。制定突发性事件的预案工作机制，维护社会稳定。先后对香花树、太平坳、洪塘营等村的几处重点矿山进行关闭整治，对小水电站的安全生产隐患进行排查整改，对洪塘营、东江脚两处市场存在安全隐患的建筑进行拆除和新建，同时加强交通整治，避免交通事故的发生。

白芒铺镇

【概况】 2016年，白芒铺镇辖野竹福村、广文铺村、何家村、白芒铺居委会、绕塘村、湾田居委会、小甲村、住兴村、彭家村、徂徦村、马垒村、黎家兴村、岩口村、龙岭头村、陀仂复村、白泥山村、潘家村、三里井村、邓家村，共两个居委会17个行政村，309个村民小组。全镇总人口35483人，人口以汉族为主。全镇总面积105.8平方千米，耕地面积2009.6公顷，其中水田1482.87公顷，山林面积7014.8公顷。

【经济发展】 2016年，白芒铺镇粮食生产总产量2.13万吨，比2015年度增长2%；农村经济总收入1236万元，农民人均纯收入7778元，比2015年增长2%。年内，白芒铺镇党委、政府审时度势，结合全镇实际，决定把烤烟、优质稻、脐橙、养殖、油茶、蔬菜作为全镇的拳头产品来抓。在稳定粮食作物种植面积的基础上，发展适销对路的经济作物，突出以烤烟为龙头，种植豆子、花生、芋头、生姜、蔬菜。同时，加大油茶改种力度，开发以小甲、黎家兴、陀仂复为中心的400公顷脐橙示范基地。全镇粮食播种面积稳定在1000公顷以上，完成烤烟种植面积100公顷。推行脐橙标准化生产，打造白芒铺镇脐橙品牌——“红土壤，树湘橙”，种植优质脐橙400公顷，挂果面积200公顷，产果450万公顷，产值1980万元以上。蔬菜种植13.33公顷；培养养殖大户26户；发展生猪2.2万头，出栏1.1万头；有肉牛养殖大户4户，年末存栏0.92万头；发展鸡、鸭等家禽1.2万羽；发展稻田、山塘养鱼43.33公顷，全年鱼产品起水340吨，畜牧业年总产值450万元，占整个农业生产产值的三分之一。林地总面积5698.37公顷，森林覆盖率70%。林木种类繁多，有树种26种，如红豆杉、桂花树、樟树、松树、柏树等。镇政府投入3万余元，成立40人的森林防火专业扑火队。

【基础设施】 2016年，白芒铺境内有厦蓉高速、省道S323线和县道X070线贯穿全境。全镇19个村实现村村通水泥路。邮政电信报纸、杂志累计期发行1.5万份。电信服务网点32个，移动、联通、电信电话用户1.62万人，户电话普及率100%。

【社会事业】 2016年，白芒铺镇有镇级医疗卫生机构1个，村卫生室19个，床位20张，每万人拥有病床4.28张；固定资产总值185.6万元。专业卫生人员53名，其中执业医师18人，执业助理医师16人，注册护士8人。2016年度2个居委会和17个村99%以上村民参加新型农村合作医疗，参合率99.99%。年末，城镇最低生活保障户数1167户、2419人。有1个中心敬老院和1个小甲敬老院，5个幸福之家，床位230张，收养农村五保人员230人。参加新型农村养老保险13226人，参保率98%，累计享受待遇人数5163人，发放养老金495万元。

柑子园镇

【特色农业】 2016年，柑子园镇抓好特色产业基地建设，坚持生态优先，坚持政府领导，与各村委会、林管站联合，发挥林区优势，调整林业结构，做到种植与养殖相符，林业经济中长短发展相宜。加大农业产业结构调整力度，依托农村专业合作社，发展“一村一品”。突出抓好烤烟、脐橙、油茶、蔬菜及新屋场同升养牛场、猪场和粮林羊场、三海洞同富裕土鸡养殖场等产业。五福村、新屋场村、洲子上村、脉地村等村的烤烟生产产量保质完成收购任务。围绕“农业增效、农民增收”主题广泛宣传发动，加大遏制耕地抛荒的力度，各种作物的种植面积不断增加。抓好现代农业产业化示范点建设。推进兴隆草莓园、西瓜园、刘家葡萄园等水果基地建设，促进农民持续增收，基本形成农商对接一条龙服务，确保企业、基地、农户三者利益共赢的局面。

【重点项目建设】 2016年，柑子园镇农业生产基础不断夯实，搞好农田水利建设，修复水库、骨干山塘等水毁工程，重点冬修五福、洲子上、粮林等3个村的小（2）型水库；建设刘家村生态养殖精准扶贫项目、光伏产业项目以及村级道路。重点项目持续推进，主要建设3个农业重点项目，包括温氏养殖扩繁场、涔天河灌区右总干渠。位于岩口村的温氏养殖扩繁场，项目占地总面积为50.07公顷，其中建筑面积为8.53公顷，总投资6000余万元，项目规划设计2条高效生产线，设有生产区、生活区和环保处理区3个区域，项目建成后年出栏8万头，每年可带动合作农户养殖增收超过1200万元。青口支渠是道县境内连接涔天河灌区右总干渠的5条支渠之一，经过两个镇13个村，其中柑子园镇的内岭、兴隆、柑子园、燕石洞、五福、新屋场、岩口村在范围内。青口支渠全长23681米，永久性征地26.62公顷，总投资额约7623.74万元。

【安全生产】 2016年，柑子园镇严格落实安全生产各项措施，突出开展安全生产隐患排查整治，加大安全生产宣传、监管和巡查力度，查处和整改非法生产经营行为，及时排除生产隐患，对校车、道路交通、烟花爆竹、危险化学品、非煤矿山、建筑施工、消防等重点领域开展20余次专项整治行动。开展安全生产演练和“安全生产月”活动，增强群众的安全生产意识，年度内安全生产零事故、零伤亡。在森林防火的重要季节，利用发放宣传资料、悬挂（张贴）标语、设置永久性宣传牌等多种形式，组织人员全面开展森林防火宣传活动，向群众普及森林防火知识，倡导和动员群众自觉遵守森林防火规定。

【党建工作】 2016年，柑子园镇进一步深化党建认识，开展创先争优活动、党的群众路线教育实践活动、“三严三实”专题教育和基层组织建设提升年活动等，突出抓好镇党建工作站建设和办点示范工作，建立健全各项工作制度，推进党建“135”治理模式，规范党员发展，严肃党内组织生活，党建基础得到有效夯实，服务水平不断提升。坚决反对“四风”，不断改进作风，落实党委主体责任和纪委监督责任。同时，坚持将解决群众实际问题贯穿于党建工作始终，着力解决服务群众最后一公里问题，党建工作深受群众好评。

【综治信访维稳】 2016年，柑子园镇以社会治理创新综合试点为契机，开展信访维稳集中攻坚活动，推进网上信访，全面落实市县社会治安综合治理各项措施，完善各项规章制度，信访维稳工作中心和各村工作站密切协作，坚持信访维稳月例会制，实现台账式管理、项目式推进，开展社会治安问题专项整治活动，有效遏制群体性事件发生，维护社会的和谐稳定。加强民意收集分析，保障群众切身利益，全面落实“大事化小、小事化早、早事化了”的基本原则，不出现一起新生矛盾，营造和谐稳定的社会环境。全年实现无群体性事件、无重大和较大刑事案件。

【脱贫攻坚】 2016年，柑子园镇脱贫攻坚工作在思想上统一认识，克服畏难情绪，查漏补缺抓短板；在行动上加强落实，扶贫政策宣传到位，帮扶措施落实到位，做到工作实、成效实。镇领导下村督查指导精准扶贫工作，查看扶贫台账、帮扶手册、“五个一批”帮扶措施的落实，扶贫小额信贷的发放等相关工作，并现场提出整改，采取痕迹化管理，制作帮扶工作台账。做好一户一档痕迹管理，将扶贫措施与贫困户自身实际相结合，与村情相结合，围绕贫困户这个核心，产业致富这个重心，着力创新帮扶措施，加大产业谋划发展力度，将金融资本和社会资本引进村。找准产业结合点，做到一村一品。突出扶志，激发内生动力，增强“造血”功能，实现贫困户永久脱贫。针对村与村之间发展不平衡、脱贫效果不理想、贫困户对扶贫政策知晓率低的情况，进一步抓好扶贫政策宣传，做好脱贫工作相关资料的归档。同时，强化督查，严格考核，坚决打击作风不实、工作不严的现象。

桥头林场

【概况】 桥头国有林场位于道县西北部，地处东经111°18′06″～111°34′49″，北纬25°40′59″～25°51′04″之间，东与乐福堂乡、双牌县打鼓坪林场接壤，南与桥头镇、仙子脚镇为邻，西与广西灌阳县水车乡、全州县东山瑶族乡交界，北与永州零陵区大庆坪乡、双牌县何家洞乡、永江乡毗邻。场部桥头林场桃公岩，距道县县城52千米。下设4个分场，分别是上岭分场、牛皮滩分场、沙田分场、大路坝分场。全场总面积 152 平方千米，有居民 349 人。

【林业】 2016 年，桥头林场国有林地总面积 0.48 万公顷，其中生态公益林面积 0.39 万公顷，占林地总面积的 80.8%，全场森林活立木总蓄积 38 万立方米，森林覆盖率 98.3%。

【畜牧业】 2016 年，桥头林场畜牧业以猪、牛、家禽为主。生猪饲养量 0.2 万头，年末存栏 0.3 万头；牛饲养量 0.1 万只，年末存栏 0.12 只；家禽年饲养 0.2 万羽。

【文化体育】 2016 年，桥头林场有文化站 1 处，图书室 1 个，藏书 0.2 万余册，篮球场 1 个，乒乓球桌 1 张。

【医疗卫生】 2016 年，桥头林场参加城镇职工医疗保险人数 302 人，参加城镇居民医疗保险 47 人，参保率 100%。

【社会保障】 2016 年，桥头林场享受城镇最低生活保障户数 5 户，保障人数 12 人。

大坪铺农场

【概况】 大坪铺农场位于道县西部，地处东经 111°19′44″~111°24′59″，北纬 25°26′55″~25°32′07″。东、南、北与清塘镇交界，西邻月岩林场。场部驻大坪铺，全称为国营道县大坪铺农场，1988 年经道县编委批准为企业管理的事业单位，隶属于道县人民政府。1992 年 4 月，经县编委批准为副科级事业单位。1998 年 12 月，经县编委批准为正科级事业单位。2016 年末，辖鳅鱼塘、龙山头、鲤鱼岭、瘷头源等 9 个工区及场部。有土地面积 281.13 公顷，其中水田 1 公顷，旱地 80 公顷。宜林土地 200 公顷。植物资源有松、杉、楠竹等用材林及漆树、黄柏、杜仲等。

【人口民族】 2016 年，大坪铺农场辖区户籍人口 1087 人，其中常住人口 435 人，流动人口 20 人。总人口中男性 558 人，占 51.4%；女性 529 人，占 48.6%。农业人口 16 人，非农业人口 1071 人，分别占总人口的 1.5 %和 98.5%。

【经济发展】 2016 年，大坪铺农场有耕地面积 80 公顷，人均 0.08 公顷，以种植果树为主。有林面积 0.02 万公顷，全部属人工造林，森林覆盖率 90.5%。林木种类国外松、马尾松、桉树等，分布较均。有封山护育林 66.67 公顷，中幼林抚育 133.33 公顷。畜牧业以猪、牛、羊、家禽为主。全年全场畜牧业总产值 460 万元，比 2015 年增长 4.2%。其中生猪饲养量 1500 头，年末存栏 3200 头；羊饲养量 160 只，年末存栏 300 只；家禽年饲养量 0.8 万羽。

【基础设施】 2016 年，大坪铺农场投资 263 万元硬化场内公路 7.03 千米，增加自来水用户 45 户，惠及人口 105 人。

索 引

说明：

一、本索引把年鉴的专稿、条目、表格（大事记、附文、企事业单位选介除外）用主题分析的方法，按汉语拼音字母顺序排列。

二、地方文献的条目未作索引。

三、类目、专稿标题和地名用黑体字标明。

四、索引名称后的阿拉伯数字表示内容所在页码，拉丁字母（a、b、c）表示栏别（从左至右分1、2、3栏）。

K